Wisely Digital

Creates a Better Life

and a Better World

아이들의 미래를 바꾸는 교육의 시작

디지털 리터러시 교실

박일준 · 김묘은 지음

북스토리

CONTENTS

IV. 디지털, 나눔의 가치

디지털 도구 사용 방법

들어가면서

책 소개

과거에는 글과 책을 통해 지식과 정보를 얻었지만, 이제는 영상과 미디어를 통해 얻는 세상이 되었습니다. 이제 지식과 정보를 배우고자 한다면, 책을 읽듯 영상을 읽을 줄 알아야 하고, 미디어를 활용할 줄 알아야 합니다. 영상과 미디어가 빠르게 발전하니 디지털 기술의 변화를 이해해야 합니다. 그렇다고 디지털과 디지털 미디어를 배우는 것이 목적이 되어서는 안 됩니다. 디지털은 그저 좋은 도구에 지나지 않기 때문입니다. 디지털과 디지털 미디어는 그저 다른 공부를 하는 데 도움이 되도록 도구로 사용한다고 생각하는 것이 바람직합니다.

이 책은 디지털을 활용한 교육 방법을 제시하였습니다. 각 장마다 디지털 세상에서 생각해보아야 할 주요 '주제'를 화두로 던지고, 생각한 '주제'를 표현하는 데 도움이 되는 디지털 '도구'를 연결하였습니다. 이 책을 잘 활용하는 방법은 각 장에 소개된 '주제'와 '도구'를 적절히 융합하는 것입니다. 건강한 토론문화에 대해 생각해보며 토론을 효율적으로 할 수 있는 디지털 토론 도구를 이용해본다거나, 정보의 진실성 여부를 따져보며 빅데이터 분석 도구를 활용하여 정보의 진위를 파악해보는 식으로 융합적인 교육을 해보시기 바랍니다. 이 책이 교육 현장에서 활용되어 디지털 도구를 활용한 교육이 활성화되기를 바랍니다.

'주제' 부분은 개념서로, '도구'를 다루는 부분은 실용 매뉴얼로 되어 있습니다. 개념과 철학 없이 실용만 좇다 보면 자칫 방향을 잃고 기술에만 집착하기 쉽습니다. 반대로 실용과 실전 없이 개념만 좇다 보면 공허할 수도 있습니다. 이 책에는 디지털 & 미디어 리터러시를 이해하기 위한 개념 설명서와 실질적인 활용능력을 키우기 위한 실용 매뉴얼이 함께 담겨 있습니다. 각 장마다 디지털과 미디어에 대한 주요 개념을 이해하면서 재미있게 디지털 도구를 활용하는 방법을 배울 수 있도록 구성하였습니다.

내용은 크게 4개의 파트로 나뉘어 있습니다. 첫 번째 파트인 '디지털, 생각의 방식'에서는 디지털 기술에 의한 변화를 보여줍니다. 또한 변화 속 미디어와 디지털 시민의식의 중요성을 다루고 있습니다. 두 번째 파트인 '디지털, 책임의 무게'에서는 디지털 미디어에 의한 역기능을 이해하고 어떻게 하면 순기능으로 바꿔나갈 수 있는지 방법을 배워봅니다. 세 번째 파트인 '디지털, 창작의 기쁨'에서는 디지털 결과물을 만들어봅니다. 디지털 콘텐츠를 스스로 생산해보면서 미래 디지털 시민이 되어보는 체험을 하도록 합니다. 마지막 파트인 '디지털, 나눔의 가치'에서는 디지털 기술을 활용하여 지식을 공유하는 방법을 배우며 공유가치를 체험할 수 있도록 구성하였습니다.

각 장마다 생각해보아야 할 가장 중요한 주제를 3개의 질문으로 제시하였습니다. 이 주제에 대해 토론할 수 있도록 활동지도 포함되어 있습니다. 수업 참여자들이 질문에 대해 스스로 조사하고 토론하여 해답을 찾아보도록 하는 것을 권장합니다. 또한 학생들과 함께 볼 수 있는 주제 설명 영상의 링크도 포함되어 있습니다. '도구' 설명 매뉴얼은 사용 팁과 함께 각 도구별 주요 창을 캡처하여 설명하였고, 보다 상세한 내용은 각 도구마다 설명 영상 링크가 있으니 이해가 부족한 경우 해당 링크를 통해 보완하시기 바랍니다.

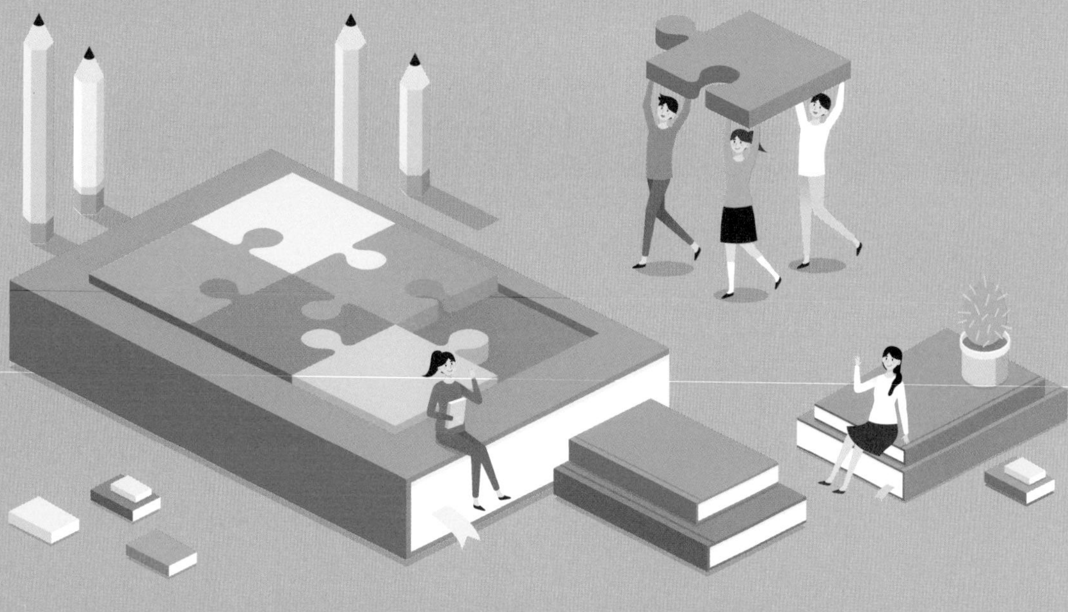

4차 산업혁명시대

4차 산업혁명을 1차 농업혁명, 2차 산업혁명, 3차 정보화 혁명, 그리고 4차 산업혁명으로 오해하는 경우가 많습니다. 4차 산업혁명은 말 그대로 네 번째 산업혁명입니다. 그동안 1차 산업혁명부터 3차 산업혁명까지 있었고 이번이 네 번째 산업혁명이라는 것입니다. 1차 산업혁명은 증기기관에 의한 기계화, 2차 산업혁명에서는 공장 조립라인에 의한 대량생산이 이루어졌습니다. 3차에서는 컴퓨터가 도입되면서 공장 자동화가 이루어졌지요. 4차는 인공지능을 중심으로 모든 것이 네트워크로 연결되며 엄청난 생산성 향상이 예상됩니다.

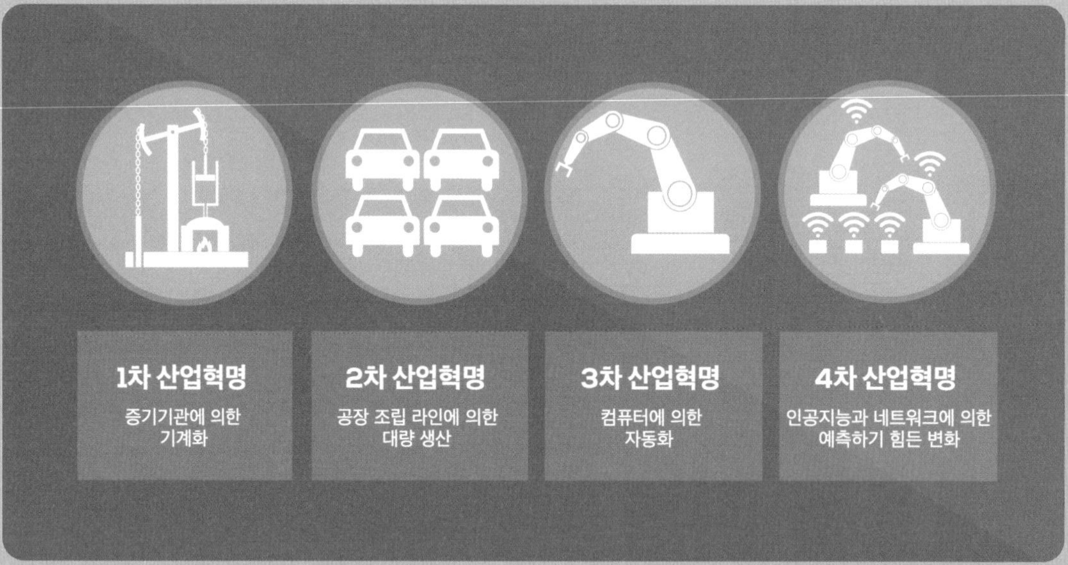

아직은 어떤 것도 예측하기 힘든 불확실한 미래지만, 인류가 그동안 겪어온 변화 중 가장 큰 변화라는 것만은 확실합니다. 모든 삶의 방식이 변하겠지요. 변화 중에서도 대부분의 사람들이 가장 두려워하는 것은 일자리 문제입니다. 2016년 다보스포럼 클라우스 슈밥 회장은 향후 5년간 700만 개 일자리가 사라지고, 200만 개가 새롭게 생길 거라 예측했습니다. 대부분 사라지는 일자리에만 주목하지만 새로 생기는 일자리에 더 주목해야 합니다. 새로운 200만 개의 일자리는 지금까지의 일자리보다 훨씬 더 고부가가치의 일자리가 될 것입니다. 교육의 최고 가치가 '기회의

평등'에 있는 만큼, 앞으로 교육은 미래 세대가 200만 개의 고부가 일자리에 도전할 수 있도록 도움을 주어야 합니다.

개인에게는 일자리에 대한 두려움이 크겠지만, 인류 전체로 보면 인공지능과 로봇이 만들 미래가 더 큰 두려움입니다. 이 시대 최고의 석학으로 꼽히는 유발 하라리는 이렇게 경고합니다. 나 자신보다도 나를 더 잘 아는 실리콘밸리의 기업들이 생겨나고 있다고 말이지요. 정보기술 기업들이 사람들의 마음을 조종해 인간의 자유의지를 앗아갈 수 있다고 우려합니다. 신용카드 번호나 은행 계좌와 같은 단순한 개인정보 수준이 아니라, 빅데이터를 기반으로 인공지능이 내 마음속에 떠오르는 생각마저 미리 예측하고 또 조종을 할 수 있을 것이라고요. 더 나아가 실리콘밸리가 민주주의를 위협하고 신흥 종교화될 수 있다고까지 경고합니다. 점쟁이보다 인공지능이 더 정확히 예측하고, 신은 답을 주지 않지만 인공지능은 인간과 소통하며 계속해서 도움을 줄 수 있으니 가능한 이야기처럼 들립니다. 인공지능과 첨단 기술의 도움을 받아 부자들은 신과 같은 능력을 갖게 될 것이고, 인간의 노동력이 필요 없어지면서 사회가 극소수의 엘리트와 대다수의 '쓸모없는 계층'으로 양분될 것이라고도 예상합니다.

더욱 부정적인 입장을 갖고 있는 사람들도 있습니다. 영화 〈터미네이터〉에서처럼 인공지능과 로봇이 인간을 지배하고, 인류는 종말을 맞게 될 수 있다고 경고하는 이들도 있습니다. 인공지능 군사로봇이 등장하여 인종 청소에 악용될 것을 우려하는 사람들도 있지요. 이러한 우려가 현실이 되지 않도록 하려면 먹고사는 문제뿐 아니라, 행복하게 잘 살아가는 문제까지 대비해야만 합니다. 그런 면에서 4차 산업혁명을 대비하는 교육은 디지털 활용능력을 가르치는 데 그쳐서는 안 되겠지요. 교육은 미래 인재를 디지털 홍익인간으로 키워내기 위한 것이 되어야 합니다.

인재상의 변화

그동안 학교에서 줄곧 들어오던 세 가지 말이 있습니다. "조용히 해!" "쓸데없는 질문하지 마!" "야, 시키는 거나 잘해!"입니다. 과거에는 조직에서 말 잘 듣고 시키는 일 잘 하는 사람, 알려준 대로 정답 잘 쓰는 사람이 인재였지만, 미래에는 문제의식을 갖고 질문하는 사람, 상상력과 창의력을 갖고 세상의 결핍을 발견하면서 이를 해결하기 위한 해답을 찾아가는 사람이 필요합니다.

컴퓨터가 존재하지도 않았던 1945년 미국의 과학자 바네바 부시는 "정보는 꼭 도서관에서 찾아야 하나?"라는 질문을 던졌습니다. 그는 이 질문을 통해 책의 내용을 저장하고 있다가 정보가 필요할 때 빠른 속도로 찾아낼 수 있는 '메멕스(MEMEX)'라는 기계를 구상했습니다. 이 아이디어는 40여 년이 흘러 '인터넷'이라는 발명품을 만드는 기반이 되었지요. 질문 하나가 세상을 바꾼 셈입니다.

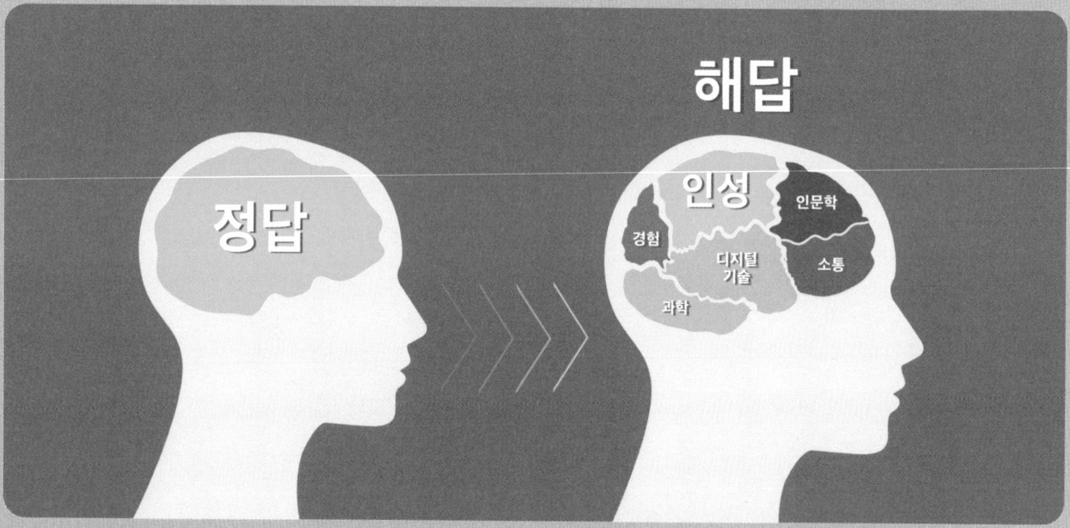

미래학자인 한양대 과학기술정책학과 김창경 교수는 미래 사회 변화와 교육 변화의 필요성을 이렇게 설명합니다.

> "현재의 학생들은 정해진 시간에
> 정해진 답을 구하는 문제에 매달리고 있습니다.
> 인공지능시대에 답을 구하는 것은 어렵지 않습니다.
> 오히려 문제를 발견하는 것이 더 어렵지요.
> 이제는 세상을 바꿀 위대한 질문을 발견하는 게 더 중요합니다."

교육의 변화

4차 산업혁명시대는 다른 인재를 원합니다. 세상이 필요로 하는 인재상이 바뀌었다면, 인재를 키우는 교육의 방식도 바뀌어야겠지요. 더 이상 교육의 목적이 기술과 지식을 알려주는 것이 되어서는 안 됩니다. 기술과 지식을 갖춘 사람은 로봇이나 인공지능과 경쟁해야만 하고 경쟁에서 질 수밖에 없습니다. 기술과 지식은 이제 로봇과 인공지능의 몫입니다. 로봇과 인공지능을 이용하는 편이 낫습니다. 훨씬 더 똑똑하고 저렴하니까요. 이제 인간은 로봇과 인공지능을 이용하며, 사람들과 협력하고 집단지성을 통해 그 이상의 가치를 만들어내는 방향으로 진화해야 합니다.

대학 입시를 향해 달려가는 일방향의 주입식 교육이 한때 작동한 것이 사실입니다. 시장에서 필요로 하는 인력을 학교에서 빠르게 생산해내며 국가 성장을 이룩하는 데 도움을 주었습니다. 그러나 앞으로 이런 교육은 국가 발전에 저해가 됩니다. 그렇게 만들어진 인력은 미래 사회에는 쓸모없는 존재니까요. 앞으로는 양방향의 자기주도형 교육이 필요합니다.

이렇게 하기 위해서는 교육자의 역할이 바뀌어야 합니다. 전문가로서 학생을 이끄는 것이 아니라, 조력자로서 학생을 돕는 역할을 하는 것이 바람직합니다. 지금까지는 경쟁시키고 우열을 가르는 것이 동기부여의 방법이었지만, 이제는 다양성을 존중하며 협력하는 데서 기쁨을 찾도록 해야 합니다. 교육의 시기도 한때 배워서 사회로 진출하는 것이 아니라, 앞으로는 평생 배우는 시대가 될 것입니다.

구분	1차 산업혁명시대	4차 산업혁명시대
교육 목적	기술과 지식 전달	협력을 통한 집단지성 활용
교육 내용	통일화	개별화
교육 방식	주입식 & 일방향	자기주도 & 양방향
교육 (동기부여) 방식	경쟁 & 우열 가리기	협력 & 다양성 존중
교육자 역할	전문가	조력자
교육 장소	교실	모든 장소
교육 시기	8~23세	평생
교육 도구	문자, 종이책, 칠판	영상, 인터넷, 미디어, 디지털 툴

이러한 변화가 필요하지만, 학교 역시 거대한 시스템 속에 있다 보니 변화가 쉽지 않습니다. 교육자 입장에서 변화의 필요성은 느끼지만 실제로 구현하는 것은 쉽지 않습니다. 교육계는 오랫동안 교육의 내용과 방식을 바꾸려고 노력했지만 변화의 속도는 더디기만 합니다.

지금 가장 바꾸기 쉬운 것은 '교육 도구'입니다. 그동안 써오던 문자, 종이책, 칠판을 뒤로하고 영상, 인터넷, 미디어, 디지털 도구들을 사용하는 것만으로도 변화를 만들어낼 수 있습니다.

가장 단순하게는 영상을 통해 교육 효과를 높일 수 있습니다. 영상이 문자에 비해 교육 내용을 효과적으로 전달해줄 수 있기 때문입니다. 영상 외에도 유익한 디지털 도구가 많습니다. 디지털 도구를 활용하면 재미있기 때문에 학생들의 관심과 흥미를 높일 수 있습니다. 디지털이 갖고 있는 매력과 게이미피케이션 접근 방법을 통해 다소 따분한 주제도 흥미롭게 다룰 수 있습니다.

요즘 청소년은 검색으로 배우는 세대입니다. 인터넷 정보를 검색하며 정리하도록 하면 자연스럽게 자기주도형 수업이 됩니다. 교사가 일방적으로 가르치지 않고, 학생들이 스스로 찾아보며 공부하도록 하는 것이 가능합니다. 과거에는 지식을 책에서만 찾을 수 있었고 돈을 주고 사야만 했지만, 이제는 인터넷에 무료 지식이 넘쳐납니다. 게다가 요즘 학생들은 디지털 원주민이기 때문에 디지털 도구의 사용은 교육자보다도 더 빨리 배우지요. 학생들의 자기주도성이 높아질 수밖에 없습니다. 교육 도구를 디지털로 바꾸는 것만으로도 교육의 변화를 가져올 수 있습니다.

딥마인드의 CEO 허사비스가 우리나라에서 태어났다면 어떻게 되었을까요? 게임중독 문제아로 낙인찍히고 입시 공부에 치여 어쩌면 알파고가 세상의 빛을 보지 못했을지도 모릅니다.

현재 교육에 대한 문제의식을 갖고 변화를 시도하는 많은 분들이 있습니다. 공교육 교사는 물론 정책 분야 종사자부터 민간에 이르기까지 공교육 혁신을 지원하기 위해 헌신하는 분들이 많습니다. 이런 노력들은 모두 한곳을 향하고 있습니다. '가르치는 교육에서 배우는 교육'으로 변화해야 하고, '학생들이 중심이 되는 교육'으로 바뀌어야 한다는 생각이지요. 모두가 열망하지만 방법을 모를 뿐입니다. 어떻게 바꿔야 할까요? 가장 쉬운 노력으로 시작해볼 수 있습니다. 교육 도구를 바꾸는 것으로 말이지요.

Ⅰ. 디지털, 생활의 방식

1. 디지털 & 건강한 토론문화
2. 인공지능 & 미디어의 순기능 vs 역기능
3. 클라우드 & 표현의 자유
4. 빅데이터 & 정보의 진실 vs 허구

1. 디지털 & 건강한 토론문화

퀴즈로 미리 생각해보기

1. 다음 중 디지털의 특징이 아닌 것은?

▲ 무한복제가 가능하다.

◆ 시공간의 제약이 없다.

● 돼지털의 동생이다.

■ 오래 보관해도 변하지 않는다.

2. 디지털 리터러시에 포함되지 않는 것은?

▲ SNS에서 고운 말 쓰기

◆ 개인정보 지키기

● 디지털 미디어 활용하기

■ 게임 잘 하기

3. 토의와 토론의 올바른 태도는?

▲ 싸워 이기기

◆ 멱살 잡고 경청하기

● 침 튀기며 주장하기

■ 더 나은 대안 만들기

사용하는 디지털 도구

- 패들렛 padlet.com
- 카훗 kahoot.com
- GG.GG gg.gg
- 안드로이디파이 androidify.com

디지털 도구 사용법 유튜브 영상 채널 youtube.com/c/DigitalLiteracy

디지털과 교육

디지털

흔히 아날로그는 오래된 방식, 디지털은 최신의 방식이라고 생각하기 쉬운데요, 이렇게 시대에 따라 둘을 구분하는 것은 너무 단순한 생각입니다. 아날로그(Analog)는 밝기, 온도, 길이 등 연속적으로 변화하는 양을 나타내는 방식을 말하고, 디지털(Digital)은 모든 정보를 0과 1로 나타내는 방식을 말합니다.

예를 들어볼까요? 카세트테이프와 CD를 비교해보지요. 카세트테이프는 아날로그 방식, CD는 디지털 방식입니다. 카세트테이프의 경우 첫 곡을 듣다가 끝 곡을 듣고 싶다면 테이프를 돌려야만 하지요. 테이프가 돌아가는 것을 기다려야만 합니다. 테이프를 복사하면 복사된 두 번째 테이프는 음질이 떨어지고요. 세 번째 네 번째 테이프는 음질이 더 떨어지지요. 테이프를 자주 들으면 들을수록, 듣지 않아도 시간이 지나는 것만으로도 음질이 떨어지곤 합니다. 정보가 손상되는 것이지요. 이런저런 이유로 사용하고 유지하는 비용도 많이 듭니다. 반면 디지털 CD는 첫 곡을 듣다 끝 곡을 듣고 싶을 때 버튼만 누르면 돼요. 무한정 복사할 수 있고 원본과 복사본의 음질 차이도 없습니다. CD의 음원을 컴퓨터 파일로 전환하면 쉽고 빠르게 전 세계 사람들과 공유할 수도 있습니다. 과거 아날로그 시대에 겪었던 불편함이 디지털 세상에서는 없어요.

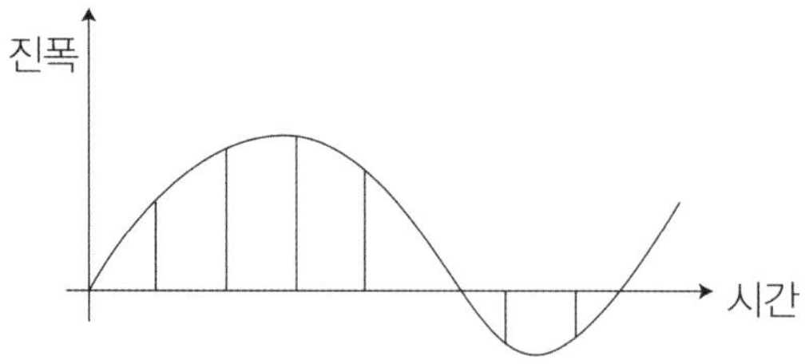

아날로그 신호

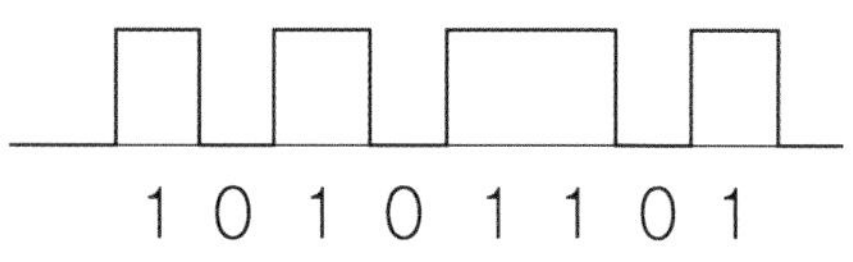

디지털 신호

전문가들은 디지털 특성을 네 가지로 규정합니다. 바로 통합성, 복제성, 전파성, 축적성입니다. 무엇보다 비용이 매우 저렴하기 때문에 무한대로 활용할 수 있지요. 디지털은 이러한 특성 때문에 인류의 삶을 완전히 바꿔놓았어요.

디지털 리터러시

디지털 리터러시란 디지털 기술·데이터·정보·콘텐츠·미디어에 접근하고, 이를 통해 관리·통합·분석·평가·해결·소통하며, 지혜롭게 문제를 해결하는 능력과 소양을 말합니다. 다양한 디지털 미디어와 영상을 통해 지식과 정보를 얻을 수 있는 세상이고, 게다가 무료로 얻을 수 있기 때문에 디지털과 디지털 미디어를 읽고 쓸 줄 아는 능력이 중요해지고 있습니다. 과거 글을 배우듯이 이제는 디지털을 읽고, 분석하고, 쓰는 방법을 배워야 합니다.

DQ

IQ와 EQ가 지능이나 감성지능을 말하는 것처럼 DQ(Digital Quotient)란 디지털 지능을 말합니다. 개인의 디지털 리터러시를 쉽게 측정할 수 있도록 디지털리터러시교육협회가 개발한 도구인데요, DQ를 측정하는 질문은 크게 4개 범주, 6개 영역의 문항을 포함하고 있습니다. 4개 범주는 디지털 윤리, 디지털 활용능력, 디지털 활용도, 디지털 사회 기여도로 되어 있고, 디지털 활용능력은 다시 디지털 소비, 디지털 분석, 디지털 생산의 세 가지 능력으로 나뉘어 있습니다.

디지털 윤리에는 개인정보 보호, 저작권과 초상권, 디지털 시민의식, 디지털 에티켓, 디지털 사회관계 등의 소양이 포함됩니다.

디지털 활용능력은 디지털 기술과 미디어를 활용하여 자신에게 필요한 정보를 검색하고, 정확성이 떨어지는 정보를 걸러내는 등 디지털 콘텐츠를 소비하는 능력에서부터 자신이 찾아낸 디지털 콘텐츠를 분석하고, 해석해내는 능력을 말합니다. 더 나아가 디지털 콘텐츠를 수동적으로 소비만 하는 데 그치지 않고, 콘텐츠를 능동적으로 생산하고 디지털 사회에 적극적으로 참여하는 것까지 포함하고 있습니다.

위 소양과 능력은 하나도 빠짐없이 중요합니다. 더 중요한 것은 이것들 간의 융합과 균형입니다. 우리 몸에 다양한 영양분이 필요한 것처럼 모든 요소들이 빠짐없이 중요합니다. 그리고 우리의 장기 중 어느 하나가 고장 나면 전체에 문제가 생기는 것처럼 각 요소들 간의 균형도 필요합니다.

만약 지나치게 윤리만 강조하다 보면 디지털을 금지하는 방향으로 흘러가게 됩니다. 활용도 없고 발전도 없습니다. 디지털 윤리의식이 부족한 상황에서 디지털 활용능력만 갖춘다면 어떻게 될

⑥ Contribution
다른 사람들과 친구에게 도움 주기
다른 사람들에게 피해 주지 않고, 친구 괴롭히지 않기

⑤ Utilization
공부에 활용하고, 진로 찾기에도 이용하기
과용하지 않고 절제하여 공부와 일상생활에 해가 되지 않기

② Input	③ Processing	④ Output
나에게 필요한 정보와 콘텐츠 잘 찾기	기준에 따라 잘 분석하기	사람들이 좋아하는 정보와 콘텐츠 조사, 기획하기
나에게 불필요한 정보와 콘텐츠 잘 걸러내기	정서를 느끼고, 공감하기	사람들이 좋아하는 정보와 콘텐츠 만들기
나에게 유용한 정보 잘 분류, 보관하기	나만의 관점으로 해석하고 설명할 줄 알기	내가 만든 정보와 콘텐츠를 사람들과 공유하기

② = 읽기, 듣기, 보기, 느껴보기

④ = 글쓰기, 그리기, 작곡하기, 녹음하기, 촬영하기 & 편집하기

① Ethics
디지털 세상에서 사회규범을 잘 지키고, 다른 사람의 생각과 의견을 존중하기
디지털 세상에서 나의 소중한 정보를 잘 지키고, 다른 사람의 지적재산을 불법적으로 도용하지 않기

까요? 기술을 엉뚱한 데 이용하며 자신과 인류를 파멸의 길로 인도할지도 모릅니다. 마지막 두 범주가 필요하고, 앞에 두 범주와 어우러져야 하는 이유가 여기에 있습니다.

이렇게 갖춘 능력을 학교 공부와 진로 찾기에 활용하고, 절제할 줄 알아야 합니다. 자신의 발전을 위해 활용하되, 자아도취나 중독에 빠지지 않고 과용하지 말아야 합니다. 여기에 그치지 않고, 자신이 갖고 있는 능력을 남을 괴롭히거나 자신만의 이익을 추구하는 데 사용하지 않고, 인류 공동체의 발전을 위해 활용할 수 있도록 해야 합니다. 이런 인재를 '디지털 홍익인간'이라고 부릅니다. 미래는 이러한 인재를 필요로 합니다.

디지털 & 미디어 리터러시 수업 방법

'디지털 리터러시' 수업은 주제와 도구가 어우러진 수업입니다. 수업의 중심은 '주제'이고, 디지털 도구는 해당 '주제'를 보다 재미있고, 효과적으로 배우는 데 사용되는 수단입니다.

'디지털 리터러시' 수업은 STCPR 방식으로 진행됩니다.

STCPR : 디지털 도구를 활용한 디지털 리터러시 교육 모델

SEARCH 먼저 해당 '주제'에 대해 학생들이 스스로 찾아보도록 합니다. 기사, 블로그, 데이터, 영상 등 다양한 자료를 찾아보며 '주제'에 대해 탐색하도록 합니다. 이때 선생님의 역할은 좋은 질문을 하는 것입니다. 먼저 답을 내려주지 않고, 학생들이 궁금해할 만한 것, 해당 '주제'를 파악하는 데 있어서 핵심적인 것을 묻고, 학생들이 스스로 찾아보도록 독려하는 것이 좋습니다. 학생들은 검색으로 배우는 세대이니까요.

정보를 신뢰할 만한지 확인하는 방법을 알려주는 것이 좋습니다. 정보의 출처, 작성자의 목적과 의도 등을 파악하는 법을 알려주는 것이 필요합니다. 정보의 홍수 속에서 제대로 된 정보를 찾는 것이 중요하니까요. 이때 빅데이터 분석 도구를 활용하면 좋습니다. 빅데이터 분석은 전문가들만 할 수 있는 일이었지만, 이제는 무료로 제공되는 도구들이 다양해 누구나 쉽게 할 수 있습니다.

TALK 현재 대부분의 수업은 '듣기' 방식으로 진행되고 있습니다. 일반적으로 듣는 수업은 5%밖에 남지 않지만, '말하기' 방식으로 할 경우 90%가 남는다고 합니다. 세상에는 두 가지 종류의 지식이 있습니다. 내가 알고 있다는 느낌은 있는데 설명할 수 없는 지식이 있고, 내가 알고 있다는 느낌뿐 아니라 남들에게 설명할 수도 있는 지식이 있습니다. 두 번째 지식만 진짜 지식이고 내가 쓸 수 있는 지식이지요. '말하기'식 공부가 두 번째 지식을 늘려줄 수 있습니다. 혼자 공부하는 것보다 친구들과 떠들고 이야기하면 교육의 효과를 높일 수 있습니다.

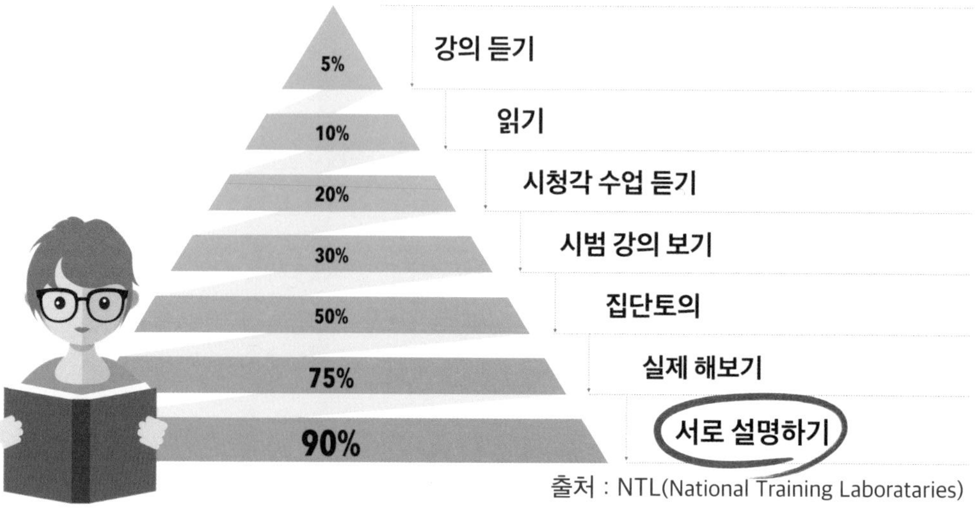

출처 : NTL(National Training Laboratories)

인간에게는 우리 자신의 사고능력을 바라보는 또 하나의 눈, 즉 메타인지(Metacognitive)가 있기 때문인데요, 메타인지가 무언가를 배울 때 자신을 객관적으로 바라보면서 내가 아는 것과 모르는 것을 정확히 파악해냅니다. 하지만 이러한 능력이 늘 발휘되는 것은 아닙니다. 다른 사람에게 말할 때만 메타인지가 발동합니다. 메타인지를 통해 말하다 보면 자신이 무엇을 알고 있고 무엇을 모르는지가 명확해지지요.

무엇을 모르는지를 모른다면 알고 있는 부분만 계속 들여다보면서 시간을 허비할 수 있습니다. 무엇을 모르는지 알게 되면 그 부분을 집중적으로 파악해볼 수 있기 때문에 모르는 것을 극복할 수 있지요. '설명'이라는 행위를 통해서 메타인지를 깨울 수 있습니다. 학생들끼리 이야기를 주고받고, 토의/토론을 하게 되면 배움의 효과가 향상됩니다.

CREATE 이제 앞서 조사하고 이야기 나눈 것을 정리하는 단계입니다. 과거에는 배운 것을 정리하는 유일한 방법이 문자로 문서를 만드는 것이었습니다. 학생들에게 문서 정리는 참 부담스러운 일입니다. 이제는 '영상'과 '미디어'의 시대입니다. 대부분의 학생들이 파워포인트 문서를 만드는 것은 싫어하지만, 영상을 만드는 것은 매우 흥미로워합니다. 영상 제작뿐 아니라 최근에는 무료로 사용할 수 있는 다양한 디지털 도구들이 늘어나 재미있게 배운 것을 정리하고 생각을 다듬을 수 있습니다.

배운 것을 인포 영상으로 정리한다거나, 그래픽 디자인 도구를 이용하여 간단한 카드 뉴스로 만들어볼 수도 있습니다. 디지털 시민으로서 지켜야 할 의무를 가사로 적어본 후 인공지능 작곡 도구를 이용하여 노래를 만들 수도 있고, 디지털 스토리텔링 도구를 이용하여 이야기 동화책을 만들 수도 있지요. 이렇게 디지털 도구를 활용하여 창작 활동을 하면서 지식을 정리하게 되면, 학생들이 재미있게 수업에 참여할 수 있을 뿐 아니라, 자연스럽게 융합 수업이 되기도 합니다. 문과와 이과를 나누지 않고, 과학과 음악을 함께 배우고, 논리력과 창의력을 함께 키울 수 있습니다.

PRESENTATION 마지막 완성은 발표입니다. 조사하고, 이야기 나누고, 정리하여 만든 결과물을 앞에 나와서 다른 친구들에게 설명하도록 합니다. 이 과정에서 메타인지가 한 번 더 작동합니다. 발표를 하면서 자신이 알고 있는 것과 모르는 것이 더욱 명확해지지요. 무엇이 부족한지 스스로 깨닫게 되는 과정입니다.

발표는 그 이상의 의미가 있습니다. 교육 전문가들은 미래 교육에서 '소통'을 강조합니다. CCR(Center for Curriculum Redesign)은 21세기 인재가 갖춰야 할 기술로 네 가지를 꼽는데요, 이 중 커뮤니케이션을 매우 중요하게 강조하고 있습니다. 대화를 잘 풀어가는 것뿐 아니라, 대중 앞에서 프레젠테이션을 하는 능력은 미래에 없어서는 안 될 능력이지요. 사람들 앞에서 발표하는 것이 자연스러워져야 합니다.

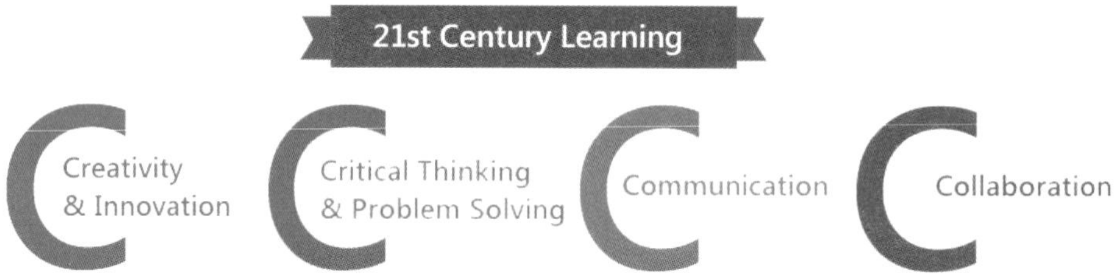

Reflection 마지막으로 앞의 과정을 복기하도록 합니다. 친구들과 이야기 나누고 발표하는 과정 에서 메타인지가 발견한 점을 스스로 정리하는 과정입니다. 이 과정을 통해 어떤 부분을 더 공부하고 채워야 하는지 새로운 계획을 세울 수 있습니다.지금까지는 변별력을 만들고 피드백을 주기 위해 '평가'하는 교육을 해왔습니다. 이제는 스스로 깨우치고, '성찰'하는 교육으로 전환되어야 합니다.

이러한 방식의 수업을 해보지 못한다면 교사의 능력에 따라 교육의 질이 차이가 날 수밖에 없고, 학생의 능력에 따라 배움의 차이가 존재할 수밖에 없습니다. 그러나 디지털 도구를 활용하면 이러한 개인 차를 극복할 수 있습니다. 디지털 도구가 프로세스를 제공해주기 때문입니다.

우선 디지털 도구가 갖고 있는 매력은 학생들에게 동기부여를 해줍니다. 학생들의 적극성과 자발성을 끌어내주지요. 또 한 가지는 디지털 도구가 학생들의 자신감을 끌어올려 준다는 것입니다. 디지털 도구를 활용하면 누구나 일정 수준 이상의 결과물을 만들어낼 수 있습니다. 디지털 기술이 도와주기 때문이지요. 감각이 부족한 친구도 제법 감각적인 결과물을 만들어 낼 수 있습니다. 결과물이 좋아지니 발표할 용기도 생깁니다. 디지털 커뮤니케이션이 대화의 부담을 덜어주어 말주변이 없는 친구도 말할 기회를 갖게 됩니다.

교사의 능력만으로 학생 개개인의 능력을 일일이 살펴가며 STCPR의 과정대로 수업을 진행하는 것은 사실상 불가능에 가깝습니다. STCPR 방식이 이상적이라는 건 누구나 알지만 실천이 어려운 것이지요. 그러나 디지털 도구가 있다면 그리 어렵지 않습니다. 도구가 방식을 만들고, 어떠한 내용도 다룰 수 있는 여유를 제공합니다. 도구를 바꾸는 것만으로도 모두가 바라는 교육의 혁신을 만들 수 있습니다.

커뮤니케이션이 중요해지는 사회

토론과 토의

'디지털 리터러시' 수업은 학생 스스로 채워가는 수업입니다. 학생 중심의 수업이 되기 위해서는 친구들과의 협업이 중요한데요, 협업이 잘되기 위해서 토의와 토론에 익숙해져야 합니다. 토의와 토론을 통해 친구들과 머리를 맞대고 함께 문제를 풀어가는 법을 배워야 합니다.

비슷해 보이지만 토의와 토론은 큰 차이가 있습니다. '토의'가 '협력'을 통해 더 나은 아이디어를 찾는 과정이라면, '토론'은 '경쟁'을 통해 더 나은 주장을 택하고 수용하는 과정입니다.

구분	토의	토론
정의	어떤 주제에 대하여 여러 사람들이 정보와 의견을 교환하며 해당 주제에 관해 학습하거나 문제를 해결하려는 활동	어떤 주제에 대하여 서로 다른 주장을 하는 사람들이 주장하는 이유나 근거를 설명하고 이를 증명하는 과정을 통해 다른 사람을 설득하려는 활동
주제 성격	합의가 필요한 주제	선택이 필요한 주제
목적	해결책 찾기	우열을 가려 더 나은 대안 결정하기
참석자 생각	서로 주장이 같거나 달라도 상관없음	서로 주장이 달라야 함
규칙	특별한 규칙이 없어도 됨	엄격한 규칙 필요
필요 능력	창의적인 사고력과 배려	논리적인 사고력과 상호존중
두 가지 방법 모두 민주적 의사소통 과정으로 공동체의 더 나은 미래를 위한 활동		

'토의'는 특정 주제에 대해 다양한 의견을 모으기 위한 소통 방법입니다. 정보와 의견을 교환하며 해결 방안을 찾고 합의하는 과정이지요. 예를 들어 학교 환경을 개선하기 위한 방법을 찾는다거나 학교 폭력을 해결하는 방법 등의 주제를 다룰 때 적합합니다.

'토론'은 쟁점이 있는 주제를 놓고, 찬반을 나누어 옳고 그름을 가리는 소통 과정입니다. 이유와 근거를 들어 주장을 펼치고 설득하는 과정을 통해 더 나은 대안을 찾아가는 것입니다. 자사고 폐지, 청소년 성범죄 신상정보 공개와 같은 주제를 다루는 데 적합합니다.

이견이 있을 때 토론으로 더 나은 길을 결정하고, 그다음 결정한 것을 구현하기 위해 토의를 통해 좋은 아이디어와 방안을 찾습니다. 토의 후 여러 아이디어 중 어떤 것을 채택할 것인가를 결정할 때는 또다시 토론이 필요하겠지요. 이렇게 토의와 토론은 반복됩니다.

토의에서 '비판'은 금물입니다. 누구나 비판받으면 더 이상 의견을 내고 싶지 않겠지요. 그럼 풍부한 아이디어를 모으기 힘듭니다. 토론은 옳고 그름을 가려야 하니 비판할 수밖에 없습니다. 비판이 예리할수록 더 나은 결론을 끌어낼 수 있지요. 중요한 건 '건강한 비판'입니다. 감정을 배제하고, 논리적, 건설적으로요. 비판과 비난을 혼동해서는 안 됩니다. 비판이 아닌 비난은 금물입니다.

'토의'와 '토론'은 각각 '협력'과 '경쟁' 방식을 취합니다. 방식은 반대이나 더 나은 대안을 만들고 올바른 방향으로 문제를 풀어간다는 목적 면에서는 같습니다. STCPR의 수업을 진행하기 위해서는 건강한 '토의'와 '토론'에 익숙해져야 합니다. 수업을 떠나서도 미래는 소통과 협력이 중요한 시대이니 '토의'와 '토론'하는 능력은 미래 인재가 반드시 갖춰야 할 소양입니다.

토론과 토의 방법

토의와 토론을 잘하기 위해서는 경청하기, 말하기, 원칙과 순서 지키기, 그리고 자신의 역할에 충실하기의 네 가지 능력과 자세를 갖추어야 합니다. 그리고 하지 말아야 할 행동들에 유의한다면 누구나 토의, 토론을 잘할 수 있습니다.

경청하기

· 귀로만 듣는 것이 아니라 눈으로도 들어요.
· 몸과 자세를 바르게 하고 들어요.
· 동의할 때는 고개를 끄덕여주고, 말로도 반응해주어요.
· 아는 이야기라 하더라도 끝까지 들어주어요.
· 중요한 내용은 메모를 해두어요.
· 자신이 바르게 이해했는지 질문으로 확인해요.

말하기

· 듣는 사람의 수준과 입장을 고려하며 말해요.
· 사람들의 눈을 바라보며 말해요.
· 사람들이 잘 들을 수 있도록 정확한 발음으로 또박또박 말해요.
· 바른 자세로 적절한 표정과 몸짓을 섞어가면서 말해요.
· 공간과 인원수를 고려하여 목소리 크기를 조절해요.
· 말하기 전에 말할 내용을 머릿속으로 정리한 후 말해요.
· 말할 내용을 글로 정리할 경우에는 대본을 쓰지 말고 키워드만 정리해요.
· 결론을 먼저 말하고 이유나 근거 등을 제시해요.
· 맥락상 흐름에서 벗어나는 내용을 말할 때는 배경과 의도를 먼저 설명해요.
· 어려운 내용은 이해하기 쉽게 적절한 비유를 들어서 설명해요
· 중요한 것은 반복 강조하되, 중복해서 말하지는 말아요.
· 밝은 표정, 그러나 진지한 태도로 말해요.

원칙과 순서 지키기

· 토의와 토론은 아래와 같은 원칙을 중심으로 순서에 맞춰 진행합니다.

구분	토의	토론
원칙	· 민주적인 소통과정입니다. · 협력을 기반으로 합니다. · 브레인스토밍을 통해 다양한 아이디어를 구합니다. · 비판은 금물입니다. · 더 나은 아이디어를 찾고, 문제를 해결하기 위한 것입니다.	· 민주적인 소통과정입니다. · 경쟁을 기반으로 합니다. · 논리적인 반박으로 더 나은 선택을 합니다. · 비판이 동력이 됩니다. · 더 나은 선택, 더 옳은 결정을 하기 위한 것입니다.
순서	1. 주제를 정합니다.	1. 쟁점과 쟁점이 가진 찬반 등의 이견을 정의합니다.
	2. 주제가 가진 문제점과 해결 과제를 이해하고 공감대를 형성합니다.	2. 전체 진행자와 쟁점별 팀을 정하고, 팀 내 역할도 정합니다.
	3. 주제 관련 현황과 전망을 공유하고, 원인을 정확히 파악합니다.	3. 팀별로 주장하는 바를 설득하기 위한 논리를 세웁니다.
	4. 토의 방식을 결정합니다.	4. 상대 논리를 반박할 질문을 만듭니다.
	5. 브레인스토밍을 통해 다양한 아이디어를 구합니다.	5. 상대의 예상질문을 만들고, 이에 대한 논리적인 답변을 준비합니다.
	6. 제한된 상황과 한계를 고려한 의사결정 기준에 따라 해결방안을 선택합니다.	6. 양 팀이 주장하기, 질문 받기, 답변하기를 하고, 2~3차 질문과 답변시간을 갖습니다.
	7. 실천 계획을 세우고, 향후 역할과 일정을 정리합니다.	7. 양 팀 최종발언 후 진행자가 토론 결과를 이야기하며 마무리합니다.

자신의 역할에 충실하기

· 토의와 토론은 아래와 같이 역할을 나누고, 각자 주어진 역할에 충실해야 합니다.

역할	토의	토론
진행자	· 토의 내용이 주제에서 벗어나지 않도록 관리합니다. · 모두의 고른 참여와 발언의 기회, 적극적인 참여를 끌어냅니다. · 토의 방식과 의사결정 기준을 제시하고, 결론 도출을 유도합니다.	· 토론의 원칙과 토론 방식을 정하고, 이를 준수하도록 관리합니다. · 기록, 발표 등의 역할을 정합니다. · 토론의 흐름과 주요 쟁점을 파악하여 토론이 원활히 진행되도록 합니다. · 팀의 진행자는 팀원들의 고른 참여와 기여를 끌어냅니다. · 최종 의사결정의 기준을 세우고, 합의를 끌어냅니다.
참여자	· 토의, 토론 과정과 결과에 기여할 수 있도록 적극적으로 참여합니다. · 우리 팀원뿐 아니라 다른 팀원들의 의견을 경청하고, 더 좋은 의견을 낼 수 있도록 독려해줍니다. · 결과에 대해서는 멋지게 인정하고 받아들입니다.	
기록자	· 기록자를 별도로 두는 것이 좋습니다. 기록자는 기록하면서도 토의와 토론에 적극적으로 참여합니다. · 참여자의 원래 발언을 충실히 기록하며, 자의적으로 해석하여 정리하지 않도록 주의해야 합니다. · 논의되는 모든 내용을 시간 흐름에 따라 기록해두고, 최종 채택되어 내려진 결론을 다시 정리합니다.	
발표자	· 고른 참여를 위해 별도로 발표자를 정할 수도 있지만, 인원이 적을 경우 기록자가 함께하는 것도 좋습니다. · 개인의 생각이 아니라 팀에서 합의된 결론만 발표하도록 합니다.	

반대로 토의나 토론을 할 때 절대로 하지 말아야 할 행동들도 있어요. 하지 말아야 할 열 가지 행동은 다음과 같습니다.

이기려고 하지 않기 사람과 생각을 분리해야 해요. 친구와 경쟁하고 겨루는 것이 아니라, 친구가 가진 생각과 내 생각을 견주는 거예요. 친구를 이기려 하지 말고, 내 생각과 주장을 펼치는 데 주력해보세요.

말 끊지 않기 의욕이 넘치다 보면 그럴 수 있어요. 하지만 다른 친구들이 내 얘기에 집중해주길 바란다면, 나부터 집중해야겠지요? 비판하려면, 우선 경청하세요. 토의·토론은 기술보다 태도가 중요하답니다.

잘난 체하지 않기 의사소통은 배드민턴 놀이와 같아요. 나를 뽐내기보다 파트너가 공을 잘 받을 수 있도록 쳐줘야 해요. 혼자만 아는 것도 잘난 체 말고 겸손하게 배려하면 더 좋은 결과물을 만들어낼 수 있을 거예요.

혼자만 떠들지 않기 토의, 토론 시간을 전체 인원수로 나눠보세요. 한 사람당 이야기할 수 있는 시간이 나올 거예요. 모두가 고르게 참여해야 더 좋은 결과물을 만들 수 있고 참여하는 사람들도 더 즐거울 거예요.

장황하게 설명하지 않기 커뮤니케이션을 통한 설득력은 많이 말하는 것보다 논리와 근거를 갖고 짧게 말할 때 더 커집니다. 최대한 간결하게 표현하기 위해서는 비유법을 사용하는 것이 좋아요.

논점 없이 말하지 않기 말하면서 생각하지 말고 생각을 먼저 정리한 다음 말하세요. 전달하고자 하는 '결론'을 먼저 말하고, '이유'와 '근거'를 설명한 후, '결론'을 다시 강조하며 마무리하는 게 좋습니다.

똥고집 부리지 않기 확실한 논거도 없이 다른 친구들의 의견을 경청하지 않고 자신의 주장만 펼친다면 그건 고집입니다. 신념을 갖는 것은 중요하지만, 때론 자신의 주장을 굽힐 줄도 알아야 해요.

비난하지 않기 비판과 비난은 달라요. 건강한 비판은 건설적이지만, 비난은 그저 상대를 공격하는 거예요. 토의와 토론에서 유일하게 비난받을 사람이 있다면 그건 바로 비난하는 사람이에요. 비판 OK! 비난 NO!

짜증 내지 않기 토론에서 짜증을 부린다면 토론에서 이미 진 것이나 다름없습니다. 결과에 너무 집착하지 말고 친구들과 즐겁게, 좋은 경험을 하는 시간이라고 생각해봐요. 임하는 자세가 달라질 거예요.

말없이 침묵하고 있지 않기 친구들의 반응이 없어 의기소침해졌나요? 비난받을까 봐 침묵하지는 않았나요? 머리를 모을 때 더 좋은 결과를 얻어낼 수 있어요. 모두 참여할 수 있도록 맞장구치며 용기를 북돋워주세요.

나를 소개하는 캐릭터를 만들어보아요.

1) 나를 표현할 수 있는 캐릭터 컨셉이 무엇인가요?

지금 나의 모습도 좋고, 내가 되고 싶은 모습도 좋아요.
헤어스타일, 패션, 나의 특징을 잘 살려주는 소품까지…
어떠한 컨셉으로 제작할 것인지 적어보아요.

2) 내가 만든 캐릭터를 설명해주세요.

피부색, 신체 비율, 헤어스타일, 옷, 신발, 소품 등 상상했던 모습을 표현해보세요.
캐릭터 디자인이 완료되면 캐릭터 제스처도 선택해주세요.
나를 가장 잘 표현할 수 있는 움직임으로요.
완성되었으면 내가 왜 이러한 캐릭터를 만들고, 이러한 제스처를 선택했는지 캐릭터 설명과 함께 캐릭터를 공유할 거예요.
이곳에 캐릭터 설명을 적어보아요.

우리 모둠 이름을 만들어 발표해보아요.

1) 모둠 이름의 컨셉을 토의해주세요.

모둠원의 이름, 모둠원이 사는 동네, 모둠원이 존경하는 인물, 모둠원이 좋아하는 게임, 모둠원이 좋아하는 색깔, 모둠원이 좋아하는 음식…
모둠원의 자기 소개 캐릭터를 보고, 어떠한 것을 이용해서 이름을 만들지 한 명씩 돌아가면서 이야기해보아요.
그리고 이곳에 모둠원이 이야기한 내용을 적으면서 가장 많은 모둠원이 이야기한 것을 모둠 이름의 컨셉으로 정하세요.

2) 컨셉에 맞춰 우리 모둠의 특징이 담긴 이름을 만들어주세요.

모둠 이름 컨셉에 맞는 모둠의 특징을 생각해보아요.
모둠의 특징을 토대로 내가 제안하고 싶은 모둠 이름과 제안한 이유를 적어보세요.
모둠원의 의견을 들어보고 가장 잘 어울리는 우리 모둠 이름을 정해보세요.

3) 우리 모둠 이름을 발표해주세요.

모둠별 발표 순서를 정하고, 오늘 발표자가 우리 모둠 이름을 발표해보아요.

패들렛 padlet.com

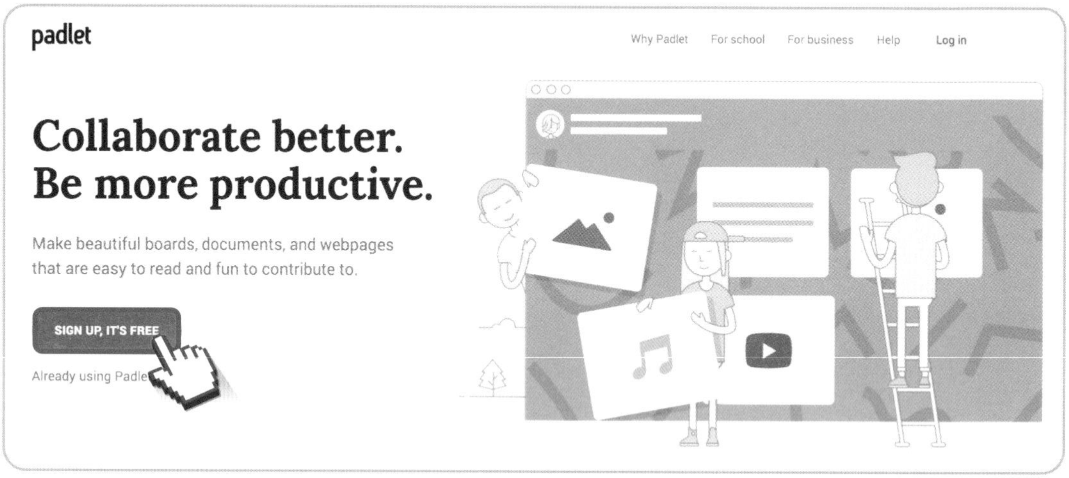

1. 패들렛 메인

패들렛은 다른 사람들과 콘텐츠를 만들고 공유하기 위한 웹사이트입니다. 게시판, 블로그, 포트폴리오 등 필요에 따라 다양한 형식으로 제작할 수 있어요. 패들렛의 가장 큰 장점은 로그인을 하지 않아도 콘텐츠를 생성할 수 있다는 것입니다. 하지만 이 부분이 단점이 될 수도 있어요. 익명으로 작성이 가능하기 때문에 다른 사람에게 피해를 주는 콘텐츠를 게시할 수 있기 때문입니다. 그래서 패들렛을 **익명으로 사용하려면 공격적인 언어나 음란한 콘텐츠, 의미 없는 콘텐츠를 게시하지 않도록 서로 약속을 해야 합니다.** 기분 좋은 활동을 위해 반드시 지켜야 할 약속인 것이지요.

자, 그럼 패들렛을 시작해볼까요?

패들렛을 시작하려면 회원가입을 해야겠지요?

Sign up 버튼을 클릭하면 구글, 페이스북, 마이크로소프트 계정으로 가입할 수 있는 버튼이 나옵니다. 이 외 네이버나 한메일 등 다른 메일로 가입을 하려면 Email 입력창에 이메일 주소를 입력하고, Password 입력창에 원하는 비밀번호를 입력한 후 **SIGN UP** 버튼을 누르면 됩니다.

만약 구글 계정으로 회원가입을 하려면 **Log in with Google** 버튼을 클릭해주세요. 지메일 주소 입력 후 **Next** 버튼을 클릭하고, 패스워드 입력 후 **Next** 버튼을 클릭해주세요.

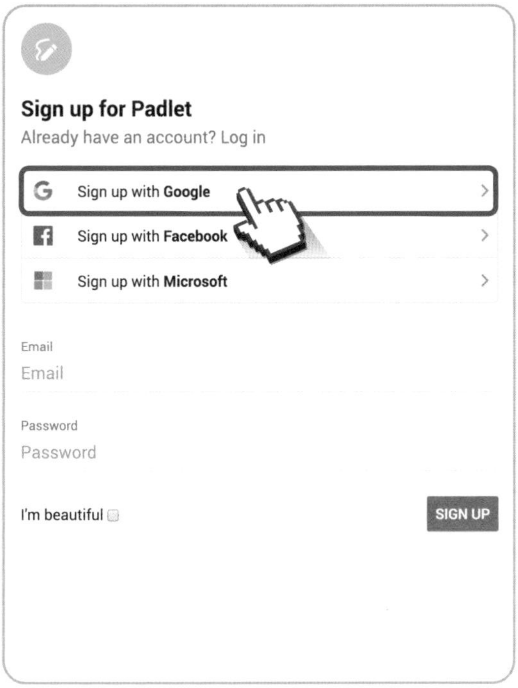

2. 회원가입

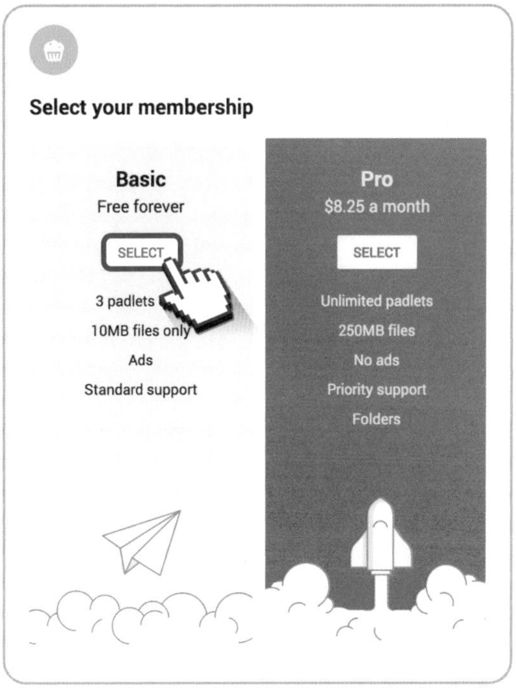

3. 요금제 선택

4. 패들렛 생성

평생 무료로 이용 가능한 Basic 버전과 월 이용료 8.25달러인 Pro 버전 중 선택할 수 있는 페이지가 나옵니다. Basic 버전은 3개의 패들렛을 생성할 수 있고, 파일 업로드 용량이 최대 10M로 제한되어 있어요. 기존 패들렛을 PDF 파일로 다운받을 수 있으니 백업을 받은 후 삭제하면 새로운 패들렛을 만들 수 있겠지요. 구글 드라이브와 함께 이용하면 10M 용량도 전혀 문제가 되지 않습니다. 구글 드라이브에 파일을 업로드하고 해당 URL을 올리면 되니까요.

구글 드라이브 사용방법은 이후에 다루기로 하고 우선 **+ MAKE A PADLET** 버튼을 클릭해서 새로운 패들렛을 만들어보겠습니다.

빈 벽을 알아서 채우는 형식의 Wall, 마치 포스트잇 붙이듯 자유롭게 콘텐츠 위치를 배치할 수 있는 Canvas, 세로로 길게 나열하는 Stream, 격자에 맞춰 정렬할 수 있는 Grid, 한 열씩 타이틀을 지정하여 내용을 정리할 수 있는 Shelf, 대화 형태로 내용을 정리할 수 있는 Backchannel이 있습니다. 이 중에서 여러 사람들의 결과물을 공유하는 포트폴리오 사이트로 적합한 것은 Shelf입니다.

Shelf를 클릭하면 패들렛 제목과 설명 입력창이 나옵니다. 배경 이미지를 선택할 수 있고, 제목 앞을 장식할 아이콘도 선택할 수 있어요.

각 게시물 위에 작성자 이름을 표시하려면 Posting 영역에 있는 **Attribution**을 활성화시켜 주세요. 신규 게시물의 위치를 제일 위에 나열할 것인지 아니면

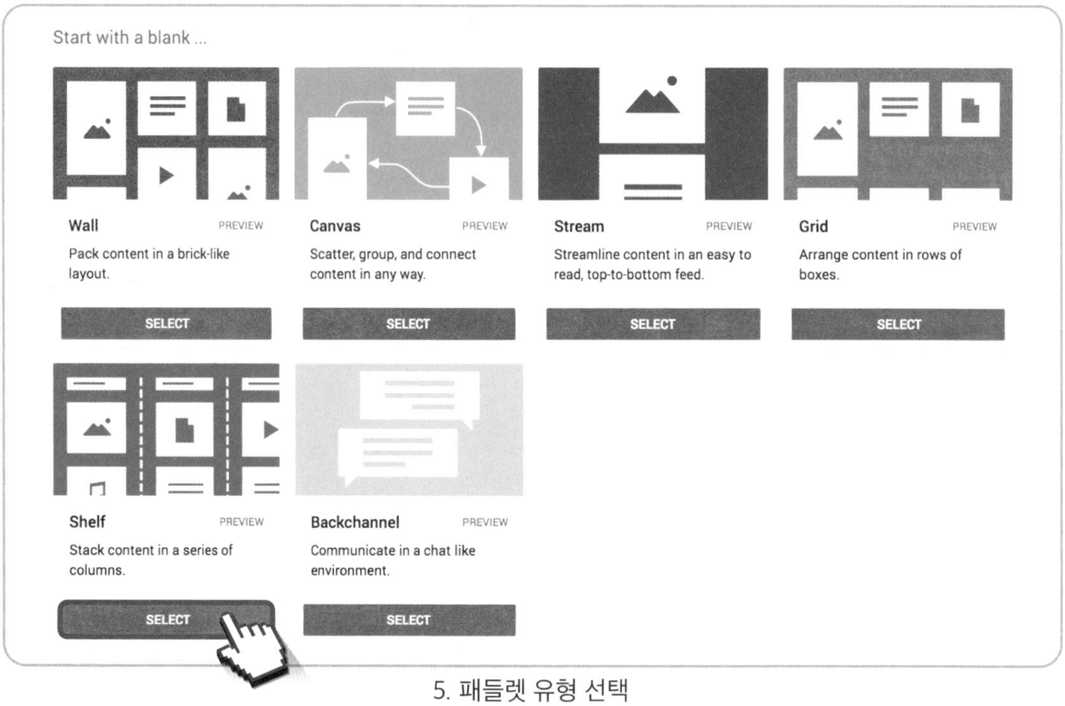

5. 패들렛 유형 선택

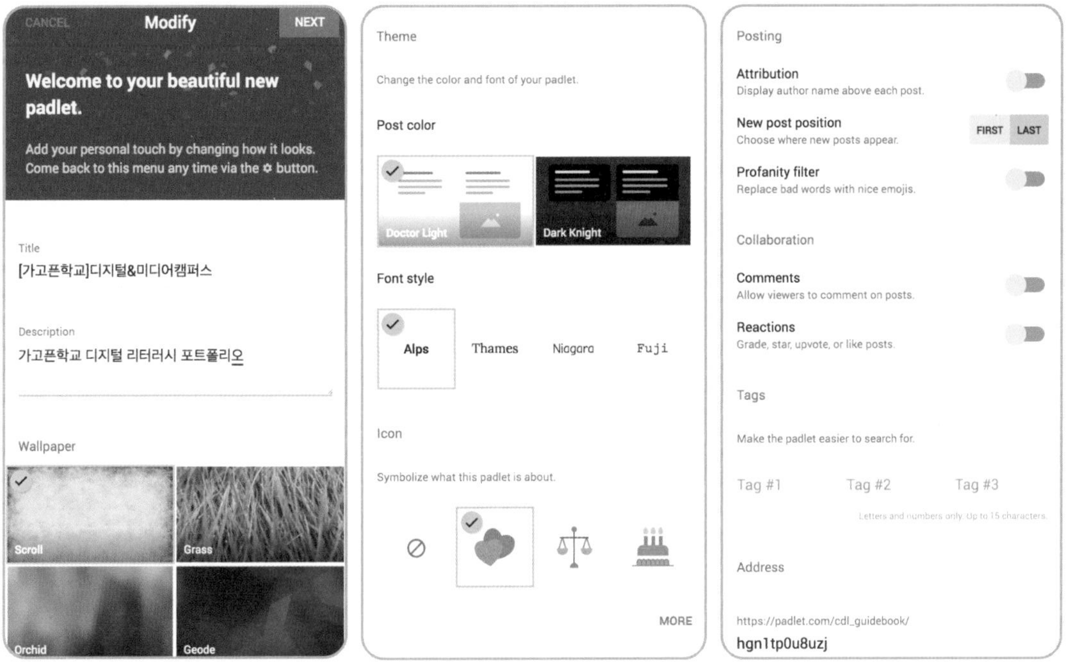

6. 패들렛 기본 설정

제일 아래에 나열할 것인지 New post position에서 놓을 것인지 선택할 수 있어요. **Comments**를 활성화시키면 댓글을 달 수 있습니다. **Reactions**을 활성화시키면 하트, 투표, 별점, 점수 부여 중 하나를 할 수 있어요.

패들렛 주소는 Address에 표시된 것과 동일한 웹브라우저 URL입니다.

NEXT 버튼을 클릭하면 패들렛 이용 권한 설정을 할 수 있어요. 혼자만 볼 수도 있고, 비밀번호를 설정할 수도 있습니다. **Secret**은 검색 엔진에서 검색되지 않고 웹브라우저에 **직접 URL을 입력해서 이용**할 수 있습니다. Public은 검색 엔진에서 키워드 검색을 통해 누구나 방문 가능하고요.

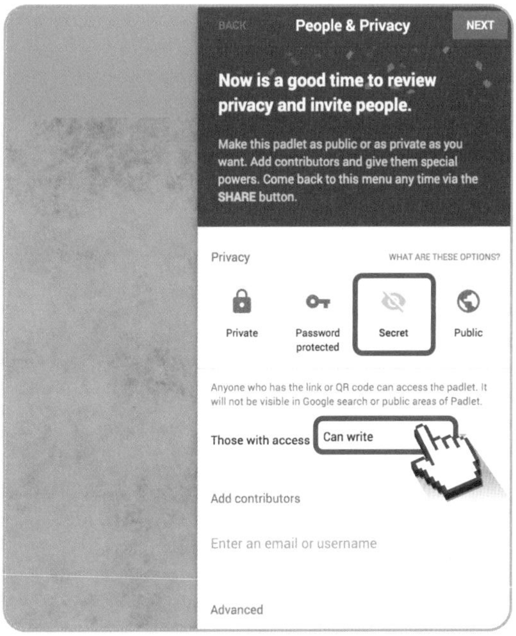

7. 패들렛 권한 설정

방문자의 글쓰기 권한은 **Those with access**에서 선택할 수 있습니다. **Can write**를 선택해야 방문자들이 게시글을 작성할 수 있어요.

패들렛 설정이 완료되었다면 **START POSTING** 버튼을 눌러주세요. Shelf로 패들렛을 만들면 열 타이틀을 만들 수 있고, **+** 버튼을 클릭해서 하단에 게시물을 추가할 수 있어요. **ADD COLUMN** 버튼을 클릭하면 열을 추가할 수 있는데, 이 버튼은 패들렛 생성자에게만 보입니다.

게시물을 추가할 때는 제목과 본문은 물론 파일을 업로드하거나 URL을 입력하여 미리보기 링크를 삽입할 수 있어요. Google 검색 결과를 첨부하거나 사진을 올릴 수도 있어요. 점 세 개가 나란히 모여 있는 버튼을 클릭하면 음성 파일이나 비디오 파일도 올릴 수 있습니다. Draw 버튼을 클릭하면 즉석 드로잉 파일도 공유할 수 있어요.

패들렛은 태블릿이나 스마트폰에서도 이용할 수 있습니다. 패들렛 어플을 설치하지 않아도 웹브라우저를 통해 접속 후 사용 가능합니다.

그렇기 때문에 스캐너 없이 이미지를 디지털 파일로 전환하여 공유할 수 있지요. 학생들이 그린 그림을 이미지 파일로 전환하여 패들렛에 올려야 한다고 가정해봅시다. 스마트폰 앱 중 포토스캐너로 촬영하고 패들렛에 접속하여 이미지 업로드 버튼을 누르면 스마트폰 앨범 속 사진을 첨부할 수 있답니다.

패들렛은 목적에 맞게 다양한 형태 중 골라서 사용할 수 있고, 결과물을 한눈에 볼 수 있도록 정리 및 공유할 수 있는 유용한 도구입니다.

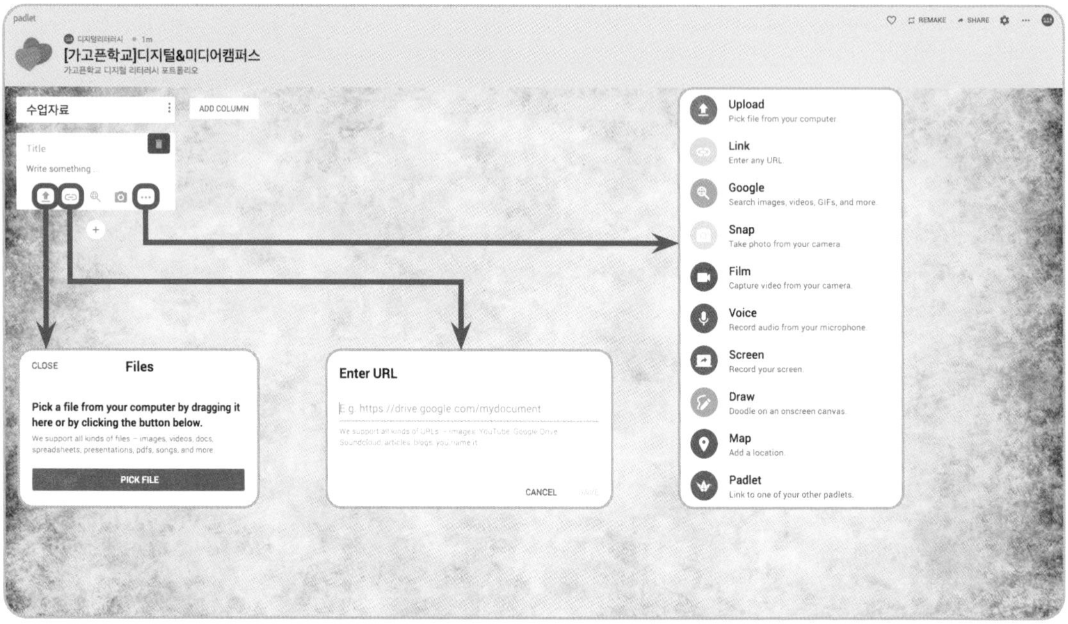

8. 패들렛에 게시물 업로드

GG.GG gg.gg

1. GG.GG 메인

패들렛 URL을 다른 사람과 공유하고 싶은데 URL이 너무 길어서 불편하다 생각된다면 단축 URL을 만들어 공유하면 됩니다. goo.gl, bitly.kr, hoy.kr 등 단축 URL을 만들어주는 사이트 중에 URL을 내 마음대로 만들 수 있는 사이트를 소개하겠습니다.

GG.GG는 기본 URL도 단순하지만 뒤에 이어지는 URL을 기억하기 쉽게 만들 수 있습니다. 'Put your long URL here…' 입력창에 원 URL을 입력하고 **Customize link**를 체크하면 http://gg.gg/ 뒤에 이어질 URL 입력창이 나옵니다. 원하는 URL을 입력하고 **Shorten URL** 버튼을 클릭하면 하단에 gg.gg로 시작하는 단축 URL이 생성된 것을 확인할 수 있어요. 단, 기존에 생성되지 않은 URL이어야 합니다. **QR Code For This Link** 버튼을 클릭하면 QR 코드로 생성해줍니다.

2. 단축 URL 생성

카훗 kahoot.com

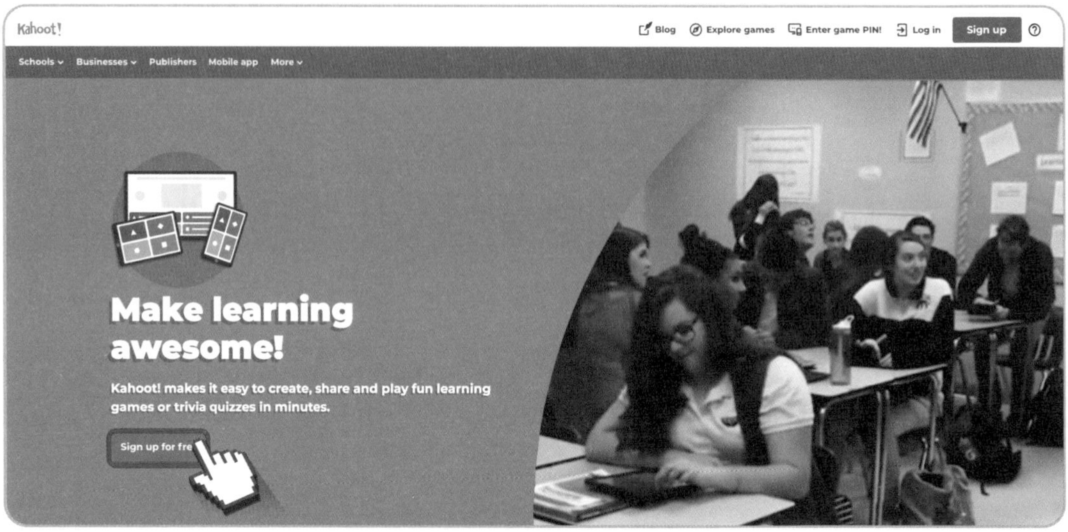

1. 카훗 메인

카훗은 짧은 시간 안에 퀴즈 배틀 게임을 만들어 공유하고 실행할 수 있는 웹사이트입니다. 선생님은 회원가입을 해야만 퀴즈를 만들 수 있지만 학생은 별도 회원가입 없이 선생님이 만든 퀴즈에 참여할 수 있어요.

그럼 우선 가입해서 퀴즈를 만들어보도록 하겠습니다. **Sign up** 버튼을 클릭하면 선생님인지 학생인지 선택하는 페이지가 나옵니다. **As a teacher** 버튼을 클릭해서 선생님으로 가입해보도록 할게요. 구글, 마이크로소프트 계정 또는 기타 이메일 주소로 가입할 수 있습니다. 요금 안내 페이지가 나올 것입니다. 무료로 사용해도 일반적인 퀴즈 배틀 게임을 만들고 공유하는 데 무리가 없으니 우선 무료 버전으로 가입할게요. 검색을 통해 원하는 퀴즈를 찾을 수 있고, **Create** 버튼을 클릭해서 퀴즈를 만들 수도 있습니다. Create 버튼을 클릭하면 4지 선다형 퀴즈를 만들 수 있는 Quiz, 보기를 뒤섞은 뒤 순서대로 찾도록 하

2. 퀴즈 종류 선택

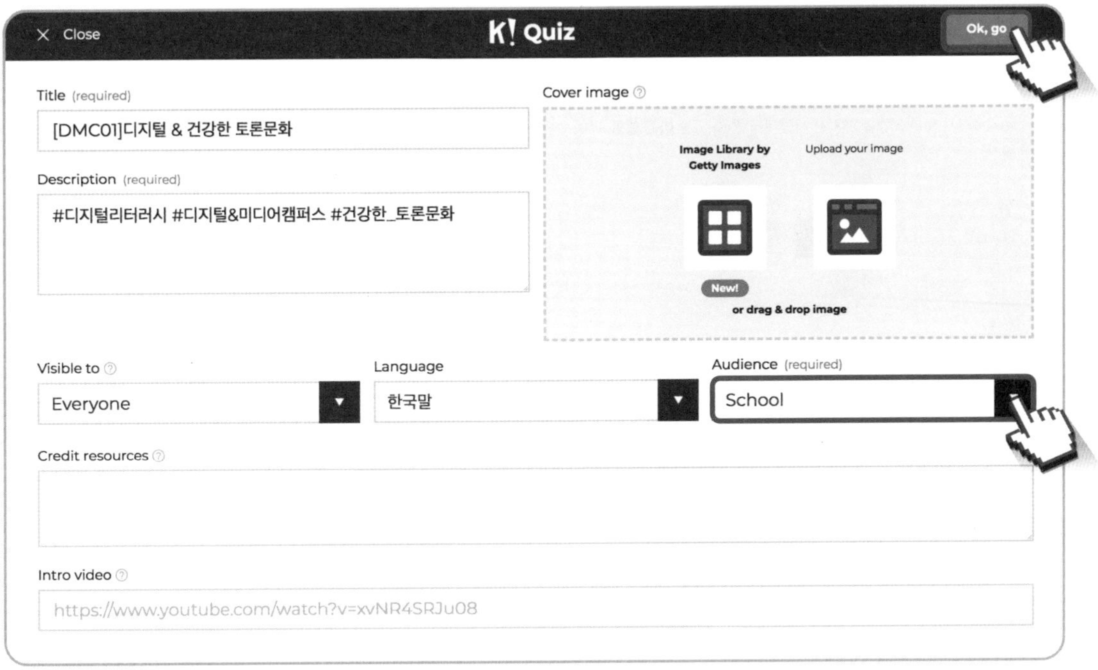

3. 퀴즈 설정

는 Jumble, 설문형태 Survey 중 하나를 선택할 수 있습니다. 가장 많이 사용하는 Quiz를 만들어보도록 하겠습니다.

퀴즈 제목, Description을 입력해주세요. 이때 Description은 검색할 때 필요한 키워드 앞에 '#'을 포함하여 입력해야 합니다.

이 퀴즈가 어떠한 퀴즈인지 이미지를 삽입하여 알아보기 쉽게 설정할 수도 있습니다. Visible to와 Language는 기본값으로 선택해도 한글 퀴즈를 이용하는 데 전혀 문제 되지 않습니다. 단, Audience는 리스트 메뉴를 클릭해서 원하는 대상을 선택해주어야 다음 페이지로 이동할 수 있어요.

선택이 완료되었으면 우측 상단의 **Ok, go** 버튼을 클릭해주세요.

Add question 위에 **+** 버튼을 클릭하면 퀴즈 질문과 보기를 입력할 수 있는 페이지로 이동합니다.

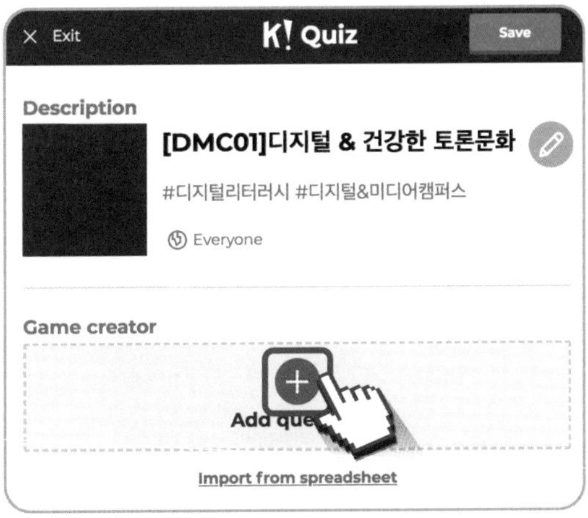

4. 퀴즈 질문 추가

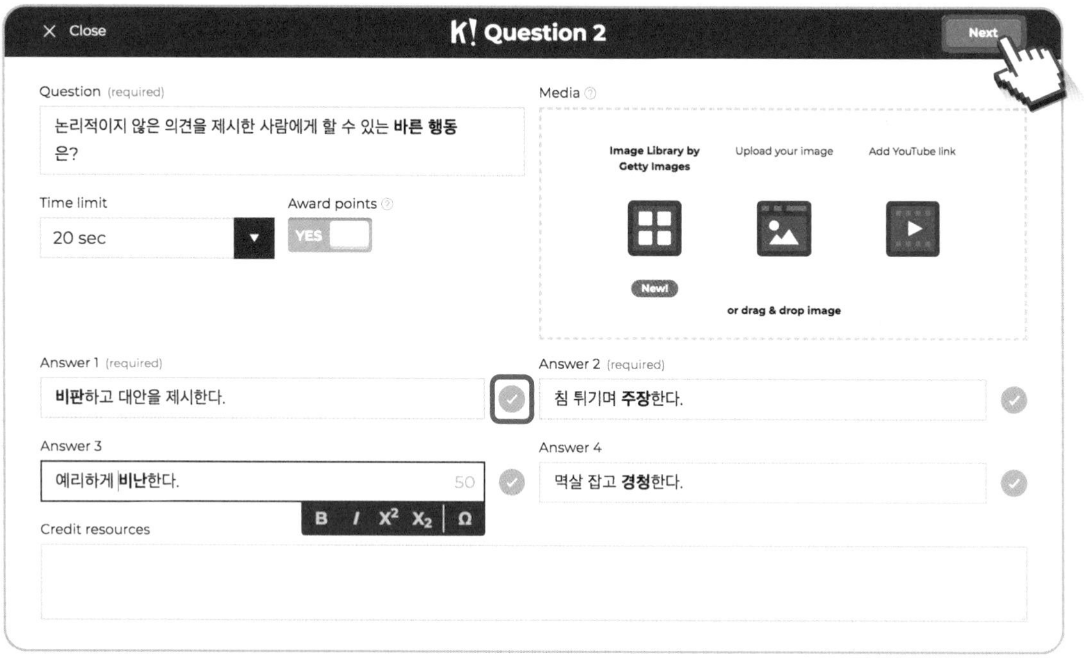

5. 퀴즈 질문 생성

6. 퀴즈 질문 순서 변경 및 저장

질문 제목을 입력해주세요. 질문에 대답할 시간을 설정하고 보기를 입력할 수 있습니다. 질문과 보기의 텍스트 중 강조하고 싶은 부분은 드래그 선택하여 볼드체, 이텔릭체 등으로 강조할 수 있어요.

질문에 이미지나 동영상을 추가할 수도 있습니다. 보기 중 정답 체크 버튼을 클릭하여 초록색으로 표시해줍니다. 정답은 1개 이상 체크되어야 합니다. 하나의 질문이 완성되었으면 Next 버튼을 클릭해줍니다. 같은 방법으로 여러 개의 질문을 생성할 수 있어요.

질문의 순서는 질문 번호 옆 8개의 작은 동그라미들을 클릭해서 위아래로 드래그하면서 바꿀 수 있습니다. 모두 완료되면 Save 버튼을 클릭해주세요.

지금 실행하려면 Play it 버튼을 클릭하시고, 이후에 실행하시려면 우측 상단 I'm done 버튼을 클릭하세요. 이렇게 만든 퀴즈 질문은 Kahoots 메뉴에서 확인할 수 있습니다. Challenge 버튼을 클릭해서 과제로 내줄 수도 있어요. 과제 종료시간을 설정하고, 퀴즈를 풀 수 있는 링크와 핀 번호를 학생들에게 알려주면 됩니다. 또한 Play 버튼을 클릭해서 만들어진 퀴즈를 바로 실행시킬 수도 있어요.

7. 편집, 미리보기, 실행여부, 공유 선택

실행시키면 개인플레이를 할 것인지 팀 모드로 할 것인지 선택하는 페이지가 나옵니다. 팀 모드로 진행한다 하더라도 팀원이 하나의 기기를 이용하면 되기 때문에 팀 모드를 선택할 필요가 없어요. 개인 플레이인 Classic 버튼을 클릭하세요.

8. 퀴즈 게임 실행 모드 선택

게임 핀 번호가 나옵니다. 학생들은 카훗 어플리케이션이나 kahoot.it 웹사이트를 통해 참여할 수 있습니다. 참가 학생 수와 참가 학생 닉네임을 확인할 수 있어요. 부적절한 닉네임 사용을 방지하기 위해서는 모드 선택 창에 있는 Game options 리스트 메뉴에서 Name generator를 비활성화해주세요. 그러면 자동으로 닉네임이 생성됩니다.

9. 참가자 입장

10. kahoot.it 학생 모드 게임 핀 번호 입력

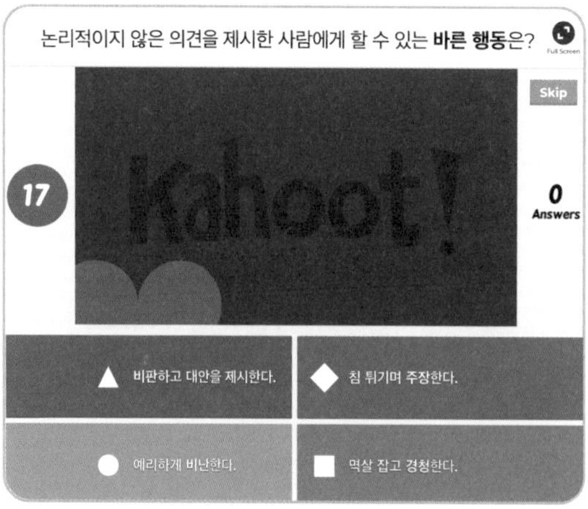

11. 퀴즈 게임 실행

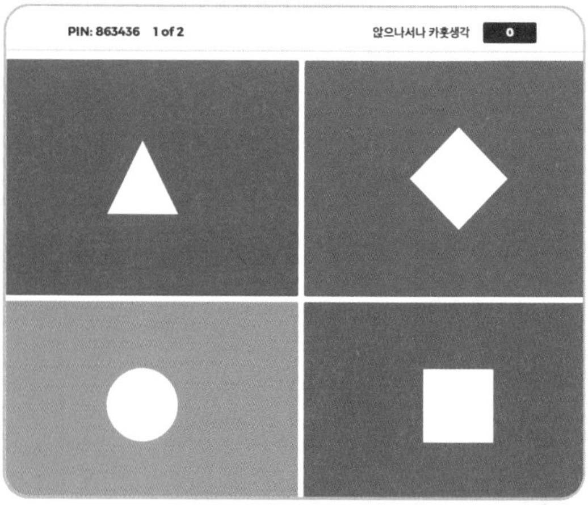

12. kahoot.it 학생 모드 정답 클릭

학생들이 모두 참가하면 Start 버튼을 클릭해주세요. 그러면 경쾌한 음악과 함께 퀴즈 게임이 시작됩니다.

참가자 화면에는 보기 글씨가 보이지 않아요. 빨강, 파랑, 주황, 초록 컬러 배경에 하얀 도형만 나옵니다. 보기를 읽을 수가 없으니 질문과 보기를 선생님이 읽어주시는 것이 좋습니다.

한 문제를 풀 때마다 학생들은 정답을 확인할 수 있어요. 선생님 화면에는 정답자 수와 오답자 수를 확인할 수 있고요.

현재까지의 순위도 알 수 있어요. 정답을 맞혔더라도 누가 더 빠르게 선택했느냐에 따라 점수가 달라집니다. 빨리 선택해야 점수를 더 많이 얻을 수 있어요. 이렇게 문제를 모두 풀면 3위까지 화면에 나옵니다. Gat results 버튼을 클릭하면 5위까지 확인할 수 있습니다.

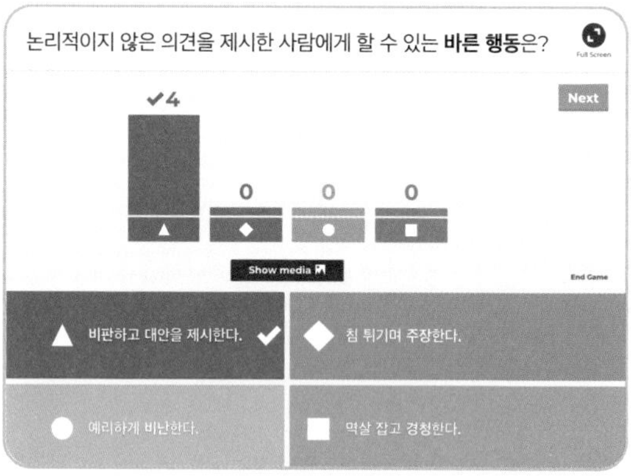

13. 정답자 수 확인

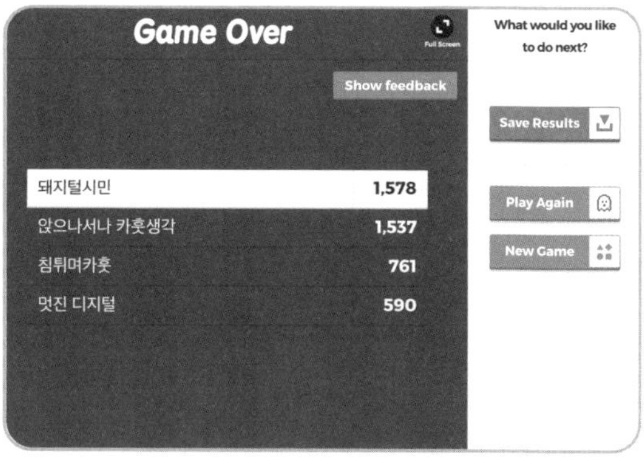

14. 최대 5위까지 확인

안드로이디파이 androidify.com

1. 안드로이디파이 메인 화면

안드로이디파이는 움직이는 안드로이드 캐릭터를 만들 수 있는 디지털 도구입니다. 안드로이드폰에서 앱을 설치하여 만들 수 있고, PC 크롬 브라우저에서 만들 수도 있습니다. GIF 애니메이션으로 저장하여 문자, 카톡 등으로 전송할 수도 있어요.

나를 표현하기 위한 안드로이드 캐릭터를 함께 만들어볼까요? 우선 현재 나의 모습을 표현할지 미래 희망하는 모습을 표현할지 결정해야겠지요?

결정했다면 Create & share 버튼을 클릭하세요. 피부색을 선택해주세요. 마우스를 클릭하고 드래그하여 얼굴, 몸, 팔, 다리 두께와 길이를 조절하실 수 있

2. 스타일 선택

습니다. 원하는 체형으로 만들어졌다면 티셔츠, 바지, 신발, 헤어스타일, 헤어 컬러, 수염, 안경, 모자 등 패션 아이템을 선택하여 스타일을 완성시켜주세요.

마지막 나의 특징을 상징하는 소품까지 선택했다면 next 버튼을 클릭하여 제스처를 선택해주세요.

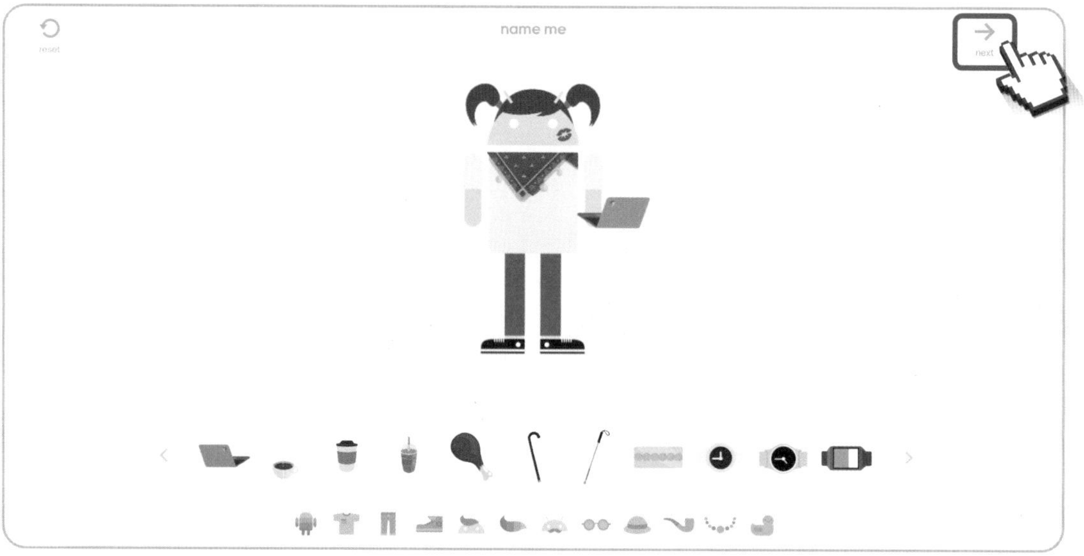

3. 소품 선택

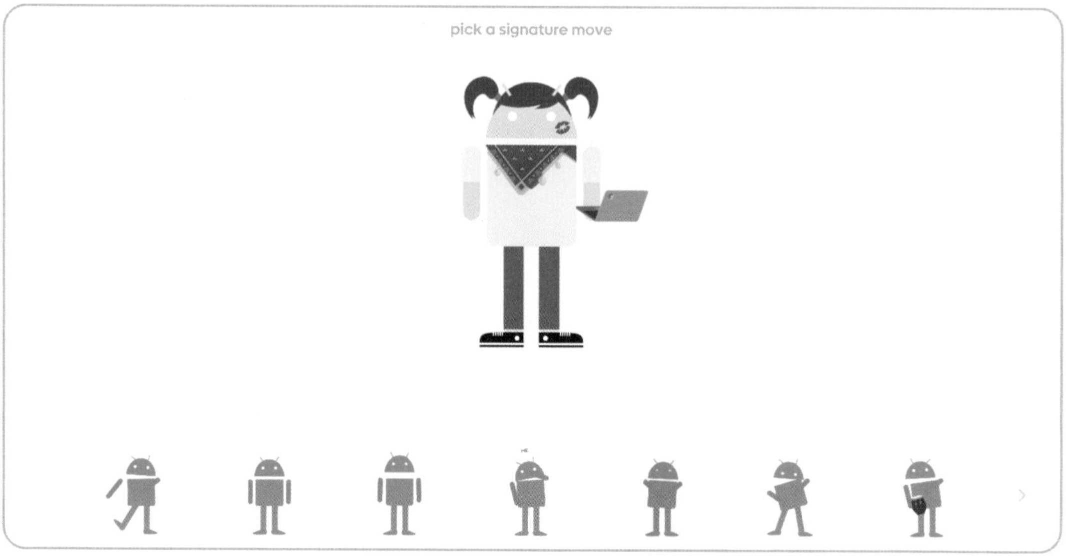

4. 제스처 선택

5. 완성된 캐릭터 안드로이디파이 갤러리 공유 동의

6. GIF 애니메이션 다운로드

완성된 캐릭터 애니메이션이 안드로이디파이 갤러리에 공유하도록 체크하고 **submit** 버튼을 클릭해주세요. 그러면 SNS 채널 및 이메일로 공유하거나 다운받을 수 있는 창이 나옵니다. 패들렛에 공유하기 위해 파일을 다운로드해주세요.

내가 왜 이러한 캐릭터를 만들었는지, 또 들고 있는 소품은 왜 선택했는지, 제스처는 무엇을 의미하는지 성심성의껏 패들렛 게시글로 입력해주세요.

모둠 구성원의 캐릭터를 보면서 우리 모둠의 특징이 무엇인지 생각해보고 모둠명을 어떻게 정하는 것이 좋은지 의논해보세요.

2. 인공지능 & 미디어의 순기능 vs 역기능

퀴즈로 미리 생각해보기

1. 다음 중 미디어가 아닌 것은?

▲ 신문

◆ 책

● SOS

■ SNS

2. 미디어의 순기능이 아닌 것은?

▲ 공익캠페인으로 아름다운 세상 만들기

◆ 정보와 데이터를 빠르게 전파하기

● 자기표현을 통해 사회 참여하기

■ 대중 여론을 조장하고 선동하기

3. 인공지능이 대체할 수 없는 능력은?

▲ 변호사의 통찰력

◆ 의사의 진단능력

● 아티스트의 기술

■ 막내동생의 배변능력

사용하는 디지털 도구

- 퀵드로우 quickdraw.withgoogle.com - 오토드로우 autodraw.com

디지털 도구 사용법 유튜브 영상 채널 youtube.com/c/DigitalLiteracy

인공지능에 의한 변화

인공지능

인공지능(Artificial Intelligence)이란 누군가의 조종 없이 혼자의 힘으로 움직일 수 있는 존재입니다. 시각 및 음성을 인식하고, 언어를 이해하며, 인간의 경험과 지식을 바탕으로 문제를 해결하는 능력을 갖춘 것을 말합니다. 한 마디로 사람처럼 생각할 수 있는 인식 체계를 의미합니다.

인공지능 기술에서 가장 중요한 부분은 자기 스스로 학습하는 능력입니다. 머신러닝(Machine Learning)이라고 하는데요, 우리가 잘 아는 알파고가 바로 머신러닝 기술을 이용한 인공지능입니다. 알파고가 바둑을 마스터하기 위해 4주간 훈련한 것을 인간의 경험에 빗대면 1,000년간 수련한 격이라고 하니 정말 대단합니다.

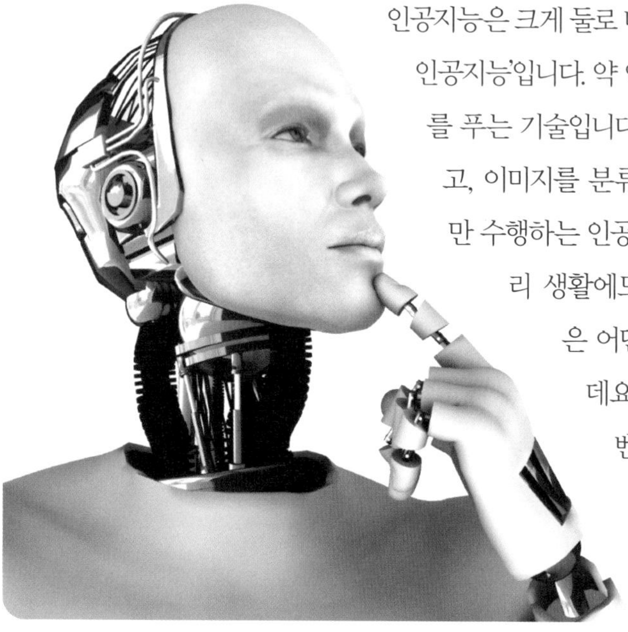

인공지능은 크게 둘로 나뉩니다. '약(Weak) 인공지능'과 '강(Strong) 인공지능'입니다. 약 인공지능은 알파고처럼 특정 영역의 문제를 푸는 기술입니다. 바둑을 둔다거나, 스팸메일을 필터링하고, 이미지를 분류하며, 특정 얼굴을 찾는 부분적인 기능만 수행하는 인공지능을 말합니다. 약 인공지능은 이미 우리 생활에도 많이 사용되고 있습니다. 강 인공지능은 어떤 문제든 해결할 수 있는 경지를 말하는데요, 영화 〈터미네이터〉의 스카이넷이나, 〈어벤저스 2〉의 울트론처럼 영화 속에서나 볼 수 있는 어마어마한 녀석들입니다. 강 인공지능을 만들려면 아직 멀었다는 게 전문가들의 전망입니다.

인공지능, 어디까지 왔나

인공지능은 이미 일상생활 속으로 들어오고 있습니다. 구글 홈과 같은 스마트 스피커를 경험해본 분들이 많을 것입니다. 또 가깝게는 구글과 네이버에서 무료로 제공하고 있는 번역 프로그램에도 인공지능이 들어 있습니다. 과거 번역 프로그램이 통계와 규칙을 활용하는 알고리즘이 적용되어 있었다면, 이제는 사람처럼 언어를 배우도록 하는 방식까지 접목된 것이지요. 그렇다 보니 번역 수준과 정확성이 시간이 갈수록 점점 더 높아지고 있습니다. 가까운 시일 내에 동시통역 앱이 나올 전망입니다.

좀 더 전문적인 분야에까지 인공지능이 진출하고 있습니다. 중국의 인공지능 샤오이는 의사 자격증에 합격했고, 우리나라에서도 2016년 8월 가천대 길병원을 시작으로 IBM의 암 치료용 인공지능(AI) 솔루션 왓슨(Watson for Oncology)이 도입되기 시작했습니다. 처음에는 의사와 환자 모두 반대하는 입장이었지만, 실제 현장에 도입되자 무한 신뢰를 받고 있습니다.

최근 법조계에도 인공지능을 활용한 법률 서비스가 도입되고 있습니다. 부동산 권리분석을 해주고, 법률과 판례를 찾아주고, 간단한 서류도 작성해주지요. 국내는 아직 걸음마 단계지만 해외에서는 법률상담, 범죄수사, 재판에까지 활용된다고 합니다. 한국의 첫 '인공지능 변호사'라고 할 수 있는 유렉스는 지난 2월 한 법무법인에 취직했습니다. 유렉스는 그동안 변호사와 법률 비서 여러 명이 며칠에서 몇 달씩 걸려 작업하던 법 조항·판례 검색 등 사전 리서치 업무를 20~30초 만에 해치우고 있다고 합니다.

인공지능은 창의적인 문화·예술 분야에까지 진출하고 있습니다. 구글이 만든 딥드림은 빈센트 반 고흐의 작품을 모사하는 훈련으로 만들어진 시스템인데, 특정 이미지를 입력하면 그 이미지를 재해석하여 반 고흐의 화풍을 적용하여 추상화로 그려냅니다. 2018년에만 총 29점의 작품을 그려내 무려 약 1억 1,000만 원을 벌어들였다고 합니다.

문학과 음악 분야도 마찬가지입니다. 2016년 개봉작인 영화 〈선스프링〉은 인공지능이 시나리오를 써서 화제를 모았고, 일본에선 인공지능이 쓴 소설이 문학상 예심을 통과하여 세상을 놀래켰습니다. 미국 예일대가 개발한 인공지능 '쿨리타'는 음계를 조합해 음악을 만들어내는 데 이미 세계 최고 경지에 이르렀다고 하지요.

인공지능, 이후 미디어 세상의 변화

인공지능은 미디어 분야에도 영향을 미치고 있습니다. 중국에는 중국어와 영어로 뉴스를 진행하는 인공지능 아나운서가 등장했습니다. 인간 아나운서는 하루 8시간 근무하지만, 인공지능 아나운서는 24시간 쉬지 않고 방송을 하지요. 기사도 인공지능이 작성하는 기사가 늘어나고 있습니다. 일기예보나 주식 관련 정보 등 팩트 중심의 기사는 이미 많은 언론사들이 인공지능을 활용하고 있습니다. 타이밍이 중요한 속보 기사의 경우 모두가 잠든 사이에 인공지능이 기사를 작성합니다. 네이버는 뉴스 배열에 대한 부정적 여론이 커지자, 공정성을 기하겠다며 뉴스 편집을 아예 인공지능에게 넘기겠다고 선언하기도 했습니다.

지식과 정보는 권력입니다. 어떤 지식과 정보를 누가 빨리 갖느냐에 따라 성패가 결정되고 희비가 갈리게 되지요. 이런 지식과 정보는 미디어를 통해 유통되기 때문에 결국 미디어가 권력을 쥐게 됩니다. 과거 조중동 신문사가 권력을 쥐었고, 그 권력이 지상파 방송사로 넘어갔다가, 이제 인터넷 시대를 맞아 구글과 네이버로 옮겨갔습니다. 권력이 왜 이동했을까요? 이유는 기술의 변화에 있습니다. 인공지능이 미디어의 지형을 또다시 바꿀 수 있습니다.

인공지능 기술이 미디어에 적용되면서 인공지능에 의해 엄청난 양의 콘텐츠가 쏟아져 나오게 될 것입니다. 좋은 의도로 사용된다면 미디어의 긍정적인 효과가 있지만, 인공지능 기술을 누군가 나쁜 의도로 가짜뉴스나 허위정보를 만들어내는 데 사용한다면 심각한 사회문제가 될 수 있습니다.

딥페이크는 안면 매핑(Facial Mapping) 인공지능 기술로 특정인의 얼굴을 다른 영상에 합성하여 가짜 영상물을 만들어낼 수 있습니다. 해외에서는 유명 연예인의 얼굴을 도용해 포르노에 합성하는 '페이크 포르노'가 유행하면서 많은 스타들이 곤욕을 치르고 있습니다. 또 2018년 4월 오바마 미국 전 대통령이 도널드 트럼프 대통령을 비난하는 가짜 영상이 공개되어 화제가 되기도 했는데요, 이처럼 연예 분야에서 정치 분야에 이르기까지 딥페이크를 악의적으로 사용하는 사례가 속출하면서 사이버 범죄의 새로운 형태로 부각되고 있습니다.

좋은 의도로 쓰인 인공지능도 문제가 될 수 있습니다. 페이스북, 유튜브 등 대부분의 미디어는 인공지능 기술을 활용한 콘텐츠 큐레이션 서비스를 제공하고 있습니다. 인공지능이 사용자의 정보 소비성향을 분석하여 좋아할 만한 콘텐츠를 맞춤형으로 보여주는 기술인데요, 이는 분명 이용자 편익을 제공하기 위해 제공되는 서비스이지만 자칫 사람마다 갖고 있는 정보 편향을 강화해줄 수 있기 때문에 비판받기도 합니다. 사람들은 대부분 자신이 보고 싶은 것을 보고, 믿고 싶은 것을 믿는 성향이 있습니다. 이러한 정보 편향성은 누구에게나 있는데요, 여기에 미디어가 콘텐츠 큐레이션 서비스까지 제공하게 되면 사람들의 다양한 정보 접근성을 제한하게 되어 편향성을 더욱 강화시킬 수 있다는 비판입니다. 결국 사회 갈등을 키울 가능성이 높은 것이지요. 이렇게 인공지능 기술의 발전에 따라 미디어 환경은 변하게 되고, 사람들도 영향을 받을 수밖에 없습니다.

인공지능은 가짜뉴스를 만들어내는 데 악용될 수도 있지만, 가짜뉴스를 잡아내고 걸러 내주는 역할도 하게 될 것입니다. 프랑스의 경우에는 비영리 민간단체를 중심으로 뉴스의 진위를 판별하는 팩트체킹 시스템인 '크로스체크'를 운영 중입니다. 이 시스템은 글로벌 비영리 단체인 퍼스트 드래프트가 운영하고 있는데요, 르몽드, 리베라시옹, AFP 등 37개 언론사와 글로벌 매체가 참여하고 있습니다.

아르헨티나 팩트체크 단체인 체케아도(Chequeado)는 전국 30개의 언론 뉴스를 스캔해서 정치인이 했던 발언을 추출한 뒤, 기존에 DB화된 팩트체크 데이터 1,000여 개와 대조하여 주장의 진위를 가려냅니다. 영국의 팩트체크 공익단체인 풀팩트(Full Fact)의 시스템은 한 발 더 나아갔습니다. 방송과 의회 회의록에서 정치인의 발언을 자동으로 가져와 기존 정부 DB 자료와 비교하여 검증하는 프로그램을 개발했습니다. 예를 들어 어떤 정치인이 "실업률이 줄어들고 있습니다"라는 발언을 했다면, 통계청 자료를 찾아와 자동으로 사실 여부를 검증해준다고 합니다.

이제 인공지능은 미디어 분야뿐 아니라 제조공장, 농업, 의료, 자율 주행 자동차 등 모든 분야에 걸쳐 활용되고 있습니다. 재난 현장이나 폭발물 해체 등 위험한 일에도 유용하게 쓰일 것이고, 청소, 건물 유리창 닦기와 같이 인간이 하기 싫어하는 일에서 더 많이 활용될 것입니다.

인공지능에 대한 두려움

그럼에도 불구하고 많은 사람들이 인공지능에 대한 두려움을 갖고 있습니다. 인공지능을 둘러싼 두 가지 입장이 있는데요, 유토피아론과 디스토피아론이 있습니다. 말 그대로 유토피아론이 장밋빛 미래를 그리는 입장이라면, 디스토피아론은 영화 〈터미네이터〉에서처럼 두려운 미래를 우려하는 입장입니다.

인공지능 기술은 기업의 생산성을 높여주고 인류에게 편리함을 제공하겠지만 문제도 일으킬 수 있습니다. 대표적 쟁점이 무기입니다. 애플의 공동창업자 스티브 워즈니악, 테슬라 CEO 일론 머스크, 심지어 알파고의 아버지인 데미스 허사비스도 인공지능 무기 개발은 반대합니다. 인공지능을 갖춘 전투 드론은 스스로 표적을 찾아 적을 사살할 수 있습니다. 인종 청소가 빈번히 일어나는 국가에서 이런 기술을 도입한다면 참상이 일어날 것은 불 보듯 뻔한 일입니다. 인공지능이 인류의 미래를 바꿔 놓을 것은 분명합니다.

인공지능으로 인한 인류 멸망을 우려하기도 하지만, 그보다 더 현실적인 고민은 일자리 파괴입니다. 2016년 스위스 다보스포럼에서 향후 5년간 전 세계적으로 700만 개의 일자리가 사라진다고 예견되면서 걱정은 시작되었지요. 흥미로운 것은 사라지는 일자리에 대해서는 고민하면서 새로 생기는 일자리에 대해서는 별 관심을 갖지 않는다는 것입니다. 이제는 관심의 무게중심을 옮겨야 할 때입니다.

최근에는 대체보다는 협업의 형태로 바뀔 것이라고 예측하는 전문가들이 늘고 있습니다. 영화 〈아이언맨〉에서 주인공 토니 스타크가 인공지능 자비스와 협업하는 것처럼 말이지요. 인공지능 의사가 인간 의사를 대체하는 것이 아니라, 인공지능 의사의 도움을 받아 인간 의사는 진료 역량이 늘어날 뿐 아니라 다른 역할을 강화할 수 있습니다. 환자들에게 친절하게 설명해주면서 환자들의 심리적인 부담을 덜어주고 상담해주는 역할이 늘어날 것입니다. 물론 변화는 있겠지요. 과거 의사의 경우 의학적 지식만이 중요했지만, 미래 의사의 경우 의학적 지식과 함께 이를 잘 전달하는 커뮤니케이션 능력과 환자의 고통에 공감하며 상담하는 능력이 더 중요해질 수 있습니다. 주요 역할이 바뀌고 요구되는 능력이 확대될 것입니다.

인공지능으로 인한 불확실한 미래와 막연한 두려움에 대해 이어령 박사는 인간과 말의 경주를 비유로 들어 설명합니다.

> "말보다 빨리 달릴 수 있는 인간은 없습니다.
> 말이 인간보다 빨리 달린다고 해서 말을 두려워하거나,
> 말보다 빨리 달리려고 경쟁하는 사람은 없지요.
> 경주를 하면 어차피 말이 이기니 인간이 말과 경주를 하는 것은 바보 같은 짓입니다.
> 말에게 재갈을 물리고 안장을 얹은 후 올라타야 말을 이길 수 있는 것이지요.
> 인공지능을 두려워할 것이 아니라, 인공지능 위에 잘 올라타서
> 어떻게 하면 지혜롭게 이용할 수 있는가를 고민해야 합니다."

이제 인류는 4차 산업혁명과 인공지능 기술에 의해서 지금까지 경험해보지 못한 변화에 직면해 있습니다. 인류가 과거에 겪어온 변화들은 지식과 기술만으로도 대처해나갈 수 있었지만, 이번에는 다릅니다. 지혜가 필요합니다.

지혜가 중요한 시대

1969년에 1인당 평균 국민소득은 고작 210달러였습니다. 1994년에 이르러 1만 불 시대에 접어들었는데, 이런 성장은 '기술'이 뒷받침되었기 때문에 가능했습니다. '기술'이 있어야 먹고사는 시절이었

고 기술자가 대접받았습니다. 국가적으로도 OEM이 핵심 사업이었지요.

이후 2006년에 이르러 2만 불 시대에 접어듭니다. 2만 불 시대를 이끈 동력은 '지식'이었습니다. 반도체, 철강, 건설, IT와 같은 지식기술 기반의 사업들이 주력이 되었습니다. 지식의 시대가 되자 소위 가방끈의 길이가 중요해졌는데요, 좋은 대학을 나와야 했고, 석사에 박사까지, 해외 유학도 모자라서 박사 학위만 2개씩 소지한 사람들도 생겼습니다. 이렇게 이루어온 성장도 이제 주춤해졌지요. 우리나라뿐 아니라 전 세계가 성장을 멈춘 상황입니다. 이제 미래는 어떻게 될까요? 무엇이 성장을 이끌어줄까요?

이제 대부분의 지식은 공짜입니다. 과거에는 비싼 학비를 내고 좋은 대학에 가서 훌륭한 교수님께 배워야만 지식을 얻을 수 있었지만, 이제는 인터넷에서 공짜로 지식을 얻을 수 있습니다. 미래에 대학이 사라질 거라는 예측도 이런 이유에서이지요. 무엇보다 지식은 이제 인공지능에게 물어보면 됩니다. 이제 인간에게는 어떠한 능력이 중요해질까요? 우리 교육이 채워야 할 부분은 무엇일까요? 바로 '지혜'입니다. 교육은 지혜로운 사람을 키우는 데 주력해야 합니다. 바로 이것이 우리의 교육이 미래 사회를 위해 지금 해야 할 일입니다.

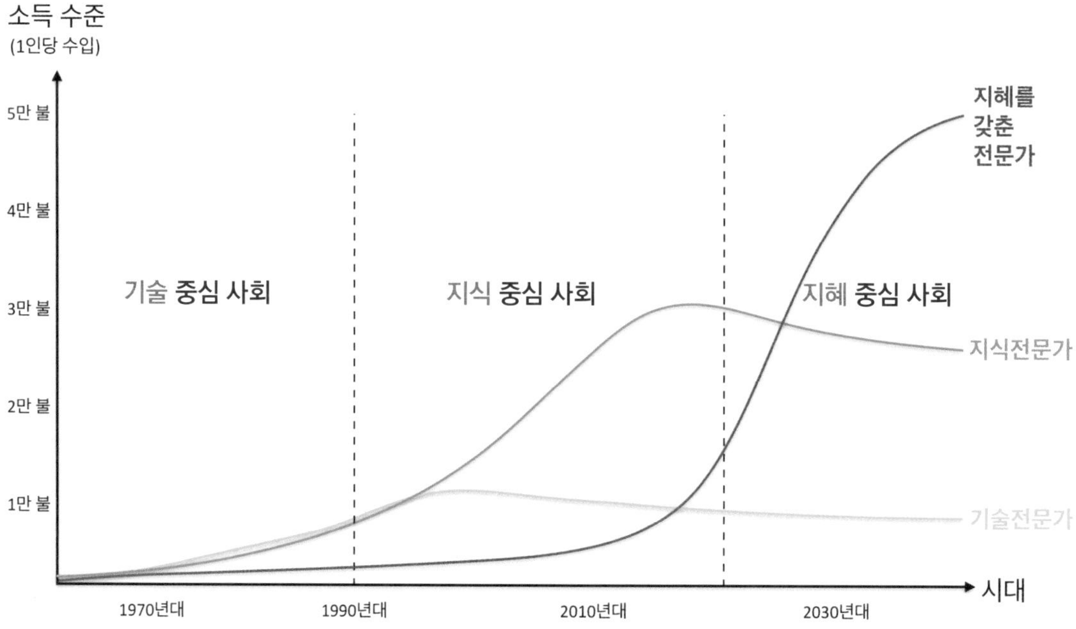

권력의 변화

쌀에서 돈으로, 돈에서 정보로 권력의 이동

인류 역사에는 세 번의 큰 변화가 있었습니다. 첫 번째는 농업혁명이었지요. 식량이 늘어나니 더 많은 사람들이 모여 살 수 있게 되었고, 농사도 더 지을 수 있었습니다. 군대도 만들 수 있게 되니 강력한 국가를 만들 수도 있었지요. 이 시기에는 식량이 권력이었습니다. 그래서 옛날에는 부자를 표현할 때 천석꾼, 만석꾼이라고 불렀었지요. 천석꾼은 곡식 천 섬가량을 거두어들일 만한 논밭을 가진 부자를 일컫는 말이었고, 만석꾼은 만 섬가량 거두어들이는 부자를 일컫는 말이었습니다. 농사를 지어서 일 년에 쌀을 얼마나 많이 수확하느냐가 부의 상징이었던 것이지요. 쌀은 곧 돈이나 다름없었고, 쌀을 많이 수확하기 위해서는 땅이 필요했기 때문에 땅을 얼마나 많이 갖고 있느냐가 곧 권력이었습니다.

두 번째 산업혁명 시기에는 기계와 증기기관의 발달에 의해 대량생산과 운송이 가능해지자 기업의 생산성이 늘어났고 엄청난 부를 갖는 집단이 생겨났습니다. 쌀과 땅으로 축적하기 힘들 만큼 말이지요. 부를 축적하기 위해서는 다른 무언가가 필요했습니다. 바로 화폐입니다. 금융업이 발전하게 되고, 자본가라는 계급이 생겨납니다. 이 시기는 돈이 권력이 되었지요.

세 번째는 정보혁명입니다. 기업의 숫자가 늘어나고 자본가도 증가하면서 경쟁이 치열해졌습니다. 돈도 흔한 권력이 되었지요. 돈이 있다고 해서 돈을 벌 수 있는 것이 아니었습니다. 언제 어디에 투자할지가 중요해졌습니다. 옳은 결정을 내리기 위해서는 정보가 중요해졌습니다. 좋은 정보가 돈보다 더 귀한 세상이 되었습니다. 정보가 곧 권력이 되었습니다.

미디어와 디지털의 만남, 전통 미디어에서 1인 미디어로 권력의 이동

미디어란 데이터와 정보를 전달하는 매개체를 말합니다. 인류 역사상 최초의 미디어는 동굴벽화였습니다. 사냥터에 대한 정보를 후손들에게 전하기 위해 동굴 벽에 그림을 새겨 넣었지요. 문자가 생겨나면서 돌과 나무에 새기기 시작했습니다. 인쇄술이 개발되면서 종이책이 뉴미디어로 등장했고요.

이후 신문, 라디오, TV 등 매스미디어가 생겨나면서 사람들은 빠르게 뉴스를 접하게 되었습니다. 매일매일 새로운 정보를 전달하면서 매스미디어는 여론을 움직이는 힘을 갖게 됩니다. 정부와 기업에도 큰 영향력을 미칠 수 있게 되지요. 매스미디어 시대가 되면서 정보는 한층 더 권력을 갖게 됩니다.

미디어가 디지털 기술과 만나면서부터 정보의 빅뱅 시대를 맞게 됩니다. 컴퓨터가 개발되면서 더 많은 정보를 저장, 활용할 수 있게 된 데다, 인터넷에 의해 전 세계가 연결되면서 더 많은 사람들이 더 많은 정보를 무료로 접하게 되었습니다. 과거에 정보 자체가 귀하고 소중했다면, 이제는 정보는 흔한 것이 되었기 때문에 오히려 유용한 정보를 빨리 찾고, 허위정보를 분별해내는 능력이 중요해졌어요.

특히 매스미디어 시대에는 사람들이 미디어를 통해서 정보를 받고 소비하기만 하는 피동적인 처지였지만, 이제는 누구나 미디어를 직접 운영하고 정보를 생산해내는 능동적인 입장이 되었습니다. 이렇게 1인 미디어 시대가 되면서 국민은 수신자인 동시에 송신자가 되었어요. 트위터, 페이스북, 인스타그램과 같은 소셜미디어와 아프리카TV, 유튜브와 같은 1인 방송 채널도 생겨서 자기표현 활동이 더욱 쉬워지고 활발해졌지요. 과거에는 4대 매체만이 정보를 독점했기 때문에 이들을 통하지 않고서는 세상에 나를 알릴 방법이 없었지만, 이제는 개인 미디어를 통해 누구나 자신의 경험, 생각, 의견을 쉽게 알리고 전파할 수 있습니다. 신문, 라디오, TV와 같은 전통적인 매스미디어의 권력은 상대적으로 약해지고, 유튜브 크리에이터와 같은 1인 미디어들의 권력이 강해지고 있습니다.

미디어의 순기능

9시 뉴스의 일기예보가 없다면 농업과 어업을 하는 분들은 재산 피해뿐 아니라 목숨이 위태로운 상황에 처할 수도 있겠지요. 이제는 누구나 적은 비용만 내도 신문을 통해 경제 변화를 읽을 수 있게 되었습니다. '아랍의 봄'이라 불리는 중동 국가들의 민주화 운동도 미디어가 없었다면 불가능했을지 모릅니다. 2011년 튀니지에서 시작된 민주화 운동은 중동 전역으로 번지면서 독재 정권들을 차례로 무너뜨렸습니다. 자국 내 언론을 통제하는 상황에서 해외 언론의 보도가 없었다면, 그리고 무엇보다 SNS를 통해 세계로 퍼지면서 세계 여론이 들끓고 외교적 압박이 가해지지 않았다면 불가능했을 일입니다.

출처 : http://twitpic.com/3smoq8, 작가 Carlos Latuff

미디어는 사회 통제의 역할을 합니다. 엔터테인먼트나 오락적인 콘텐츠로 사람들에게 즐거움을 주고, 문화·예술 발전에 기여하는 것뿐 아니라, 정부를 감시하고 사람들에게 알리며 사회적으로 아젠다 세팅을 하기도 합니다. 1인 미디어 시대가 되면서 개인의 사회 참여, 정치 참여가 보다 쉬워졌기 때문에 민주주의 발전에도 크게 기여할 수 있습니다.

미디어의 역기능

반면 부정적인 면도 있습니다. 정부 권력과 결탁할 경우 민주주의를 퇴보시킬 수 있습니다. 여론을 통제·조장할 수 있고, 미디어의 주 수익원이 광고이기 때문에 광고주, 즉 돈줄인 기업과 유착관계를 맺을 경우 기업에 유리한 정보를 흘리면서 소비자와 국민을 기만할 수도 있습니다.

최근에는 가짜뉴스로 인한 사회문제가 심각합니다. 2017년 가트너그룹이 발표한 보고서에 따르면, 2022년이 되면 대부분의 사람들이 진짜 정보보다 가짜 정보를 더 많이 접할 것이라고 하니 심각성이 어느 정도인지 알 만합니다. 인터넷상에서 기사를 클릭하다 보면, 출처를 제대로 확인하지 않고 보는 경우가 많아 가짜 언론사에 의한 가짜뉴스에 쉽게 속아 넘어갈 수 있습니다. 가짜 언론사들에 의한 가짜뉴스도 문제이지만, 기존 언론사들에 의한 가짜뉴스도 심각한 상황입니다. 사실 확인을 제대로 하지 않아서 발생하는 오보의 문제가 아니라, 특정 집단과의 결탁에 의해 의도적으로 만들어진 가짜뉴스도 있어 국민 각자가 분별해내는 능력을 갖추지 않으면 누구나 쉽게 속을 수 있습니다.

미디어 정보의 과잉 소비나 SNS 중독도 문제가 됩니다. 지하철 풍경만 봐도 그렇습니다. 과거에 10명 중 3~4명이 책을 보았다면, 이제는 10명 중 10명이 스마트폰을 보고 있습니다. 식당에서도 여럿이 같이 앉아 각자 스마트폰을 보고 있는 광경도 흔한 모습이 되었습니다. 하루 종일 동영상 채널만 보고 있는 자녀들 때문에 걱정하는 부모들도 많이 있지요. 미디어는 잘 쓰면 개인적으로나 사회적으로 큰 도움이 되지만, 이렇게 부정적으로 활용되거나 절제하지 못할 경우 독이 되기도 합니다.

디지털 미디어 리터러시

디지털 미디어 리터러시는 '디지털 기술과 미디어를 잘 활용하며, 디지털 콘텐츠를 소비하고, 분석하고, 공유하고, 생산할 줄 아는 능력과 소양'을 말합니다. 과거에는 종이책이라는 미디어를 통해 지식과 정보를 얻었지만, 이제는 매스미디어를 넘어 디지털 미디어를 통해 지식과 정보를 얻는 시대가 되었습니다. 특히 인터넷으로 연결되는 세상에서는 원하고 찾기만 한다면 누구나 지식과 정보를 무료로 구할 수 있기 때문에 경제적인 제약 없이 누구나 기회를 가질 수 있지요.

그렇기 때문에 미디어를 읽고 쓸 줄 아는 능력은 곧 지식과 정보를 구하는 능력과 직결됩니다. 이제 세상의 모든 지식과 정보는 디지털화되고, 이러한 디지털 지식과 정보는 디지털 미디어를 통해 공유되기 때문에 디지털 리터러시에서 가장 중요한 부분이 바로 디지털 미디어 리터러시입니다.

디지털 미디어 리터러시가 중요한 또 한 가지 이유는 허위정보입니다. 미래에는 허위정보가 더욱 늘어날 것이고 정부 규제나 기술이 허위정보를 모두 걸러낼 수 없기 때문에 개인 스스로 이를 분별해내는 능력을 갖춰야만 하는 시대입니다. 수많은 쓰레기 정보와 허위정보 속에서 진짜 정보, 유익한 정보를 찾아내는 능력도 필요하고, 외부 정보나 다른 사람의 의견에 무조건 휩쓸리지 않고 자기 스스로 객관적이면서 주체적인 판단을 할 줄 아는 능력이 필요합니다.

누구나 허위정보의 피해자가 될 수 있지만, 동시에 가해자가 될 수도 있기 때문에 기술을 배워 능력을 갖추기에 앞서, 디지털 윤리를 배우고 인성을 갖추는 것도 필요합니다. 디지털 미디어를 다루는 능력만 갖추는 것이 아니라, 윤리의식과 시민의식을 갖추고 책임 있게 미디어를 활용하는 자세를 갖추어야 합니다.

우리 모둠만의 미디어를 만들어보아요.

1) 우리 모둠이 미디어로 표현할 속담을 의논해서 정리해주세요.

우리모둠이 제비뽑기로 뽑은 속담은 어떠한 상황에 사용할 수 있는 속담인가요?
그러한 상황을 적어주세요.
그중 각자 어떠한 상황을 인공지능으로 표현할 것인지 정하고, 정해진 내용을 인공지능으로 표현해주세요.
모둠원 중 누가 속담 그 자체를 인공지능으로 표현할 것인지 가위바위보로 정해주세요.
속담 그 자체를 인공지능으로 표현한 것을 제외한 것들을 공유해주세요.
속담 그 자체를 인공지능으로 표현한 것은 다른 모둠원이 우리 모둠의 속담을 맞힌 이후에 마지막에 공유해주세요.

2) 다른 모둠이 표현한 속담은 무엇일까요?

다른 모둠이 인공지능으로 표현한 속담은 어떤 속담을 표현한 것일까요?
생각한 내용을 이곳에 적어보세요.

퀵드로우 quickdraw.withgoogle.com

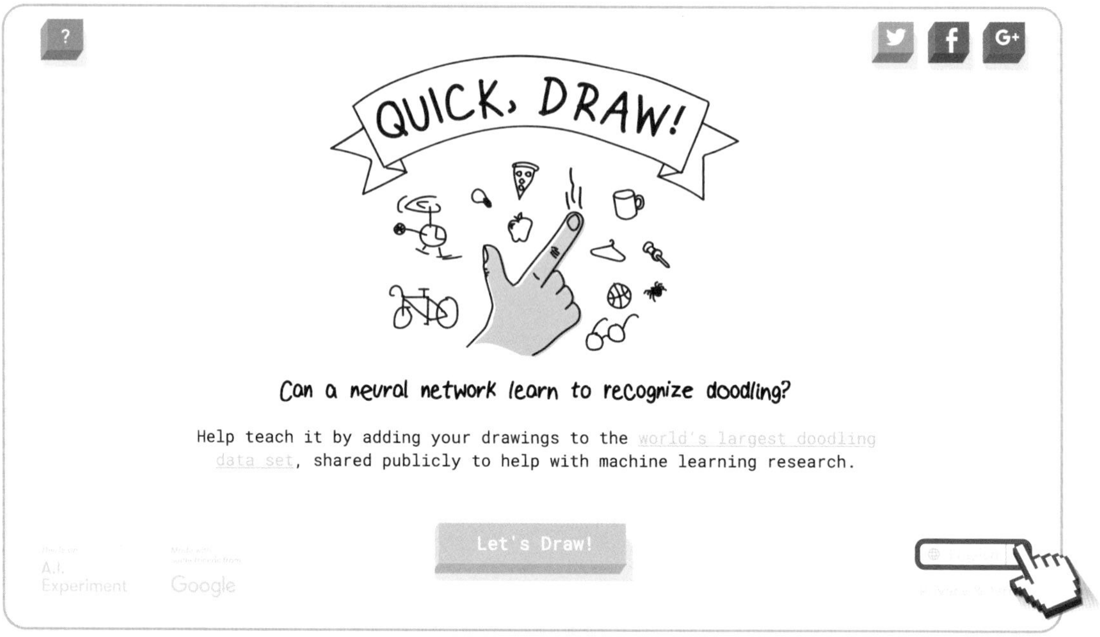

1. 퀵드로우 메인

퀵드로우는 인공지능이 제시한 키워드를 그림으로 표현하여 인공지능을 학습시키는 드로잉 게임 사이트입니다. 한국어뿐 아니라 영어, 불어, 일본어 등 다양한 언어를 제공하기 때문에 언어학습용으로도 활용할 수 있습니다. 인공지능이 제시한 사물의 특징을 생각해보고 20초 이내에 그림으로 표현해야 하기 때문에 순발력 향상에도 도움이 됩니다. 하지만 무엇보다도 퀵드로우의 가장 큰 장점은 인공지능이 이해할 수 있도록 사물의 특징을 생각해보게 하는 것이지요. 사실적으로 잘 그리는 것보다 사물의 특징을 잘 표현하도록 생각하는 연습을 할 수 있는 유용한 학습도구이자 즐겁게 인공지능을 체험할 수 있는 드로잉 게임입니다.

world's largest doodling data set을 클릭하면 1,500만 명이 넘는 사람들의 그림 패턴을 확인할 수 있어요. 이러한 데이터도 오픈소스로 제공하고 있답니다.

자, 그러면 퀵드로우를 시작해볼까요?

2. 인공지능의 제시어

3. 인공지능의 제시어를 그림으로 표현

우측 하단에 원하는 언어를 선택한 후 **Let's Draw!** 버튼을 클릭해주세요.

한 타임에 총 6개의 제시어가 나옵니다. 제시어마다 어떻게 표현할 것인지 생각한 후 **Got It!** 버튼을 클릭하면 20초 동안 제시어를 그림으로 표현해야 해요. 제시어를 인공지능이 이해할 수 있도록 하기 위해서 어떠한 특징을 살려 표현할 것인지 생각해보세요. 생각이 정리되었으면 **Got It!** 버튼을 클릭해서 그림으로 표현합니다. 지우개를 이용해서 지울 수도 있어요. 이렇게 6개의 제시어를 모두 그리고 나면 결과가 나옵니다. 내가 그린 그림을 클릭하면 인공지능은 내가 표현한 그림을 어떻게 이해했는지 알 수 있어요. 그 하단에는 다른 사람이 동일한 제시어를 어떻게 그렸는지 볼 수 있고요. 이렇게 퀵드로우는 사물의 특징을 파악하는 인공지능과 그림으로 소통하는 방법을 익힐 수 있도록 도와줍니다.

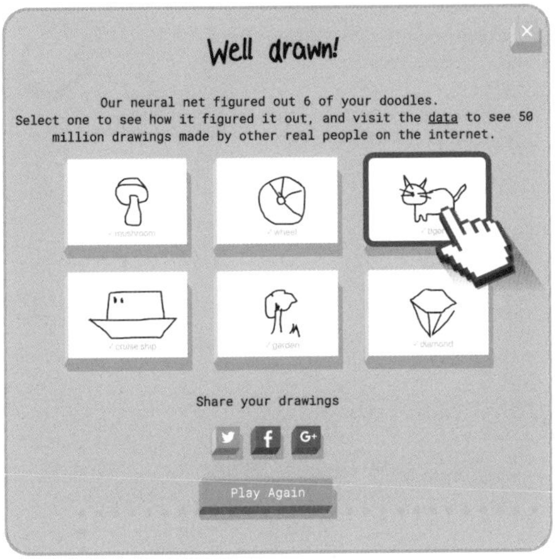

4. 인공지능의 드로잉 게임 결과

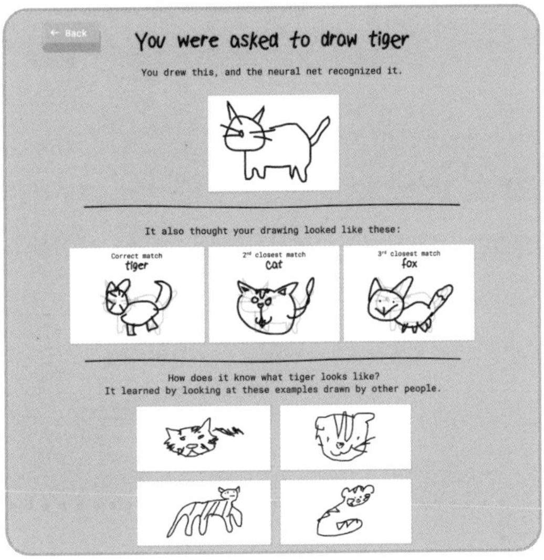

5. 인공지능의 내 그림 해석 및 다른 이용자 그림

오토드로우 autodraw.com

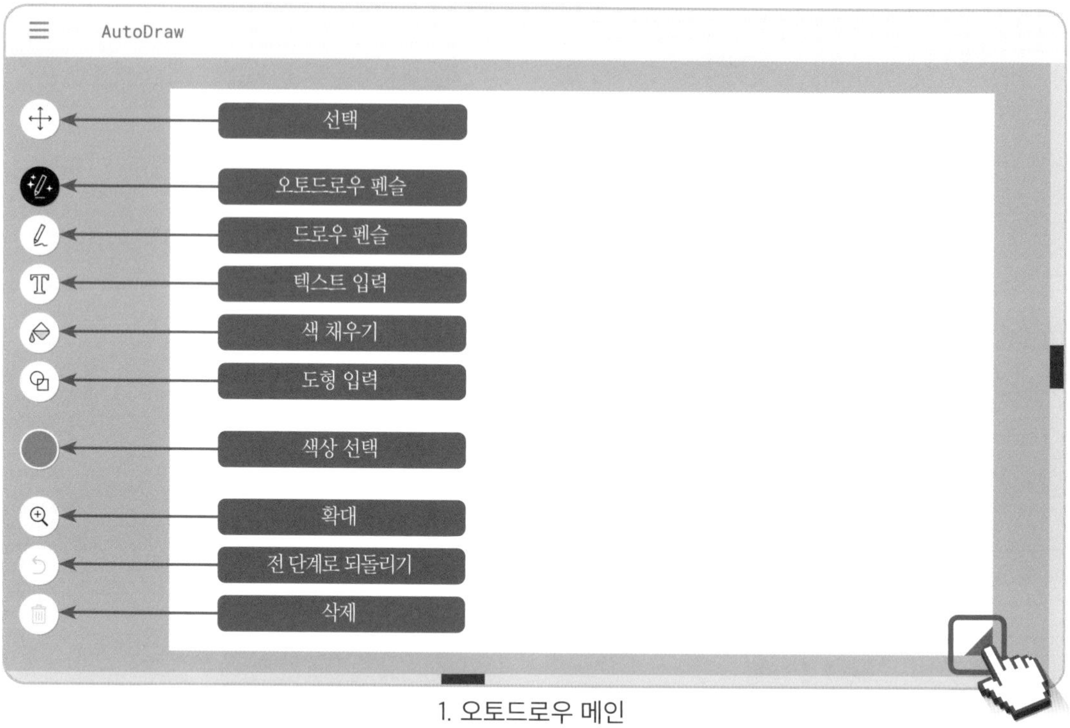

1. 오토드로우 메인

오토드로우는 표현하고 싶은 것을 캔버스에 대충 그리면 인공지능이 알아서 해당 그림을 제안해주는 그리기 도구입니다. 인공지능이 내 그림을 보고 어떤 것을 표현해주려 하는지 파악하여 다양한 그림들을 제시해주고, 그중에서 마음에 드는 그림을 선택하면 됩니다.

그럼 시작해볼까요?

캔버스 우측 하단 삼각형을 드래그하여 캔버스를 원하는 사이즈로 만들어주세요. 물론 캔버스 사이즈는 언제든 변경할 수 있답니다.

색상 선택 도구를 클릭하여 원하는 배경색을 선택합니다. 이후 **색 채우기 도구**를 선택하고 캔버스를 클릭하면 배경색이 채워집니다.

이제 **오토드로우 펜슬**을 선택하여 그리고 싶은 그림을 캔버스에 그려줍니다. 상단에 내가 그리고 싶어하는 그림으로 추정되는 그림들이 나열되는 것을 확인할 수 있을 거예요. 꽃다발을 그리기 위해 꽃송이를 그렸더니 꽃다발이 나왔네요. 모서리 하얀 사각점을 드래그하면 크기를 조절할 수 있고, 동그란 하얀 점을 드래그하면 회전시킬 수 있어요.

2. 인공지능이 예측한 이미지 나열

3. 인공지능이 예측한 이미지 중 선택

4. 크기 조절

5. 선택한 색으로 채우기

색상 선택 도구에서 원하는 색 선택한 후 **색 채우기** 도구로 원하는 부분을 클릭하면 선택한 색으로 채워집니다. 색 채우기를 할 때는 이미지 선택을 해제한 상태여야 합니다. 그렇지 않으면 이미지 라인 색이 바뀌거든요.

이렇게 만들어진 이미지 크기와 각도, 그리고 이미지 위치를 적절하게 이동하여 배치해주세요.

텍스트 입력 도구를 클릭하면 텍스트를 삽입할 수 있어요. 원하는 폰트를 선택할 수 있고요. 크기는 다른 이미지와 마찬가지로 모서리 하얀 사각점을 드래그하여 변경할 수 있어요.

도형 입력 도구를 클릭하면 원, 사각형, 삼각형 도형을 삽입할 수 있습니다. 이렇게 삽입한 도형을 이전에 그린 그림 뒤로 보내고 싶으면 아래 단축키에 나와 있는 것처럼 키보드 '['를 클릭하면 됩니다.

6. 텍스트 삽입

7. 도형 삽입

ACTIONS		TOOLS	
Undo	⌘ Z	Select	V
Redo	Shift ⌘ Z	AutoDraw	A
Cut	⌘ X	Draw	D
Copy	⌘ C	Type	T
Paste	⌘ V	Rectangle	M
Move	↑ ← ↓ →	Circle	L
Send Back	[	Triangle	P
Bring Front	]	Fill	F
Duplicate	Alt DRAG	Zoom	+

8. 단축키

9. 이미지 다운로드

왼쪽 상단 **메뉴** 버튼을 클릭하면 캔버스 크기를 선택할 수 있는 메뉴, 작업한 이미지를 다운로드할 수 있는 메뉴, 공유할 수 있는 메뉴, 사용법, 단축키 등을 확인할 수 있는 메뉴가 나옵니다. Download 버튼을 클릭하면 작업 결과물을 다운로드할 수 있어요. 다운로드 폴더에 png 파일로 저장이 됩니다. Share 버튼을 클릭하면 결과물 공유 링크를 복사하는 버튼이 나옵니다. Copy Link 버튼을 클릭하고 공유할 곳에 붙여넣기를 하면 이미지를 확인할 수 있는 URL이 자동으로 입력됩니다.
오토드로우는 스마트폰이나 스마트패드에서도 크롬브라우저를 통해 이용할 수 있어요.

10. 이미지 공유 링크 복사

3. 클라우드 & 표현의 자유

퀴즈로 미리 생각해보기

1. 클라우드를 통해 가능한 것이 아닌 것은?

▲ 개인정보 보호
◆ 빅데이터 분석
● 스마트 워크
■ 인공지능의 발전

2. 디지털 시민의식에 해당되지 않는 것은?

▲ 디지털 공간에서의 사회 참여
◆ 디지털 공간에서의 타인 존중
● 정보공유 시 사회적 책임의식
■ 자기표현의 자유와 익명성 향유

3. 허위정보에 대해 책임이 없는 사람은?

▲ 정보 생산자
◆ 정보 유포자
● 유통 미디어 제작자
■ 허위정보를 보고 낄낄거리는 자

사용하는 디지털 도구

- **구글 드라이브** drive.google.com

디지털 도구 사용법 유튜브 영상 채널 youtube.com/c/DigitalLiteracy

공공장소로서의 디지털 공간

클라우드

클라우드(Cloud)는 '구름'을 의미합니다. 하늘에 떠 있는 구름처럼 가상공간인 인터넷상 공용 서버에 데이터를 저장하는 방식을 말합니다. 드랍박스(Dropbox), 구글드라이브(Google Drive), 네이버 클라우드(Naver Cloud) 등이 클라우드 서비스입니다. 클라우드 공간에 파일을 저장할 수 있으니 USB 등에 파일을 담아서 갖고 다닐 필요가 없습니다. 어디를 가든 인터넷만 연결되어 있다면 클라우드에 접속하여 파일을 열어볼 수 있습니다.

이러한 저장 기능은 클라우드의 1차적인 기능에 불과합니다. 클라우드상에서 바로 소프트웨어를 사용할 수 있습니다. 과거에는 컴퓨터에서 소프트웨어를 사용하려면 소프트웨어를 사서 자신의 컴퓨터에 설치한 후 사용할 수 있었습니다. 이제는 소프트웨어도 클라우드로 접속하여 사용하는 시대가 되었는데요, 과거에 CD로 구매해야 했던 소프트웨어들도 이제는 웹에 접속해서 다운로드하거나 아예 웹에 접속하여 사용하는 프로그램 방식으로 변하고 있습니다.

퍼스널 컴퓨팅 시대에서 클라우드 컴퓨팅 시대로

퍼스널 컴퓨팅(Personal Computing) 시대에서 클라우드 컴퓨팅(Cloud Computing) 시대로 변화하고 있습니다. PC에서 가장 많이 사용하던 마이크로소프트의 파워포인트, 워드 등 오피스 프로그램도 이제는 구글 클라우드에서 무료로 사용할 수 있습니다. 무료인 데다 클라우드로 사용하니 인터넷만 되면 언제, 어디서든 사용할 수 있고, 다른 사람들과 문서를 동시에 접속하여 공동 작업도 가능합니다. 기존 PC 기반의 소프트웨어보다 훨씬 더 유용하게 사용할 수 있습니다.

클라우드 기술은 보다 광범위하게 적용됩니다. 페이스북이나 유튜브와 같은 글로벌 SNS들도 클라우드 기반입니다. 클라우드 덕에 가상 공간에 빅데이터가 쌓일 수 있게 된 것이고, 이런 빅데이터 덕분에 인공지능이 머신러닝을 할 수 있게 되었으니 클라우드 기술이 없었다면 인공지능 기술의 구현이 불가능했다고 해도 과언이 아닙니다.

과거 자신의 컴퓨터 공간에 데이터를 저장하고, 소프트웨어를 구동하며 무언가 작업을 했다면, 이제는 클라우드 공간에 데이터를 저장하고, 작업하는 시대입니다. 혼자 집에서 작업을 하다가 많은 사람들이 모여 있는 곳에서 함께 작업하는 것과 같습니다. 이것은 생각보다 큰 변화입니다.

공용 공간에서 작업하고, 공용 공간에 보관하는 것이기 때문에 개인정보 보호, 보안, 프라이버시 등 많은 것들이 달라집니다. 클라우드 플랫폼의 사업자는 공간 사용과 함께 서비스 플랫폼의 개발비, 유지비를 지불합니다. 이용자들에게 무료 서비스를 제공하는 대신 이용자 개인정보를 일부 사용할 수 있는 권한을 받습니다. 바로 이러한 정보들이 모여 빅데이터를 이루는데요, 세계적으로 가장 많은 빅데이터를 수집하고 있는 곳이 바로 페이스북과 구글입니다.

이 문제는 끝없는 논쟁거리이지만, 나의 정보가 공용 공간에 저장되고 있는 것만은 분명한 사실입니다. 그리고 디지털이 시간이 가면 갈수록 전기나 물처럼 공공재의 성격이 커지고 있는 것도 사실이지요. 중요한 것은 클라우드 시대를 살고, 클라우드 플랫폼을 매일같이 이용하며, 나의 소중한 정보들을 공용 공간에 둘 수밖에 없는 상황에서 어떻게 대처해야 할 것인가입니다.

보안과 자기관리가 중요해지는 시대

클라우드 기술은 우리에게 편리를 제공하지만 대가가 따릅니다. 보안의 위험이 늘 도사리고 있지요. 구글, 네이버는 왜 우리에게 무료 클라우드를 제공하고 있을까요? 미디어는 광고 수익이 중요합니다. 클라우드는 광고가 있는 공간도 아니지요. 무료 클라우드 서비스를 이용하고, 그들의 서버 공간을 사용하는 대신 그들이 나의 개인정보를 활용하는 것에 동의한 것입니다. 나 한 사람의 정보는 별 게 아니지만, 수천만, 수억 명의 정보가 모이면 빅데이터가 되어 다양한 용도로 사용될 수 있기 때문입니다. 우리는 우리 삶의 정보를 파는 대신 클라우드 서비스를 이용하고 있는 것입니다.

보안상 문제는 늘 존재합니다. 개인정보가 유출되었을 때는 해당 기업들도 엄청난 타격을 입을 것이기 때문에 보안을 위해 노력하겠지만, 그래도 클라우드상에 존재하는 한 유출의 가능성을 배제할 수는 없습니다. 주민번호, 비밀번호와 같은 개인정보의 보안 문제도 있겠지만, 간과해서는 안 되는 것이 프라이버시 침해입니다.

예를 들어 웹 서핑 기록은 꽤나 민감한 개인정보에 해당됩니다. 어떤 사이트에 방문했느냐에 따라 당신의 건강 상태, 정치적 성향, 남에게 말하기 쉽지 않은 비밀이 드러날 수 있기 때문입니다. 그럼 어떻게 해야 할까요? 클라우드를 쓰지 않고 혼자 퍼스널 컴퓨터 시대로 돌아가서 사는 게 나을까요? 그보다는 현명하게 잘 사용하는 길을 택하는 것이 나을 것입니다. 예를 들어 일본의 유명한 온천을 갔다고 생각해보지요. 누구나 자유롭게 이용할 수 있는 유명 노천탕이 있습니다. 게다가 무료라고 합니다. 어떻게 하시겠습니까? 당연히 가야겠지요. 다만 공개된 장소이니 수영복을 입고 수건을 두르고 갈 것입니다. 이곳에 속옷 차림 또는 홀딱 벗고 갈 사람은 없을 것입니다. 프라이버시 침해를 걱정하거나 남들 시선을 지나치게 문제 삼는 사람은 이곳을 이용해서는 안 되겠지요. 클라우드도 똑같습니다. 클라우드를 이용하겠다고 동의한 순간, 프라이버시에 대해서는 내려놓아야 합니다. 그리고 공공장소에서 할 수 있는 행동만 해야겠지요.

클라우드 활용

보안과 자기관리는 기본이고, 중요한 것은 활용입니다. 클라우드는 앞서 살펴본 것처럼 정보의 저장과 공유가 핵심입니다. 클라우드 덕에 스마트 워크(Smart Work)가 가능해졌습니다. 스마트 워크는 말 그대로 '똑똑하게 일하는' 환경을 말합니다. 보통 직장인들은 오전 9시에 사무실에 출근해 오후 6시에 퇴근합니다. 컴퓨터가 사무실에 있으니 컴퓨터가 있는 곳으로 갈 수밖에 없지요. 만약 주말에 처리할 일이 생기면, 그것이 아무리 간단한 일이라 하더라도 컴퓨터가 있는 사무실로 출근을 해야만 합니다.

클라우드를 이용한다면 어디에서나 파일에 접속하여 일처리를 할 수 있으니 공간의 구애를 받지 않게 됩니다. 자유롭게 출근하고 장소에 구애받지 않으며 업무를 볼 수 있습니다. 말 그대로 스마트 워크가 가능하지요. 꼭 출근하지 않아도 집에서 자신의 노트북을 이용해 회사 업무를 처리할 수 있고, 사내 메신저나 화상 통화 프로그램을 이용해 집에서 팀 동료와 오전 회의를 가질 수도 있습니다. 스마트 커뮤니케이션(Smart Communication)도 가능해집니다. 최근 클라우드를 이용한 영상회의 도구들이 개발되어 무료 또는 적은 비용으로 활용할 수 있습니다.

클라우드 기술로 공익적인 사회 인프라를 만들 수도 있습니다. 블록체인은 한동안 떠들썩한 데다 부정적인 이미지까지 갖게 되었는데요, 클라우드와 결합되면 놀라운 일들이 벌어집니다. KT는 두 기술을 결합하여 P2P(Person to Person) 기부 플랫폼을 만들었습니다. 비영리단체들이 기부를 받기 위해서는 기부자가 기부금 자동이체를 신청해야 하는데, 그러려면 중간에 반드시 은행이 있어야 하고 자그마한 비영리단체의 경우 인증을 받기 위해서는 복잡한 과정을 거쳐야만 해서 어려움이 많았습니다. 이 플랫폼을 이용하면 영세한 비영리단체들도 기부자들로부터 쉽게 후원을 받을 수 있습니다. 기부자도 물론 복잡한 과정 없이 편리하게 기부를 할 수 있지요.

디지털 시대의 사회 참여

가상공간에서의 시민의식

클라우드 기술이 다양한 분야로 확대되면서 원하건 원하지 않건 가상공간에서 활동하고 머무르는 시간이 점점 더 늘어날 것입니다. 세상 모든 환경이 클라우드로 바뀌어갈 테니까요. 이러한 환경에서 사람들에게 어떤 소양이 필요할까요?

가상공간에서 다양한 사람들과 만나고 소통하며 함께 일하기 위해서는 디지털 시민의식이 필요합니다. 디지털의 특성상 소통의 양이 늘어나고 사회 참여도 활발히 이루어지기 때문에 그만큼 갈등과 문제도 발생하기 쉽지요. 인적이 드문 골목길보다 인적이 많은 명동에서 사람들과 부딪힐 가능성이 높은 것처럼 말이지요. 아날로그 세상에서도 시민의식은 중요했습니다. 디지털 세상이라고 해서 시민의식이 더 중요한 것은 아닙니다. 더 중요한 것이 아니라, 디지털 세상에서는 많은 사람들이 시민의식을 간과하기 때문에 더 중요하게 인식해야 한다는 의미입니다. 아날로그 세상이나 디지털 세상이나 윤리의식, 예절, 에티켓 등이 중요한 것은 마찬가지지요. 차이가 있다면 아날로그 세상에서는 직접 사람들과 만나고 소통하며 일하다 보니 윤리, 예절, 에티켓을 자연스럽게 챙길 수밖에 없지만 디지털 세상에서는 실제로 대면하지 않거나, 아바타나 사진을 통해서만 만나기 때문에 더 소홀해지기 쉽습니다.

사실 디지털 세상에서도 필요한 시민의식은 아날로그 세상과 똑같습니다. 예전에 국어 수업 시간에 편지 쓰는 법을 배웠지요. 편지를 쓸 때 첫머리에 OOO 귀하라고 쓰고, 날씨 등 인사말을 적은 후, 본론에 들어가고, 마무리 인사와 자신의 이름으로 끝내라고 배웠습니다. 일종의 레터 리터러시(Letter Literacy)랄까요. 편지 쓸 때의 기본적인 예절입니다. 편지에 한두 줄만 써서 요즘 문자 보내듯 보낸다면 그건 예의에 어긋나는 행동입니다. 편지와 이메일은 똑같습니다. 아날로그와 디지털의 차이만 있지요. 미디어가 바뀌었을 뿐 편지와 이메일상의 지켜야 할 예절은 똑같습니다.

우리는 아날로그 세상에도 살고 있지만 동시에 디지털 세상에서도 살고 있습니다. 아직은 아날로그 세상에서 보내는 시간이 더 많지만, 학생들은 아날로그 세상에서 보내는 시간보다 디지털 세상에서 보내는 시간이 더 많아질 것입니다. 반대가 되겠지요. 아날로그 세상이건, 디지털 세상이건 사람 사는 세상은 모두 똑같습니다. 공간만 바뀌었을 뿐 사람들 간에 지켜야 할 도리는 같지요. 아날로그 세상에서 타인에 대해 배려하고, 때로는 자신을 지키며, 공동체 속에서 소통하는 것이 중요했던 것처럼 디지털 세상에서도 똑같습니다.

시민과 대중의 차이

'시민'은 영어로 Citizen입니다. 도시(City)라는 영어에서 파생된 단어로, 단순하게는 도시에 사는 사람을 뜻합니다. 고대 그리스시대에 생겨난 말인데요, 당시 고대 그리스는 도시국가였기 때문에 도시는 곧 국가였고, 고로 '시민'은 곧 '국민'이었습니다. 당시 시민이라고 하면 국가의 구성원으로서 정치 과정에 직접 참여할 수 있는 일정 연령 이상의 남자를 말했습니다. 당시 외국인, 여자, 노예는 시민에서 제외되었습니다. 정치에 참여할 권리가 주어지지 않았던 것이지요. 고대 로마도 마찬가지였습니다.

반대되는 개념이 '대중'입니다. 불특정 다수가 모여 조직화되어 있지 않고 구성원 간에 인격적인 접촉도 별로 이루어지지 않는 집단을 말합니다. '대중'이란 유행에 민감하고 익명성을 띤 집단으로 현대에 와서는 정치적인 의사 결정에 간접적으로 영향력을 미치기도 하지만, 사회와 주변 이웃의 문제에 별 관심이 없는 무지몽매한 사람들을 뜻하곤 합니다.

당신은 디지털 시민인가요? 아니면 무지몽매한 디지털 대중의 한 사람인가요? 둘의 가장 큰 차이는 사회, 정치 참여입니다. 자신의 억울함을 호소할 수 있는 권리가 주어져 있다면, 그리고 사회 정의를 위해 나서 싸울 의지가 있다면 당신은 당당한 시민입니다. 디지털 세상에서 그럴 권리와 의지가 있다면 당당한 디지털 시민이지요. 그렇지 않다면 디지털 대중, 또는 디지털 노예라 불러야 할지도 모르겠네요.

권리 주장에 뒤따르는 책임의식

시민의식은 현재에 중요한 것처럼 과거에도 중요했습니다. 조선시대에 법제화된 참여제도로 상소, 신문고, 격쟁이 있었습니다. 상소는 글로 임금에게 올리는 민원제도였고, 글을 모르는 백성은 신문고를 쳐서 억울함을 임금에게 알릴 수 있는 길을 열어주었습니다. 지방의 백성을 위해서는 임금 행차 시에 북이나 꽹과리를 쳐서 임금에게 하소연할 수 있는 격쟁제도를 운영하기도 하였지요. 그 당시에도 신문고와 격쟁은 너무 빈번하게 쳐서 민원의 진정성을 높이고자 곤장을 3대 맞은 후 칠 수 있도록 하였다고 합니다. 백성으로서의 권리를 존중하고 표현의 자유를 주었지만, 동시에 책임도 요구한 제도라 할 수 있겠습니다.

지금도 이와 비슷한 제도가 있지요. 현재도 국민신문고라는 제도가 있습니다. 조선의 신문고 제도를 모티브로 하여 마련한 온라인 공공민원창구입니다. 행정기관의 부당한 처분이나 소극적인 일 처리로 권리의 침해를 입었거나, 불만사항이 있을 때 의견을 제시할 수 있습니다. 청와대에서 운영하는 국민청원 제도도 있지요. '국민이 물으면 정부가 답한다'라는 모토로, 문재인 정부 출범 100일을 맞은 2017년 8월 17일 신설된 온라인 게시판으로 20만 명 이상의 동의를 받을 경우 정부와 청와대 관계자들의 답변을 받을 수 있도록 되어 있습니다. 2018년 11월 기준으로 하루 평균 700여 건씩 총 34만여 건의 청원이 올라왔습니다. 이 중 55건의 청원만 20만 명 이상의 동의를 받았지요. 청원된 건에는 온갖 다양한 문제들이 있습니다. 이 중에는 국제 경기에 출전한 특정 선수의 메달을 박탈해달라는 등 국민청원에 걸맞지 않은 내용도 다수 있습니다.

시민의식이 부족한 탓입니다. 디지털로 하는 민원이라 더 가벼이 여기는 것도 있겠지요. 조선시대처럼 곤장을 때려야 할까요? '표현의 자유'를 누리기 위해서는 '표현의 책임'도 뒤따라야 합니다. 권리를 누리기 위해서는 책임도 질 줄 알아야겠지요. 자칫 디지털 세상에서 가벼이 여길 수 있는 시민의식, 아날로그 세상에서나 디지털 세상에서나 모두 중요합니다.

표현의 자유 vs 표현의 책임

대한민국 모든 국민은 '표현의 자유'가 있습니다. 헌법에서 보장하는 자유권이지요. '모든 국민은 언론·출판의 자유와 집회·결사의 자유를 가진다'는 헌법 제21조 1항에 근거를 두고 있습니다. '표현의 자유'는 자신의 사상이나 생각을 외부에 표현하는 자유로 개인의 의사 표현을 하는 언론·출판의 자유와 다수의 사람들이 단체로 행동하는 집회·결사의 자유로 나눌 수 있습니다.

민주주의는 시민 한 사람 한 사람의 사회, 정치 참여에 의해 이루어지기 때문에 '표현의 자유'는 민주주의를 구현하는 중요한 권리이자 의무라 할 수 있겠습니다. 인터넷 시대에 접어들면서 과거 그 어느 때보다 모든 국민이 '표현의 자유'를 누릴 수 있는 세상이 되었지요. 이러한 순기능도 있지만 역기능도 작용합니다. 개인의 자유를 보장하고 민주주의 사회를 발전시키는 순기능도 있지만, 욕설 등 타인의 명예를 훼손한다거나, 사이버 폭력과 같은 역기능도 있습니다.

그래서 헌법 제21조 4항에는 '언론·출판은 타인의 명예나 권리 또는 공중도덕이나 사회윤리를 침해하여서는 안 된다. 언론·출판이 타인의 명예나 권리를 침해한 때에는 피해자는 이에 대한 피해의 배상을 청구할 수 있다'라는 내용이 있습니다. '표현의 의무'만 있는 것이 아니라, '표현의 책임'도 있는 것이지요.

표현의 자유는 개인의 자유와 사회 발전을 위해 주어지지만, 만약 타인에게 피해를 줄 수 있다면 다시 한 번 생각해보아야 합니다. 너무나도 상식적인 이야기지만, 인터넷상 댓글이나 커뮤니케이션 행태를 보면 모르고 있거나 알아도 모르는 듯 행동하는 사람들이 너무 많습니다. 인터넷시대에 우리가 누릴 수 있는 '표현의 자유'가 더 커진 만큼, 우리 모두 져야 할 '표현의 책임'도 커졌음을 명심해야 합니다. '표현의 자유'가 더 늘어나고 누구나 누릴 수 있는 사회를 만들기 위해서는 디지털 세상의 모든 사람들이 '표현의 책임'에 대해 분명히 인지해야 합니다.

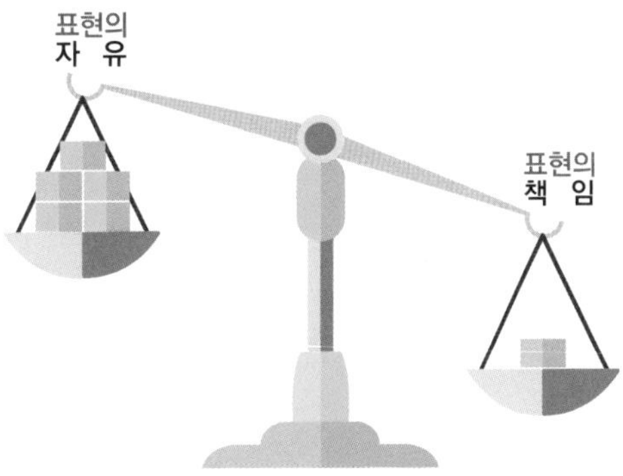

표현의 자유 허락 기준을 만들어보아요.

1) 표현의 자유를 인정해야 할 이유가 무엇일까요?

표현의 자유가 필요한 사례를 적어보세요.

2) 표현의 자유를 규제해야 할 이유가 무엇일까요?

표현의 자유의 피해 사례를 적어보세요.

3) 표현의 자유 허락 기준을 만들어주세요.

표현의 자유기 필요하지만 그로 인해 억울한 피해자가 나오면 안 되겠지요?
그렇다면 억울한 피해자가 나오지 않도록 어떠한 규정을 만들면 좋을까요?
표현의 자유를 허락할 수 있는 기준을 적어보세요.

구글 드라이브 drive.google.com

1. 구글 드라이브 소개 화면

구글 드라이브는 사진, 문서, 그림, 음성 파일, 동영상 등을 만들고, 공유하고, 보관할 수 있는 도구입니다. 구글 계정을 만들면 **15GB의 저장 용량이 무료로 제공됩니다.** 또한 인터넷만 연결되어 있으면 드라이브에 있는 파일을 컴퓨터뿐 아니라 스마트폰, 태블릿에서도 사용할 수 있어요. 무엇보다도 구글 드라이브의 장점은 파일이나 폴더를 다른 사람과 공유할 수 있는 클라우드 기반 협업 도구라는 것이지요. 구글 계정이 없어도 공동 작업에 참여할 수 있기 때문에 협업을 위한 도구로 많이 사용되고 있답니다.

그럼 지금부터 구글 드라이브로 문서를 만들어 공유하는 방법을 알아볼게요.

구글 계정에 로그인하고 **Google 드라이브로 이동** 버튼을 클릭해주세요.

구글 드라이브도 내 컴퓨터 드라이브와 마찬가지로 폴더 체계를 만들 수 있어요. 내 컴퓨터 폴더 관리하듯이 구글 드라이브도 폴더 체계를 만들고 관리하면 매우 유용하답니다.

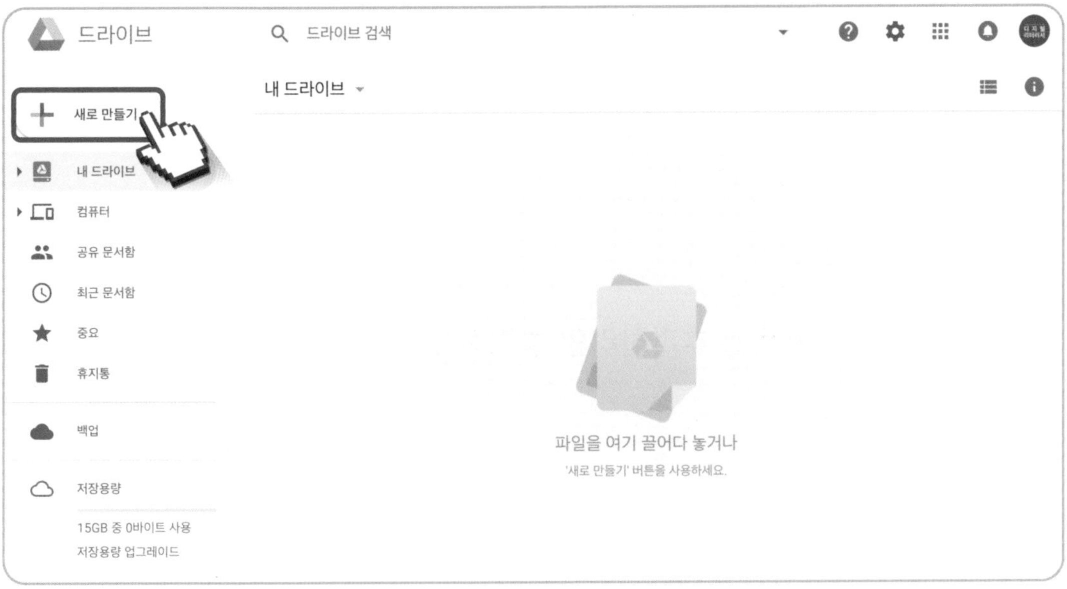

2. 내 드라이브

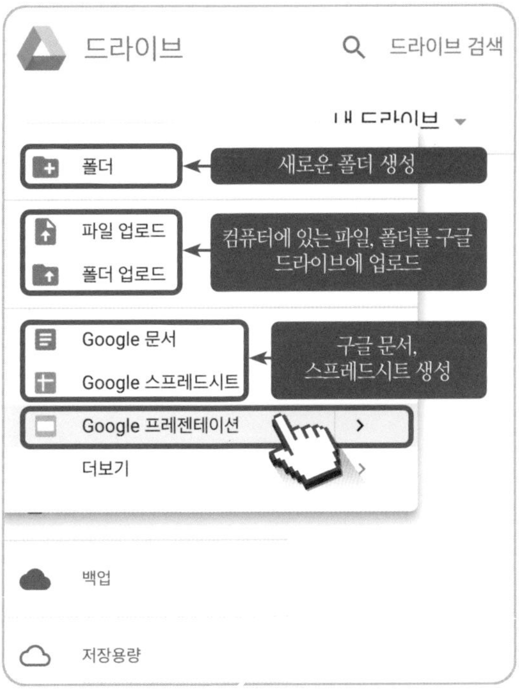

3. 새로운 파일 또는 폴더 만들기

컴퓨터에 있는 파일을 구글 드라이브에 올리는 것은 아주 간단하답니다. 동그란 원 안에 파일을 드래그하여 올려놓으면 되거든요.

새로 만들기 버튼을 클릭하면 새로운 폴더를 만들거나 파일 또는 폴더를 업로드할 수가 있어요.

Google 문서를 클릭하면 MS 워드와 유사한 문서를 만들 수 있고요. Google 스프레드시트를 클릭하면 엑셀과 유사한 문서를 만들 수 있어요. 발표 자료로 많이 사용되는 **Google 프레젠테이션**을 클릭하면 파워포인트와 유사한 문서를 만들 수 있습니다. 이렇게 만들어진 파일은 MS 워드, 엑셀, 파워포인트 파일로 다운로드할 수도 있어요.

그럼 Google 프레젠테이션 문서에 모둠원들이 동시에 접속하여 작업하는 방법을 알아보겠습니다.

4. 새로운 Google 프레젠테이션 생성

5. 다른 사용자와 공유

우선 Google 프레젠테이션 문서를 만들어야겠지요? 우측 상단에 있는 **공유** 버튼을 클릭하면 다른 사용자와 공유할 수 있는 팝업창이 뜹니다. 구글 드라이브에서 공유할 수 있는 방법은 크게 세 가지 형태가 있습니다. 문서를 수정할 수 있는 권한을 주는 것, 문서 내 댓글로 의견을 게재할 수 있는 권한을 주는 것, 문서를 수정하거나 댓글을 달 수 없지만 볼 수 있는 권한을 주는 것입니다. 그리고 이러한 권한을 주는 방법은 특정 사용자만 초대하는 것과 불특정 사용자에게 링크를 통해 주는 방법 두 가지가 있습니다. 구글에 로그인을 하지 않은 사용자에게 수정, 댓글 작성, 보기 권한을 주려면 **공유 가능한 링크 가져오기**를 클릭해야 합니다. 학교에서 학생들이 구글에 로그인하지 않고 협업을 할 수 있게 하려면 미리 문서를 만들어놓고, 공유 가능한 링크 가져오기를 클릭하여 해당 링크 접속자에게 수정 권한을 줘야 합니다. 이럴 경우 익명으로 문서를 작성하기 때문에 누

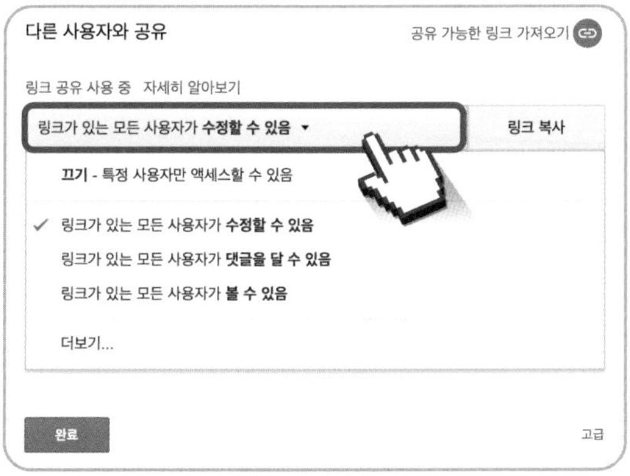

6. 공유할 권한 설정

7. 공유 링크 복사

8. 특정 사용자에게 권한 부여

9. 특정 사용자에게 권한 공유 이메일 초대장 발송

가 테마를 바꾸고, 다른 친구가 작업한 내용을 허락 없이 수정했는지 확인하기 어렵습니다. 그렇기 때문에 익명 활동을 하기 전에 서로 공동의 이익을 위해 장난을 치거나 이기적인 행동을 하지 않겠다는 약속을 하고, 지킬 수 있는 분위기를 만들어줘야 합니다. 이번에는 특정한 사용자에게 권한을 주도록 해볼게요. 특정 사용자에게 권한을 주기 위해서는 사용자 입력란에 이메일 주소를 입력하고 우측 연필 모양 리스트 메뉴를 클릭해서 해당 사용자의 권한을

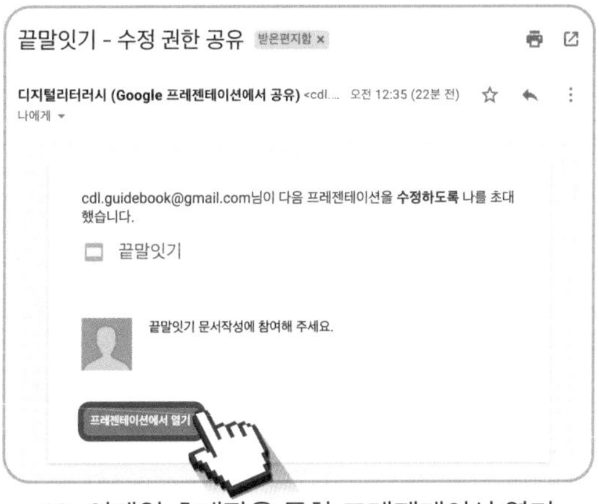

10. 이메일 초대장을 통한 프레젠테이션 열기

선택해주면 됩니다. 이렇게 이메일 주소를 입력하여 권한을 공유한 후 이메일 알림 보내기를 체크하면 해당 사용자에게 이메일이 전송됩니다. 이메일 내에 **프레젠테이션 열기** 버튼을 클릭하면 해당 문서 편집창으로 이동하지요.

이메일 알림 보내기를 체크하지 않은 경우에는 별도의 이메일이 전송되지 않습니다. 이럴 때는 구글 드라이브 **공유 문서함**을 클릭하면 됩니다. 공유 문서함에서는 다른 사용자가 나에게 공유한 문서를 한눈에 확인할 수 있습니다.

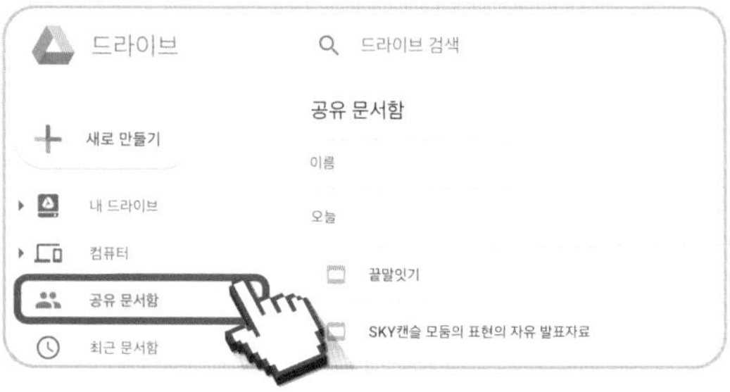

11. 공유 문서함에서 공유 문서 확인

클라우드를 경험하기 위해 익명의 사용자가 작성할 수 있는 Google 프레젠테이션을 만들어 공유해보도록 하겠습니다. 익명의 햄스터, 익명의 여우, 익명의 라이거 등 사용자마다 별명이 주어지고, 해당 별명으로 활동하는 것을 실시간으로 확인할 수 있습니다. 이렇게 하나의 문서에 모두 접속해서 끝말잇기를 할 수 있지요.

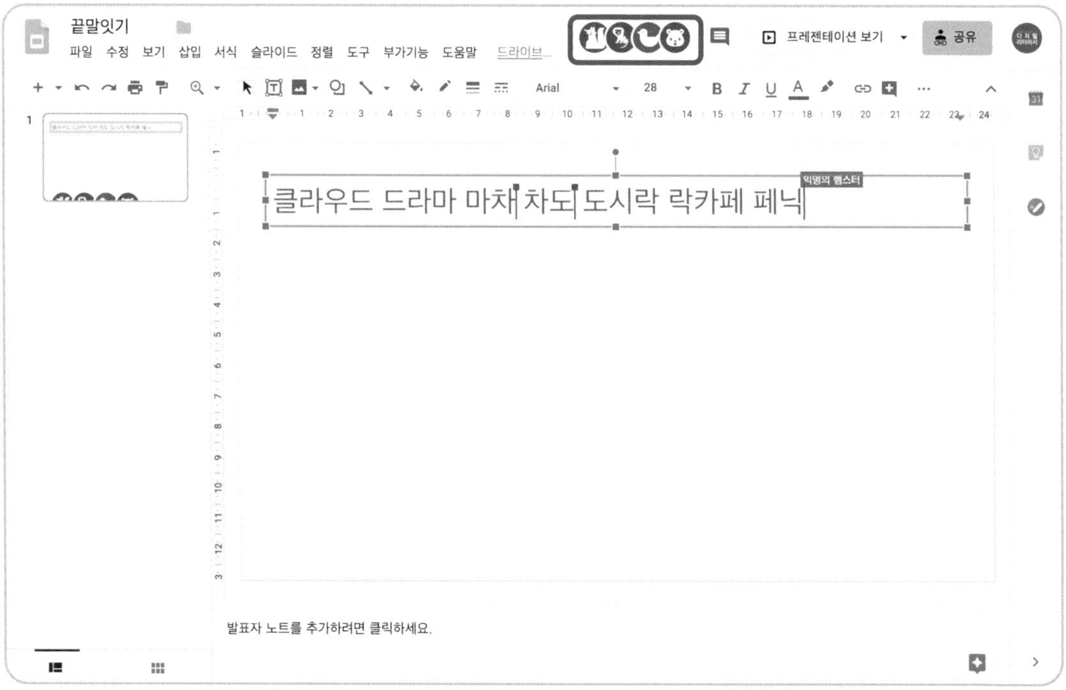

12. 익명의 사용자들의 동시 접속 문서

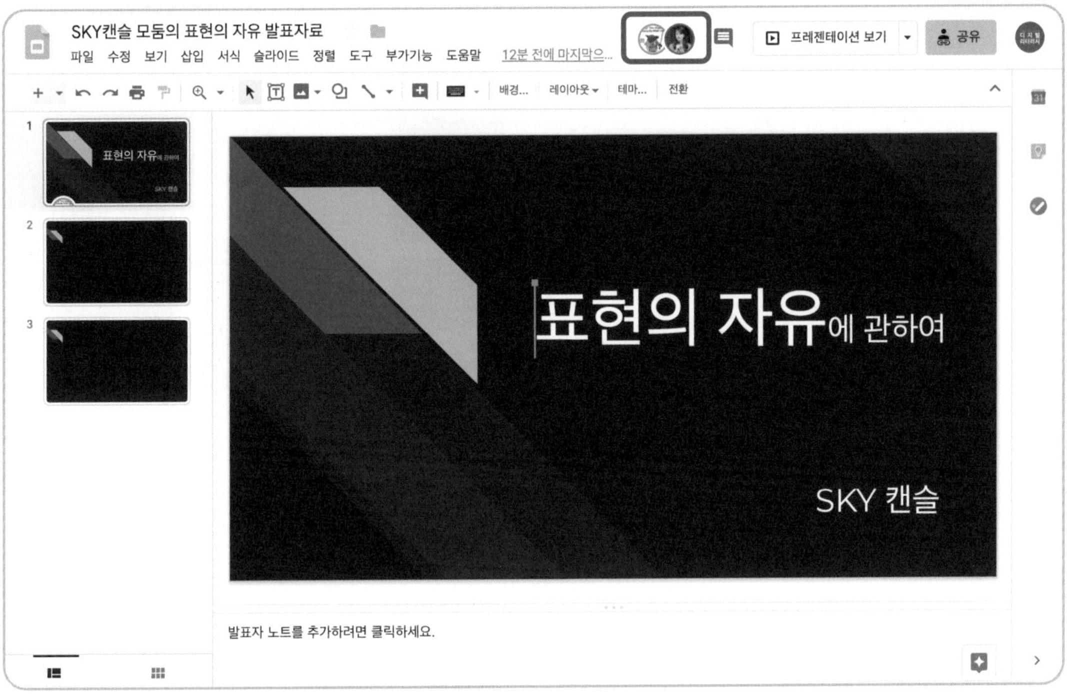

13. 구글 계정으로 로그인한 사용자들의 동시 접속 문서

구글 계정에 로그인을 하고 공동 문서 작업을 하게 되면 누가 어떤 작업을 했는지 확인할 수 있습니다. **말풍선 모양의 아이콘**을 클릭한 후 **+댓글** 버튼을 클릭하면 자신의 의견을 댓글로 작성할 수 있어요. 댓글 기능을 이용하면 선생님이 학생들의 작업 내용에 관한 의견을 전달할 수 있습니다. 한 사람이 문서를 작성하되 여러 사람의 의견을 수렴하고 싶을 경우 의견이 필요한 사람에게 댓글 작성 권한만 주면 되겠지요?

이렇게 구글 프레젠테이션은 실시간 공동 작업을 하기에 유용한 도구랍니다. 추가로 유용한 기능 몇 가지를 더 소개해드릴게요.

14. 댓글 확인 및 추가

15. 댓글 작성

삽입 메뉴에는 이미지, 텍스트 상자, 동영상, 도형, 표, 차트 등을 삽입할 수 있는 도구들이 모여 있습니다. 이미지는 내 컴퓨터에서 업로드할 수도 있고, 웹 검색 기능을 이용하여 구글 검색 결과 이미지 중 마음에 드는 것을 바로 삽입할 수도 있지요. 동영상은 유튜브에서 검색하여 바로 삽입할 수도 있고, 구글 드라이브에 업로드 후 삽입할 수도 있어요. 유튜브 영상 중 일부를 삽입하는 것도 가능하답니다. 동영상을 선택한 상태에서 **서식 옵션** 버튼을 클릭하면 동영상 서식 옵션 화면이 나옵니다. 여기에서 동영상 시작 시간과 종료 시간을 설정할 수 있어요. 원하는 시간을 직접 입력해도 되고, 동영상 재생 후 **현재 시간 사용**을 클릭해서 시작 시간과 종료 시간을 설정할 수도 있어요. 하나의 동영상 앞과 뒤의 일부분만 필요할 경우 이렇게 동일한 동영상 2개를 삽입하여 재생 시작 및 종료 시간을 설정하여 간편하게 영상 자료를 만들 수도 있겠지요.

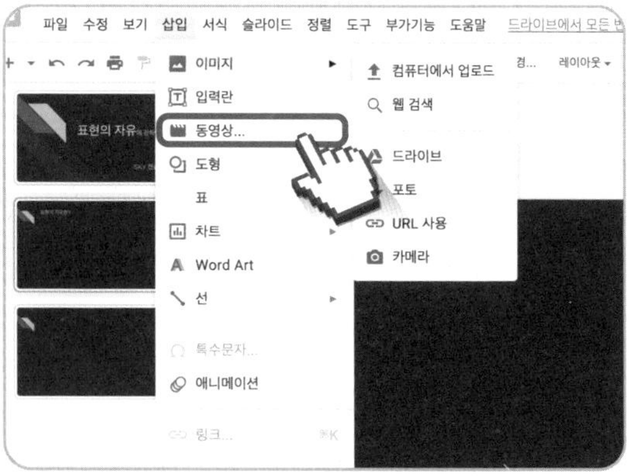

16. 동영상 삽입

17. 유튜브 동영상 검색

18. 동영상 서식 옵션

19. 동영상 재생 시작과 종료시간 설정

슬라이드 문서는 보고서가 아니기 때문에 설명 글을 전부 입력하지 않는 것이 좋겠지요? 핵심 키워드 또는 이미지로 표현하는 것이 청중의 집중을 강화시킬 수 있으니까요. 이럴 때 발표자만 볼 수 있는 발표자 노트가 유용합니다. 구글 프레젠테이션에서는 발표자 노트를 음성으로 입력할 수 있어요. 발표자 노트 음성 입력 메뉴에서 **마이크** 버튼을 클릭하고 말을 하면 자동으로 발표자 노트에 내가 말한 내용이 입력됩니다.

또한 발표할 때 청중 질문을 받을 수 있는 기능도 있답니다. 프레젠테이션 보기에서 발표자 보기 메뉴를 선택해주세요. **청중 도구** 탭에서 **새 세션 시작** 버튼을 클릭하고 질문 수락을 활성화시키면 됩니다.

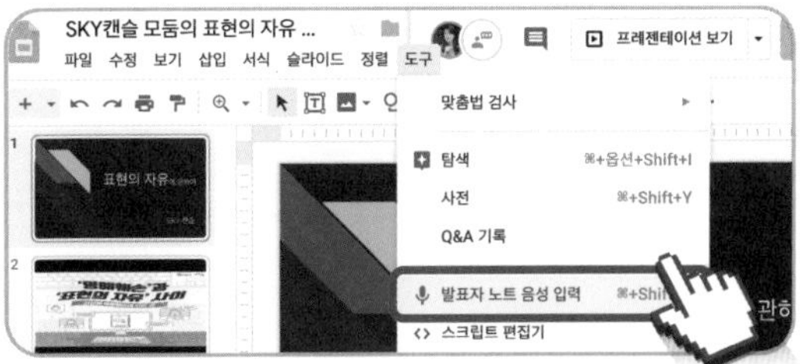

20. 발표자 노트 음성 입력

21. 발표자 노트 음성 입력 실행

22. 프레젠테이션 발표자 보기

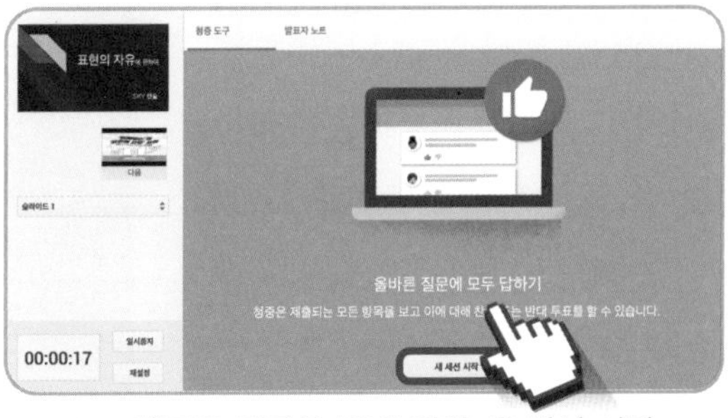

23. 새로운 질문을 받기 위한 새 세션 시작

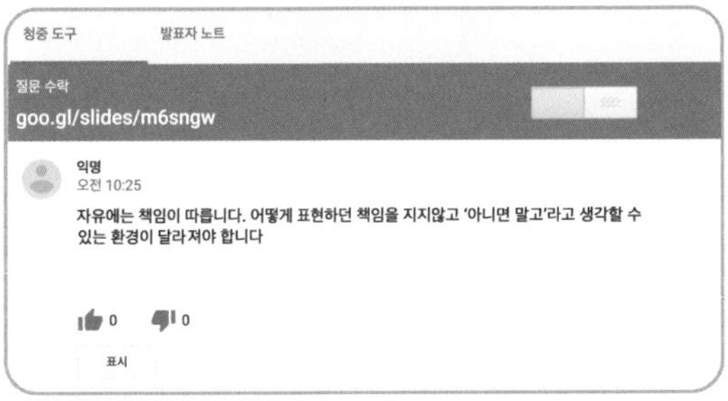

24. 청중에게 질문 수락 시 발표자 화면

25. 발표 화면에 질문 제출 URL 노출

4. 빅데이터 & 정보의 진실 vs 허구

퀴즈로 미리 생각해보기

1. 빅데이터의 특성이 아닌 것은?

▲ 인터넷 발전과 클라우드에 의해 생겨났다.

◆ 데이터량 증가 속도가 빠르다.

● 용량이 큰 데이터를 말한다.

■ 사진, 동영상 등 유형이 다양하다.

2. 다음 중 진실에 해당되는 것은?

▲ 지구는 정원이다.

◆ 대한민국은 한민족 국가다.

● 만리장성은 달에서도 보인다.

■ 우주는 지금도 팽창한다.

3. 미디어의 '프레이밍'으로 틀린 것은?

▲ 언론사의 보도 기법이며 우리말로는 '틀짓기'라 한다.

◆ 언론사가 이슈에 대해 특정한 이미지를 만들어내는 것을 말한다.

● 보도 시 특정 사실을 선택, 강조하여 프레임을 만들 수 있다.

■ 신문을 액자로 만드는 방법이다.

사용하는 디지털 도구

- **네이버 데이터 랩** datalab.naver.com
- **소셜메트릭스** socialmetrics.co.kr
- **구글 트렌드** trends.google.co.kr
- **구글 퍼블릭 데이터** publicdata.google.com

디지털 도구 사용법 유튜브 영상 채널 youtube.com/c/DigitalLiteracy

정보가 득이 되는 세상

빅데이터

빅데이터에 대해 이해하고, 올바로 활용하는 능력이 점점 더 중요해지고 있습니다. 빅데이터란 디지털 환경에서 생성되는 데이터로 그 규모가 방대하고, 생성 주기도 짧고, 형태도 수치 데이터뿐 아니라 문자와 영상 데이터를 포함하는 대규모 데이터를 말합니다. 과거에 데이터라고 하면 수치만을 이야기했으나, 빅데이터에는 종류가 다양해 글이나 사진, 영상을 통한 사람들의 행동정보, 위치정보 등도 포함됩니다. 빅데이터를 그저 '어마어마하게 큰 데이터'라는 식으로 받아들이면 중요한 의미를 놓치게 됩니다.

정량적 수치, 조사 데이터와 같은 '정형화된 데이터'는 물론 메타정보, 센서 데이터, 제어 데이터 등 미처 활용하지 못해왔던 '반 정형화된 데이터', 여기에 사진, 이미지, 영상과 같은 멀티미디어 데이터인 '비정형 데이터'를 모두 포함하는 것이 빅데이터입니다. 이전에는 빅데이터가 없었습니다. 최근 데이터 양을 보면 이전의 데이터는 빅데이터라고 부르기에 몹시 민망한 수준입니다.

2019년 2월 기준 트위터(twitter)에서만 하루 평균 5억 개가 넘는 트윗이 이루어지고, 2017년 말 기준 유튜브(YouTube)의 하루 평균 업로드된 동영상의 분량이 576,000시간에 달합니다. 2016년 기준 연평균 유튜브 사용자들이 시청한 유튜브 콘텐츠가 46,000년 동안 볼 만큼의 양이 되지요. 2012년 한 해 동안 생성된 데이터의 양은 2.8제타바이트(ZB)로, 이전까지 생성된 데이터양을 모두 합친 것보다 많습니다. 그리고 2015년에는 7.9제타바이트로 증가했고 계속해서 기하급수적으로 늘어나고 있습니다(IDC, 2011).

빅데이터 활용

최근 빅데이터가 다양한 가치를 만들어내면서 사람들은 빅데이터를 '원유'에 비유하기 시작했습니다. 빅데이터가 원유만큼 값어치가 많이 나가고 미래에 엄청난 돈이 될 거라는 의미에서 이런 비유를 하는 것이지요. 한편으로는 기름이 없으면 기계가 돌아가지 않는 것처럼, 이제 빅데이터 없이는 정보시대를 살 수 없다는 의미도 담겨 있습니다. 그래서 전문가와 경영자들은 21세기 기업에게 가장 중요한 자산은 '데이터'라고 자신 있게 말합니다. 데이터를 잘 관리하고 가치를 이끌어내지 못하면 경쟁에서 살아남을 수 없다고까지 합니다.

월스트리트저널에 따르면 2018년에만 아마존, 구글, 마이크로소프트 등의 기업이 데이터를 수집하는 데 315억

달러를 투자했다고 합니다. 빅데이터를 원유에 비유하는 이유, 기업들이 빅데이터에 많은 돈을 투자하는 이유는 무엇일까요?

데이터에서 의미 있는 정보를 찾아내는 시도는 예전에도 이루어졌습니다. 기업이 고객 데이터를 마케팅 활동에 이용하는 것은 1990년대부터 시작되었습니다. 최근에는 구매 이력 정보와 웹로그(web-log) 분석, 위치기반 서비스(GPS)를 결합하여 소비자가 원하는 서비스를 적기에 적절한 장소에서 제공할 수 있도록 합니다.

배낭을 새로 장만하려고 인터넷에서 검색을 하다, 자신의 페이스북에 들어갔습니다. 그랬더니 페이스북 페이지에 내가 관심을 갖고 찾아보았던 배낭의 광고가 따라붙습니다. 쇼핑몰에서 매력적인 프로모션을 제안하기도 하지요. 이제 이런 수준은 매우 기본적인 빅데이터 활용에 해당됩니다.

아마존은 고객의 도서 구매 데이터를 분석하여 특정 책을 구매한 사람이 추가로 구매할 가능성이 높은 책을 추천해주는 시스템을 운영 중입니다. 고객이 읽을 것으로 예상되는 책을 추천하면서 할인쿠폰을 지급하지요. 최근 주가를 높이고 있는 넷플릭스도 이용자의 영화 대여 목록에 기초하여 새로운 영화를 추천해주는 시네매치(Cinematch) 시스템이 있습니다.

빅데이터는 공익적인 분야에도 기여를 하고 있습니다. IBM이 제공하는 날씨 예측 시스템은 방대한 데이터를 분석하여 폭우를 48시간 전에 예측합니다. 싱가포르는 갑작스런 차량 증가로 인한 교통체증을 줄이기 위해 교통량 예측 시스템을 도입하였지요. 이 시스템은 85% 이상 정확하게 교통량을 예측하여 교통체증을 줄이고 있습니다. 구글은 독감과 관련된 지역별 검색어 빈도를 분석하여 독감 유행 지역과 환자 수를 예측하는 독감 동향 서비스를 개발했고, 우리나라에서도 서울시가 심야버스 노선을 정하는 데 심야시간 통화량과 유동인구의 빅데이터를 활용한 바 있습니다.

빅데이터는 기회인 동시에 위협입니다. 빅데이터를 잘 활용하면 정확한 팩트를 찾아낼 수 있고 미래를 예측할 수도 있지만, 빅데이터의 홍수 속에 허위정보가 늘어나 사회 혼란을 가중시킬 수도 있기 때문입니다. 정보는 득이 될 수도 있지만, 때론 독이 될 수도 있습니다.

정보가 독이 되는 세상

진실은 어디에

출처 : WIKIMEDIA COMMONS
장 레옹 제롬의 <우물에서 나오는 진실>

어느 날, 진실과 거짓이 만났습니다. 먼저 거짓이 진실에게 "오늘 날씨 정말 좋군요!"라고 말을 건넵니다. 진실은 하늘을 올려다보았지요. 실제 하늘이 참 좋았습니다. 둘은 같이 걷다가 한 우물에 도착했습니다. 거짓이 진실에게 또 말을 건넸습니다. "물이 너무 깨끗해요. 우리 함께 목욕해요!"라고요. 진실은 거짓이 의심스러워 보였지만, 물을 보니 깨끗한 것 같아 함께 옷을 벗고 우물로 들어갔습니다. 그런데 갑자기 거짓이 우물 밖으로 뛰쳐나오면서 진실의 옷을 입고 달아나버렸습니다. 진실도 황급히 우물에서 나와 자신의 옷을 돌려달라 울부짖으며 거짓을 찾아 헤매 다녔습니다. 세상은 아무것도 입지 않은 진실을 보고 손가락질을 해댔지요. 슬픔에 빠진 진실은 어쩔 수 없이 우물 속으로 다시 들어간 후 영영 밖으로 나오지 않았다고 합니다. 한편, 거짓은 진실의 옷을 입고 온 세상을 돌아다녔습니다. 세상눈에는 진실의 옷을 입은 거짓이 아무렇지 않아 보였습니다. 그보다는 벌거벗은 진실을 만나는 일이 더 힘들었지요.

이 이야기는 장 레옹 제롬의 작품 속 뒷이야기를 잘 설명해줍니다. 이 이야기를 듣고 그림을 보면 다르게 와 닿습니다. 작가는 이 작품을 통해 이렇게 말하고 있습니다. 허위정보를 퍼뜨리는 세력에 놀아나지 않으려면, 우물 속에 숨어 있는 진실을 제대로 볼 줄 아는 눈을 키워야 한다고 경고하고 있습니다.

일찍이 그리스 사상가 데모크리토스(Democritus)도 "우리는 진실에 대해 아무것도 모른다. 진실은 심연 속에 있으니까"라며 진실을 파악하기가 얼마나 어려운지를 말했습니다. 진실을 알아내기 위한 노력은 지금뿐 아니라, 근대와 고대에도 중요했었나 봅니다.

매스미디어 시대에 접어들면서 정보의 양이 늘어나기 시작했습니다. 광고 홍수에 공짜 정보가 넘쳐납니다. 정보가 너무 많기 때문에 무엇이 진실이고, 무엇이 거짓인지를 구분해내는 것이 점점 더 어려워지고 있지요. 진실을 보고도 의심하게 되고, 거짓을 보고도 속기 쉬운 세상입니다.

허위정보

허위정보란 진실이 아닌 것을 진실인 것처럼 꾸며서 만든 정보를 말합니다. 누군가의 의도에 의해 만들어졌다는 점에서 정확하지 않은 정보와는 확연히 다릅니다. 공식적으로 언론기관에 의해 만들어졌거나 언론기관이 만든 것처럼 보이도록 한 것을 가짜뉴스라고 합니다. 비공식적으로 개인이 만들고 퍼뜨린 것을 유언비어라고 하지요. 이 두 가지가 허위정보에 해당됩니다.

오보는 허위정보가 아닙니다. 언론사의 검증 과정에 문제가 있었거나 기자의 실수로 나간 기사를 오보라고 합니다. 오보는 부정확한 기사 또는 틀린 기사로 볼 수 있지만 허위정보로는 볼 수 없습니다. 해당 언론사와 담당 기자가 의도를 갖고 만들어낸 것이 아니니까요. 오보는 그저 실수지만, 가짜뉴스는 범죄에 해당됩니다.

	의도 有	의도 無
공식	저널리즘을 잃어버린 나쁜 언론에 의한 **가짜뉴스**	언론사의 검증 과정 부족 또는 실수에 의한 **오보**
비공식	개인이 악의를 갖고 고의로 퍼뜨린 **유언비어**	추측하여 말하거나, 생각 없이 퍼다 나른 **소문**

비공식적으로 개인이 아무 생각 없이 추측하여 말하거나 말을 옮기면서 생기는 것이 소문입니다. 소문도 유언비어와는 다릅니다. 유언비어가 악의를 갖고 고의로 퍼뜨린 것이라면 소문은 개념이 없어서 발생한 문제인 것이지요. 소문에 대해 죄를 묻기는 곤란하지만 유언비어는 분명한 범죄입니다. 그러나 이렇게 만들어진 소문이라 하더라도 의도를 갖고 확산, 유포한다면 그것은 유언비어 유포가 됩니다. 더 이상 소문이 아닌 것이지요.

허위정보의 확산

마케도니아에 사는 17살 소년이 트럼프를 지지하는 가짜뉴스를 만들어 유포하고 6만 달러를 벌었습니다. 가짜뉴스로 어떻게 돈을 벌었을까요? 소년이 만들어낸 가짜뉴스에 광고가 붙어서입니다. 소년은 가짜뉴스로 돈을 벌었지만 이를 제재하거나 예방하기는 힘들었습니다. 미국 외에서 만들어지고 일어난 일이니 말이지요.

우리나라에서도 2018년에 문재인 대통령의 건강 이상과 치매 내용 허위정보가 돌았습니다. 유튜브 콘텐츠로 만들어졌는데, 100만 회가량 조회되며 사람들에게 퍼졌지요. 유튜브의 경우 조회 한 건당 0.7원에서 1원의 광고 수익을 줍니다. 그러니 위 허위정보 제작자는 100만 원 정도의 수익을 번 것이지요. 일부 언론에서는 보수 편향의 유튜브 채널 중에는 월 2천만 원 넘게 수입을 거두는 곳이 있다는 분석도 나오고 있습니다. 이렇게 수익과 연결되다 보니 허위정보가 더욱 확산되고 있습니다.

허위정보는 인터넷이 주요 활동 무대입니다. 과거에 일베와 같은 커뮤니티 사이트나 블로그를 중심으로 확산되었다면, 최근에는 유튜브와 소셜미디어를 통해 확산되고 있습니다. 특히 주목할 만한 것은 생산과 확산의 경로입니다. 과거에는 신문, 방송 등 전통 매체가 먼저 의제 설정을 했습니다. 그러고 나서 인터넷 매체에 의해 확산되는 형태였지요. 그런데 이제는 인터넷 매체에 의해 역의제 설정이 되고 있습니다. 유튜브에서 먼저 생산된 후 소셜미디어를 통해 퍼지다가 신문 등 전통 미디어가 취재하면서 확산되는 형태로 바뀌고 있지요. 전통 언론이 모든 사실을 검증하기 힘들기 때문에 1인 미디어가 지어낸 이야기가 지상파나 신문을 통해서 공인된 사실처럼 변조되기 쉬운 세상입니다.

일상생활 속 허위정보

"만리장성은 달에서도 보인다"라는 말을 한 번쯤은 들어보았을 것입니다. 이 말은 과연 사실일까요? "이빨을 콜라에 넣으면 삭아서 없어진다"라는 말은 사실일까요?

둘 다 사실이 아닙니다. 인공 건축물은 달에서 보이지 않습니다. 전자는 만리장성의 위대함을 알리고 싶었던 누군가가 만들어낸 소문입니다. 이 허위정보로 인해 중국 관광청은 상당한 이득을 보았을 것입니다.

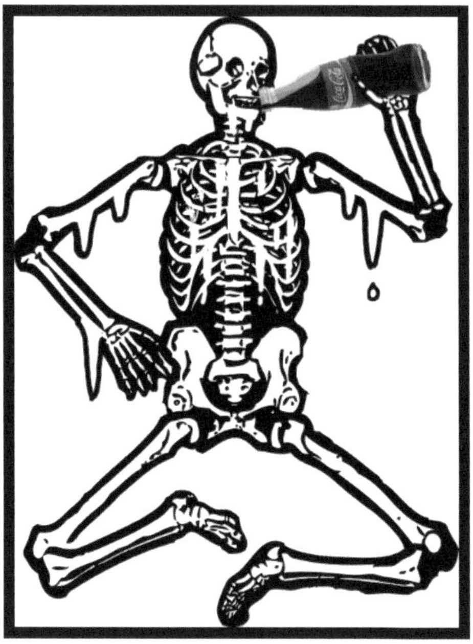

후자는 콜라 회사의 매출이 줄었을 때 반사이익을 보게 될 누군가가 낸 소문이겠지요. 콜라 회사는 이로 인해 엄청난 피해를 보았겠지요. 실제 이 소문은 1980년대 미국에서 코카콜라의 독보적인 명성과 매출에 맥을 못 추던 세븐업이 언콜라 캠페인을 하면서 당시 코카콜라의 경쟁사들이 만들어낸 소문입니다. 이 소문이 얼마나 강력하게 사람들을 세뇌했는지, 사실이 아니라고 설명하고 실험 영상을 보여줘도 끝까지 믿지 않는 분들이 많습니다.

이처럼 허위정보는 정치적인 문제에만 국한되지 않습니다. 우리 일상생활 속에도 흔히 찾아볼 수 있습니다.

디지털 기술로 고도화된 허위정보

디지털 기술의 발달로 허위정보의 속임수가 고도화되고 있습니다. 딥페이크(Deep Fake)는 인공지능(AI) 안면 매핑(Facial Mapping) 기술로 특정인의 얼굴을 다른 영상에 합성하는 가짜 영상물 제작 기술입니다. 이 기술로 인해 최근 해외에서는 '페이크 포르노'가 유행하면서 여자 연예인들이 곤욕을 치르고 있습니다.

2018년 4월 백악관에 앉은 오바마 전 미국 대통령이 도널드 트럼프 대통령을 비난하는 가짜 영상이 공개되기도 했는데요, 인공지능이 10시간 정도 학습한 후에 영상과 목소리를 만들어내게 되면 가짜를 구분해내기가 거의 어렵다고 합니다. 이 역시 빅데이터를 활용한 기술로 인공지능이 인터넷상 해당 인물의 영상과 목소리 클립을 모아 분석, 재조합하여 가짜 영상을 만들어냅니다. 처음에는 어설프지만 시간이 지날수록 완성도가 높아지지요. 이처럼 최근에는 포르노 영상이나 정치 분야에서 딥페이크를 악의적으로 이용하는 사례가 속출하면서 사이버 범죄의 새로운 형태로 떠오르고 있습니다.

우리나라에서는 사회문제를 우려하여 이 기술의 수입을 금지하였습니다. 디지털 기술과 빅데이터를 기반으로 신종 허위정보들이 늘어나고 있어 각 국가마다 대책 마련에 고심하고 있습니다.

출처 : SBS 뉴스 2018.07.08
가짜뉴스보다 더 무서운 가짜 동영상 '딥페이크'

허위정보에 대한 미래 대책

2017년 가트너그룹의 미래 보고서에 의하면, 2022년이 되면 대부분의 사람들이 진짜 정보보다 가짜 정보를 더 많이 접하게 될 거라 하니 그 심각성을 알 수 있습니다. 세계적인 문제로 떠오르자 각국마다 대책 마련을 위해 노력하고 있습니다. 가장 강력한 조치를 취한 것은 독일입니다. 2017년 6월 소셜미디어 사업자에게 허위정보 삭제를 의무화하는 법안을 통과시켜 2018년 1월부터 시행 중입니다. 2천만 명 이상의 회원이 있는 소셜미디어 기업은 증오 콘텐츠나 가짜뉴스를 발견할 경우 24시간 안에 삭제해야 합니다. 이를 위반할 경우 최대 5천만 유로, 약 650억 원의 벌금을 물어야 합니다. 허위정보의 생산자뿐 아니라, 유통사에게도 그 책임을 묻겠다는 것입니다.

프랑스의 경우에는 정부 개입은 최소화하고 비영리 민간단체를 중심으로 뉴스의 진위를 판별하는 팩트체킹 시스템인 '크로스체크'를 운영 중입니다. 르몽드, 리베라시옹, AFP 등 37개 언론사와 글로벌 매체가 참여하고 있습니다. 독자들이 검증하는 것을 돕는 사후 처방이지요.

미국은 기업의 자율 규제에 의존하고 있습니다. 페이스북은 허위정보로 판명되면 해당 연결 링크를 제한하거나 이를 공유한 계정과 광고를 차단해 수익을 얻을 수 없도록 하는 등 기업 자체적인 규제 방안을 도입하고 있습니다. 유튜브도 뉴스 검색 시 허위정보를 걸러내는 알고리즘을 개발하여 적용 중에 있지요.

각국마다 대책 마련을 위해 노력하고 있지만, 국가 차원의 대책으로는 한계가 있습니다. 허위정보를 잡아내는 디지털 기술도 개발되고는 있지만 역시 한계가 있습니다. 범죄는 늘 정부 정책과 좋은 기술 발전의 속도를 뛰어넘으니까요. 허위정보는 계속해서 늘어날 것이고 기술 발달로 방법도 교묘해질 것입니다. 정부 규제만으로 허위정보를 걸러내는 것은 불가능합니다.

각자가 허위정보를 스스로 걸러낼 줄 아는 능력을 갖추어야 합니다. 허위정보와 수많은 쓰레기 정보 속에서 진짜 정보와 나에게 유익한 정보를 걸러내는 능력이 필요합니다. 외부 정보나 다른 사람들의 의견에 휩쓸리지 않고, 자기 스스로 객관적이고 주체적인 판단을 할 줄 아는 능력도 요구됩니다. 이러한 능력이 디지털 미디어 리터러시의 핵심이지요. 디지털 시민의식은 디지털 세상에서 건강하게 자기표현을 하고 허위정보를 걸러내는 능력에서 시작되고, 국민들의 디지털 미디어 리터러시가 민주주의 사회의 출발입니다.

과장 광고와 허위 광고

광고란 상품이나 서비스의 판매를 촉진하기 위해 하는 활동입니다. 정부도 정책을 홍보하기 위해 광고 활동을 하고, 비영리단체도 후원금을 모으거나 공익 캠페인을 하기 위해 광고 활동을 합니다. 기업 이미지 광고, 제품 브랜드 광고, 공익 캠페인 광고, 선거 광고와 같은 다양한 목적의 광고들이 있습니다.

광고를 구성하는 세 가지 요소가 있습니다. 로고, 디자인, 카피인데요, 로고는 왜 광고의 3요소일까요? 광고에는 반드시 광고의 주체가 있어야 하기 때문입니다. 광고의 주체를 소위 광고주라고 합니다. 광고란 돈을 내고 미디어의 일정 공간을 사는 것이기 때문에 누가 돈을 내는지를 명확히 하고자 함이지요. 광고주 입장에서는 자신들의 브랜드를 알리기 위함이고, 소비자 입장에서는 누가 돈을 내는지 알고 보는 의미가 있습니다. 광고 메시지는 돈 내는 사람 마음대로 만들 수 있기 때문에 광고에는 과장과 허구가 포함될 수 있습니다. 광고 시청자들이 이를 감안해서 판단하고, 제품을 구매하는 지혜가 필요합니다.

법적으로 크게 문제가 되지 않아 제재를 받지 않지만 사람들을 혼란스럽게 하는 것이 있습니다. 바로 과장 광고인데요, 광고의 홍수 속에서 거의 대부분의 광고들이 약간의 과장을 섞어 소비자를 현혹하고 있습니다. 과장 광고의 경우 경계가 모호하여 소비자들이 보호받지 못하는 경우가 더 많으니 소비자 스스로 잘 판단하는 것이 필요합니다.

과장 광고는 큰 피해를 주지는 않기 때문에 애교로 넘어갈 수도 있지만, 허위 광고는 다릅니다. 허위 광고는 위법에 해당되기 때문에 소비자가 보호를 받을 수 있지만, 대부분 문제 발생 후 조치가 이루어지기 때문에 건강과 관련된 경우 치명적일 수도 있지요. 허위 광고는 피해가 클 뿐 아니라, 사기죄에 해당되기 때문에 단호하게 대처할 필요가 있습니다.

과장 광고와 허위 광고는 구분해서 생각해야 합니다. 어떤 기업이든 영업이나 상행위에서 어느 정도의 과장은 불가피합니다. 누구나 자신에 대해 약간씩은 부풀려 좋게 말하는 습성이 있으니까요. 생선 가게에서 손님이 "싱싱한가요?"라고 묻는데 아니라고 말할 장사꾼은 아무도 없겠지요. 식당 이름 앞에 '원조'를 붙이고, 참기름이면 족한데 '순 참기름' '진짜 참기름'이라고 하는 것도 같은 맥락입니다. 과장 광고나 상술의 경우 허용되는 한계는 어디까지일까요? 사회적으로 용납해도 되는 선을 이해하는 것이 중요합니다.

어떠한 서비스나 상품이 잘 팔리도록 하기 위해 기능이나 이미지를 부풀리는 것을 과장 광고라 합니다. 이는 과한 약속, 근거 없는 주장, 불완전한 설명, 부분적인 노출, 상품의 시각적 왜곡 등의 방법으로 과장하게 되는데요, 예를 들어 '대한민국에서 가장 맛있는 한우'라고 한다면 과장 광고일 가능성이 높습니다. 유명한 음식 평론가로부터 인정을 받았거나 신뢰할 만한 대회에 나가서 1등을 한 적이 없다면 말이지요. 그래도 이 정도의 과장 광고는 귀엽게 넘어갈 수 있는 수준입니다. 아무런 근거 없이 '대한민국 1등 한우'라고 광고했다면 이것은 분명한 과장 광고에 해당됩니다. 소비자 고발이 있을 경우 공정거래위원회에서 시정 명령을 받게 됩니다. 상황에 따라 과징금도 부과받을 수 있습니다.

출처 : MEDI GATE 2019.02.18
동물실험에만 근거한 'COPD엔 편강탕' 허위과장 광고…. 한의사협회 의료광고심의위원회도 의료법 위반 인정.

허위 광고는 실제 해당되지 않는 자료나 정보를 사용하는 경우입니다. 호주산 소고기를 국내산 한우라고 표기하고 광고하는 경우가 명백한 허위 광고에 해당되겠지요. 허위 광고의 경우 분명한 사기죄입니다. 예를 들어 신경통 환자에게 효과가 있다는 광고를 보고 안마의자를 500만 원에 구입했다고 치지요, 다음 날 200만 원 상당의 일반적인 안마의자와 크게 다를 것 없다는 신문 기사가 났습니다. 안마의자 업체를 사기죄로 고소할 수 있을까요? 기사가 사실이라면 이 경우는 허위 광고인 동시에 사기죄가 성립됩니다.

원조, 최초, 특효 등의 표현이 있다면 다른 경로를 통해 과장 광고가 아닌지 확인해보는 것이 좋습니다. 그리고 과장 광고가 의심되는데 모호한 표현을 넘어서 명확한 수치나 근거를 제시하고 있다면 허위 광고가 아닌지 사실 확인을 좀 더 명확히 해보아야 합니다.

과장 광고와 허위 광고를 걸러내기 위해 우리나라에만 존재하는 독특한 제도가 있습니다. 방송 광고의 경우 사전심의를 받도록 하는 제도가 있습니다. 방송 광고의 심의는 원칙적으로는 '자율'로 되어 있지만, 사실상 강제성을 띠고 있습니다. 방송법상 방송이 된 광고에 대해서는 방송사가 책임을 지도록 규정하고 있어서 방송사들이 광고로 인해 발생할 문제를 미연에 방지하기 위해 모든 광고에 대해 사전심의를 받도록 요구하고 있기 때문이지요. 광고업계에서는 창의적인 광고를 만드는 데 제약이 된다고 비판하지만, 소비자 입장에서는 허위 광고를 걸러주는 장치가 되기도 합니다.

프레이밍

이번에는 기사를 살펴보겠습니다. 신문이나 방송의 보도는 언론사가 취재하여 작성한 내용이기 때문에 광고에 비해 신뢰가 높습니다. 언론에 보도된 내용은 모두 사실이라고 받아들이지요. 그러나 신문 기사를 곧이곧대로 믿어서는 안 됩니다. 언론 보도의 프레이밍 때문입니다.

프레이밍은 영어 단어로 Framing인데요, 언론사가 특정 사안에 대해 기사를 쓸 때 프레임을 짜고, 그 프레임에 의해 기사를 작성하여 여론을 이끌어갈 수 있습니다. 사진 찍을 때 카메라 프레임에 어떤 것을 담을지 정하는 것과 같습니다. 사진에 모든 것을 담을 수는 없지요. 무언가 선택하여 담을 수밖에 없습니다. 특정 부분만 사진에 담는다고 해서 거짓이라거나 진실되지 않다고 할 수는 없습니다. 전혀 다른 것을 촬영하는 것만 아니라면 허위정보를 담는 것은 아니니까요.

기사에도 모든 사실을 담을 수는 없습니다. 전체 취재 내용 중 신문 지면과 방송 시간에 맞춰 취사선택 후 편집할 수밖에 없습니다. 결과적으로 독자들은 취사선택된 부분만을 보게 되기 때문에 바라보는 시선의 왜곡은 생길 수밖에 없습니다. 언론사가 보도에 담은 내용이 모두 팩트이고 왜곡한 것도 없지만, 그 문제를 바라보는 독자의 인식은 왜곡될 수도 있습니다.

언론사들의 이러한 보도 방법을 미디어 프레이밍(Media Framing), 우리말로는 틀짓기라고 합니다.

같은 사안이라 하더라도 미디어 프레이밍에 의해 신문사별 관점의 차이가 있을 수 있습니다. 아니 반대로 말하는 것이 더 적절한 표현일 수 있겠네요. 같은 사안이라 하더라도 신문사별 관점과 입장에 따라 미디어 프레임을 다르게 짜는 것이라고요. 언론사의 정치적 입장, 이해관계, 조직 문화 등에 따라 다른 관점을 가질 수밖에 없고, 각기 다른 프레임으로 기사를 쓰게 됩니다. 언론사별 차이도 있지만, 기자의 개인 성향에 따라서도 달라집니다. 정치, 종교, 문화적 지향점에 따라 달라질 수 있습니다.

미디어 프레이밍의 방법은 '선택(Selection)과 강조(Salience)' 그리고 '무시(Ignorance)' 세 가지가 있습니다. 있는 그대로를 보여주지 않고 일부분을 선택하거나, 특정 부분을 강조해서 보여주거나, 특정 부분을 무시하고 보여주는 방법입니다. 이러한 방법과 걸러진 프레임에 따라 보도 내용은 완전히 달라집니다. 이런 방법을 통해 언론사는 자신들의 성향에 맞게끔 보도를 이어갈 수 있어요. 이 보도 방향에 따라 잘못된 여론이 형성될 수도 있지요.

미디어에 의한 프레이밍은 오랫동안 우리 사회 여러 면에 영향을 주어왔습니다. 대부분의 사람들 머릿속에는 '뚱뚱한 사람은 예쁘지 않고, 마르고 날씬한 사람은 예쁘다'라는 생각이 자리 잡고 있습니다. 너무나 당연하게 느껴지지만 사실 이러한 이미지는 미디어에 의해 심어진 것입니다. 사실 중세시대 그림을 보면 당시 미남, 미녀는 현대에 생각하는 모습과는 매우 다르지요. 오히려 통통한 사람들이 더 사랑받았습니다. '날씬해야 예쁘다'는 생각은 기업의 오랜 마케팅 활동과 미디어의 보도가 만들어낸 프레임입니다.

안타깝게도 많은 사람이 이러한 프레임에 영향을 받았고, 그렇게 믿는 사람이 다수입니다. 이렇게 미디어에 의해 만들어진 인식은 도처에 있습니다. 미디어가 매일 나에게 전달하고 있는 수많은 메시지들에 대해 한 번 더 의심의 눈으로 바라볼 필요가 있습니다. 그리고 그동안 우리가 너무나도 당연하게 받아들여 왔던 인식들에 대해서도 다시 한 번 생각해볼 필요가 있습니다. 우리가 사실이라고 믿고 있는 것이 사실은 사실이 아닐 수 있다는 걸 말이지요.

디지털 세상에는 누군가가 계획과 의도를 갖고 만들어낸 콘텐츠들이 많습니다. 주체적 판단 능력이 없는 상태에서 이러한 콘텐츠에 무방비로 노출된다면 그들이 바라는 대로 세뇌되거나 길을 잃고 우매한 대중이 되기 쉽습니다. 세상은 온통 프레임입니다. 누군가가 만들어놓은 프레임 안에서 생각을 지배당하며 꼭두각시가 되지 않으려면 적극적으로 정보를 수집하고, 객관적으로 이해하며, 주체적으로 판단할 줄 아는 능력을 키워야 합니다.

빅데이터를 잘못 관리한다면 그 자체만으로도 사회 혼란을 가중시키는 골칫거리가 될 수 있지만, 유익한 도구로 잘만 만들어 쓴다면 과장 광고나 허위 광고를 찾아내고, 언론 보도의 프레임을 분석하여 건강한 미디어 환경을 만들 수도 있습니다.

최근 1년 기준 대한민국 대표 국민가수를 찾아보아요.

1) 국민가수의 기준이 무엇일까요?

남녀노소 누구에게나 골고루 사랑받는 가수? 언급량이 가장 높은 가수? 방송에 가장 많이 나온 가수? 건전한 노래를 부르는 가수?
국민가수의 기준이 무엇인지 적어보세요.

2) 국민가수 후보자를 적어주세요.

모둠원이 생각하는 국민가수 후보자를 적어주세요.

3) 빅데이터 분석을 통해 우리 모둠이 생각하는 국민가수를 적어주세요.

어떠한 빅데이터를 분석하는 것이 좋을까요?
검색량? 콘텐츠 내에 언급량? 기사량?
어떠한 빅데이터를 토대로 국민가수를 정했는지, 그리고 그렇게 분석한 국민가수가 누구인지 적어주세요.

네이버 데이터 랩 datalab.naver.com

1. 네이버 데이터 랩 메인

네이버 데이터 랩은 네이버 검색 빅데이터를 통해 트렌드를 알아볼 수 있는 사이트입니다. 쇼핑 분야별 인기 검색어, 급상승 검색어, 검색어 트렌드, 지역 통계 등을 확인할 수 있어요. DMC 미디어의 '2018 포털사이트 이용 행태 조사 분석 보고서'에 따르면 1천 명을 대상으로 한 1개월 이내 포털 서비스 이용 경험 조사에서 네이버가 71.5%를 차지했어요. 국내 이용자가 많은 네이버 데이터 랩은 국내 트렌드를 알아볼 때 유용하겠지요?

그럼 네이버 데이터 랩을 통해서 대한민국 국민가수가 누구인지 추측해볼까요? 우선 '국민가수'에 대한 정의부터 내려야 할 텐데요, 남녀노소 골고루 관심있어 하는 가수를 국민가수라고 정의하고 검색어 트렌드를 확인해보도록 하겠습니다. 검색어 트렌드 메뉴를 클릭해주세요. 국민가수라고 생각되는 가수 5명을 주제어 1~5까지 넣고 전체를 선택한 후 조회합니다. 이때 주제어에 해당되는 검색어는 콤마로 구분하여 최대 20개까지 입력할 수 있어요. 예를 들어 오뚜

2. 네이버 검색 데이터 조회

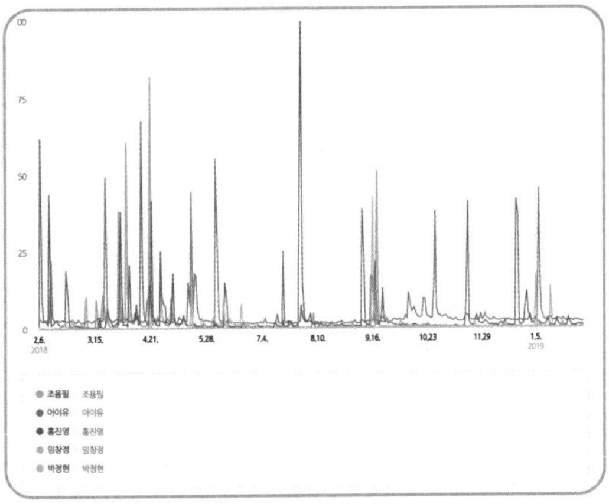

3. 네이버 검색 데이터 결과

기라면과 농심라면, 삼양라면의 검색 트렌드를 조사하려면 주제어에 '오뚜기라면'이라고 입력하고, 진라면, 안성탕면, 열라면, 진짬뽕 등 관련 검색어를 20개까지 우측에 입력하면 됩니다. 조회 결과 그래프에는 오뚜기라면으로 합쳐진 값이 반영됩니다.

그래프는 백분율로 표현됩니다. 가장 검색이 많았던 시점을 100으로 정하고, 100을 기준으로 검색 트렌드를 보여주는 것이지요. 갑자기 높이 솟은 구간을 제외하면 그래프로 비교하며 보기가 쉽습니다.

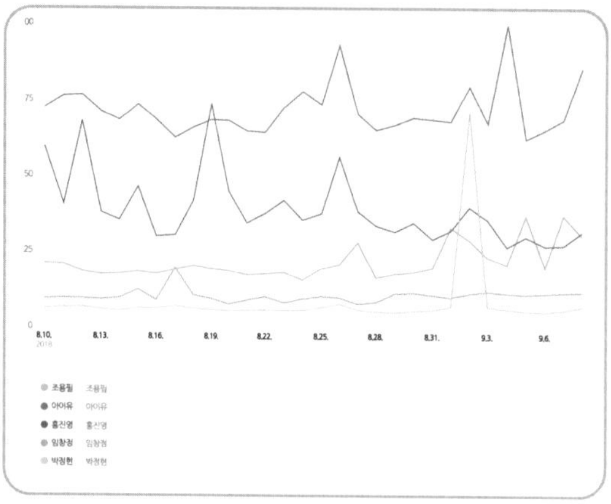

4. 기간 수정 네이버 검색 데이터 결과

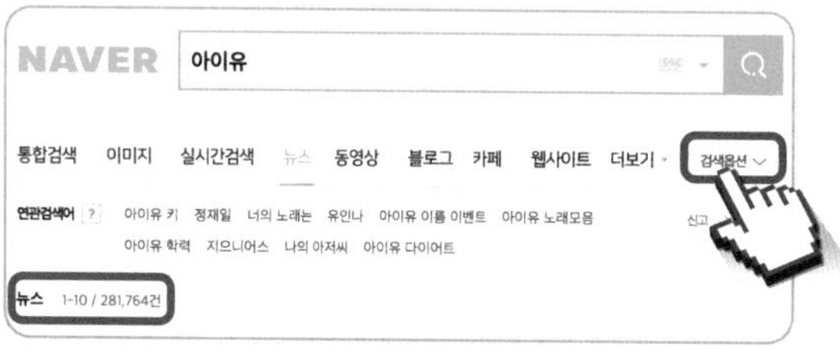

5. 콘텐츠 생성 건 수

분석 기간을 수정하면 100의 기준이 달라지기 때문에 보다 확대된 형태의 그래프를 확인할 수 있습니다. 네이버 데이터 랩은 검색하는 사람의 관심사인 검색어 트렌드를 알 수 있는 사이트이지요. 반대로 콘텐츠를 생산하는 사람들의 관심사는 어떻게 확인할 수 있을까요? 네이버 메인에서 확인하면 됩니다. 평상시 검색할 때는 필요 없지만 기간별 콘텐츠를 검색하거나 기간별 콘텐츠 생성 수가 궁금하다면 **검색옵션**을 클릭해서 옵션을 설정해줄 수 있어요. 기간을 설정하지 않으면 전체 기간이 디폴트로 설정되어 있어 전체 기간에 생성된 콘텐츠를 보여줍니다. 기간을 설정하고 적용하기 버튼을 클릭하면 해당 기간에 생성된 콘텐츠 및 콘텐츠 수가 노출되기 때문에 최신 이슈를 확인하거나 콘텐츠 수량 증감 형태를 확인할 수 있어요.

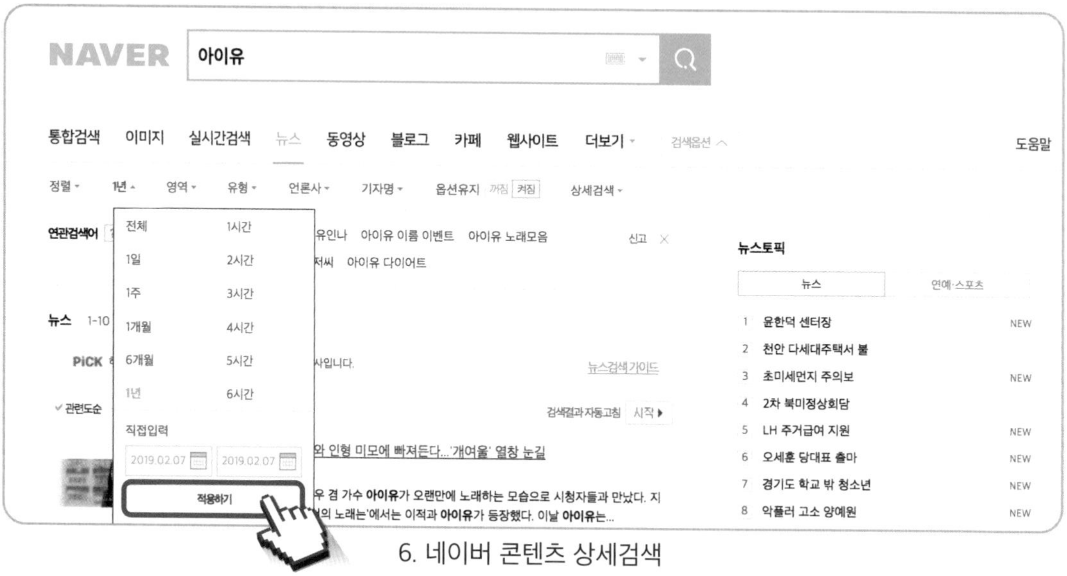

6. 네이버 콘텐츠 상세검색

소셜메트릭스 socialmetrics.co.kr

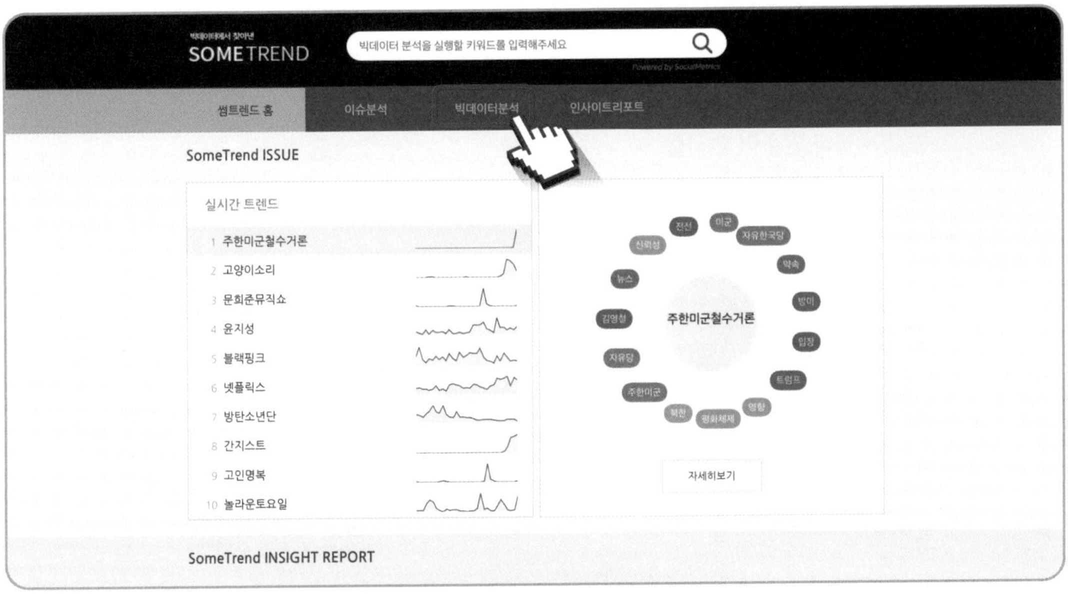

1. 소셜메트릭스 메인

네이버 데이터 랩의 검색 트렌드는 긍정적인 부분도 있지만 부정적인 부분도 있습니다. 좋아서 관심이 높을 수도 있지만 불명예스러운 사건으로 관심이 높아질 수도 있으니까요. 이렇게 긍정적인 이슈로 검색량이 증가한 것인지 또는 부정적인 이슈로 검색량이 증가한 것인지 확인하기 위해서는 생성된 콘텐츠의 내용을 분석해야 합니다.

소셜메트릭스는 블로그, 트위터, 인스타그램, 인터넷 뉴스 콘텐츠를 분석하여 연관어, 긍/부정 추이 등을 알려주는 빅데이터 분석 도구입니다. 실시간 이슈 분석 내용도 확인할 수 있지만 키워드를 입력하면 해당 키워드와 연관된 키워드, 감정, 긍/부정 현황까지 확인할 수 있습니다. 무료 버전은 최근 1개월 데이터만 확인할 수 있기 때문에 지난 트렌드는 확인할 수 없는 단점이 있지만 최신 네티즌의 반응을 파악할 수 있는 유용한 도구이지요.

여론의 동향과 관련 키워드가 얼마나 확산되었는지 확인할 수 있기 때문에 현재 국내에서는 금융회사, 공공기관, 방송사 등이 사용하고 있습니다.

키워드를 입력하면 연관어 맵과 연관어 언급량이

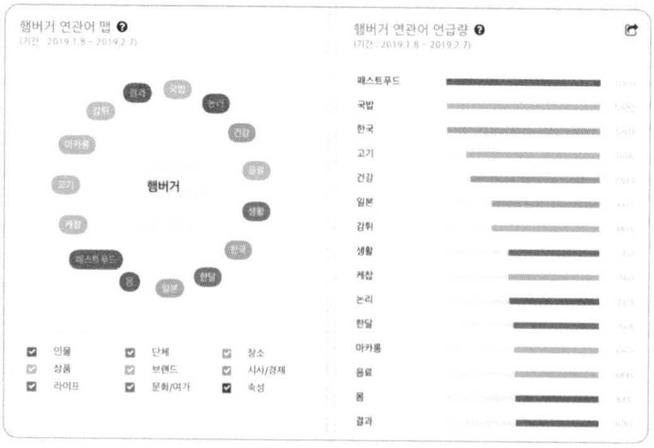

2. 연관어 맵과 연관어 언급량

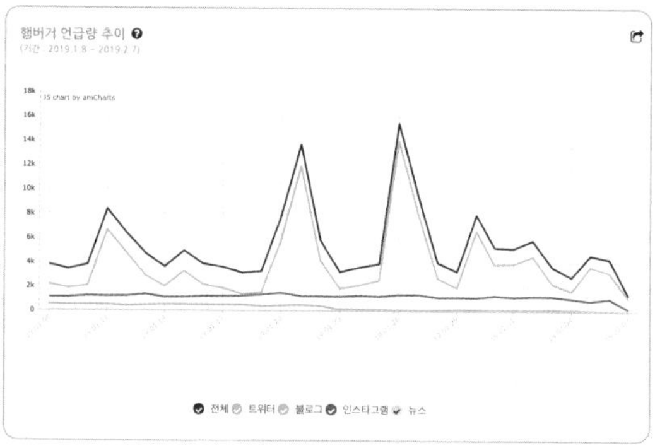

3. 언급량 추이

4. 감성어 분석 결과

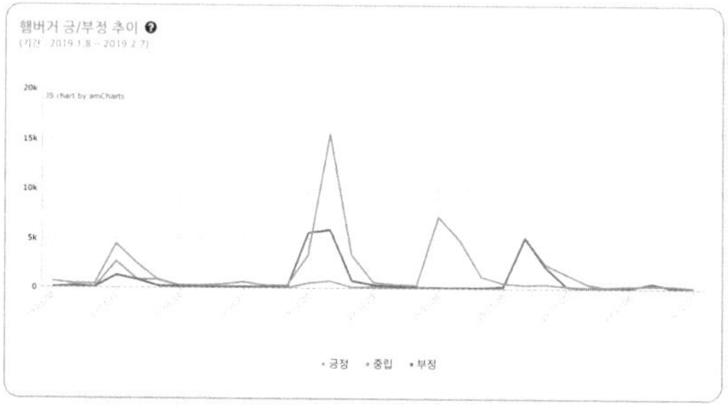

5. 긍/부정 추이

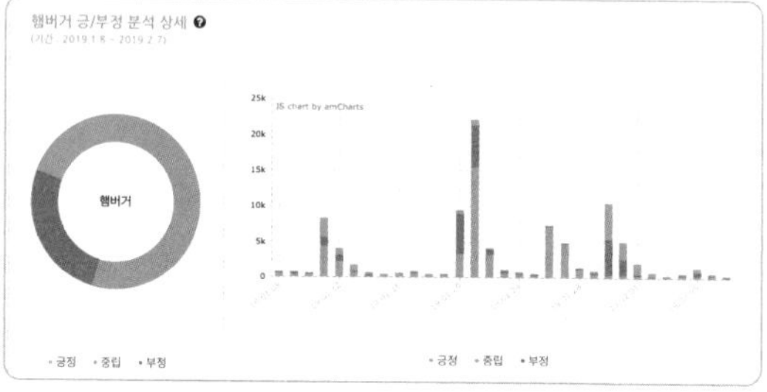

6. 긍/부정 상세분석

노출됩니다. 인물, 단체, 장소, 상품 등 연관어 구분을 선택할 수 있습니다.

해당 키워드가 얼마나 언급되었는지 언급량 추이도 확인할 수 있는데요, 마찬가지로 트위터, 블로그, 인스타그램 등 어떤 채널에서 언급했는지 채널 종류도 선택할 수 있습니다.

해당 키워드와 함께 사용된 감성어 추이 분석 결과도 알 수 있고, 긍/부정 추이도 확인할 수 있습니다. 물론 긍정인지 부정인지 정확하게 판단하기는 쉽지 않습니다. '좋아 죽겠다'라는 문장처럼 긍정어와 부정어가 함께 사용될 경우가 많은데, 이럴 때는 단어가 아닌 문맥의 흐름과 문장의 뉘앙스를 분석해야 하니까요. 그래도 다년간 자연어 처리 기술을 구사한 다음소프트에서 만든 솔루션이기 때문에 전적으로 신뢰할 순 없겠지만 참고할 수는 있을 것입니다.

구글 트렌드 trends.google.co.kr

1. 구글 트렌드 메인

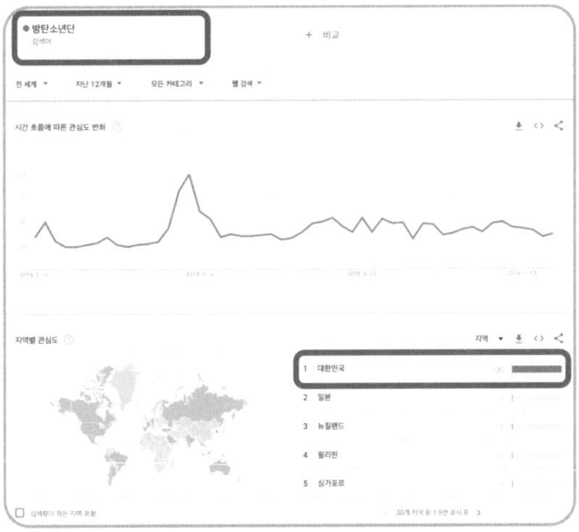

2. 검색어 '방탄소년단' 입력

네이버 데이터 랩은 네이버 검색 빅데이터를 분석하기 때문에 한국 사람들의 검색 트렌드를 확인할 수 있습니다. 그렇다면 전 세계 트렌드를 확인하려면 어떠한 도구를 이용해야 할까요? 바로 세계인이 가장 많이 사용하는 검색 엔진 구글 빅데이터를 분석하는 도구를 이용해야겠지요. **구글 트렌드는 전 세계 구글을 통해 검색하는 검색 빅데이터를 기반으로 트렌드를 확인할 수 있는 도구입니다.** 한국 사람은 한글로 입력하고, 미국 사람은 영어로 입력하며, 베트남 사람은 베트남어로 입력할 텐데 그 결과를 어떻게 신뢰할 수 있냐고요? 걱정하지 마세요. 구글이 알아서 번역된 언어에 대한 결과를 보여주니까요. 단, 해당 키워드 카테고리를 선택해주어야 합니다. 세계적인 한류스타 '방탄소년단'을 입력해볼까요? 의미 없는 검색어 '방탄소년단'으로 검색을 할 경우에는 전 세계에서 대한민국이 독보적이지요. 이번에는 보이 그룹 '방탄소년단'으로 입력해보겠습니다. 입력한 방탄소년단을 클릭하면 하단에 카테고리가 나옵니다. 그중 보이 그룹 '방탄소년단'을 클릭해주세요. 검색어 '방탄소년단'이었을 때는 지역별 관심도 1위가 대한민국이었는데, 보이 그룹 '방탄소년단'으로 바꾸니 1위가 필리핀으로 바뀌었습니다. 이렇게 구글 트렌드는 '방탄소년단'을 'BTS'로 바꾸지 않아도 원하는 결과값을 얻을 수 있답니다. 세계적인 해외 가수들을 한글로 입력해도 카테고리를 제대로 선택하면 문제없습니다.

3. 보이 그룹 '방탄소년단' 선택

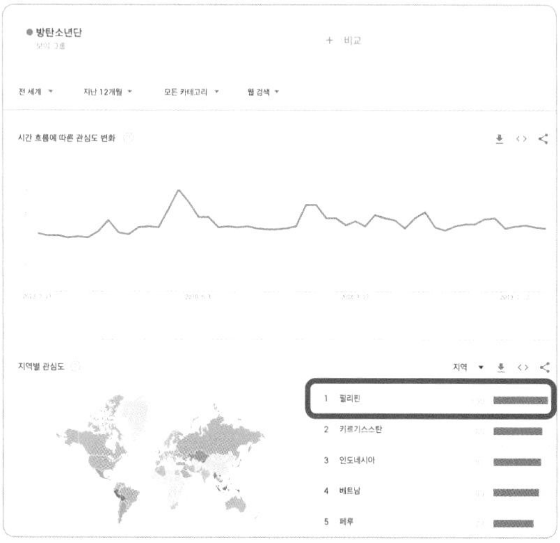

4. 보이 그룹 '방탄소년단' 관심도 변화 및 지역별 관심도

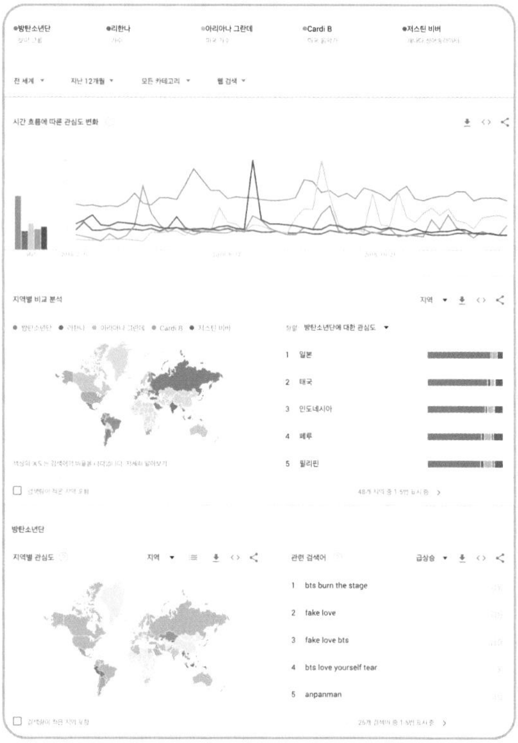

5. 세계 인기가수 검색어 트렌드

구글 퍼블릭 데이터 publicdata.google.com

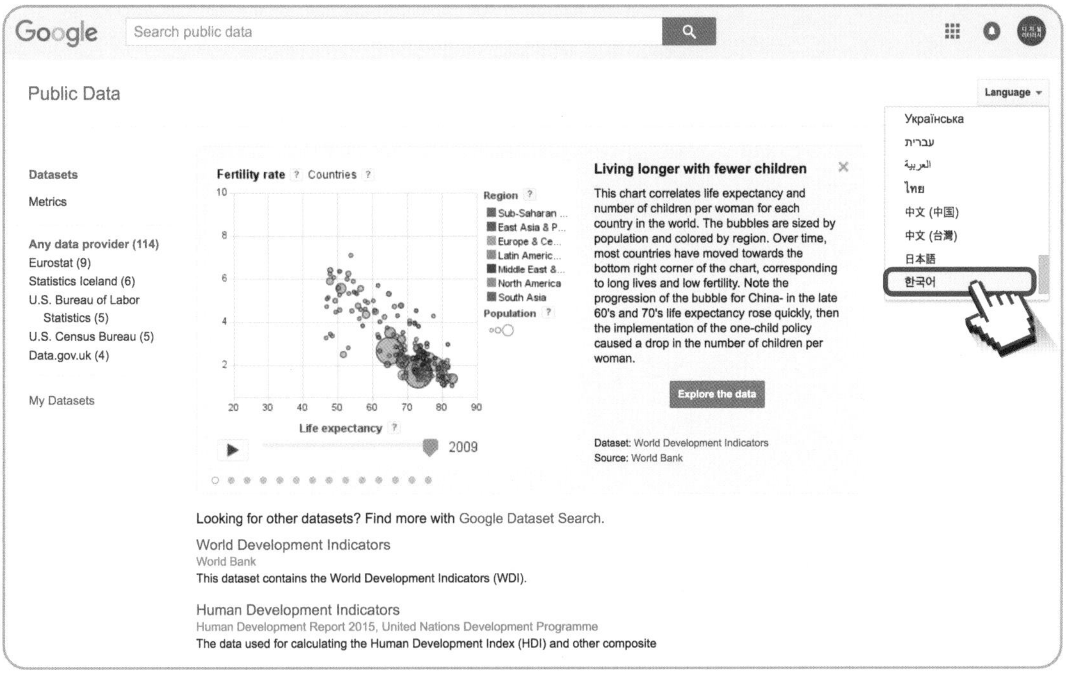

1. 구글 퍼블릭 데이터 메인

구글 퍼블릭 데이터는 세계 국제기구나 정부의 통계를 한눈에 보기 쉬운 그래픽으로 보여주는 사이트입니다. 우측 상단 Language에서 **한국어**를 선택해주세요. 영어로는 114곳의 정보를 제공해주지만 한국어로는 5곳의 정보를 제공해주네요.

원하는 지표와 비교 대상을 선택해주세요. 1인당 이산화탄소 배출량을 베트남, 중국, 일본과 비교해보니 안타깝게도 우리나라가 제일 높네요.

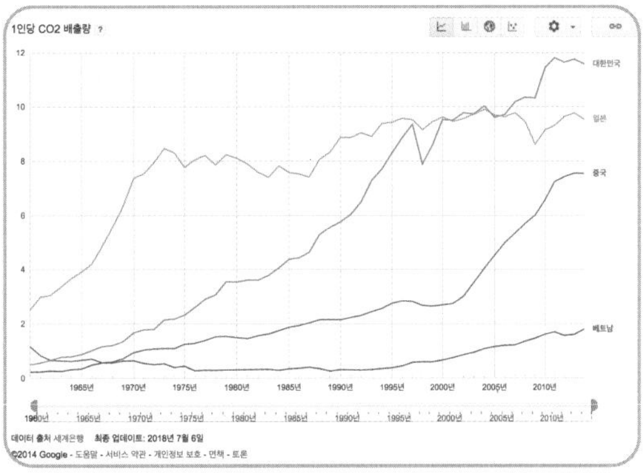

2. 이산화탄소 배출량 비교 그래프

Ⅱ. 디지털, 책임의 무게

1. 인터넷 뉴스 & 허위정보 생산자와 유포자

2. 컴퓨터 그래픽 & 이미지 합성 vs 조작

3. 그래픽 디자인 & 표절 vs 패러디

4. 디지털 스토리북 & 거짓말, 나쁜 이야기 vs 좋은 스토리텔링

1. 인터넷 뉴스 & 허위정보 생산자와 유포자

퀴즈로 미리 생각해보기

1. 다음 중 허위정보가 아닌 것은?

▲ 특정 정치 집단이 조작한 영상

◆ 초등학생이 만들어낸 루머

● 신문사의 오보

■ 가짜 언론사가 만들어낸 가짜뉴스

2. 다음 중 기사작성 원칙이자, 기사분석의 원칙은?

▲ 로봇 3원칙

◆ 신의성실의 원칙

● 육하원칙

■ 무죄추정의 원칙

3. 가짜뉴스를 구분하는 방법이 아닌 것은 ?

▲ 해당 언론사를 확인하고 신뢰할 만한 곳인지 파악한다.

◆ 같은 내용을 다룬 다른 언론사의 기사와 비교한다.

● 다른 언론사 보도와 다른 내용을 찾는다.

■ 글의 수준에 따라 판단한다.

사용하는 디지털 도구

- **뉴스페이퍼클럽** newspaperclub.com

디지털 도구 사용법 유튜브 영상 채널 youtube.com/c/DigitalLiteracy

가짜뉴스가 넘치는 시대

시끄러운 세상

과거에는 언론사를 설립하는 게 쉽지 않았습니다. 신문 인쇄를 위한 윤전기가 있어야 했지요. 주요 신문사들은 모두 윤전기를 자체적으로 갖고 있습니다. 자체적으로 윤전기를 보유하지 못한 소규모의 신문사들은 윤전기를 빌려 써야만 했기 때문에 수지타산이 맞지 않아 유지가 어려웠습니다. 방송사는 카메라와 편집 장비, 스튜디오 등 더 많은 예산이 들어가다 보니 소수의 방송사만 존재했습니다. 언론사들이 많지 않아 소수의 언론이 권력을 나눠 가졌고, 정부 권력도 함부로 할 수 없는 존재들이었습니다.

2000년대 초 인터넷 언론이 생기기 시작합니다. 기존 언론사에서 은퇴한 기자나 명예퇴직을 한 기자들이 독립해서 인터넷 언론을 설립했습니다. 종이 신문을 찍어내지 않으니 설비가 필요 없었고 과거와 같이 큰 재원이 필요하지도 않았습니다. 이후 언론의 숫자가 엄청나게 늘어나고 과잉 경쟁을 하게 됩니다. 기사량이 늘어날 수밖에 없지요. 구조적으로 시끄러울 수밖에 없는 세상입니다.

기자는 누구나 특종을 꿈꿉니다. 다른 기자들이 쓰지 않은 혼자만의 기사를 쓰고 싶어하지요. 소위 단독 보도라고 합니다. 단독 보도가 많을수록 독자를 많이 확보할 수 있고 해당 언론의 가치가 올라가니 누구나 꿈꾸지요. 보도 경쟁이 치열하다 보니 실제로 특종기사를 쓰는 기자는 많지 않습니다. 대부분 기자들의 현실적인 고민은 낙종입니다. 다른 기자들은 다 쓰고 나만 못 쓴 상황이지요. 해당 언론은 독자를 놓치게 되니 기자는 문책을 받을 수밖에 없습니다.

그러다 보니 모든 기자들이 너 나 할 것 없이 부지런히 기사를 씁니다. 기사 가치를 판단하여 쓰기 힘든 상황입니다. 실제 기사 가치에 비해 많은 양이 보도되다 보면 과잉 여론이 형성되기도 합니다. 언론사마다 기자의 숫자는 한정되어 있고 한 명의 기자당 다뤄야 하는 기사가 늘어나다 보니 기사의 질은 떨어질 수밖에 없습니다. 오보가 발생할 가능성도 높아지지요.

언론에게는 사회문제를 세상에 알리고 정부를 감시하는 순기능이 있습니다. 그러나 우리나라처럼 구조적인 문제를 안고 있는 경우에는 사회 노이즈를 늘리는 역기능도 발생합니다.

기사의 신뢰성 저하

뉴스나 기사라고 해서 모두 믿어서는 안 됩니다. 방송사나 신문사는 매일매일의 뉴스와 기사를 채워야 하는 부담이 있습니다. 모든 보도 내용을 취재와 개인의 제보만으로 채울 수 없기 때문에 기업이나 정부의 보도자료에 의존하게 됩니다. 사실 검증이 미흡하여 의도치 않게 과장 보도나 허위 보도가 나가기도 합니다.

때로는 광고 수익 때문에 주요한 광고주에 대해 다소 우호적인 보도를 해주거나, 비판 보도를 하지 못하는 경우도 있습니다. 정권의 정치적인 압력 때문에 언론의 비판 기능이 약해지기도 하지요. 2011년 3월 후쿠시마 사고가 나기 전까지 대다수 일본인은 원전의 안전성을 의심하지 않았습니다. '원자력 프로파간다(선전)'의 영향이 컸습니다. 일본의 2대 광고 회사인 하쿠오도에서 18년간 일했던 혼마 류(56)는 2017년 국내에 번역된 『원전 프로파간다: 안전신화의 불편한 진실』이라는 책을 통해 여론 조작의 실상을 폭로했습니다. 그의 책에 의하면, 일본의 9개 거대 전력회사가 1970년부터 2011년까지 42년 동안 2조 4천억 엔이 넘는 광고선전비를 사용했다고 합니다. 언론은 광고 수익 때문에 반원전 보도를 거의 하지 못했고, 일본인들은 이러한 구조적인 문제 속에서 '원전은 안전하고 깨끗한 에너지'라는 생각을 단단히 갖게 되었습니다. 그 결과 일본은 세계 최고의 지진 국가임에도 불구하고 안전에 불감하게 되었고, 세계 3위의 원자력 대국이 되었습니다.

최근 언론사들의 경영악화로 보도의 질이 낮아지고 신뢰성도 떨어진 면이 있습니다. 방송과 종편으로 영향력이 옮겨간 데다, 인터넷 뉴미디어가 언론의 역할을 대체하면서 신문사와 방송사의 경영악화가 심해지고 있습니다. 그러다 보니 일부 신문사의 경우 돈을 받고 기사를 써주는 곳도 있다고 합니다. 2015년 12월 6일 KBS 보도에 의하면, 국방부가 모 일간지와 기사 협찬 계약을 맺은 사실이 알려졌습니다. 국방부의 주요 정책 홍보와 관련해 종합면에 1,500자 안팎의 톱기사를 한 달에 한 번 이상, 모두 7번에 걸쳐 내주기로 하고, 그 대가로 1억 원을 협찬받는 계약을 한 것으로 알려져 문제가 되었지요.

이런 홍보성 기사가 늘고 있어 기사를 보는 독자들도 스스로 분별하는 능력을 갖춰야 하는 시대가 되었습니다. 기사라고 해서 무조건 믿을 것이 아니라 사실 여부를 한 번 더 확인해보고, 과장된 내용이 포함되어 있지는 않은지 검증해보아야 합니다.

신문사의 경우 독자의 수가 줄고, 방송도 TV 시청자 수와 시간이 줄어들고 있습니다. 신문과 방송의 영향력이 과거에 비해 줄어들기는 했지만 여전히 상당한 권력을 갖고 있습니다. 청소년과 젊은 층의 구독과 시청은 많이 줄었지만, 정부, 기업인 등 사회적으로 지위가 높고 권력을 갖고 있는 사람들에게는 여전히 영향력을 미치기 때문입니다.

가짜뉴스의 탄생

과장 광고가 늘어난다고, 기사의 신뢰성이 떨어진다고 심각한 사회문제가 발생되지는 않습니다. 그러나 가짜뉴스는 세상을 매우 혼탁하게 만들고 심각한 사회문제를 만들어냅니다. 우리는 거짓이 사실을 압도하는 사회에 살고 있습니다. 2016년 옥스퍼드 사전은 세계의 단어로 '탈진실(Post-truth)'을 선정했지요. 탈진실화가 국지적 현상이 아니라 세계적으로 나타나는 시대의 특성이라고 진단했습니다. 탈진실의 시대가 시작된 것을 입증해주듯 2016년 힐러리 클린턴과 도널드 트럼프가 맞붙었던 미국의 대통령 선거에서 가짜뉴스(Fake News)라는 말이 처음 등장했고 크게 확산되었습니다.

2016년 11월 미국 대통령 선거 당시 '가짜뉴스'가 보여준 파급력은 전 세계를 놀라게 했습니다. 당시 페이스북에 가장 많이 공유된 기사 5개 중 4개는 가짜뉴스였습니다. '프란체스코 교황이 트럼프를 지지한다'라거나 '힐러리가 테러단체 IS에 무기를 팔았다'와 같은 뉴스가 삽시간에 전 세계로 퍼졌지요. 진실은 중요하지 않았습니다. 페이스북 이용자들은 자극적인 내용을 접하자마자 '공유(Share)' 버튼을 눌렀습니다. 가짜뉴스들은 96만 번 공유되었고 79만 건의 댓글이 달렸습니다.

대한민국도 허위정보에서 안전한 나라는 아닙니다. 2018년 한국언론진흥재단이 1,200명의 성인을 대상으로 실시한 조사 보고서에 의하면, 10명 중 3명은 가짜뉴스를 접해본 것으로 나타났습니다. 3명은 다행히 가짜뉴스인 것을 파악했기 때문에 그렇게 응답했을 것입니다. 실제로 가짜라는 것을 인식하지 못한 사람까지 치면 그 수는 더 많을 수 있습니다.

가짜뉴스에 대한 정의는 국내외 모두 논란이 있지만 국내외 간 차이가 있습니다. 국내에서는 정식으로 등록된 언론사가 아니라 가짜 언론사에 의해 만들어진 뉴스만을 가짜뉴스로 정의하고 있습니다. 해외에서는 반대로 기존 언론사가 만들어낸 가짜뉴스에 주목합니다. 옐로우 저널리즘, 즉 황색 언론의 문제점을 지적하는 데 사용하고 있습니다.

가짜 언론에 의한 가짜뉴스도 문제지만, 진짜 언론에 의한 가짜뉴스도 큰 문제이기 때문에 둘 다 포함시키고 해결책을 찾아야 합니다. 국내에서 정의하는 것처럼 가짜 언론에 의한 가짜 정보만 가짜뉴스로 보게 되면 문제를 바라보는 시각 자체가 왜곡될 수 있어서 문제 해결책도 잘못 쓰여질 수 있습니다.

이렇게 용어 정의가 엇갈려 혼선을 주는 문제도 있지만 가짜뉴스라는 말이 언론사의 '표현의 자유'를 위축시킬 수 있기 때문에 사용해서는 안 된다는 관점도 있습니다. 또한 뉴스 외에도 다양한 형태의 거짓 정보가 존재하기 때문에 뉴스라는 말 대신 포괄적으로 정보라 칭하는 게 맞다는 의견이 늘고 있지요. 그래서 영국 정부의 경우 공식적으로 가짜뉴스란 말 대신 허위정보(Disinformation)라는 용어를 쓰기로 했습니다. 영국뿐 아니라, 유럽위원회에서도 그렇게 하는 것을 권장하고 있지요.

따라서 이 책에서는 폭넓은 의미에서 허위정보라 하고, 뉴스에 국한하여 언급하는 상황에서만 가짜뉴스라 하겠습니다.

가짜뉴스를 만드는 사람, 퍼뜨리는 사람

가짜뉴스를 만드는 사람이 있다면, 가짜뉴스를 보고 소비하는 사람이 있고, 만들어진 뉴스를 유포하는 사람도 있습니다. 누구의 죄가 가장 클까요? 당연히 만든 사람에게 가장 큰 죄가 있겠지요. 유포하는 사람에게는 어느 정도의 죄가 있을까요? 가짜뉴스임을 알고도 의도적으로 유포한 것이라면 법적인 책임을 져야 합니다. 가짜뉴스임을 모르고 유포한 사람은 어떨까요? 몰랐기 때문에 법적인 책임을 묻지는 못하겠지만, 도의적인 책임에서는 자유로울 수 없습니다.

사람들은 공인된 언론사의 기사를 믿는 것처럼 아는 지인이 공유한 것을 믿는 경향이 있습니다. '믿을 만한 사람이니, 그 사람이 공유하는 기사도 믿을 만할 거야'라고 생각하게 됩니다. 공유에는 '이 기사는 내가 인정하는 내용을 담고 있습니다'라는 인증의 의미가 담겨 있기 때문에 책임이 뒤따릅니다. 따라서 공유하기 전에 내가 읽고 공유할 기사가 사실인지, 프레이밍된 기사로 치우친 관점을 갖고 있지 않은지 검증하는 것이 바람직합니다.

소비하는 사람은 보기만 했으니 책임이 없다고 볼 수 있을까요? 소비가 없으면 공급도 없는 법이지요. 소비하는 사람이 늘어날수록 공급도 늘어나게 되어 있습니다. 그렇게 보면 가짜뉴스를 소비하는 사람에게도 도의적인 책임이 있습니다.

소비하는 사람들도 생각해야 할 또 하나의 문제가 있습니다. 사람은 누구나 자기가 믿고 싶은 것을 믿는 경향이 있습니다. 자기 확증 편향이라고 하는데요, 자신의 의견과 같은 것은 찾아서 보고 다른 것은 멀리하는 경향성을 말합니다. 의식적으로 찾아보는 사람도 있지만, 이런 경향은 무의식중에도 나오기 때문에 정보의 편향된 소비는 점점 더 강해질 수밖에 없지요. 따라서 정보 편향성을 갖고 가짜뉴스를 지속적으로 소비하는 사람은 가짜뉴스 확산에 가담하고 있다고 보아야 합니다.

가짜뉴스 구별하는 법

기사 유형

언론 보도라고 무조건 믿고 받아들이지 말고, 언론사별 보도 내용을 비교 분석하면서 스스로 주체적으로 판단하는 능력을 키워야 합니다. 뉴스를 보고 올바른 판단을 하기 위해서는 뉴스의 유형별 특성을 이해해야 하는데, 그러려면 먼저 뉴스의 유형을 파악해야 합니다. 신문으로 예를 들어볼까요?

신문 지면의 60~70%는 스트레이트 기사로 채워져 있습니다. 스트레이트 기사는 '사실' 위주의 내용으로 신문사나 기자 개인의 '의견'이 들어가서는 안 됩니다. 독자들도 스트레이트 기사에 있는 내용은 모두 '사실'이라고 받아들이기 때문에 스트레이트성 기사에 '의견'이나 해설을 살짝 포함시킬 경우 대중의 생각이 어느 한쪽으로 치우칠 수 있겠지요. 만약 어떤 언론사가 스트레이트 기사인데 기자의 '의견'을 포함하여 썼다면 그 기사는 의심해봐야 합니다.

스트레이트 기사에는 '사실'만 포함되어야 하고, '의견'이나 주장이 들어가야 할 경우, 전문가나 관련자의 말을 따서 인용의 형태로 들어가야 합니다. 이때 들어가는 인용문구는 '사실'이 아니라 말한 사람의 주장이나 '의견'이기 때문에 기사를 읽는 독자도 인용문구의 내용은 '사실'과 구분해서 받아들여야 합니다. 하나의 주장일 뿐이라고 말이지요.

해설 기사는 말 그대로 해설하는 기사입니다. '사실'에 대한 해석과 함께 일부 비판이 포함될 수 있습니다. 기획 기사는 취재 기사입니다. 여기에는 분석, 전망 등의 내용이 포함되기 때문에 기획 기사는 '사실'과는 거리가 있지요. 사설은 논설이라고도 하는데요, 집필자 개인의 '의견'이 아니라 신문사의 '의견'을 담고 있습니다. 특정 사회문제라든가, 정부에 대한 우호적인 입장이나, 반대로 비판적인 시각을 담고 있습니다. 소위 언론사를 보수 언론, 진보 언론으로 분류를 하는데요, 바로 이 논설 때문입니다. 신문사가 언론으로서 사회적으로 하고 싶은 주장이 있다면 논설을 통해 펼쳐내야 합니다. 칼럼도 '의견'과 주장을 담는 기사의 형식인데요, 기자가 쓸 수도 있고 외부인이 쓸 수도 있습니다. 해당 언론사의 기자가 쓴 글이라 하더라도 개인의 주장입니다. 그러므로 신뢰할 수 있는 신문에 실린 글이라 하더라도 한 사람의 '의견'일 뿐 '사실'로 받아들여서는 안 되고, 해당 언론사가 주장하는 글로 생각해서도 안 됩니다.

방송 뉴스도 마찬가지입니다. 스트레이트 보도가 있고, 해설 보도, 기획 보도가 있습니다. 뉴스의 60~70%는 스트레이트 보도입니다. 뉴스에 해설 위원이나 패널이 등장하는 형식이 해설 보도이고, 추적 60분이나 PD수첩과 같은 프로그램이 기획 보도 프로그램입니다.

뉴스의 유형을 파악해야 하는 이유는 '사실'과 '의견'을 구분하기 위해서입니다. '의견'을 '사실'로 혼동하게 되면 일방의 주장이 진실이 되어버릴 것이고, '사실'을 '의견'으로 받아들이게 되면 폄하하게 되지요. 자기 확증 편향이 강한 사람들은 '의견'을 '사실'로 받아들이고, '사실'을 '의견'으로 해석해버립니다. 자신이 듣고 싶은 방향으로 해석하는 것이지요. 뉴스를 읽고 볼 때 의식적으로 '사실'과 '의견'을 구분해서 해석하는 훈련이 필요합니다.

스트레이트 기사	- 하루 단위 뉴스 - 사실 위주 - 신속하게 작성 - 기사 분량 적음
해설 기사	- 하루 단위 뉴스 - 사건 배경 설명과 분석 - 고참 기자가 주로 작성 - 기사 분량 적지 않음
기획 기사	- 장기 자료 수집, 취재하여 작성 - 특집 형태로 한 면을 할애하여 작성
사설(논설)	- 독자가 이해하기 어려운 문제를 해설 - 전문 분야에 식견이 높은 기자로 구성된 논설위원회가 집필 - 집필자 개인의 의견이 아닌, 신문사의 의견
칼럼	- 한 사람의 필자가 주관적인 의견이나 감상을 서술 - 신문사의 의견이 아닌, 집필자 개인의 의견 - 내부 논설위원이나 기자 외에 외부 전문가 칼럼니스트도 참여 가능 ※ '오피니언'은 일반인도 참여할 수 있는 칼럼도 있음

기사 작성 방법 이해

기사와 뉴스는 중학교 2학년 학생 수준에 맞춰 쉽게 쓰는 것이 가이드라인입니다. 사람에 따라 문해력의 차이가 있기 때문입니다. 기사의 기본 목적이 정보와 사실 전달에 있기 때문에 간결한 문장으로 핵심만 정리하도록 되어 있고 육하원칙에 따라 작성됩니다. 언제, 어디서, 누가, 무엇을, 왜, 어떻게 하였는지를 하나씩 풀어 쓴다고 생각하면 됩니다. 따라서 기사를 분석하려면 육하원칙에 따라 내용을 역으로 해체해보면 됩니다.

그리고 여러 언론사의 기사를 똑같이 해체하여 비교해보면 각 언론사마다 뉴스의 프레임을 어떻게 잡았는지 파악할 수 있습니다. 만약 사실에 해당되는 내용이 다르게 쓰여 있다면 둘 중 한 언론사는 오보나 허위정보를 게재한 것이겠지요. 이런 식으로 분석해보면 뉴스를 분석하고, 가짜뉴스도 파악할 수 있습니다.

뉴스를 읽을 때도 기사가 쓰여지는 일반적인 흐름을 이해하면 뉴스를 빠르게 읽고 분석할 수 있습니다. 뉴스는 일반적으로 전문, 본문, 후문으로 작성됩니다. 전문에서는 전체 기사의 핵심을 요약합니다. 간단히 작성하고 관심을 유도하지요. 본문에서는 전문에 대한 보충 설명이 이어집니다. 사건 배경, 원인, 결과, 경위, 전망 등이 포함되고, 정보 전달력과 설득력을 높이기 위해 통계, 일화, 인용문을 이용하지요. 후문에서는 앞으로의 전망과 시사점, 후속 관전 포인트를 제시하며 마무리합니다.

대부분의 뉴스가 육하원칙에 따라 위와 같은 흐름으로 쓰여지기 때문에 이러한 형식을 이해하면 뉴스를 보다 빠르게 분석하고 해체할 수 있습니다.

육하원칙	뉴스의 해체 예시	전문, 본문, 후문으로 구성
어디서	서울, 인천, 경기, 대전, 세종, 충남, 충북 등 **7개 시도에서**	
무엇을	날씨가 맑고 포근했지만 **초미세먼지로** **파란 하늘은 볼 수 없었다.**	**전문=전체 기사 핵심 요약** (간단히 작성 & 관심 유도)
왜	**국내외에서 발생한 대기오염물질이** **축적돼** 서울과 경기, 충청도의 초미세먼지 농도가 **'나쁨' 수준을 기록했다.**	**본문=전문에 대한** **보충 설명으로** 사건 배경, 원인, 결과, 경위, 전망 포함 (통계, 근거, 일화, 용어 설명, 인용문 등)
누가	**환경부는**	
언제	**2일 오전 6시부터 오후 9시까지**	**후문=전망과 시사점,** **후속 관전 포인트 제시**
어떻게	**미세먼지 '비상저감조치'를** **시행**한다고 밝혔다.	

가짜뉴스를 구별하는 방법

다음 표에는 뉴스에 담긴 정보를 좀 더 세부적으로 해체하여 분석하기 위한 질문이 있습니다. 뉴스가 육하원칙에 따라 작성되기 때문에 뉴스를 분석할 때 육하원칙에 따라 해체하는데요, 육하원칙은 가짜뉴스를 구별해낼 때도 유용하게 사용됩니다.

우선 허위정보로 의심되는 뉴스를 육하원칙에 따라 분석하고 다른 언론사의 뉴스, 단순 보도와 기획 기사, 논설, 그 외 블로그와 SNS의 글을 비교해서 분석해봅니다. 그리고 해당 뉴스의 생산자인 언론사가 어떤 곳이고, 과거에 어떤 기사를 썼으며, 관련 이슈에 대해서 어떠한 논조를 가져왔는지를 파악합니다. 화자를 분석할 때는 어떠한 철학을 갖고 있는 곳이고, 과거의 전적으로 볼 때 신뢰할 수 있는 곳인지를 파악하는 것이 핵심입니다.

그다음 '의도'를 파악하는 것이 가짜뉴스를 잡아내는 데 가장 중요한 과정입니다. 해당 언론사는 어떠한 '의도'를 갖고 이와 같은 기사를 썼는지 유추해봅니다. 다른 언론사의 뉴스와 비교했을 때 어떠한 관점의 차이를 보이는지, 또한 어떤 내용을 추가, 과장했거나, 축소했는지, 또는 왜곡했는지를 보면 알 수 있습니다. 어떠한 형식과 기법을 사용했고, 어떤 시점에 누가 읽기를 바라며 보도했는지도 유추해보면 보다 정확한 '의도'를 유추해낼 수 있습니다.

구분	정보 해체를 위한 질문	핵심 개념
생산자/송신자 (Who)	'누가' 이 정보를 만들었고, 그들은 어떤 철학과 성향을 가진 개인 혹은 집단이고, 신뢰할 수 있는가?	**생산자/송신자의 철학과 신뢰성**에 따라 수용 수준과 여부를 정한다.
목적 · 의도 (Why)	그 개인 또는 집단은 이 정보를 **'왜' 만들었고,** '왜' 나에게 보냈는가?	정보 생산자의 **생산 목적**과 송신자의 **전달 의도를 파악**하고, 그에 따라 **누가** 어떠한 **이익**을 얻거나, 반대로 **손해**를 입을지 **예측**해본다.
내용 (What)	어떤 '가치'나 '관점'이 포함되어 있으며, 추가, 축소, 과장, 변형된 것이 있는가?	**정보의 출처와 근거를 확인하고 다른 정보와 비교**하며 정확성과 의미를 파악하고 **정보 편집 여부와 수준**으로 정보 생산자/송신자의 의도를 재확인한다.
형식 · 과정 (How)	나의 관심을 끌기 위해 '어떤 기법, 매체, 채널, 화자' 등을 이용하였는가?	대중과 나의 **시선을 사로잡기 위해 표현된 언어와 사용된 기술**, 매체별 특성들을 파악하고, 의도를 분석한다.
시점 (When)	이 정보의 전달된 시점은 언제이며, 다른 송신자가 생산한 같은 주제이나 다른 내용의 정보와 시점 차이가 있는가?	같은 주제이나 내용이 **다른 정보와 시차와 내용을 비교**하고 시간 차이에 따른 목적과 의도를 파악한다.
수용자 (To Whom)	누구를 대상으로 만든 정보이며, 이 정보와 메시지를 전달받은 대중들은 집단마다 어떻게 인식하고, 어떻게 이용하는가?	정보와 메시지에 대한 **수용자마다 수용성 차이를 파악**하고, 차이의 원인과 집단마다의 이해관계를 파악해본다.

디지털리터러시교육협회 허위정보 분석방법론

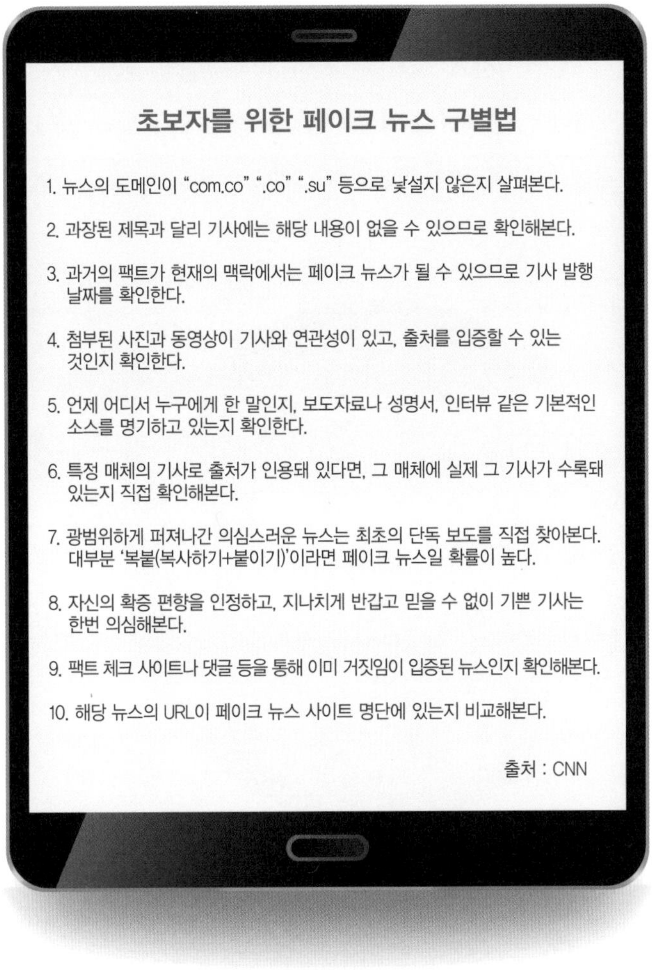

초보자를 위한 페이크 뉴스 구별법

1. 뉴스의 도메인이 "com.co" ".co" ".su" 등으로 낯설지 않은지 살펴본다.
2. 과장된 제목과 달리 기사에는 해당 내용이 없을 수 있으므로 확인해본다.
3. 과거의 팩트가 현재의 맥락에서는 페이크 뉴스가 될 수 있으므로 기사 발행 날짜를 확인한다.
4. 첨부된 사진과 동영상이 기사와 연관성이 있고, 출처를 입증할 수 있는 것인지 확인한다.
5. 언제 어디서 누구에게 한 말인지, 보도자료나 성명서, 인터뷰 같은 기본적인 소스를 명기하고 있는지 확인한다.
6. 특정 매체의 기사로 출처가 인용돼 있다면, 그 매체에 실제 그 기사가 수록돼 있는지 직접 확인해본다.
7. 광범위하게 퍼져나간 의심스러운 뉴스는 최초의 단독 보도를 직접 찾아본다. 대부분 '복붙(복사하기+붙이기)'이라면 페이크 뉴스일 확률이 높다.
8. 자신의 확증 편향을 인정하고, 지나치게 반갑고 믿을 수 없이 기쁜 기사는 한번 의심해본다.
9. 팩트 체크 사이트나 댓글 등을 통해 이미 거짓임이 입증된 뉴스인지 확인해본다.
10. 해당 뉴스의 URL이 페이크 뉴스 사이트 명단에 있는지 비교해본다.

출처 : CNN

가짜뉴스를 만드는 법

가짜뉴스의 구별 능력을 키우는 가장 빠른 방법은 실제 가짜뉴스를 만들어보고 찾아내 보는 것입니다. 가짜뉴스를 만드는 방법은 간단합니다. 진짜 뉴스에 가짜뉴스를 살짝 섞어 넣는 것입니다. 90%의 진짜 뉴스를 기반으로 5~10%의 가짜 내용을 살짝 섞어 넣으면 가짜 내용을 발견해내기 어렵습니다. 다른 언론사의 기사를 복사하고 일부분만 바꿔놓으면 끝납니다. 만들기도 쉽고, 속이기도 쉽지요. 몇 개의 기사를 합쳐서 편집한 다음 조작하고 싶은 내용을 추가, 과장하거나 축소, 변형하면 됩니다.

가짜뉴스는 진짜 내용과 가짜 내용이 섞여 있기 때문에 분별해내기가 쉽지 않습니다. 같은 내용의 다른 기사를 비교해보기 전엔 말이지요. 설사 본다 하더라도 주의 깊게 보지 않으면 구체적인 내용은 흘려넘기게 되고 전체적인 인상만 남게 되지요. '음, 좋은 거구나' 또는 '아니, 어떻게 그럴 수 있지?' 라고 말이지요. 가짜뉴스에 속지 않는다고 누구도 단정할 수 없습니다. 잘 보지 않는다면 말이지요.

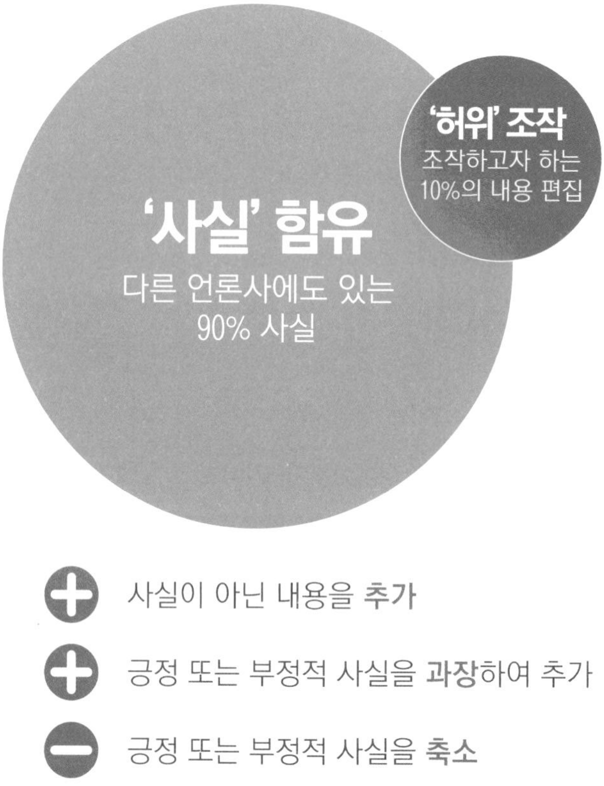

다음 기사 작성 가이드에 맞춰 가짜뉴스와 진짜 뉴스를 만들어보고, 어떤 것이 진짜이고 가짜인지 알려주지 않은 상태에서 한번 맞혀보세요. 관련 기사를 검색하며 다른 기사와 비교해보고, 왜 가짜라고 생각하는지, 또는 반대로 왜 진짜라고 생각하는지 토의하며 분석하다 보면 가짜뉴스를 구별해내는 능력이 키워집니다.

기사 작성 가이드

하나. 중학교 2학년 학생이 이해할 수 있는 수준으로 쉽게 쓴다!

둘. 해석, 의견, 주장을 배제하고 사실관계 중심으로 쓴다!

셋. 해석, 의견은 외부 전문가, 주장은 이해관계자의 인용구로 넣는다!

넷. 형용사, 부사는 사용해서는 안 되고, 과장 없이 담백하게 쓴다!

다섯. 독자들이 궁금해할 내용으로만 사건의 중요 포인트를 담는다!

여섯. 짧게 단문 위주의 명료한 문장으로 간결하게 쓴다!

일곱. 주어를 넣어 주체가 누구인지 명확히 하고,
서술어 동사는 최대한 주어 가까이 둔다!

여덟. 효과적으로 전달하기 위해 육하원칙으로 정리한다!

아홉. 기사 내용 전체를 한두 문장으로 요약하고, 기사 첫머리에 둔다!

사람에 대한 표현법

- 존대어는 사용하지 않는다. ('말씀하셨다' X, '말했다' O)
- 인명은 반드시 한글로 표기한다. (Trump X, 트럼프 O)
- 인명의 경칭에는 남녀 모두 '씨' 자를 사용한다. (홍길동씨, 유관순씨)
- 두 번째 언급부터 약칭을 사용한다. ('홍씨는')
- 미성년자의 경우 남자는 '군', 여자는 '양'을 붙인다. (뽀로로군, 하니양)
- 직함을 밝힐 땐 경칭을 사용하지 않는다.
  (도산 안창호 선생님은 X, 도산 안창호 선생은 O)
- 나이는 괄호를 사용해 표기한다. (홍길동씨(23))

진짜 뉴스 같은 황당 뉴스를 만들어보아요.

1) 미래에 있을 수 있는 일들을 상상하면서 황당 뉴스거리를 찾아주세요.

과학 발전, 환경오염 등 미래에 벌어질 수 있는 다양한 상황을 상상해보세요.
그중 가장 그럴듯한 뉴스거리를 찾아서 적어주세요.

2) 육하원칙에 의한 황당 뉴스를 만들어주세요.

언제, 어디서, 누가, 무엇을, 왜, 어떻게 한 것인지를 논리적으로 설명한 뉴스를 만들어주세요.

뉴스페이퍼클럽 newspaperclub.com

1. 뉴스페이퍼클럽 메인

뉴스페이퍼클럽은 직접 신문을 만들어 인쇄본으로 주문할 수 있는 사이트입니다. 뉴스페이퍼클럽에서 제공하는 신문 편집 도구를 사용하면 누구나 쉽게 신문을 만들 수 있습니다. 일반적인 신문의 레이아웃에 맞춰 텍스트와 이미지만 입력하면 그럴듯한 신문이 되거든요.

메인 화면 상단에 있는 CREATE 버튼을 클릭해주세요. 디자인 편집 도구를 선택할 수 있는 화면이 나옵니다. 우리는 1번 ARTHR로 편집할 예정이니 DESIGNING WITH ARTHR 버튼을 클릭해주세요. 이미지탭에 마우스를 가져다 대면 간단한 사용법이 나옵니다. 하단에 있는 START ARTHR 버튼을 클릭해주세요. 이미 디자인된 레이아웃을 적용할 것인지 아무것도 없는 상태로 새롭게 레이아웃을 구성하고 디자인할 것인지 선택하는 화면이 나옵니다. 우리는 기존 레이아웃을 이용할 예정이니 **Start with a Demo Design** 버튼을 클릭해주세요. 이제 신문 기사 편집창이 나올 것입니다.

신문을 만들기 전에 어떠한 내용으로 기사를 작성할 것인지 먼저 생각해야겠지요? 미래에 일어날 수 있는 다양한 일들을 상상해보고, 상상한 내용을 현실에 일어난 내용처럼 기사로 작성해보는 것도 재밌을 것입니다. 기사에 필요한 내용을 정리하고, 삽입할 사진도 찾아주세요. 준비가 되었다면 신문 기사를 작성해보도록 하겠습니다.

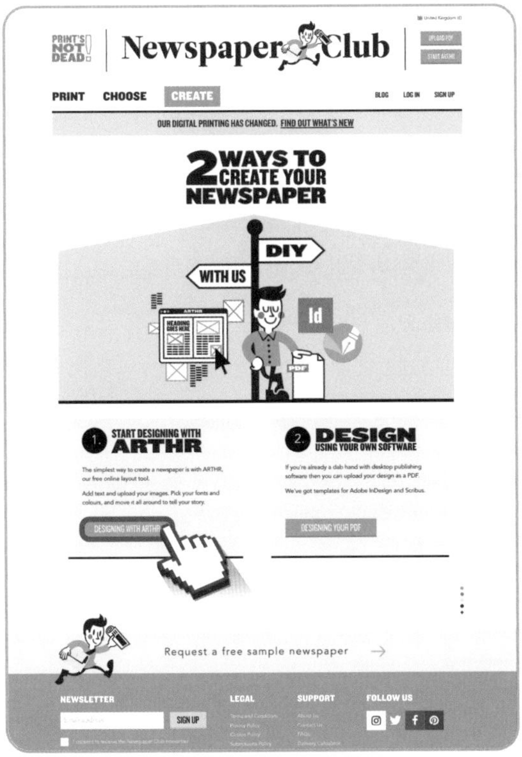

2. 신문 기사 디자인 편집 도구 선택

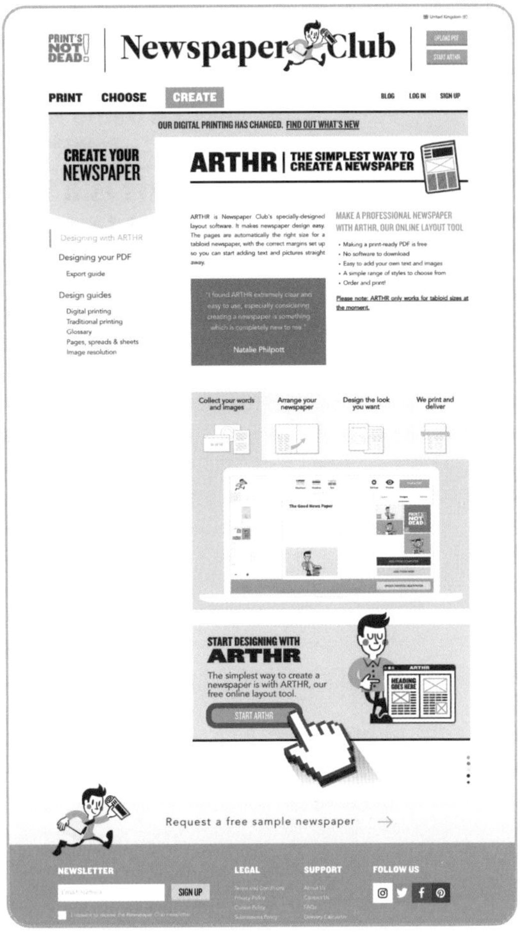

3. ARTHR 사용법 안내 및 시작

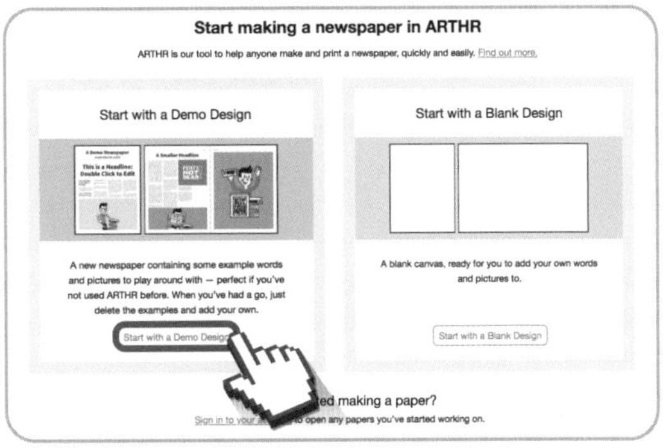

4. 디자인 템플릿 사용 여부 선택

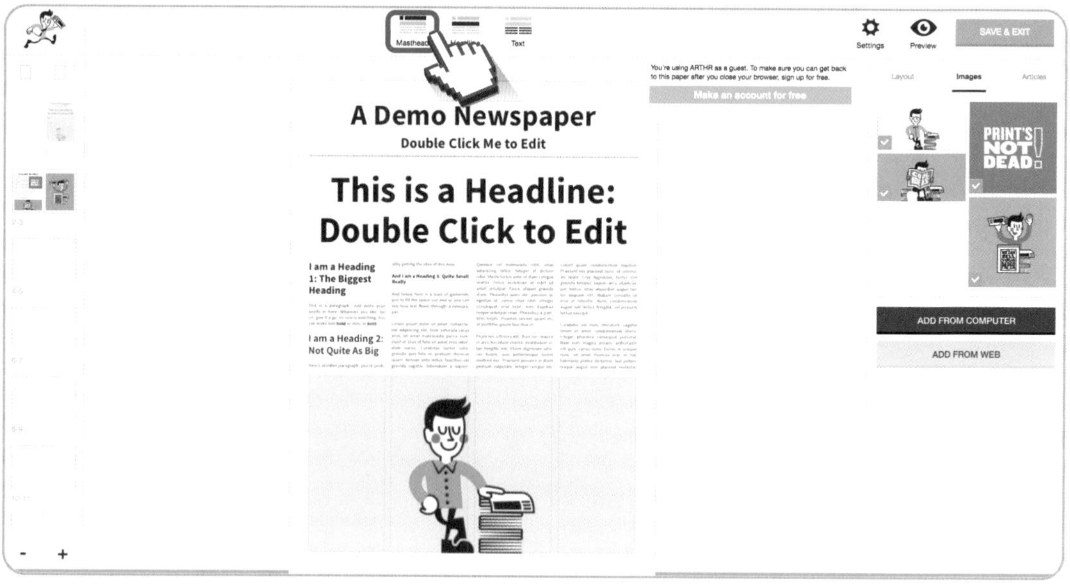

5. 신문 기사 편집 도구

먼저 신문 타이틀 디자인을 해보겠습니다. 상단 중앙에 있는 Masthead 버튼을 클릭해주세요. Next 버튼을 클릭하면 다음 디자인이 나옵니다. 총 세 가지 디자인 중 선택할 수 있어요. 이전 디자인을 선택하려면 Previous를 클릭하면 됩니다. 신문 제목과 슬로건 또는 신문에 관한 설명을 입력하고 Save Cover 버튼을 클릭해주세요.

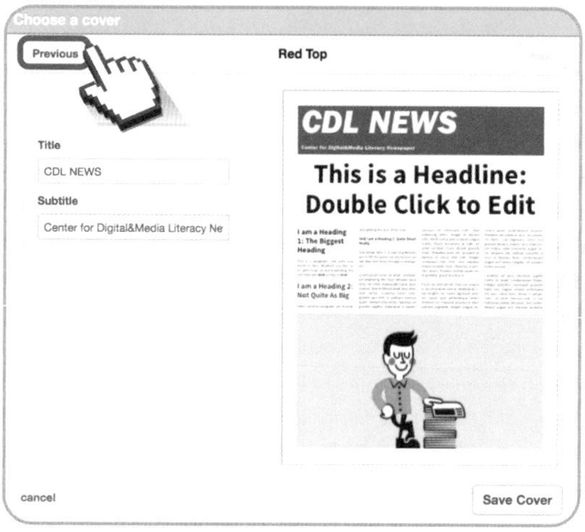

6. 신문 제목 및 설명 입력

이제 기사의 헤드라인을 편집해보겠습니다. 헤드라인을 선택한 상태에서 더블클릭해도 되고 상단 Headline 버튼을 클릭해도 됩니다. 기사의 헤드라

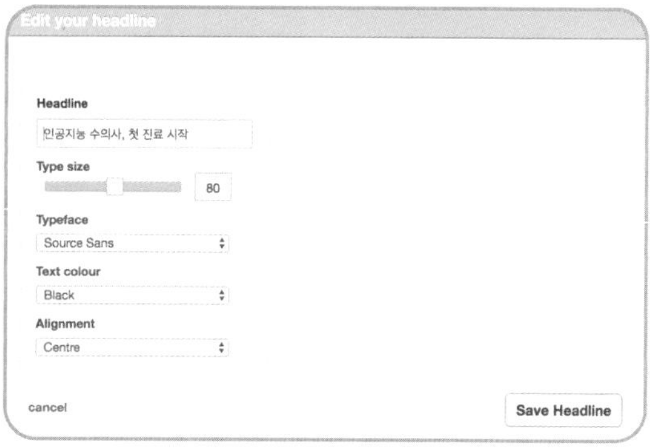

7. 기사 헤드라인 편집

8. 레이아웃 수정

인 내용과 사이즈는 이후 레이아웃에 따라 다시 수정해주셔도 됩니다.

Layout 탭을 클릭해서 크기는 16으로 칼럼은 3개로 선택해주세요. Articles 탭을 클릭해서 기사를 작성

9. 기사 내용 편집

해보도록 하겠습니다. **edit** 버튼을 클릭해서 영어로 작성된 기존 기사를 수정해도 되고 **CREATE** 버튼을 클릭해서 새로운 기사를 작성해도 됩니다. 제목을 입력해야 Articles에서 어떤 것을 입력할 것인지 쉽게 확인할 수 있어요. ⟨/⟩ 버튼을 클릭하면 HTML 태그로 기사 내용을 편집할 수 있습니다. **SAVE** 버튼을 누른 후 edit 버튼 우측에 있는 **파란 체크박스**

10. 기사 내용 html 편집

11. 이미지 삽입

12. 이미지 선택

13. 내가 만든 신문 기사 미리보기

를 체크해야 기사 내용에 반영됩니다. 헤드라인도 마찬가지지만 기사를 잡고 드래그하면 위치를 변경할 수 있습니다.

Images 탭을 클릭해서 이미지를 삽입해볼게요. ADD FROM COMPUTER 버튼을 클릭해서 내 컴퓨터에 미리 저장해둔 이미지를 선택해주세요. 업로드한 이미지에 Add 버튼을 클릭하면 신문 기사에 이미지 삽입이 완료됩니다.

헤드라인 내용 및 폰트 크기, 기사 내용, 이미지 크기를 다듬어서 기사를 완성합니다. 작성한 기사가 마음에 들면 우측 상단에 있는 눈 모양의 Preview 버튼을 클릭해주세요. 기사 내용이 보일 것입니다. 오른쪽 마우스를 클릭해서 이미지를 다른 이름으로 저장하시면 내가 만든 기사 저장이 완료됩니다.

CDL NEWS

Center for Digital&Media Literacy Newspaper

일산동물병원 인공지능 수의사,
진료 하루만에 3개월 예약 마감

반려견 위한 인공지능 수의사 도입 첫날, 진료 희망 반려견과 보호자로 인산인해

지난 7일 국내 최초로 일산동물병원(경기도 고양시 일산동구 소재)에 반려견을 위한 인공지능 수의사가 도입되었다. 인공지능 수의사 '페시'가 출근하자, 첫날부터 진료를 희망하는 빈려견과 보호자들이 인산인해를 이루었다.

페시는 구글 인공지능 기술로 만들어진 수의사이다.

페시는 척추동물 45,000여종의 사지와 척추 관련 데이터를 파악한 후, 임상에서 검증된 2,000여가지 정형외과 치료 방법을 스스로 학습한 정형외과 전문 수의사이다. 일산동물병원 이남주 원장은 "반려동물의 수명이 늘어난데 반해 교통사고에 노출은 커졌는데, 전문 수의사가 많지 않아 페시를 채용하게 되었다."며, "페시가 인간 수의사만큼의 실전 경험은 없지만 다양한 사례를 통해 습득한 지식을 가지고 있기 때문에 오히려 의료현장에서 많은 일을 해나갈 수 있을 것이다."라고 했다.

페시는 진료 첫 날 32마리의 반려견을 진료하였으며, 3개월의 예약이 모두 마감되었다. 페시에게 진료를 받은 이채연(서울 양천구 목동)은 "교통사고로 제대로 걷지 못했는데 오늘 침을 맞고, 재활치료를 받은 후 한결 나아진것 같다."면서, "앞으로 푸린이가 페시에게 열심히 치료를 받고 예전처럼 뛰어다닐 수 있을거라 믿는다."라며 진료 소감을 밝혔다.페시 진료 모습은 일산동물병원 페이스북(fb.com/1sanah)을 통해 실시간 확인할 수 있으며, 페시 진료를 희망하는 보호자는 일산동물병원 홈페이지에서 예약하면 된다.(http://www.1sanah.co.kr)

14. 다운로드 된 기사 이미지

2. 컴퓨터 그래픽 & 이미지 합성 vs 조작

퀴즈로 미리 생각해보기

1. 벡터 이미지에 대한 설명으로 바르지 않은 것은?

▲ 가상의 이미지다.

◆ 남을 속일 때 좋다.

● 영화에 많이 쓰인다.

■ 볼 수 없는 것을 만들 때 유용하다.

2. 디지털 성형의 괜찮은 수준이 아닌 것은?

▲ 피부색을 밝게 화장한 것처럼

◆ 잡티나 점, 주름 제거

● 턱 살짝 깎고 눈 조금 크게 키우기

■ 난 줄 못 알아보더라도 연예인처럼

3. 뽀샵을 해도 괜찮은 사진은?

▲ 논문용 실험 사진

◆ 인터넷 쇼핑몰 농산품 사진

● 결혼 사진

■ 보험사 제출용 자동차 사고 현장 사진

사용하는 디지털 도구

- **픽슬러** pixlr.com

디지털 도구 사용법 유튜브 영상 채널 **youtube.com/c/DigitalLiteracy**

만들어진 세상

컴퓨터 그래픽

컴퓨터 그래픽은 사람의 눈으로 확인할 수 없거나 가보기 힘든 상상의 세계, 우주, 인체 속과 같은 곳을 표현하는 데 많이 쓰이고 있습니다. 군사, 의료, 산업뿐 아니라 영화 및 애니메이션 분야에도 광범위하게 이용되고 있는 기술입니다.

컴퓨터그래픽(Computer Graphics)은 줄여서 CG라고도 부르는데요, 이 용어는 1960년 미국 보잉의 연구원인 윌리엄 페터(William Fetter)가 처음 사용했습니다. 컴퓨터상 좌표에 펜으로 설계도면이나 그래프를 그리고 출력할 수 있는 장치인 플로터(Plotter)를 이용해 비행기 조종실을 묘사하는 데 사용했습니다. 조종실을 인체공학으로 디자인하는 데도 사용하고, 항공모함의 비행기 상륙장 등을 시뮬레이션하는 데도 활용되었습니다.

초기에는 항공 분야와 방위산업 분야가 컴퓨터 그래픽 기술 발전을 이끌었습니다. 1950년대 초 방공 항공관제센터와 지상 레이더망의 설계 등 미 공군이 주로 사용하면서 컴퓨터그래픽의 태동을 이끌었습니다.

그래픽이 만드는 세상

일반 대중이 그래픽을 처음 접하게 된 것은 영화 덕분입니다. 1968년에 CG 영상을 혼합한 최초의 장편영화로 〈2001 스페이스 오디세이〉가 제작·상영되었습니다. 1977년에는 조지 루카스(George Lucas) 감독의 〈스타워즈〉에는 엄청나게 많은 CG가 사용되었지요. 당시로서는 가장 많은 수익을 올린 영화가 되었습니다. 이 영화의 성공으로 자신감을 얻은 루카스는 루카스필름 컴퓨터그래픽부(部)를 설립하며, 컴퓨터그래픽 발전을 영화 업계가 선도하는 중요한 역사적 계기가 됩니다.

최근에는 이모션 캡처 기법이라는 기술을 사용하는데요, 배우들이 얼굴에 컴퓨터 태그를 붙이고 연기를 하며 촬영하고 거기에 CG를 덧붙여서 만드는 기법으로 〈아바타〉나 〈반지의 제왕〉의 골룸이 이렇게 만들어졌습니다.

그래픽은 실제 존재하지 않는 것을 존재하는 것처럼 보이도록 하는 '가상'의 이미지입니다. 여기에는 철학적인 질문이 뒤따를 수밖에 없습니다. '무엇이 실제인가'라는 질문입니다. '가상'이란 것은 우리의 상상력을 자극하고 미지의 세계를 그려보는 즐거움을 줍니다. 그러나 만약 그래픽이 '가상'의 상태로 남는 것이 아니라, '실제'로 인식되도록 한다면 윤리적인 문제가 발생할 수도 있겠지요? '실제'가 아닌데 그래픽에 의해 만들어진 '가상'의 이미지를 '실제'로 믿도록 한다면, 이 또한 허위정보가 되기 때문입니다.

만약 영화 〈아이언맨〉의 폭발 장면이 스튜디오에서 촬영한 후 CG로 화염을 만들어 완성해놓고, 주인공 로버트 다우니 주니어가 스턴트맨도 없이 실제 폭발 장면을 촬영한 것이라고 광고한다면 어떨까요? 분명 흥행에 도움이 될 것입니다. 나중에 허위 광고임이 들통나면 큰 문제가 되겠지요. 이 정도 수준이면 사기죄도 성립됩니다.

그래픽은 '가상', 즉 '실제'가 아닙니다. 시뮬레이션 효과를 높이고, 상상력을 자극하기 위해서 더 '실제'처럼 보이도록 만드는 것일 뿐이지요. 더 '실제'처럼 보일 뿐, '실제'는 아닙니다. 정말 '실제'로 인식되도록 했다면, 이미 과장이나 허위정보가 포함된 것입니다. '실제'처럼 보이고자 노력한 수준이라면 과장 정보에 그치지만, '실제'로 인식되도록 홍보하고 속였다면 허위정보에 해당될 수 있습니다.

의도가 중요합니다. '즐거움'을 주기 위한 것이라면 즐거운 과장이지만 '속임'을 위한 것이라면 허위정보입니다.

이미지 편집의 경계

사진과 포토샵

그래픽을 이용한 이미지 편집의 적정 수위가 어디까지인지 가장 논란이 되는 영역은 사진업계입니다. 상업적인 사진의 경우 용납이 되지만, 예술사진이나 보도사진의 경우에는 끊임없는 논란이 됩니다.

세계 최고의 다큐멘터리 보도사진 작가 스티브 맥커리는 1984년 소련과 아프간의 전쟁 중 아프간의 한 소녀를 촬영하며 세계적인 포토저널리스트로 자리매김했습니다. 소녀는 누더기 옷을 걸치고 있었지만 뚫어져라 화면을 응시하고 있어 강렬한 인상을 줍니다. 내셔널지오그래픽의 표지를 장식했던 이 소녀의 사진을 통해서 아프간의 참상이 알려졌고, 그는 보도사진 작가들의 꿈인 '로버트 카파상'의 첫 수상자가 되고 이후에도 수많은 상을 휩쓸게 되지요.

그러나 스티브 맥커리도 포토샵으로 인해 곤경에 빠진 적이 있습니다. 이탈리아에서 열린 그의 전시를 본 포토샵 전문가인 마리아나 산토니(Marianna Santoni)가 자신의 페이스북에 그의 사진이 이상하다는 글을 올리면서 화제가 됩니다. 문제 제기를 한 사진을 보니 포토샵을 한 흔적이 남아 있고, 심지어 행인의 다리에 도로 표지판이 붙어 있는 등 작업이 완성되지 않은 채로 남아 있었습니다. 이후 그의 작품에 대한 비판과 고발이 봇물 터지듯 이어집니다.

출처 : Petapixel.com

그중 하나는 1983년 방글라데시에서 촬영한 축구하는 아이들의 사진이었습니다. 스티브 맥커리 블로그 사진 속에서는 존재했던 아이가 그의 홈페이지에 올라온 똑같은 사진에서는 사라졌기 때문입니다. 보도사진을 조작하는 것은 직업윤리상 큰 문제가 됩니다. 예술사진에서는 다소 용납될 수도 있겠지만 있던 아이를 지우는 것은 예술의 가치를 떨어트리는 행위이니 역시나 문제가 있어 보입니다. 이로 인해 스티브 맥커리는 명성에 금이 갈 수밖에 없었습니다.

포토샵을 하는 데 있어 보정은 괜찮지만 조작은 금물입니다. 콘텐츠를 변화시키지 않는 범위 내에서 색 조절과 흑백 전환 정도는 괜찮지만, 원본을 크게 변화시키는 색, 채도, 콘트라스트의 조절과 사람 또는 피사체를 제거하거나 변형하는 등의 포토샵은 윤리적인 문제가 될 수 있습니다.

디지털 성형

웨딩 사진을 찍거나 사진관을 운영하는 분들에게 최근 들어 흔하게 접수되는 불만사항이 있답니다. "내 얼굴이 왜 이러냐" "포토샵을 한 사진이냐" "스마트폰 어플을 돌려도 이보단 낫겠다" 이런 내용들입니다. 과거에 있는 그대로 사진을 찍어주던 것에서 점차 잡티 제거 등 약간씩 손봐주는 서비스로 발전했습니다. 그러다 최근에는 눈을 키우고, 턱을 깎고, 목을 늘리고, 허리를 줄이고 하는 등 수정에 대한 요구사항이 점점 많아졌다고 합니다. 필름으로 사진을 찍던 시절에는 큰 수정이 불가능했지만, DSLR로 바뀌고 포토샵을 사용하게 된 다음부터는 수정을 많이 하지 않으면 마치 화장을 하지 않은 민낯을 보이는 것처럼 되어버린 것이지요.

출처 : Petapixel.com

실제 병원에 가서 성형을 하듯, 디지털 성형은 이제 익숙한 문화가 되었습니다. 스마트폰으로 셀카를 찍고서도 어플로 쉽게 디지털 성형을 할 수 있기 때문에 이런 바람들은 점점 커지고 당연한 것이 되어버렸지요. 한때는 성형에 대해 나쁜 이미지가 있던 시절도 있었습니다. 성형에 대해 안 좋게 생각하는 사람들이 있었지요. 이제는 예전보다 익숙해졌고, 대중화되었습니다. 수위의 문제일 뿐 자연스러운 문화가 되었습니다.

보톡스나 필러 정도의 시술까지는 괜찮다고 생각하는 사람도 있고, 중독만 아니라면 수술도 괜찮다고 생각하는 사람도 있습니다. 그럼 디지털 성형은 어떨까요? 피부색을 밝게 하거나 점과 주름을 제거하는 등 디지털 시술까지 괜찮을까요? 아니면 턱 깎고, 눈 키우고, 사람들이 사진과 실물을 못 알아보더라도 디지털 수술을 해서 연예인처럼 만드는 것도 괜찮을까요?

SNS를 통해 사진으로 먼저 보고 실제 만났을 때 사진과 너무 달라 당황해본 경험이 있으신가요? 누구나 사람들에게 더 예쁘고 멋있어 보이고 싶지요. 돈도 안 들 뿐 아니라, 실제 얼굴에 칼을 대지 않아도 되니 디지털 수술은 참 간편한 방법입니다. 장점이 있긴 하지만, 만약 다른 사람들이 실제 내 모습을 알아보지 못한다면 그것은 문제가 되지 않을까요? 어느 정도의 수준까지 괜찮고, 어느 수준을 넘어서면 안 되는 걸까요? 포장은 괜찮지만, 조작은 문제가 됩니다.

이렇듯 소위 '뽀샵'이 과해지면서 원본 사진을 복원하는 기술도 개발되고 있습니다. 중국 IT기업 텐센트는 과하게 포토샵 기술이 들어간 사진을 수정 전으로 돌리는 기술을 개발하고 있는데요, 피부 보정을 되돌리는 기술에 초점을 맞추면서 제거된 주름, 잡티를 복원하는 기능도 포함시키고 있습니다. 우리나라에서도 KAIST가 '뽀샵' 여부를 식별할 수 있는 소프트웨어를 개발하고 있습니다.

텐센트와 KAIST가 이런 소프트웨어를 개발하고 있는 이유는 이미지의 무결성 확인이 필요한 법원, 의료, 군사 등 다양한 분야에서 필요하기 때문입니다. 이러한 기술이 개발되면 법적 증거자료, 의료 영상, 논문 사진 등에서 조작으로 인해 발생될 수 있는 사회적 문제를 예방할 수도 있습니다.

예를 들어 인터넷 쇼핑몰에서 농산물을 뽀샵해서 판매한다면 어떨까요? 아래 오른쪽 이미지처럼 꼭지가 초록색인 바나나를 보고 싱싱하다 생각하여 소비자가 주문을 했습니다. 막상 배달온 바나나를 보니 사진과 달리 아래 왼쪽 이미지처럼 이미 푹 익고 시들은 상태였습니다. 쇼핑몰에 전화해서 불만을 접수했더니 배달 기간 동안 시들은 것이니 환불이 어렵다는 답변이 돌아왔습니다. 흔히 발생할 수 있는 일이고, 기업의 마케팅 홍보에는 이미 이와 유사한 일들이 많이 일어나고 있습니다. 시비를 가리기 애매한 상황이지만, 시들어가고 있는 바나나를 처분하기 위해 뽀샵을 했다면, 그것은 분명한 사기죄입니다.

더 멋있어 보이고, 더 예뻐 보이고 싶은 마음은 누구나 같습니다. 자신을 가꾼다는 점에서도 바람직한 것이지요. 그러나 한 번쯤 생각해봐야 합니다. 더 좋게 보이고 싶은 마음에 한 나의 행동이 기본적인 '화장'이 아니라 혹시 지나친 '포장'은 아닌지 돌아볼 필요가 있습니다. 더 나아가 '조작'을 한 것은 아닌지 살펴보아야 합니다.

외면을 가꾸는 만큼 내면도 함께 가꾸는 것, 외면과 내면이 조화를 이루도록 하는 것이 가장 바람직합니다. 만약 외면의 아름다움만 추구한다면, 또는 외면의 포장을 지나치게 하여 내면과 다른 사람으로 보여진다면 그것은 꼴불견이 될 수도 있습니다.

사진이란 게 마치 나의 이름처럼 내가 누군지, 나를 밝히는 목적인데, 만약 사람들이 못 알아볼 정도로 디지털 성형을 한다면 원래 목적에 맞지 않으니 적절치 않습니다.

디지털 성형 허락 가능 수위를 정해보아요.

1) 디지털 성형의 장점은 무엇인가요?

디지털 성형이 필요한 상황, 디지털 성형의 장점을 적어주세요.

2) 디지털 성형의 단점은 무엇인가요?

디지털 성형의 문제점, 디지털 성형의 단점을 적어주세요.

3) 디지털 성형, 어디까지 해도 되는지 그 수위를 정해주세요.

자신이라고 이야기해도 되는 수위를 정해주세요.

픽슬러 pixlr.com

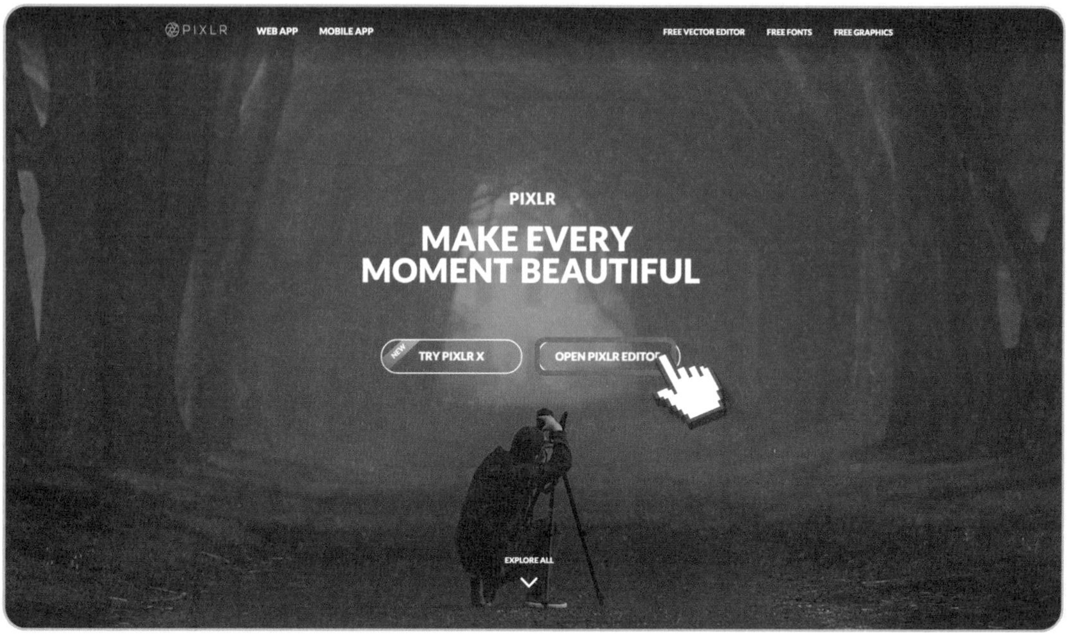

1. 픽슬러 메인

픽슬러는 포토샵과 유사한 이미지 편집 도구입니다. 포토샵은 유료고 별도의 설치가 필요하지만 픽슬러는 무료이고 별도의 설치가 필요 없어요. 물론 포토샵처럼 전문가를 위한 다양한 기능을 제공하진 않습니다. 그러나 이미지를 합성하거나 편집할 수 있는 기본적인 기능은 제공한답니다.

PIXLR X 버튼을 클릭하시면 사진 색감을 보정할 수 있는 다양한 기능을 활용할 수 있어요. 우리는 형태도 보정할 것이니 OPEN PIXLR EDITOR 버튼을 클릭해주세요. 픽슬러는 플래시 플레이어가 있어야 실행시킬 수 있답니다. To enable Flash, Please click here 버튼을 클릭하면 pixlr.com에서 플래시 실행 권한 요청 메시지가 뜹니다. **허용** 버튼을 클릭해주시면 픽슬러 편집창이 실행됩니다.

편집할 이미지가 필요하겠지요? 새롭게 만들 것인지, 내 컴퓨터에 있는 이미지를 오픈할 것인지, 웹에 있는 이미지를 오픈할 것인지 선택해주세요. 우선 컴퓨터에 저장한 이미지를 열어볼게요.

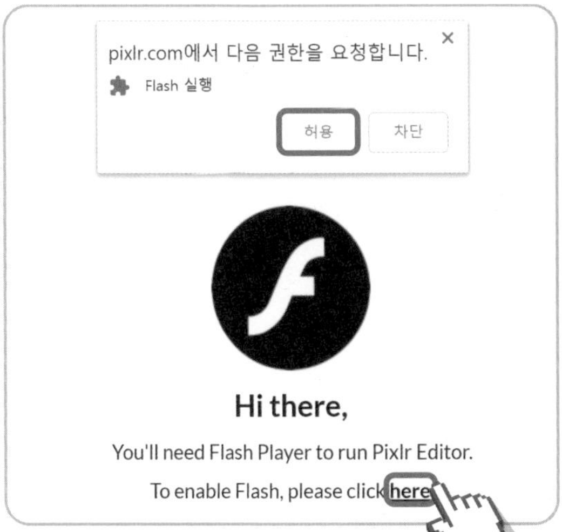

2. 플래시 플레이어 실행

3. 파일 생성, 만들기·컴퓨터에서 열기·URL로 열기

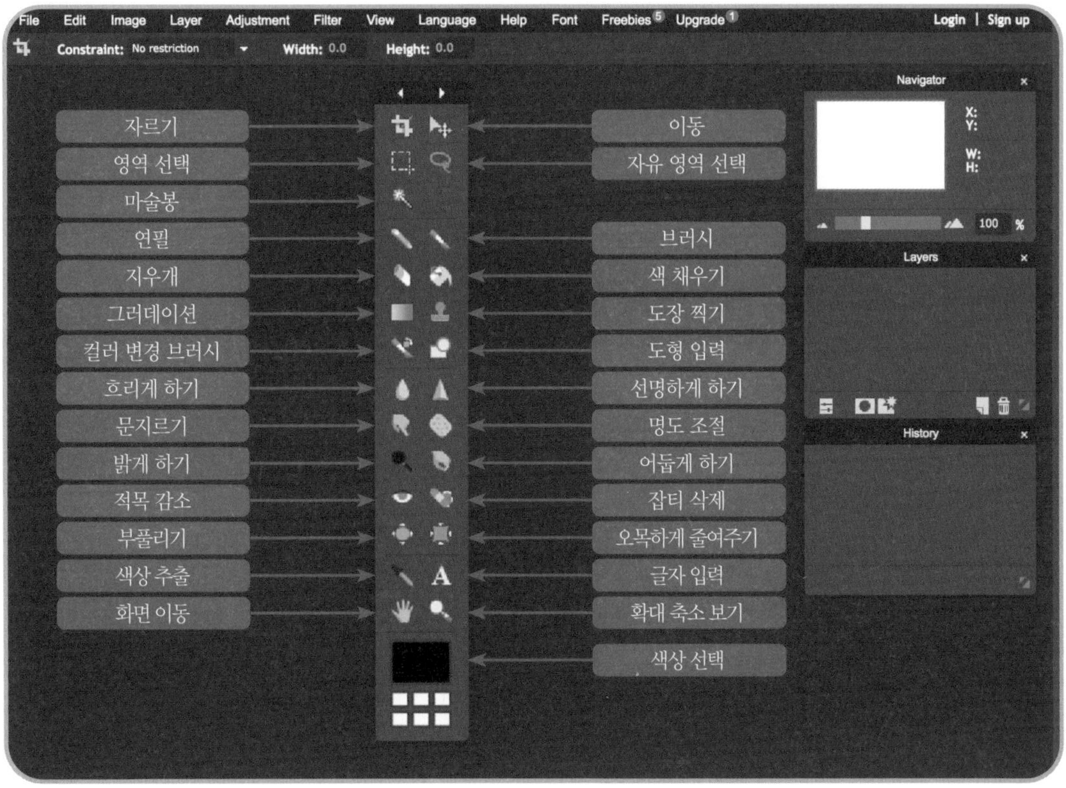

4. 픽슬러 도구

5. 이미지 불러오기

아름다운 여자 사진입니다. 옥에 티가 보이지요? 이제부터 옥에 티를 제거해보도록 할게요. 잡티 삭제 도구를 이용하면 간단하게 제거할 수 있어요. 또 다른 방법은 도장 찍기 도구를 활용하는 건데요, 활용도가 높은 도구이기 때문에 이 방법으로 잡티를 제거해보도록 하겠습니다. Brush 사이즈와 Opacity 투명도를 조절해주세요. Ctrl 키를 눌러서 주변 패턴을 빨아들여 주세요. 마우스 포인터 모양이 달라졌지요? Ctrl 키를 누르지 않으면 다시 브러시 크기 모양으로 마우스 포인터가 변합니다. 이때 클릭하면서 빨아들인 주변 패턴으로 채워주지요. 이 동작을 반복해서 잡티를 제거해주세요.

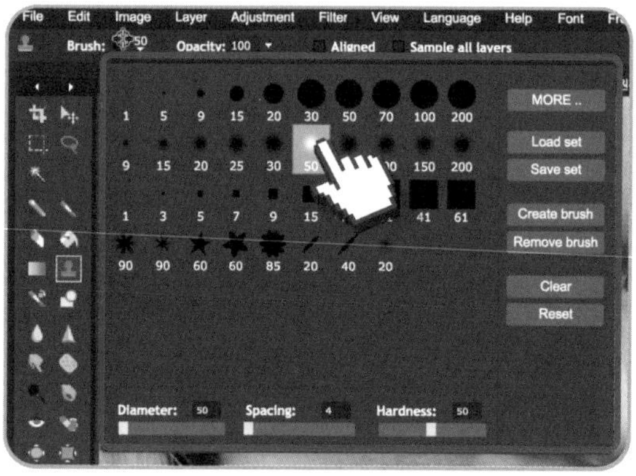

6. 도장 찍기 도구 브러시 선택

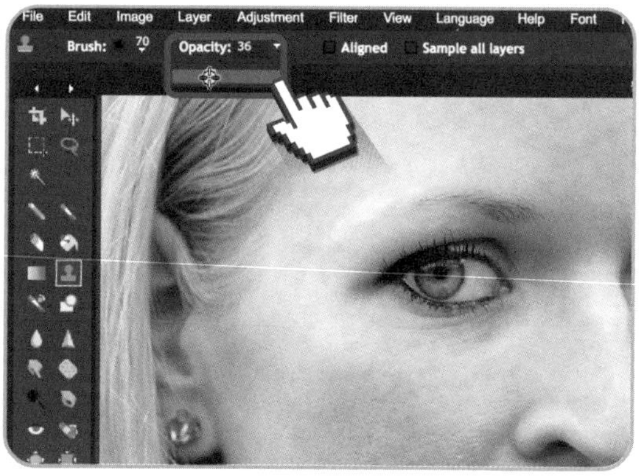

7. 투명도 조절

8. 키보드 Ctrl키 눌러서 주변 패턴 빨아들이기

9. 빨아들인 주변 패턴으로 채우기

픽슬러는 포토샵처럼 레이어가 있어요. 원본 레이어를 복사하려면 오른 마우스를 클릭해서 Duplicate layer를 선택해도 되고요. 복제하고 싶은 레이어를 휴지통 옆에 있는 새 레이어 생성 버튼으로 드래그하면 복제가 됩니다. History 기능이 있으니 15단계까지 되돌리기가 가능하지만 수정이 많아질 경우를 대비해서 원본 레이어를 복제해서 복제본으로 작업하도록 할게요.

돋보기 툴을 클릭하면 이미지를 확대하거나 축소할 수 있어요. 돋보기 가운데 +표시가 되어 있으면 클릭영역 중심으로 확대가 됩니다. shift 키를 누르면 –표시로 바뀌고 클릭영역 중심으로 축소가 되지요. 이미지 좌측 하단에 퍼센트를 직접 입력해서 조절할 수도 있어요.

손바닥 툴을 선택하고 클릭 & 드래그하면 화면을 잡고 이동시켜줍니다.

이제 눈썹 끝부분을 만들어줄 거예요. 자세히 볼 수 있도록 눈썹 부분을 크게 확대해주세요.

10. 원본 레이어 복사

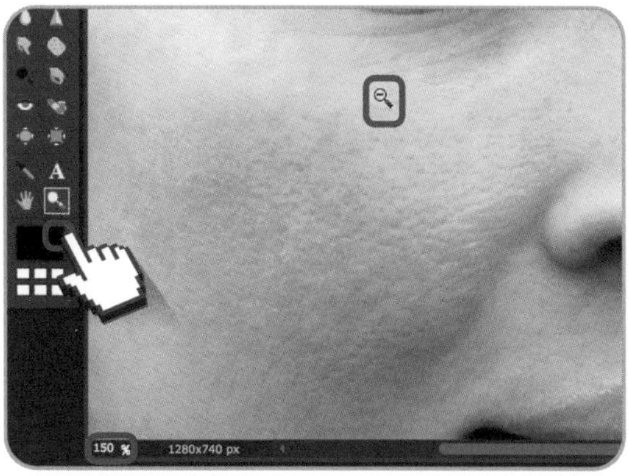

11. 이미지 확대 보기 (축소는 shift키 누르고 클릭)

12. 도장 찍기로 눈썹 완성

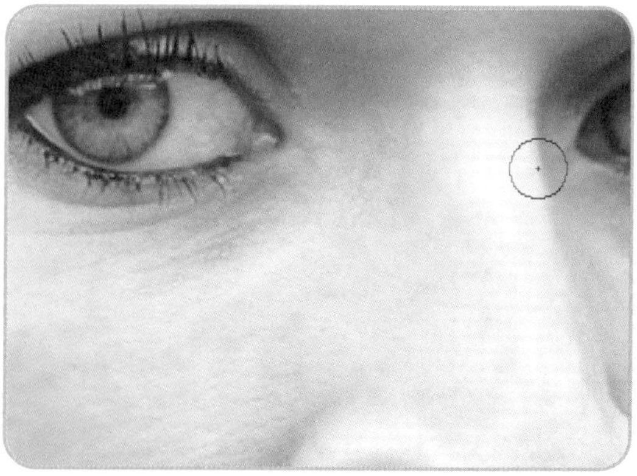

13. 문지르기 도구로 콧날 바르게 수정

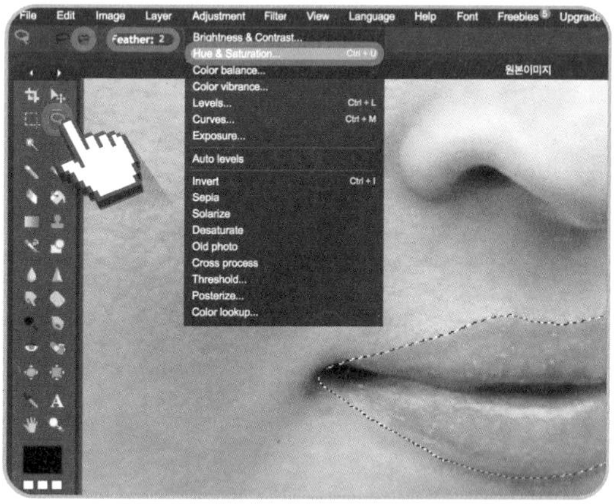

14. 자유영역 선택 툴로 입술 선택 및 색보정

브러시 크기를 조절해서 눈썹도 도장 찍기로 완성해주세요.

이번에는 약간 휜 듯한 콧날을 평평하게 만들어줄 건데요. **문지르기 도구**를 선택하고 적당한 크기의 브러시를 선택한 후 왼쪽으로 조금 집어넣어 주세요. 자유롭게 영역을 지정할 수 있는 **올가미 도구**를 선택해주세요. 상단 **다각형 선택 도구**를 선택하고 **Feather** 값을 3 정도 주세요. Feather 값은 자연스럽게 선택되는 주변 범위입니다. **Adjustment** 메

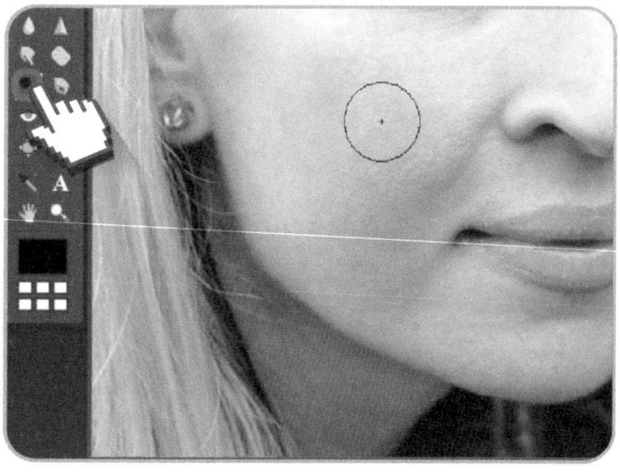

15. 볼 환하게 수정

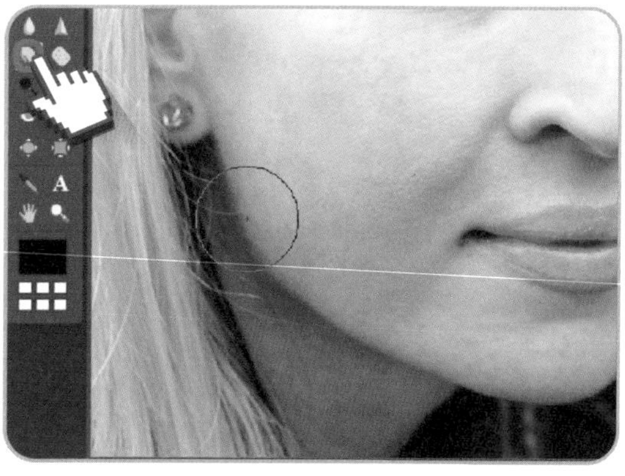

16. 문지르기 도구로 턱선 부드럽게 수정

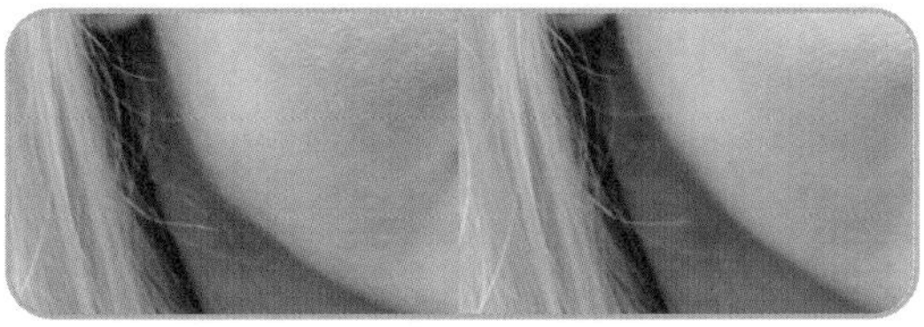

17. 턱 수정 전후 비교

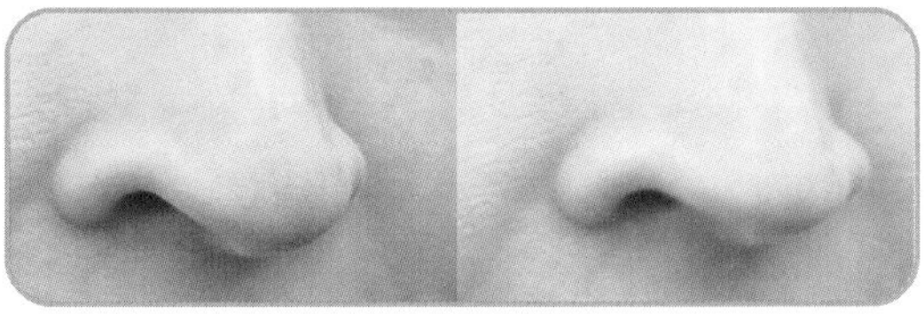

18. 콧볼 오목하게 줄여주기 전후 비교

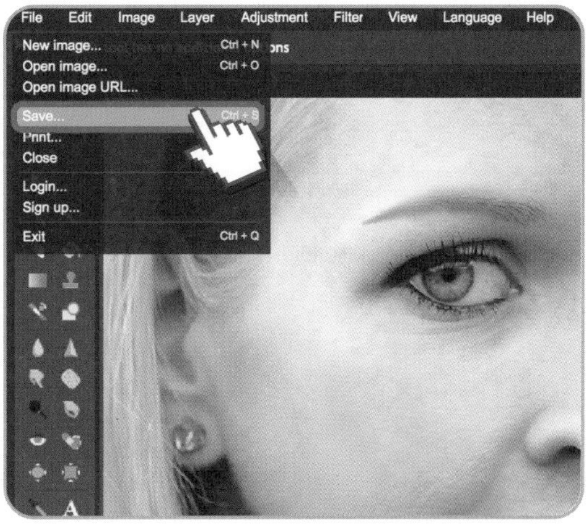

19. 저장

뉴의 Hue & Saturation을 선택해서 원하는 컬러톤으로 입술을 수정해주세요. 밝게 하기 도구로 볼을 밝게 만들어보시고 문지르기 도구로 턱선도 부드럽게 만들어주세요. 오목하게 만드는 도구로 콧볼은 축소해주고, 부풀리기 도구로 눈을 키워보세요. 완성되었다면 **저장**해볼까요? JPEG뿐 아니라 배경을 투명하게 저장할 수 있는 PNG 파일, 레이어 체계까지 저장돼서 언제든 수정할 수 있는 PXD 파일로도 저장할 수 있답니다.

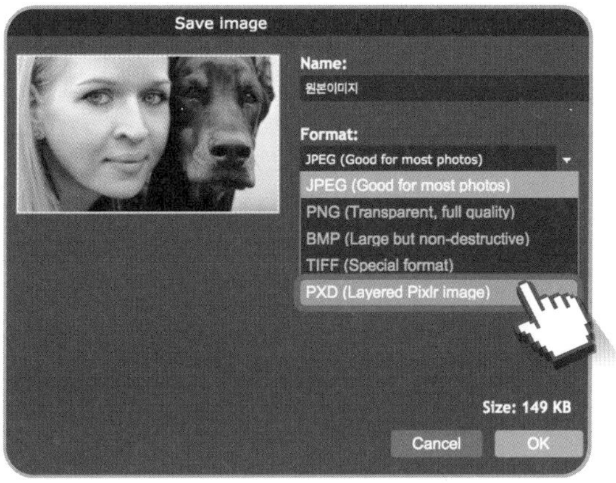

20. 저장 옵션 선택

21. 수정 전과 후 비교

3. 그래픽 디자인 & 표절 vs 패러디

퀴즈로 미리 생각해보기

1. 저작권 Free로 사용할 수 없는 것은?

- ▲ 내 사진
- ◆ 고흐의 〈별이 빛나는 밤에〉
- ● CCL이 붙은 사진
- ■ 방탄 오빠들 사진

2. 패러디와 표절의 차이는?

- ▲ 똑같으면 표절, 닮으면 패러디
- ◆ 사회풍자성이 있으면 패러디
- ● 웃기면 패러디
- ■ 원작자가 기분 나쁘지 않으면 패러디

3. 패러디 작품이 기여하는 점이 아닌 것은?

- ▲ 비판적인 사고를 키울 수 있다.
- ◆ 민주주의 발전에 기여할 수 있다.
- ● 싫어하는 사람에게 망신을 줄 수 있다.
- ■ 예술적 가치가 있다.

사용하는 디지털 도구

- **픽슬러** pixlr.com

디지털 도구 사용법 유튜브 영상 채널 **youtube.com/c/DigitalLiteracy**

누구나 디자이너가 되는 세상

디자인이란

디자인(Design)이란 우리말로는 의장(意匠)이나 도안이라고 합니다. 디자인이라는 단어는 지시하다·표현하다·성취하다의 뜻으로 라틴어의 데시그나레(designare)에서 유래되었습니다. 18세기 산업혁명으로 다양한 제품이 대량생산되면서 디자인의 필요성도 생겼지요. 그러나 18세기에는 대량생산과 인간의 노동력을 대체하는 것에만 관심이 있었기 때문에 디자인은 부차적인 것으로 치부되었습니다. 그러다 보니 19세기 초까지는 기계에 의해 양산되는 제품일지라도 조형적으로는 여전히 수공예시대의 제품 수준에 그쳤습니다.

디자인의 대중화는 1830년대 이후 영국에서 일어났습니다. 디자인이 생활에 널리 쓰이고, 제조산업의 발전에 중요한 요소로 인식되기 시작했습니다. 산업 제품에 미술적인 요소를 잘 적용하면 수출도 잘되고 품질도 좋아진다고 생각하게 되었습니다. 필요성을 인식하게 되니 박물관과 미술관이 설립되기 시작했고 디자인 학교도 세워졌습니다. 이제 디자인은 국가 산업 발전에 기여하는 중요한 요소로 인식되기 시작했습니다.

디자인은 어디에나 있습니다. 주변을 둘러보면 디자인과 관련되지 않은 것을 찾기 힘듭니다. 책상, 침대, 노트북, 시계, 제품 포장, 과자에 이르기까지 디자인이 적용되지 않는 영역이 없습니다. 디자인의 목적은 단지 예쁘게 만드는 것만이 아닙니다. 회화나 조각과 같은 순수미술과는 달리 생활과 직접적으로 연관되어 있어서 사용하고자 하는 용도와 목적은 물론, 편리함과 미적인 부분까지 함께 생각해야 합니다.

좋은 디자인을 만들기 위해서는 여러 가지를 고려해야 합니다. 실용적이면서 경제적이어야 합니다. 사용하는 사람이 불편하다면 좋은 디자인이 아니지요. 사용자에게 편리하게 만들었는데 생산 단가가 높아졌다면 수지 타산이 맞지 않으니 이 역시 좋은 디자인이 못 됩니다. 두고두고 쓸 물건이니 조형적인 아름다움도 있어야 하고, 다른 경쟁사의 제품과 차별화하기 위해서는 독창적인 디자인도 필요합니다.

세계 여러 나라에 판매되는 제품 같은 경우 지역마다 풍토와 기후도 고려해야 합니다. 습도가 높은 곳에서는 방습 기능이 들어가야 하고, 만약 먼지가 많은 곳이라면 방진 기능을 갖춰야겠지요. 민족마다 특유의 생활양식과 관습이 있으니 좋은 디자인은 이런 부분까지도 고려해서 만들어져야 합니다.

디자인이 만드는 세상

디자인이 적용되지 않는 곳이 없기 때문에 디자인의 영역도 다양합니다. 가구, 자동차 등 제품을 디자인하는 산업 디자이너, 인쇄 제작물을 디자인하는 편집 디자이너, 광고를 만드는 광고 디자이너, 인터넷 웹이나 앱을 만드는 웹 디자이너, 인테리어 디자이너, 로고와 폰트 디자이너, 3D 디자이너 등 정말 다양하지요.

이제는 새로운 디자인 영역도 생겨나고 있습니다. 시각을 넘어서 다른 감각과 관련된 디자인을 만드는 직업이 생겨나고 있습니다. 전기자동차의 경우 엔진 없이 모터로 움직이기 때문에 소리가 나지 않습니다. 음악 감상을 할 때는 좋지만 보행자 안전에는 문제가 발생할 수 있지요. 차량이 근접해 있으니 주의하라고 보행자에게 알리기 위해서는 일정 수준 이상의 위협감을 느끼도록 해야 합니다. 그러나 소리가 지나치면 보행자가 불안해하고 위축되어 오히려 사고를 유발할 수도 있습니다. 오랫동안 반복적으로 들어도 괜찮을 소리를 만들어내기 위해 자동차 사운드 디자이너라는 직업이 새로 생겼습니다. 소리 이외에도 향기 디자이너도 있고, 디자인 씽킹이라 하여 생각을 디자인하는 것까지 이제 디자인이 적용되지 않는 영역은 없습니다.

누구나 디자이너가 되는 세상

디자인은 그동안 전문적인 일로 훈련받은 소수의 사람들만 할 수 있는 일이었지요. 오랜 기간 디자인을 배워야 했고 포토샵, 인디자인, 3D CAD 등 고가의 소프트웨어를 보유하고 있어야만 했습니다.

이제는 디지털 기술의 도움으로 디자인은 누구나 쉽게 할 수 있는 일이 되었습니다. 다양한 디자인 플랫폼들이 생겨서 플랫폼에서 제공하는 템플릿을 따라 하기만 해도 훌륭한 디자인 결과물을 만들어낼 수 있습니다.

예전에는 홈페이지를 제작하려면 프로그래머와 디자이너 등 많은 인력이 필요했어요. 하지만 이제는 처음 해보는 사람도 홈페이지 제작 플랫폼에서 레고 퍼즐을 맞추듯 이미 되어 있는 디자인 조각들을 사용하며 멋진 홈페이지를 만들 수 있지요. 카드 뉴스, 브로슈어, 리플릿 제작뿐 아니라 인포 영상, 애니메이션, 동영상 제작도 마찬가지입니다.

디지털 기술로 누구나 디자이너가 될 수 있는 세상입니다. 과거에는 '기술'을 몰라 디자인을 할 수 없었지만, 이제 '기술'은 디지털이 해결해주고 또 무료로 제공되기 때문에 더 이상 문제가 되지 않습니다. 남는 숙제는 디자인 능력입니다. 디자인을 기획, 설계하고, 조형적으로 완성도 있게 만들어내는 감각이 필요합니다.

이러한 디자인 능력의 향상은 유튜브 크리에이터를 보면 잘 알 수 있습니다. 유튜브 크리에이터들은 혼자서 영상을 기획하고 디자인하고 촬영에 편집까지 해냅니다. 과거에는 여러 명이 힘을 모아야만 할 수 있던 일을 혼자서 해내지요. 디지털 덕에 인류의 생산성이 높아지고 있습니다.

이렇게 디지털 기술 발전에 의해 1인 창작자들이 늘어나면서 저작권 침해 문제가 증가하고 있습니다. 디지털 미디어의 발달로 다른 사람의 저작물을 접하고 복사하는 것이 수월해지다 보니 표절이 쉽게 발생하고, 표절에 대한 문제의식도 희미해지고 있습니다.

사용능력보다 목적이 중요한 세상

표절

표절(Plagiarism)은 다른 사람이 만든 창작물을 도용하여 자신이 창작한 것처럼 발표하는 행위를 말합니다. 한자로 보면 '빼앗을 표'와 '도둑질할 절'을 합친 단어로 범죄라는 의미가 명확히 들어 있고, 영어 단어의 접두어 Plagi도 그리스어로 '도덕적으로 부정한, 잘못된'이라는 뜻을 갖고 있습니다.

제프 쿤스 <풍선개>, 출처 : Wikimedia Commons

유명한 표절 사례를 소개하겠습니다. 현대미술을 대표하는 작가 제프 쿤스의 표절 사례인데요, 쿤스는 〈풍선개〉(Balloon Dog)라는 작품으로 유명합니다. 이 작품은 2013년 크리스티 뉴욕 경매에서 5천 840만 달러에 팔려, 최고가를 기록해 쿤스는 당시 생존 작가 중 '가장 비싼 현대미술가'가 되었습니다. 그는 앤디 워홀 이후에 가장 성공한 현대미술가로 통합니다. 평론가들 사이에서는 가장 논란이 많은 작가이기도 합니다. 미국의 평론가 제리 살츠는 "제프 쿤스가 예술에 대해 진지하게 고민하는 작가면 나는 루마니아의 마리아 공주다"라는 이야기까지 했을 정도로 논란이 되는 인물이지요. 그러나 대중들은 그의 작품을 좋아합니다.

문제가 된 작품은 쿤스의 1988년 조각품 〈겨울 사건〉(Fait d'Hiver)입니다. 프랑크 다비도비시(Franck Davidovici)는 자신이 1985년 제작한 프랑스 의류 브랜드의 광고를 표절했다고 주장했습니다. 실제로 다비도비시의 광고와 쿤스의 작품은 둘 다 〈겨울 사건〉(Fait d'Hiver)이라는 제목을 가지고 있었고, 거의 동일했습니다. 쿤스는 표절이 아니라 패러디라고 주장했지만, 법원은 쿤스의 작품 속 여성의 머리카락이 왼쪽 볼 위에 붙은 것에서부터 표정까지 같다는 점 등을 지적하며 쿤스의 주장을 받아들이지 않았습니다. 결국 법원은 쿤스와 그의 회사, 퐁피두센터, 작품 사진의 책을 판매한 출판사까지 총 17만 달러(약 1억 9천만 원)를 배상하라고 명령했습니다. 시대를 대표하는 유명 작가도 표절로 망신을 당할 수 있다는 것을 보여준 사례입니다.

표절은 민법상으로 재산 및 재산 외 정신적인 피해에 대해서도 손해배상청구를 할 수 있습니다. '부정경쟁방지 및 영업비밀보호에 관한 법률'에 따라서도 법적 처벌이 가능하고, 형사 고소를 할 경우 저작권법상으로도 처벌이 가능합니다. 고로 표절을 할 경우 민법상 손해배상의 책임과 저작권법상 형사처분도 가능합니다. 이러한 처벌을 떠나 건강한 디지털 시민이 되기 위해서는 표절을 해서는 안 되겠지요.

패러디

패러디(Parody)란 다른 노래에 병행하는 노래란 뜻으로 그리스어 파로데이아(Parodeia)에서 유래한 말입니다. 단순히 다른 작품을 흉내 내거나 모방하는 것과는 다릅니다. 특정 작품이 안고 있는 문제점을 폭로하거나, 그 작품의 소재, 문체, 이미지 등을 차용하되, 뒤틀고 변형하면서 익살스럽게 사회문제를 비판하는 형식입니다. 따라서 패러디는 새로운 재창조의 과정이며 하나의 아트 장르로 봐야 합니다. 표절과는 명백히 다른 것이지요.

표절과 패러디, 예술의 경계는 애매하면서도 명백합니다. 원작이 있다는 사실을 감추고 이미지를 몰래 도용했다면 표절이고, 의도적으로 원작의 이미지를 빌려 자신만의 해석으로 새로운 작품을 탄생시켰다면 패러디입니다. 역시 의도가 관건입니다.

좋은 패러디 작품의 예를 들어보겠습니다. 1919년 마르셀 뒤샹(1887~1968)은 레오나르도 다빈치의 〈모나리자〉 복제화에 연필로 수염을 그려 넣었습니다. 미술사에서 가장 신비롭고 많은 사람의 사랑을 받고 있는 작품에 이런 행동은 당시에 엄청난 파장을 불러일으켰지요. 더군다나 그림 밑에는 'L.H.O.O.Q.'라는 수수께끼 같은 글자를 달았는데요, 이 글자는 불어로 '엘.아.슈.오.오.뀌.'로 발음하는데 자연스럽게 읽으면 'Elle a chaud au cul'처럼 들립니다. 직역하면 '그녀는 엉덩이가 뜨겁다'라는 뜻으로 성적인 의미를 내포하고 있습니다. 모나리자 그림에 수염을 그려 넣은 것도 모자라 이런 제목까지 덧붙였으니 수많은 논쟁이 일어났습니다. 게다가 1919년 레오나르도 다빈치(1452~1519)의 사후 400년이 된 해에 맞춰 이 작품을 발표했으니 고도로 계획된 것이 분명합니다. 이 패러디 작품을 통해 뒤샹은 명작이라든가 작가의 천재성에 대한 지나친 숭배를 과감히 파괴했습니다. 실제 뒤샹은 1914년 반예술(Anti-Art)이란 용어를 만든 장본인입니다. 미술에 대한 선입관과 고정관념을 부정하는 사조를 만들었지요.

마르셀 뒤샹의 <L.H.O.O.Q.> 레오나르도 다빈치의 <모나리자>

출처 : Wikimedia Commons

잘 만들어진 패러디 작품은 비판하고자 하는 대상과 목적이 분명합니다. 또한 시대적으로 다수의 사람들이 공감할 수 있는 정서를 담고 있어야 합니다. 여기에 유머가 더해져야만 패러디가 완성됩니다. 유머가 없다면 삭막한 비판에 그치지만, 유머가 더해진다면 풍자가 되기 때문입니다. 비판이 아닌 풍자가 되어야 사회적인 힘을 갖게 됩니다. 패러디는 웃고 있는 날카로운 칼과 같습니다.

패러디는 민주주의 사회에서 표현의 자유를 누리며 사회 발전에도 기여할 수 있는 가장 고급스러운 소통 수단입니다. 사회적으로는 민주주의 발전의 길이 되고, 개인에게는 사회 참여의 방법이 되지요. 종종 정치인을 패러디한 개그맨들이 해당 정치인으로부터 고소당하는 일이 있습니다. 해당 정치인만 빼고 모든 국민이 기뻐하는데도 말이지요. 이런 패러디에 대해서는 고소를 해도 성립이 되지 않습니다.

패러디는 사회 발전을 위한 순기능을 합니다. 그러나 표절을 패러디라고 우기는 사람이 많아진다면, 그래서 표절 때문에 과도한 규제가 생기거나 작가들이 주저하게 되어 패러디 작품을 만들지 않게 된다면 그 사회는 퇴보하게 되겠지요. 건강한 패러디 문화와 건전한 저작권 보호 문화가 만들어져야겠습니다.

오마주

오마주(hommage)는 프랑스어로 '존경'을 뜻합니다. 과거 유럽 봉건시대에 기사가 주군 앞에서 무릎을 꿇고 신하가 되는 서약을 하는 모습을 담은 단어이기도 합니다. 문화 예술 분야에서 오마주란 다른 작가나 작품에 대한 존경의 의미를 담아 그 작가와 작품을 떠올릴 수 있는 무언가를 자신의 창작물에 담는 행위를 말합니다. 대중들이 창작물 속 오마주를 보며 해당 작가와 작품을 다시 한 번 떠올리면서 관람객은 추억에 젖고, 작가는 더 큰 존경을 받을 수 있으니 문화 예술 발전에 기여하는 일이라 할 수 있겠습니다.

오마주는 사회적으로 칭송받는 인물이나, 그 인물이 만든 명작의 경우에만 한정됩니다. 일반인이나 일반인이 만든 작품을 존경하는 마음을 담았다고 해서 오마주라고 부르지는 않습니다. 예를 들어 영화에서는 후배 영화인이 선배 영화인이 남긴 업적이나 공덕을 기리기 위해 감명 깊은 대사나 장면을 본떠 표현하곤 합니다. 2018년에 개봉한 스티븐 스필버그 감독의 영화 〈레디 플레이어 원〉에는 수많은 오마주가 등장합니다. 이 영화는 20세기 대중문화, 서브컬처에 대한 헌사와 같은 작품입니다. 스필버그 감독이 만든 〈쥬라기공원〉의 티렉스와 킹콩이 등장하는가 하면 게임 〈스트리트 파이터〉 시리즈의 등장인물인 류와 춘리도 등장합니다. 〈사탄의 인형〉의 주인공인 엽기 악마 캐릭터 처키에 80~90년대 남자아이들의 동심을 사로잡았던 건담과 슈퍼마리오 등 100여 개의 오마주가 등장하며 관객의 눈을 즐겁게 합니다.

한 네티즌은 표절, 패러디, 오마주에 대해 이렇게 설명합니다. 그 어떤 설명보다 관객이 실제 느끼는 정서의 차이를 명확하게 보여주는 문구 같아 소개합니다.

> 표절 : 어, 이거…?
> 패러디 : 어 이거ㅋㅋㅋㅋㅋㅋㅋ
> 오마주 : 오~ 이거!

좋은 패러디 사례

좋은 패러디는 앞서 살펴본 요건들을 갖추고 있어야 합니다. 사회적 풍자의 메시지가 담겨 있으면서 대중들에게 웃음이나 카타르시스를 주어야지요. 아래 패러디 포스터는 미국 해몬튼 고등학교 학생이 만든 작품입니다. 영화 〈포레스트 검프〉를 패러디했는데요, 원래 포스터의 카피를 그대로 유지하면서 톰 행크스(Tom Hanks)를 파인 우드(Pine Wood)로, 검프(Gump)를 스텀프(Stump)로 만 바꿨습니다. 비주얼을 사람에서 나무로 바꾸었고요. 그래서 영어 카피 'Tom Hanks is Forrest Gump'가 'Pine Woods is Forest Stump'가 되었는데요, 직역하자면 '톰 행크스의 이름은 포레스트 검프입니다'에서 '소나무 숲은 숲의 그루터기입니다'의 의미입니다. 의역하자면 '소나무 숲은 숲이 다 잘려 나가도 마지막까지 남는 숲의 뿌리와 같습니다'라는 의미입니다. 이 포스터를 통해 환경보호의 의미를 담고 있지요.

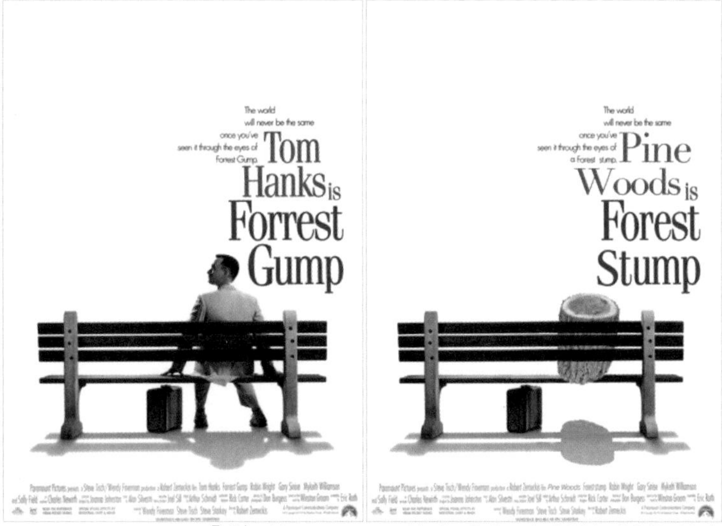

출처 : Hammonton Hight School, 2014~2015, Nick

다음 작품은 패러디 포스터를 넘어 예술에 가깝습니다. 1975년 스티븐 스필버그의 영화 〈죠스〉 포스터를 패러디했는데요, 유대인 학살의 만행을 고발하면서, 보는 사람들로 하여금 당시 유대인들이 느꼈을 공포를 느낄 수 있도록 인도합니다. 〈죠스〉를 본 사람들이라면 이 포스터만 보아도 덜덜덜 떨릴 테니까요. 공포 영화의 감정을 전이되도록 하면서 히틀러를 바다의 야수에 비유한 것은 과히 천재적이라 할 수 있겠습니다. 영화 제목 죠스(Jaws)를 한 글자만 바꿔서 유대인(Jews)으로 표현한 것도 대단한 관찰력과 창의성이지요. 수영하는 여자에게는 유대인들이 즐겨 쓰는 모자와 촛대를 손에 들려주었습니다. 이쯤 되면 예술의 경지라 할 수 있겠습니다.

출처: Know Your Meme

이 작품은 반 고흐의 〈별이 빛나는 밤〉을 패러디한 작품입니다. 수직으로 우뚝 솟은 나무는 배트맨으로 바뀌었고, 밤하늘 떠 있는 달은 배트맨의 레이저로 패러디돼 눈길을 끕니다. 주로 푸른색, 노란색, 검은색 계열을 사용한 〈별이 빛나는 밤〉 그림과 배트맨 스토리에 따라다니는 어스름한 분위기가 흡사해 잘 어울립니다. 배트맨은 할리우드의 다른 영웅 캐릭터들과는 달리 독특한 개성을 갖고 있습니다. 대부분의 영웅들이 초능력을 갖고 있지만 그는 평범한 인간이지요. 그리고 어릴 적 과거와 현재 사이에서, 부유하고 편안한 환경과 암울하고 불안한 고담시의 환경 사이에서 갈등합니다.

출처 : 헤럴드경제

반 고흐와 배트맨은 둘 다 고독한 캐릭터입니다. 한 사람은 예술과 싸웠고, 한 사람은 사회정의를 위해 싸웠지요. 한 사람은 가난했고, 한 사람은 부유했습니다. 이러한 둘의 유사성과 반대성 때문에 더 색다르게 보입니다. 반 고흐의 작품에 배트맨을 투영시키니 이런 메시지가 연상되는 듯합니다. '별이 빛나는 밤에 정의를 지키다' 예술과 사회정의를 연결하였으니 이 또한 훌륭한 작품이라 할 수 있겠습니다.

출처 : 유튜브

우리나라에도 훌륭한 패러디 작품들이 많습니다. 그중 많은 국민들로부터 사랑받았던 패러디 광고를 하나 소개하겠습니다. 한 기업의 아이스크림 광고입니다. 2002년 월드컵 당시 이탈리아와의 경기 속 장면을 패러디했습니다. 우리나라 진영 내 패널티 박스 안에서 이탈리아 토티 선수와 우리 수비수가 엉켜 넘어졌습니다. 대한민국 국민은 페널티킥을 줄까 봐 숨을 졸였지요. 한데 모레노 심판은 정반대의 카드를 꺼냈습니다. 할리우드 액션으로 판정하여 이탈리아 토티 선수를 퇴장시켰지요. 당시 이 경기를 본 대한민국 국민이라면 이 장면을 영원히 잊지 못할 것입니다. 한 제과회사가 이 상황을 재연하여 패러디 광고를 만들었는데, 이때 심판이 꺼낸 카드가 레드카드가 아니라 아이스크림입니다. 게다가 모레티 심판을 중년 배우 임채무 씨가 연기했는데 캐릭터와 이미지 연기를 하도 똑같이 해서 대한민국 국민들에게 큰 웃음과 즐거움을 제공했지요.

그래픽 디자인은 더 이상 전문가만의 영역이 아니라 누구나 갖춰야 할 우리 삶의 중요한 역량이 되었습니다. 디지털 기술과 일반인들을 위한 무료 도구들의 발달로 누구나 쉽게 갖출 수 있는 역량이 되기도 했고요. 이제는 디자인 능력을 갖추는 것을 넘어서 이렇게 갖춘 능력을 어떻게 사용할 것인가에 주목해야 합니다. 표절은 범죄이므로 멀리하되, 패러디와 오마주는 우리 사회 발전에 기여하는 것이니 자신이 갖게 된 디자인 역량을 발휘하여 모두가 적극적으로 활용해야겠습니다.

패러디 포스터를 만들고 평가해보아요.

1) 내가 풍자하고 싶은 내용은 무엇인가요?

환경, 교육, 물질적 가치…
어떤 내용을 풍자하고 싶은지 적어주세요.

2) 풍자하고 싶은 내용과 잘 어울리는 포스터는 무엇인가요?

어떤 포스터를 패러디하면 가장 좋을지 찾아보세요.

3) 다른 친구들의 패러디 포스터를 평가해주세요.

다른 친구들의 패러디 포스터에 점수를 준다면 몇 점일까요?
점수와 함께 왜 그러한 점수를 주었는지 적어주세요.

픽슬러 pixlr.com

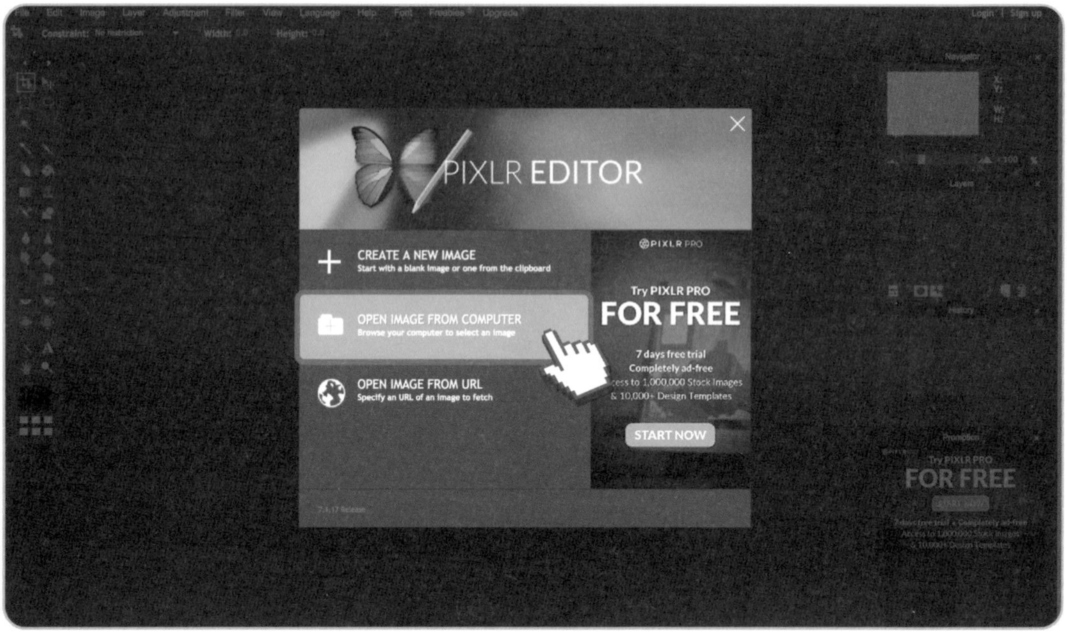

1. 픽슬러 에디터

이번에는 픽슬러로 패러디 포스터를 제작해볼게요. 제작하기 전에 어떤 주제로 제작할 것인지 먼저 구상을 해야겠지요? 구상이 끝났으면 구상한 내용과 잘 어울리는 포스터를 찾아주세요. 그리고 포스터의 어떤 부분을 어떻게 바꿀 것인지 기획해주시고요. 우리는 영화 〈괴물〉 포스터를 패러디해볼 거예요. 허위정보 유포자는 괴물과 같고, 그런 괴물을 응징하고자 모인 피해자들의 입장을 표현해볼 거예요. 패러디할 포스터를 오픈하고, 돋보기 도구로 수정 영역을 확대해주세요. 그리고 앞 단원에서 배운 **도장 찍기** 도구로 텍스트를 삭제해주세요.

글자 입력 도구를 이용해서 새로운 글자를 입력해주세요. 글자 컬러를 변경하시려면 Color를 클릭해주시고요. 먼저 원형 영역에서 컬러를 고르고, 마름모 영역에서 채도를 선택합니다. 폰트와 글자 크기를 선택한 후 OK 버튼을 클릭하면 새로운 글자가 삽입됩니다. 수정하려면 다시 글자 입력 도구를 선택한 후 수정하려는 글자를 클릭하면 됩니다.

2. 패러디할 포스터 오픈

3. 돋보기 도구로 수정 영역 확대

4. 도장 찍기 도구로 텍스트 삭제

5. 글자 입력 도구로 새로운 글자 입력

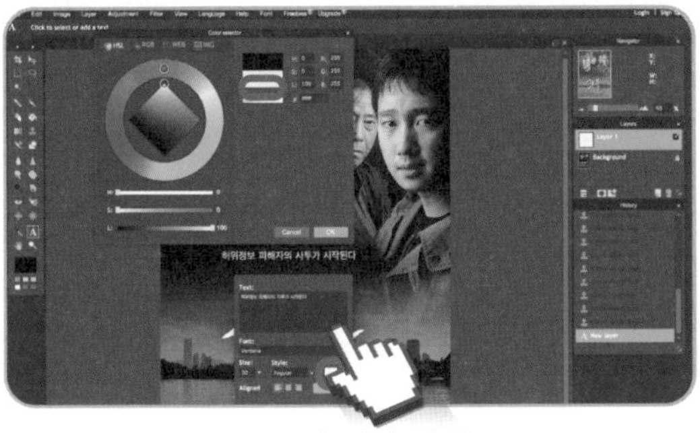

6. 글자 컬러 선택

7. 새로운 글자 삽입 완료

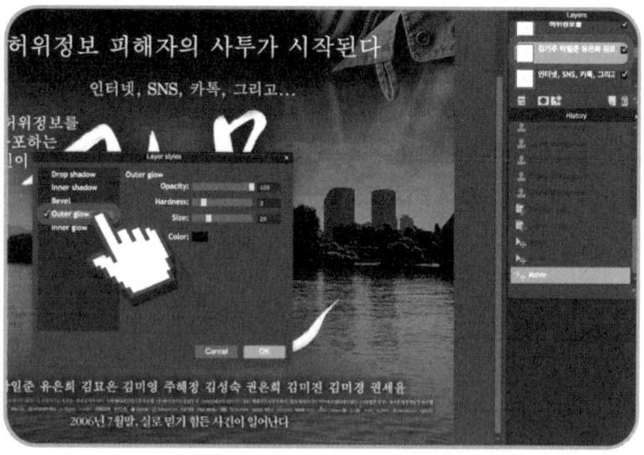

8. 레이어 스타일

9. 1차 패러디 포스터 완성

글자를 추가할 때마다 해당 글자는 새로운 레이어로 추가됩니다. 레이어 오른 마우스 클릭을 하면 레이어 관련 메뉴가 나와요. 그중 **Layer styles**를 클릭하면 그림자 효과, 네온사인 효과 등을 줄 수 있어요. 하얀색 글자 레이어에 **Outer glow**를 선택하고 검정 컬러를 선택하니 주변이 어두워서 가독성이 높아지지요. 이렇게 패러디 포스터를 만들어봤어요.

10. 합성할 이미지 오픈

11. 레이어 자물쇠 더블클릭

그런데 뭔가 살짝 아쉽지요? 자고로 패러디 포스터는 합성을 해야 제맛이지요. 배우 바꿔치기를 해 볼게요. 적절한 이미지를 고른 후 픽슬러로 불러와 주세요. 이미지를 처음 열면 자물쇠가 잠겨진 Background 상태인데요, Background 상태는 배경이 투명하지 않다는 것을 의미해요. **자물쇠**를 더블클릭하면 체크박스로 바뀝니다. 배경이 투명해졌어요. 일부 영역을 삭제해보면 알 수 있지요.

12. 다각형 자유 영역 선택 도구로 삭제 영역 선택

13. 얼굴 외곽 영역 삭제

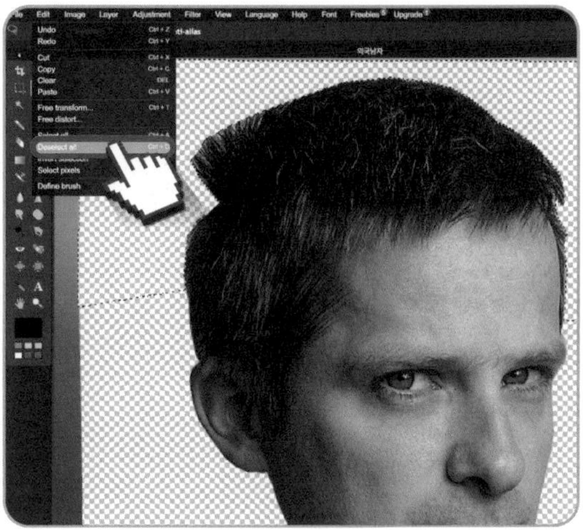

14. 선택 해제

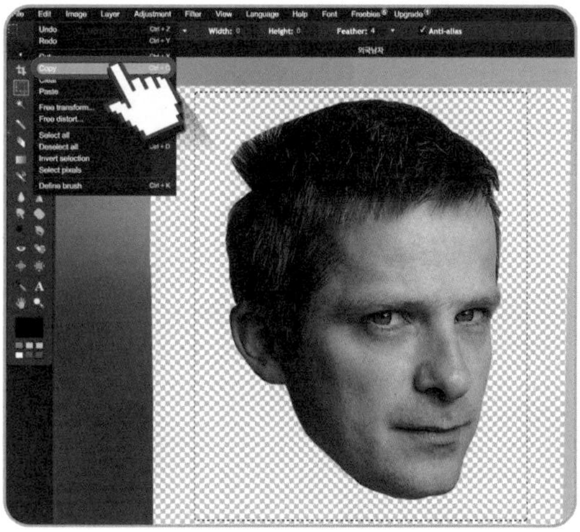

15. 합성할 영역 선택 및 복사

자유 영역 선택 도구를 클릭한 후 옵션에서 **다각형 올가미**를 선택해주세요. 꼼꼼하게 클릭하며 지울 부분을 연결해주세요. 마지막에 더블클릭하면 처음 클릭했던 곳과 연결됩니다. 귀 아래부터 얼굴을 따 내려간 후 주변 영역을 클릭하여 얼굴 외곽 영역 일부분씩 선택합니다. delete 버튼을 클릭하면 선택한 부분이 삭제가 되지요. 이런 식으로 얼굴 주변을 모두 지워주세요. 선택한 영역을 해제하려면 **Edit** 메뉴에서 **Deselect all**을 해주시면 됩니다.

얼굴만 선택하고 **Edit** 메뉴에서 **Copy**해주세요.

16. 원본 포스터 이미지 레이어 위에 복사한 얼굴 붙여넣기

17. 얼굴레이어 선택 후 레이어 투명도 조절

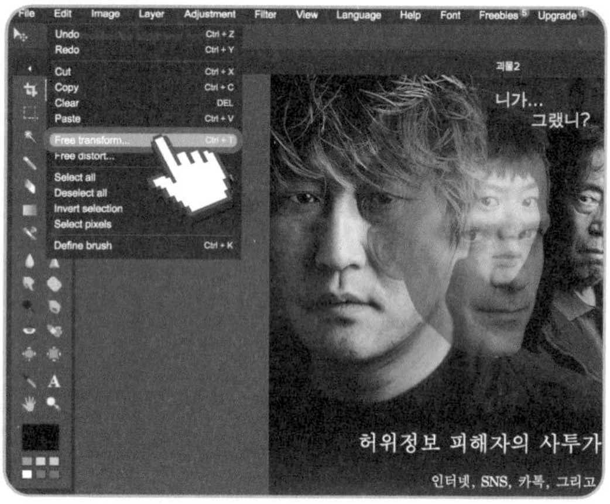

18. 크기 및 각도 수정

원본 포스터 레이어를 선택한 후 Edit 메뉴에서 Paste 해주세요. Paste를 하면 현재 선택한 레이어 바로 위 레이어로 붙여넣기 됩니다. 물론 레이어는 클릭 드래그하여 잡고 위아래로 이동할 수 있습니다. 레이어 윈도우 왼쪽 하단에 **레이어 옵션 조절** 버튼을 클릭하면 Opacity 투명도 조절을 할 수 있어요. 원본 여배우 얼굴과 크기를 맞춰야 하니 아래 레이어가 보이도록 반투명하게 만들어주세요.

레이어 크기 및 각도는 Edit 메뉴 Free transform을 선택해서 수정할 수 있습니다. 사각 모서리와 선분 중앙에 8개의 파란 사각형이 나옵니다. 이 사각형을 잡고 드래그하면 크기를 수정할 수 있어요. 사각 모서리에 있는 파란 사각형을 잡고 드래그하면 회전할 수 있고요. 이렇게 크기와 각도 수정이 완료되면 엔터키를 누릅니다. 포스터 원본에서 글자를 지웠던 것처럼 얼굴이 나올 수도 있는 부분의 이미지도 지워주세요.

얼굴 레이어 Opacity 투명도를 100%로 해주시고, 배치상 그림자 때문에 어두워야 할 영역은 **Burn** 도구로 어둡게 만들어주세요.

드디어 패러디 포스터가 완성되었습니다.

19. 모서리 잡고 드래그하여 각도 조정

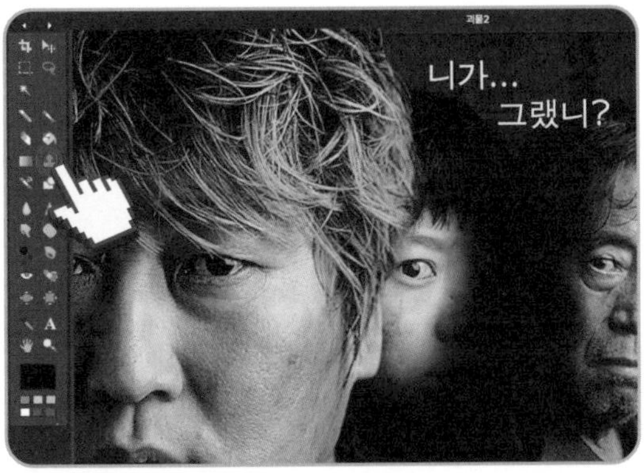

20. 포스터 원본 이미지 지우기

21. 얼굴 레이어 투명도 수정 및 그림자 영역 어둡게 처리

22. 패러디 포스터 완성

4. 디지털 스토리북 &

거짓말, 나쁜 이야기 vs 좋은 스토리텔링

퀴즈로 미리 생각해보기

1. 책에 대한 설명 중 바르지 않은 것은?

▲ 책은 정보를 담는 미디어다.
◆ 천천히 생각하며 보기에 좋다.
● 보관, 이동, 검색이 용이하다.
■ 문자로 된 지식을 배우기에 좋다.

2. 사람들이 거짓 이야기에 잘 속는 이유는?

▲ 늘 감동적이기 때문에
◆ 기억에 오래 남기 때문에
● 쉽게 이해가 되기 때문에
■ 뇌가 이야기를 좋아하기 때문에

3. 스토리텔링 방법이 아닌 것은?

▲ 사건이 있어야 한다.
◆ 반드시 예쁜 주인공이 나와야 한다.
● 매력적인 캐릭터가 있어야 한다.
■ 논리 흐름이 잘 맞아야 한다.

사용하는 디지털 도구

- **구글 프레젠테이션** docs.google.com/presentation
- **스룩** srook.net

디지털 도구 사용법 유튜브 영상 채널 **youtube.com/c/DigitalLiteracy**

미디어의 변화

책에 대한 절대적인 신뢰

20세기에 교육을 받은 세대는 책에 대한 맹신을 갖고 있습니다. 책을 통해서만 지식을 얻을 수 있다는 경험을 갖고 있기 때문입니다. 한때는 책 보는 것을 우려했던 시절도 있었습니다. 종이책이 대중화된 것은 불과 19세기 말의 일이었습니다. 19세기 말 인쇄술의 발달로 종이책이 대중화되었지만, 그때만 해도 종이책은 매우 비싼 미디어였지요. 어느 세대나 새로운 미디어를 먼저 접하고 환영하는 것은 젊은이들입니다. 종이책이 귀한 물건이다 보니 젊은이들이 더 열광했습니다. 당시 기성세대들은 젊은이들의 이런 모습을 보고 걱정했다고 합니다.

책이 드물던 시절 인류는 대화를 통해 지식을 전해왔기 때문입니다. 과거 세대들은 대화를 통한 지식 전수법에 대해 맹신을 갖고 있었지요. 지식이란 사람들 간의 대화를 통해서만 전달되고 발전될 수 있는 것이라 믿었습니다. 종이책이 인기를 끌자 젊은이들이 대화는 게을리하고 종이에 인쇄된 죽은 지식에 의존해서 혼자 공부하는 것에 걱정을 했다고 합니다.

기술과 미디어는 계속해서 변합니다. 과거 '대화'를 통한 지식 전수가 '책'이라는 미디어의 발달로 '언어'에서 '문자'로 전환된 것처럼 이제는 '문자'를 통한 지식 전수가 '인터넷'이라는 미디어의 발달로

'영상'으로 전환되는 상황에 있습니다. 19세기 젊은이들이 '책'이라는 뉴미디어에 눈을 뜨고 새롭게 지식을 얻는 도구로 받아들인 것처럼 21세기의 우리 아이들이 '인터넷'이라는 뉴미디어에 눈을 떠 '영상'이라는 새로운 방법으로 지식을 접하고 있는 건 아닐까요? 그리고 19세기의 기성세대가 '대화'라는 방법을 맹신한 것처럼 20세기에 태어난 기성세대도 '문자'에만 고착되어 있는 것은 아닌지 생각해볼 때입니다.

영상 중심 시대

과거 세대에게 '책'은 미래 희망을 여는 열쇠였습니다. '책'을 통한 성공 체험 때문에 '책'을 대체 불가능한 절대적인 개념으로 생각하게 되었지요. 그래서 '영상'에 대해 배척하는 경향이 있습니다. 익숙하지 않기 때문에, 자신의 신념과 맞지 않기 때문에…….

세상은 금세 변합니다. 과거의 지식인들이 자신의 '지식과 정보'를 공유하기 위해 '책'을 출간했다면, 미래의 지식인들은 '영상'을 만듭니다. 과거에 자신의 '지식과 정보'에 대한 대가로 인세를 받았다면, 이제는 광고 수익으로 받게 된 것이지요. 회사에 입사할 때 자기소개를 위해 자필 이력서를 쓰다가, 오피스 프로그램을 이용하여 파일로 제출하는 시대가 되었지요. 앞으로는 자기소개 영상으로 제출하게 될 것입니다.

미디어는 계속해서 변합니다. 지식을 공유하는 행위나 입사를 위해 자기소개물을 제출하는 행위는 시대 변화와 상관없이 계속 존재할 것입니다. 다만 미디어의 변화로 행위의 방식이 바뀔 뿐이지요. 책이 유튜브 영상으로 바뀌고, 이력서가 자기소개 영상으로 바뀌는 것처럼 말이지요.

미래 세대는 영상으로 소통하게 될 것입니다. 1970년대까지는 소통의 주요 형식이 대면이었습니다. 1980년대 이후 전화가 되었지요. 2000년대부터는 문자가 소통의 절대적인 부분을 맡게 되었습니다. 그럼 미래는 어떻게 될까요? 이미 문자 서비스에 영상 관련 기능들이 추가되고 있는 현상을 볼 수 있습니다. 미래는 영상으로 소통하는 시대가 될 것입니다.

2009년 개봉한 제임스 카메론의 영화 〈아바타〉에서 주인공 제이크 설리는 아바타 프로그램을 체험하며 매일 기록을 남깁니다. 영상 일기 형식인 브이로그(Vlog)로 남기지요. 리들리 스콧 감독의 2015년 개봉작 〈마션〉에서도 주인공 맷 데이먼이 화성에 홀로 남아 생존 기록을 남깁니다. 역시나 영상의 형식이었습니다.

요즘 아이들은 유튜브를 통해 '지식과 정보'를 얻습니다. 유튜브에는 어른들이 걱정하는 것처럼 아이들에게 유해한 콘텐츠들도 있지만, 그보다 유익하고 도움이 되는 콘텐츠들이 훨씬 더 많습니다. 유튜브는 이제 단지 엔터테이너들만을 위한 공간이 아니라, 공학과 의학 분야의 교수와 박사들이 전문 지식을 나누고 연구목적으로 사용하는 공간이 되기도 합니다.

부정적인 활용의 예도 있습니다. 최근 아이들이 친구를 왕따시키는 데 유튜브 영상을 이용하는 경우가 유행처럼 늘고 있습니다. 전혀 상관없는 내용이지만 자극적이어서 시선이 가는 영상에 친구를 모함, 비방하는 내용을 자막으로 넣어 자신의 유튜브에 올립니다. 그리고 자신을 지지해줄 친구와 괴롭힘의 대상인 친구를 모두 초청하여 댓글로 공격합니다. 소통에 영상을 나쁘게 이용하는 예이지요.

이런 상황에 어떻게 대처하는지를 가르치는 것도 필요하지만, 그보다는 선제적으로 긍정적 콘텐츠를 생산해보면서 긍정적인 체험을 하도록 교육하는 것이 필요합니다. 디지털을 처음 접할 때 좋지 않은 목적으로 사용하는 체험을 하게 되면, 그 아이에게 디지털은 그런 도구로 인식될 것입니다. 반대로 처음 접하면서 좋은 목적에 사용하는 체험을 한다면 전혀 다른 세상이 펼쳐지겠지요.

이야기의 힘

거짓말, 나쁜 이야기

한국언론진흥재단 보고서로 보면 허위정보를 20대와 60대가 가장 많이 접한다고 합니다. 이런 결과만 봐서는 초등학생은 예외라고 생각할 수 있는데요, 실상은 그렇지 않습니다. 최근 초등학생들도 SNS와 유튜브 사용률이 늘어 피해자도 될 수 있고, 반대로 가해자가 되기도 합니다.

2018년 7월 개봉한 영화 〈인랑〉은 워너브라더스가 190억 원을 투자하여 만든 대작입니다. 손익분기점 관객 수가 600만 명인데 89만 명에 그치며 흥행에 참패했지요. 초기에 부정적인 영화평이 많아 실패했습니다. 워너브라더스 측에서 댓글 평을 보니, 영화를 안 보고 쓴 것 같은 의심이 들어 사이버 수사를 의뢰하였습니다. 막상 범인을 잡아보니 초등학생이었습니다. 친구들끼리 장난삼아 내기로 한 짓이었습니다. 〈인랑〉은 15세 관람가로 초등생이 볼 수 없는 영화라 보지도 않고 허위정보를 만들어낸 것입니다. 결과적으로 워너브라더스는 90억 원의 손실을 봤습니다. 회사는 큰 손실을 보았지만 초등학생인 터라, 결국 이 학생들은 훈방 조치하고 집으로 돌려보내졌지요. 이 학생들은 디지털 세상에서 이야기를 만들어내는 특별한 재주가 있었던 것 같네요. 그런 재능을 거짓 정보를 만들어내서 남들에게 피해를 주고 괴롭히는 데 사용한 것입니다.

요즘 청소년들은 디지털 원주민입니다. 태어날 때부터 디지털을 접하며 자란 세대지요. 어른들은 새로운 디지털 도구가 생기면 배워야 하고 이러한 새로운 배움이 부담으로 느껴지지만 아이들에게는 그렇지 않습니다. 새로운 디지털은 늘 즐거움이지요. 게다가 아이들은 굳이 사용법을 배우지 않아도 직관적으로 사용해보면서 처음 보는 것도 금세 익힙니다. 아이들에게 더 필요한 교육은 기술이나 활용능력보다는 철학입니다. 익힌 기술로 디지털 세상에서 원자폭탄을 만들어내는 악당이 되지 않도록 하려면, 무엇을 위해 어떻게 사용해야 하는지를 알려주는 것이 더 중요합니다. 바로 디지털 홍익인간의 정신을 가르치는 것이지요.

아날로그 세상에서는 예의범절도 가르치고, 공동체 정신의 중요성도 강조합니다. 디지털 세상에서는 아무도 그런 이야기를 해주지 않지요. 디지털 세상은 존재하지 않는 세상이고, 아이나 어른이나 디지털 세상에서는 막 해도 되는 것처럼 생각하는 것 같습니다. 지금까지 아날로그 세상에서 더 많은 시간을 보냈다면, 앞으로는 디지털 세상에서 더 많은 시간을 보내게 될 것이기 때문에 미래 세대에게 디지털 세상에서 잘 살아갈 수 있는 방법을 알려주는 것이 필요합니다.

머리에 착 달라붙는 이야기

대기업에 다니는 40대의 남자가 있었습니다. 4박 5일간의 뉴욕 출장을 마치고 마지막 날이 되었습니다. 모든 일정을 마치고 숙소에 돌아와 한가한 저녁을 혼자 보내고 있었지요. 내일 한국으로 돌아간다고 생각하니 아쉬움이 남았습니다. 일만 하다 가는 자신이 처량하기도 하여 출장에서의 성과를 자축할 겸 길 건너에 있는 맥줏집에 가기로 했습니다. 시원한 맥주를 시켜서 마시고 있는데, 한 금발 미녀가 다가오며 말을 걸었습니다. 두 번째 잔은 자기가 사고 싶다는 것이었습니다. 순간 집에 있는 아내 생각이 나서 거절할까 하다, '맥주 한 잔쯤인데 어때!'라고 생각하며 맥주를 받아 마셨습니다. 그러고는 정신을 잃고 말았습니다. 가까스로 정신을 차려보니 자신의 호텔 숙소였습니다. 자신의 호텔 욕조 안에 벌거벗은 채로 누워 있는 자신을 발견했지요. 욕조 안에는 얼음 물이 가득했고 온몸이 얼어 꼼짝도 할 수 없었습니다. 발밑에 '911'이란 메시지와 함께 전화기가 놓여 있었습니다. 종이에 적힌 대로 911로 전화를 걸어 자신의 상황을 설명했지요. 설명을 다 들은 전화 안내

양은 익숙한 상황인 듯 응대하며 이렇게 말해주었습니다. "당신은 신장 도둑을 맞았습니다. 응급차를 보낼 테니 움직이지 말고 가만히 계십시오. 곧 우리 대원이 도착할 것입니다."

이야기의 결말을 듣고 소름이 쫙 끼치지 않았나요? 시간이 오래 지나도 이 이야기는 머릿속에서 쉽게 지워지지 않을 것입니다. 사실 이 스토리는 누군가 지어낸 이야기입니다. 미국에서 한 현명한 주부가 출장이 잦은 남편이 혹시나 한눈을 팔지 않을까 싶어 만들어낸 이야기라고 합니다. 이 이야기가 입소문으로 번져서 기차 버전도 있고, 고속도로 히치하이킹 버전도 생겼다고 합니다. 이 이야기를 들은 남편이 출장 가서 과연 한눈을 팔 수 있었을까요?

사람들이 이야기에 매료되는 이유

세계적인 역사학자이자 미래학자인 유발 하라리는 그의 저서 『사피엔스』를 통해 인간이 지구에서 이렇게 독점적인 지위를 획득할 수 있었던 것은 세 번의 큰 혁명 덕분이라고 말합니다. 그는 농업혁명, 과학혁명 이전에 인지혁명을 꼽습니다. 인지혁명은 약 7만 년 전에 일어났습니다. 이 인지혁명으로 호모 사피엔스는 '허구를 상상하고, 이야기하고, 그것을 믿는 능력'을 얻었다고 설명합니다. 인간은 7만 년 전 이야기꾼이 되었고, 그 능력 덕택에 지금의 거대 문명을 이룩할 수 있었다는 것입니다.

현생 인류는 호모 사피엔스의 후예들입니다. 7만 년 전 갑작스럽게 네안데르탈인이 사라지고 호모 사피엔스가 현생 인류로 남게 됩니다. 뇌와 덩치가 훨씬 더 컸던 네안데르탈인과의 경쟁에서 호모 사피엔스는 어떻게 승리할 수 있었을까요? 의사소통 능력 때문이라고 주장하는 학자들이 있지만, 유발 하라리는 의사소통 능력이 아니라 이야기를 만들어내는 능력 때문이라고 합니다.

네안데르탈인은 보통 50명 정도 수준으로 무리 지어 다녔습니다. 스킨십에 의해 형성될 수 있는 무리의 최대치입니다. 한데 호모 사피엔스는 공통의 신화, 전설, 이야기를 만들며 무리의 단합을 이끌어냈습니다. 그 결과 수백수천 명씩 무리 지어 다닐 수 있었지요. 무리 규모가 50명 수준인 네안데르탈인은 호모 사피엔스의 상대가 안 되었습니다.

일반적으로 모든 조직에는 비전과 핵심가치가 있습니다. 조직의 나아갈 방향을 제시하고자 하는 목적인데요, 바로 이것이 이야기가 발전된 모습입니다. 이야기는 존재하지 않는 것을 존재하는 것처럼 느끼도록 해줍니다. 그 이야기 아래 모두가 모이게 되는 것이지요. 하나의 이야기를 믿으며 수백수천 명의 사람들이 하나의 유기체처럼 움직입니다. 현대 사회에서는 수억 명의 사람이 이야기 하나로 움직이기도 하지요. 종교적 믿음, 정치적 이념 등이 모두 그런 예입니다.

인류만의 독특한 특징은 '이야기'를 만들어내는 것입니다. 이는 정치, 경제, 종교, 문화, 예술 모든 분야에서 나타납니다. 정치는 국가에 대한 '이야기'를 하는 것이고, 경제는 시장, 돈, 기업에 대한 '이야기'지요. 종교는 신, 천국과 같은 이야기에 근간을 두고 국가, 인종, 문화, 시대를 뛰어넘어 사람들을 묶어냅니다. 전 세계 모든 종교 지도자들은 스토리텔러였습니다. 예수, 부처, 무함마드 모두 이야기꾼이었지요. 이야기는 인류를 하나로 묶어내고, 인류를 하나의 생명체처럼 움직이게 하는 힘이 있습니다. 무엇보다 7만 년 이상을 이야기와 함께 진화해왔기 때문에 인간의 뇌는 이야기를 참 좋아합니다.

2005년 6월 스티브 잡스가 스탠퍼드 대학교에서 졸업 축사를 한 영상은 아직도 SNS를 통해 많은 사람들에게 회자됩니다. 그는 이 축사에서 서른 살에 애플에서 쫓겨난 이야기부터 어떻게 넥스트와 픽사라는 회사를 차렸고, 다시 애플에 복귀하여 세계 최고의 기업으로 키워냈는지를 이야기합니다. 사람들은 이 이야기에 감동과 영감을 받습니다. 버락 오바마 전 대통령은 2008년 3월 필라델피아에서 열린 연설을 통해 미국의 44번째 대통령에 당선됩니다. 그리고 미국 역사상 최초의 흑인 대통령이 되었지요. 이 모든 것이 스토리의 힘입니다. 사람은 누구나 이야기를 하고 싶어하고, 이야기를 듣고 싶어하고, 이야기로 다른 사람과 소통하고 싶어합니다.

스토리텔링의 방법

스토리텔링은 '스토리(story)+텔링(telling)'의 합성어로 말 그대로 '이야기하다'라는 의미를 갖고 있습니다. 즉 상대방에게 알리고자 하는 바를 재미있고 생생한 이야기로 설득력 있게 전달하는 행위입니다. 스토리텔링은 정보를 단순히 전달하는 것이 아니라 전달하고자 하는 정보를 쉽게 이해시키고, 기억하게 하며, 정서적 몰입과 공감을 이끌어내는 특성을 가지고 있습니다.

좋은 스토리를 만들기 위해서는 다음의 조건을 만족시켜야 합니다.

첫째, '갈등' 구조가 있어야 합니다. 갈등을 통해 긴장을 만들어내고, 마지막에는 해소시켜 주어야 합니다. 갈등은 내면의 갈등일 수도 있고, 타인과의 갈등일 수도 있습니다. 실리를 다투는 갈등과 함께 정서, 감정적인 갈등도 있어야 합니다. 이러한 갈등 구조가 복합적이고 섬세할수록 스토리의 몰입감이 높아집니다.

둘째, '카타르시스'가 있어야 합니다. 갈등 구조로 긴장감을 키울수록, 그리고 갈등 해결을 통해 긴장감이 해소될수록 카타르시스도 커집니다. 내면의 갈등이 해결되면서 악을 물리친다거나, 문제가 해결되고 주인공이 바라던 바를 이루게 되면 큰 카타르시스를 줄 수 있습니다.

셋째, 매력적인 '캐릭터'가 필요합니다. 시대상을 반영하여 누구나 공감할 수 있는 캐릭터가 좋습니다. 그리고 등장하는 캐릭터는 각자 개성이 강해야 합니다. 주인공뿐 아니라, 지지 인물과 적대적 인물, 조연까지도 다양한 캐릭터가 등장할수록 스토리가 풍성해집니다. 캐릭터는 그동안 많이 보아왔던 익숙한 캐릭터에 새로운 면을 하나둘 첨가하면 개성 넘치는 캐릭터가 형성됩니다.

넷째, '낯선 무언가'가 필요합니다. 문학 표현 방법 중 '낯설게 하기'라는 기법이 있습니다. 대중은 익숙하기만 한 것에 매력을 느끼지 못합니다. 그렇다고 너무 새로운 것도 수용하기 힘들지요. 90%의 익숙함과 10%의 낯섦이 있을 때 사람들은 가장 흥미로워하고 좋아합니다. 소재, 인물의 성격, 상황, 장소, 시간 등의 요소에서 낯설고 새로운 무언가를 첨가한다면 매력적인 스토리가 탄생될 수 있습니다.

다섯째, '논리 흐름'이 잘 맞아야 합니다. 완성도가 떨어지는 영화를 보면 간혹 이런 생각이 들 때가 있습니다. '주인공이 언제 저런 능력을 갖게 되었지?' '저 악당은 왜 갑자기 순순히 물러나는 걸까?' 등 이야기의 전개가 생뚱맞다고 느껴진 적이 있을 것입니다. 논리구조가 엉성해서 그렇습니다. 아리스토텔레스의 삼단논법처럼 논리를 전개해나가면 됩니다. 삼단논법이란 'A는 B이고, B는 C이다. 고로 A는 C이다'와 같이 인과관계를 분명히 하는 것입니다. 예를 들어 "소크라테스는 인간이고, 인간은 모두 죽는다" "고로 소크라테스는 죽는다"라는 식이지요. 이러한 방식으로 이야기의 비약 없이 흐름을 풀어나가면 사람들은 이야기에 편하게 빠져듭니다.

앞서 신장 도둑 이야기를 보면 위 다섯 가지 조건을 모두 갖추고 있습니다. '낯선 외국 여자와 맥주를 마셔도 될까?'라고 하는 내면의 갈등과 함께 신장 도둑과의 갈등 구조가 있지요. 이 이야기 속에는 등장하지 않지만 남자의 마음속에 있는 아내와의 잠재된 갈등도 있고요. 신장 도둑을 맞았으니 긴장감은 더 이상 높을 수 없습니다. 그리고 한눈을 판 것은 아니지만, 잠시나마 한눈을 판 것에 대해 다소 과한 권선징악이 이루어졌지요. 나름의 긴장 해소라 할 수 있습니다. 해외 출장이라는 상황과 금발의 미녀라고 하는 매력적인 캐릭터의 설정, 장기 도둑이라는 낯선 소재 등 모든 요소들이 좋은 스토리의 조건을 갖추고 있습니다.

이러한 조건을 갖추면서 아래의 단계대로 스토리 구조를 만들어가면 누구나 좋은 스토리를 만들 수 있습니다. 함께 해볼까요?

[스토리텔링 기법]

- **배경 이야기** 전체 스토리의 기반이 되는 장소, 시기, 이야기의 출발점 만들기
- **주인공** 나이, 성별, 출생, 외모, 성격 등 주인공 캐릭터 설정하기
- **이해관계** 주인공을 둘러싼 인물 캐릭터를 설정하고, 우호, 적대 관계 설정하기
- **붕괴** 주인공이 겪어온 고난과 겪게 될 역경을 설정하기
- **적대적 인물** 주인공을 곤란하게 만드는 면을 구체화하고, 주인공과의 갈등 설정하기
- **지지 인물** 연인, 친구, 스승, 조직 등 주인공과 정서적 관계와 주는 도움을 설정하기
- **여정** 이야기의 본론으로 주인공이 문제를 헤쳐나가는 과정을 구체적으로 보여주기
- **성취** 주인공이 이루는 최종 성취 결과의 모습을 설정하기
- **교훈** 전체 스토리를 통해 전달하고자 하는 교훈의 메시지를 설정하기
- **반복되는 일상** 최초의 일상으로 돌아가지만, 성취 후 달라진 상황을 설정하기

허위정보로 인한 갈등 스토리북 만들기

1) 허위정보를 소재로 이야기를 만들어주세요.

토끼와 자라, 심청전, 신데렐라, 콩쥐 팥쥐, 양치기 소년, 빨간 모자 등 허위정보로 인한 갈등이 전개되는 이야기들이 많지요.
어떠한 이야기를 만들 것인지 배경, 인물, 사건을 중심으로 적어주세요.

2) 스토리북 페이지를 구성해주세요.

발단에 사용될 이미지와 내용을 정리해주세요.

전개에 사용될 이미지와 내용을 정리해주세요.

위기에 사용될 이미지와 내용을 정리해주세요.

절정에 사용될 이미지와 내용을 정리해주세요.

마무리(해결 과정)에 사용될 이미지와 내용을 정리해주세요.

마무리에 사용될 이미지와 내용을 정리해주세요.

구글 프레젠테이션 docs.google.com/presentation

1. 구글 프레젠테이션 메인

구글 프레젠테이션은 구글 이미지 검색을 통한 이미지 삽입이 용이한 문서 제작 도구이지요. 검색해서 이미지를 찾고, 원하는 이미지를 삽입한 후, 텍스트를 추가해서 멋진 스토리북을 만들 수 있어요.

이제부터 구글 프레젠테이션으로 스토리북을 만들어 보겠습니다. 어떤 내용으로 스토리북을 구상할 것인지 결정했다면 구글에 로그인 후 새로운 프레젠테이션 문서를 만들어주세요. **파일** 메뉴 하위에 있는 **페이지 설정** 메뉴에서 사이즈를 **맞춤**으로 선택하고 원하는 사이즈를 입력 후 **적용** 버튼을 클릭해주세요. 세로 화면이 긴 모바일에서 보기 좋은 스토리북을 만들려면 아무래도 가로형보다 세로형이 좋겠지요?

이제 스토리에 어울리는 이미지를 찾을 차례입니다. **삽입** 메뉴 하위에 있는 **이미지** 메뉴에서 **웹 검색**을 선택해주세요. 우측에 Google 이미지 검색창이 나옵니다. 찾고자 하는 이미지 키워드를 입력하면 이미지 리스트가 나옵니다. 원하는 이미지를 선택한 후 **삽입** 버튼을 클릭해주세요. 키보드 **Alt 키**를 누르고 오브

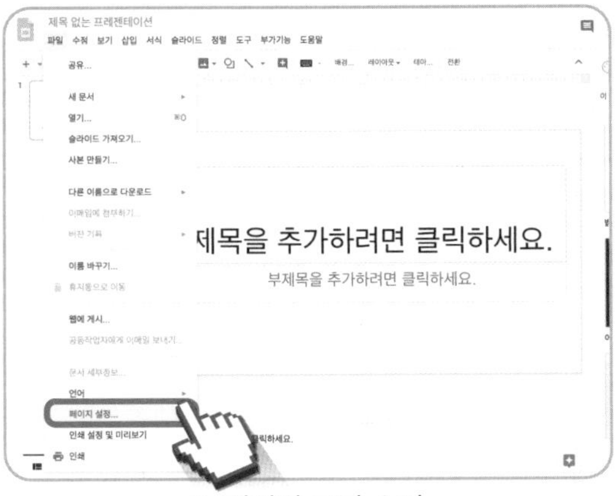

2. 페이지 크기 수정

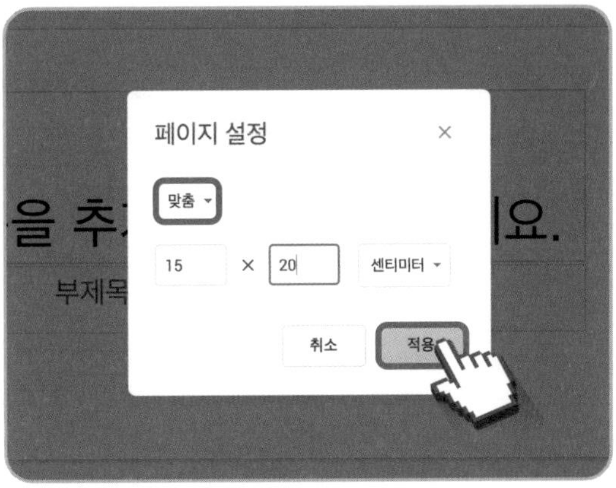

3. 페이지 크기 입력

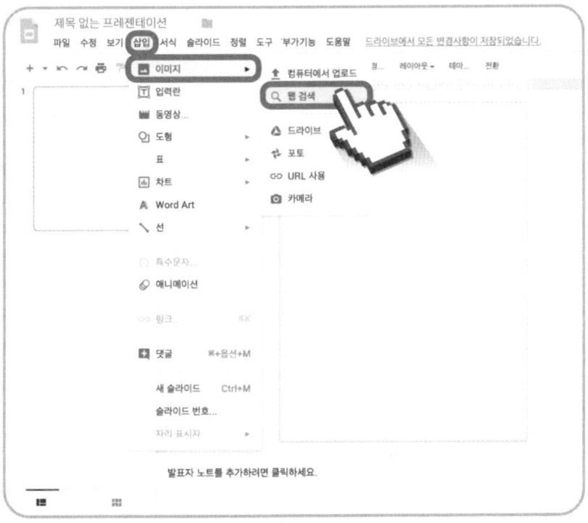

4. 이미지 검색

5. 이미지 삽입

젝트 선택 후 드래그하면 선택한 오브젝트가 복제됩니다. **Shift 키**는 수평 또는 수직으로 이동하지요. **Alt 키**와 **Shift 키**를 동시에 누르고 오브젝트 선택 후 드래그하면 수평 또는 수직으로 선택한 오브젝트가 복제됩니다. 사방 어느 방향으로 연결해도 자연스럽게 이어지는 패턴 이미지의 경우 이렇게 복제해서 배경을 만들 수 있겠지요.

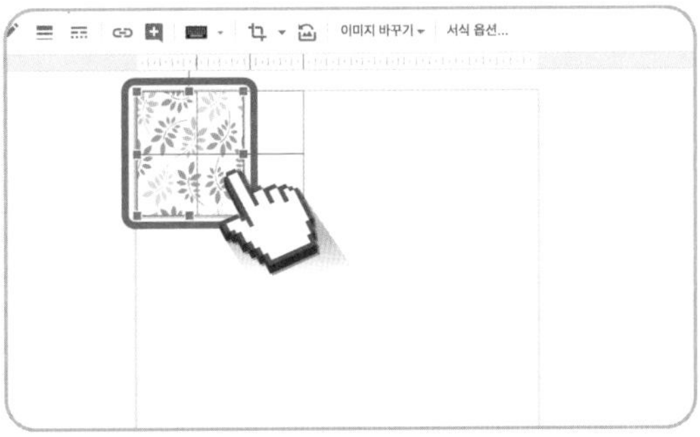

6. 이미지 복제하여 채우기

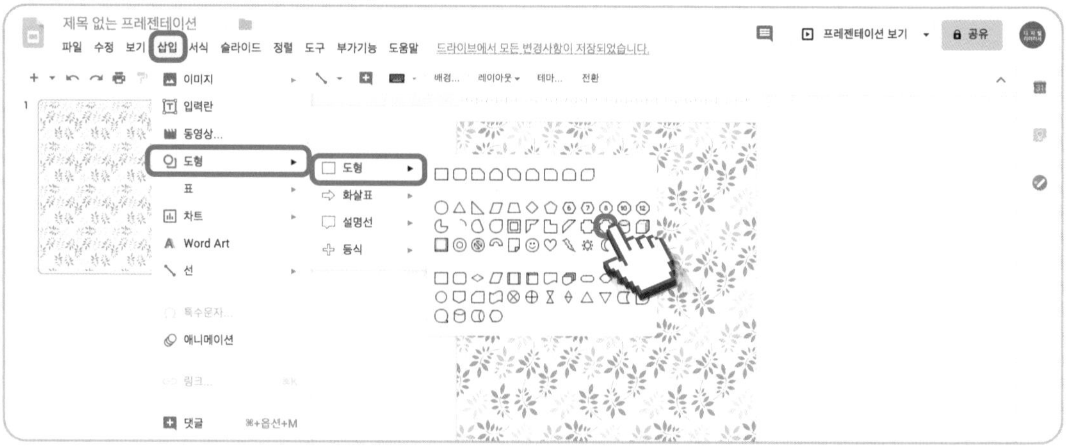

7. 제목 프레임으로 사용할 도형 삽입

8. 한글 추가를 위한 글꼴 더보기

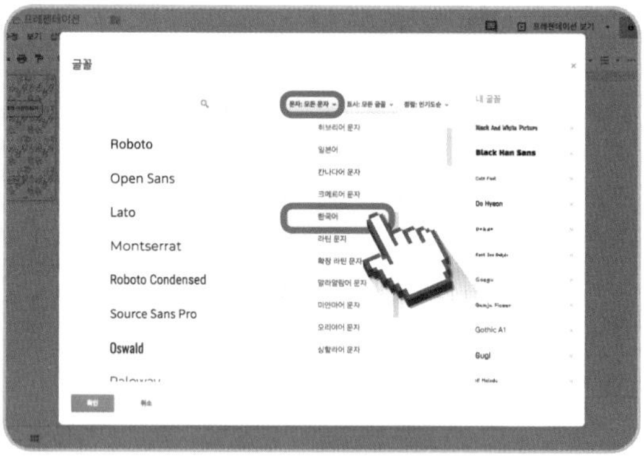

9. 한국어 선택

10. 원하는 글꼴 선택

제목 프레임으로 사용할 도형을 삽입해볼 거예요. **삽입** 메뉴 하위에 있는 **도형** 메뉴에서 원하는 도형을 선택해주세요.

좀 더 다양한 글꼴을 사용하고 싶다면 **글꼴 리스트** 메뉴 제일 위에 있는 **글꼴 더 보기**를 선택해주세요.

11. 바둑판 형태로 슬라이드 모아 보기

문자 리스트 메뉴에서 **한국어**를 선택하면 한국어 글꼴 리스트가 나옵니다. 선택되지 않은 글꼴을 체크하고 **확인** 버튼을 눌러주세요. 이렇게 추가한 글꼴은 구글 드라이브에서 계속 사용할 수 있습니다. 이렇게 이미지와 글 상자를 활용해서 이야기를 마무리해주세요. 앞표지와 뒤표지도 만들어주시고요. 모바일에서는 슬라이드 형태로 넘어가는 구성이라 홀수여도 상관없지만 만약 데스크톱에서 책장 넘기는 형태로 구성하려면 이야기 페이지를 짝수로 만들어주셔야 해요.

이야기를 다 만들었다면 파일 메뉴 하위에 있는 **다른 이름으로 다운로드** 메뉴에서 **PDF 문서(.pdf)**를 선택해주세요. 원본은 구글 드라이브에 자동 저장됩니다.

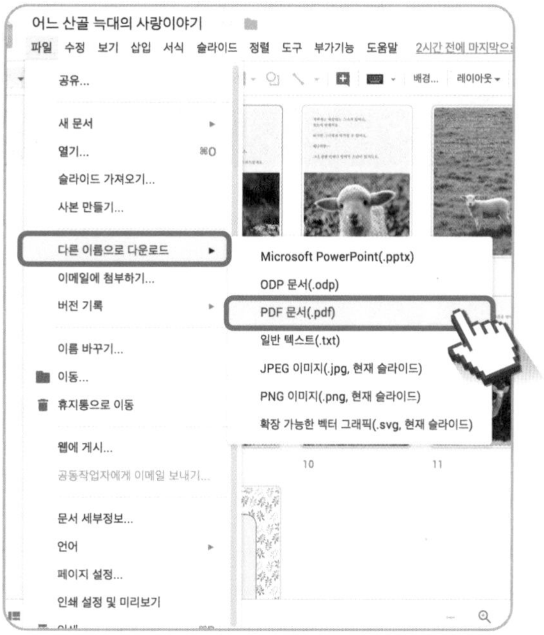

12. PDF 파일로 다운로드

스룩 srook.net

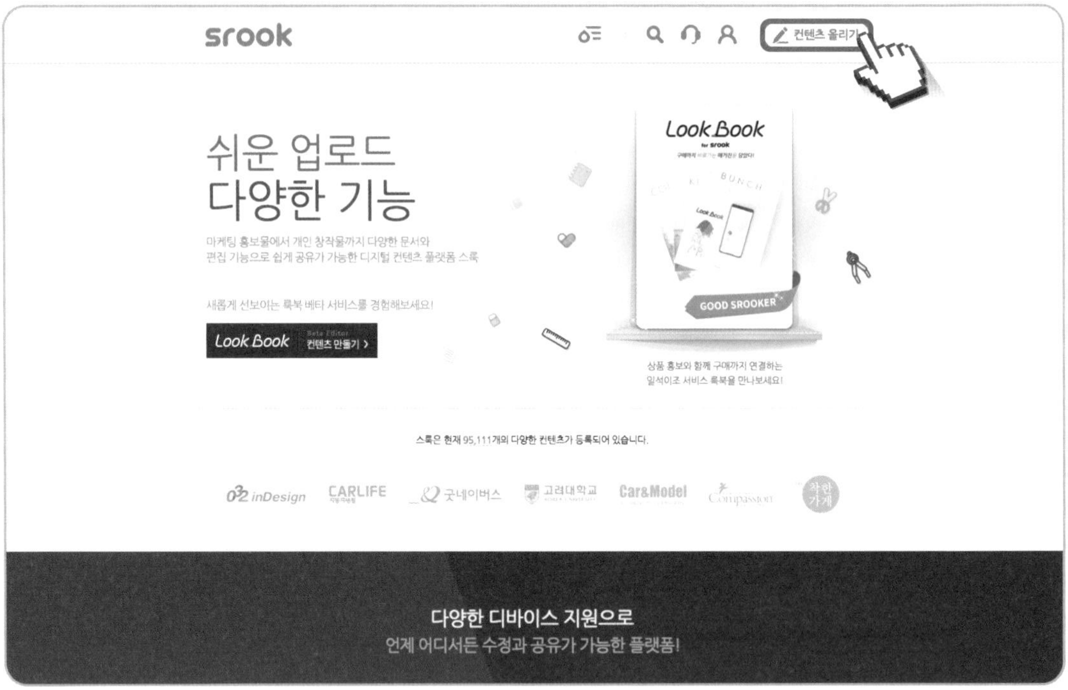

1. 스룩 메인

스룩은 누구나 쉽고 빠르게 콘텐츠를 만들고, 보고, 공유할 수 있는 디지털 콘텐츠 플랫폼입니다. 회원가입 및 로그인 후 **콘텐츠 올리기** 버튼을 클릭해주세요. 콘텐츠 종류를 선택해주세요. PDF를 비롯한 MS 오피스 문서 또는 사진, 유튜브 링크 중 업로드할 문서 종류를 선택하시면 됩니다. 다음엔 책, 가로형 슬라이드, 세로형 슬라이드 중 어떠한 형태로 콘텐츠를 제공할 것인지 선택해주세요. MP3 배경음악도 삽입할 수 있답니다. 콘텐츠와 어울리는 배경화면을 선택한 후 **완료** 버튼을 클릭해주세요. 기능 설정 화면에서는 콘텐츠 내에 유튜브 영상이나 다양한 버튼을 삽입할 수 있어요. 콘텐츠 기능 설정까지 다 되었다면 **완료** 버튼을 클릭해주세요. 업로드한 콘텐츠가 e-Book으로 생성된 것을 보실 수 있습니다. **공유** 버튼을 클릭하시면 SNS에 바로 공유하거나 공유 링크를 복사하여 공유할 수 있습니다.

2. 콘텐츠 종류 선택

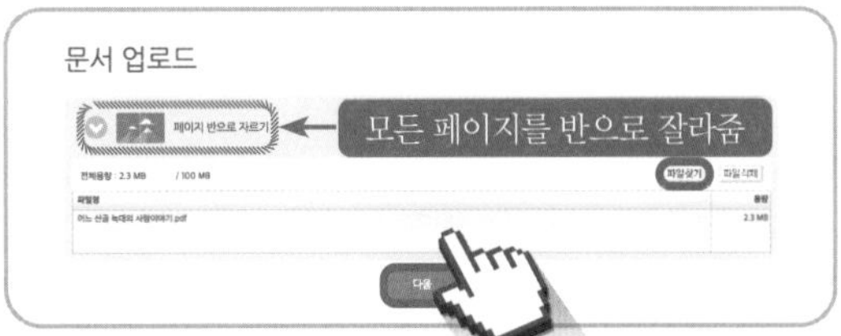

3. e-Book으로 제작할 문서 업로드

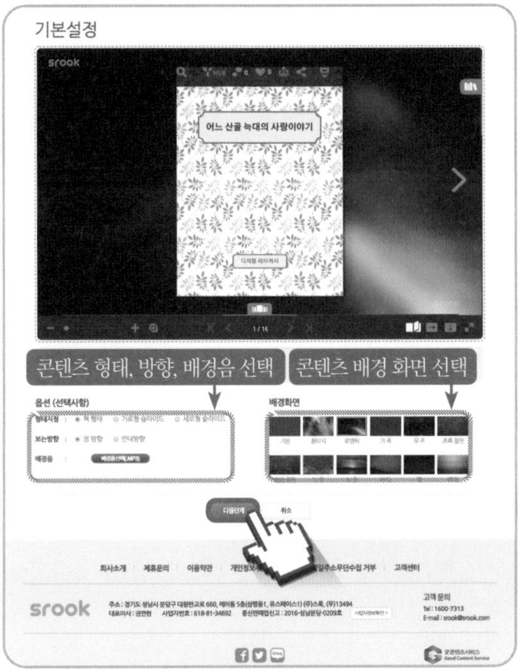

4. 기본 옵션 설정

5. 추가 요소 삽입

6. 생성된 e-Book 보기

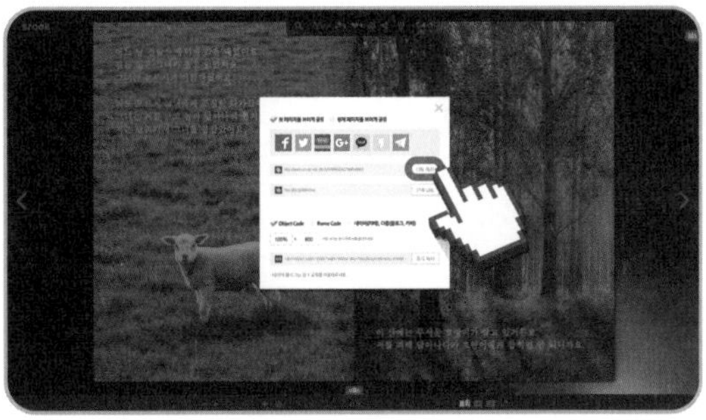

7. 공유하기

Ⅲ. 디지털, 창작의 기쁨

1. 카드뉴스 & 군중심리와 동조효과
2. 인포영상 & 디지털 시민의식과 네티켓
3. 디지털 작곡 & 아름다운 디지털 세상을 만드는 소리
4. 디지털 영상 편집 & 공유가치와 오픈라이센스

1. 카드뉴스 &

군중심리와 동조효과

퀴즈로 미리 생각해보기

1. 긍정의 동조효과를 만드는 커뮤니케이션이 아닌 것은?

▲ 서로의 차이를 인정한다.
◆ 모두를 위한 것이어야 한다.
● 문제를 보고 방관하지 말아야 한다.
■ 무조건 다수의 의견에 따라야 한다.

2. 대중을 설득하는 커뮤니케이션 방법으로 가장 효과적인 것은?

▲ 청와대 국민청원 게시판에 올린다.
◆ 공감을 이끌어낸다.
● 신문에 광고한다.
■ 광화문 광장에서 호소한다.

3. 어떠한 행동에 아무런 반응을 하지 않는 동조효과는 무엇인가?

▲ 방문자 효과
◆ 방심자 효과
● 방관자 효과
■ 방랑자 효과

사용하는 디지털 도구

- **미리캔버스** miricanvas.com
- **리무브비지** remove.bg
- **패들렛** padlet.com
- **카훗** kahoot.com

디지털 도구 사용법 유튜브 영상 채널 **youtube.com/c/DigitalLiteracy**

인류 공동체의 진화

인간의 생존법, 초유기체 공동체 전략

지구상에 생명이 시작된 이래 수많은 생명체들이 태어났고, 수많은 종이 사라졌습니다. 공룡처럼 말이지요. 지금까지 살아남았고 번성한 종은 나름의 비결이 있습니다. 자신들만의 생존전략이 있었던 것이지요. 빠른 다리로 사냥을 한다거나, 날개가 있어 멀리 이동할 수 있다거나, 독침을 쏜다거나, 먹이가 없을 때는 몇 개월간 겨울잠을 자며 안 먹고도 버틸 수 있는 능력처럼 특별한 생존전략을 갖고 있습니다. 인간이 갖고 있는 능력 중 다른 동물에 견줄 만한 게 무엇이 있을까요?

성인 남성이 아마존 여행을 갔다 무리로부터 떨어져 혼자 숲에 남게 되었다 생각해보지요. 과연 살아남을 수 있을까요? 며칠을 버티기 힘들 것입니다. 동물원에 가서 야생동물을 보며 신기해하고 귀엽게 바라보지만 밀림에서 그들을 만난다면 상황은 완전히 달라집니다. 두려움에 떨며 숨어 다녀야 하는 상황으로 바뀌겠지요. 인간은 인류 역사 대부분의 기간을 이렇게 쫓기는 존재로 살았습니다. 나무 위나 동굴 안에 숨어 살았지요. 정말 약하고 힘없는 존재였습니다.

현재는 사뭇 다른 존재가 되었습니다. 지구 나이 46억 년 중 인류가 약 400만 년 전 최초로 출현한 것으로 추정하니 지구 나이를 1년으로 친다면 364일 23시 59분 30초경에 인간이 등장한 셈입니다. 기나긴 지구 역사에서 인간은 짧은 시간 만에 먹이사슬의 정점에 올랐습니다. 100년 된 기업으로 치면 오늘 갓 입사한 신입사원이 사장이 된 셈입니다. 별 능력도 없이 어떻게 그런 자리에 오를 수 있었을까요?

앞장에서 인간의 이야기 만드는 능력을 언급했는데요, 호모 사피엔스는 이야기 능력과 커뮤니케이션 능력으로 큰 무리를 지어 살면서 역사를 바꿉니다. 네안데르탈인을 제압하고 현생 인류의 자리를 차지하게 되었지요. 현대로 와서는 수천만 명 수준이 아니라, 수억 명이 함께하는 초유기체 공동체 전략을 쓰면서 인간은 지구상에서 유아독존의 위대한 존재가 되었습니다.

지구상 생명체 중 자랑할 만한 능력이 없는 나약한 존재들이 공동체 전략을 쓰는 경우가 많습니다. 작은 새나 물고기, 벌과 같은 것들이 그렇습니다. 인간만큼의 초유기체 전략을 쓰는 녀석들이 있습니다. 개미입니다. 개미만큼 보잘것없으면서 강력한 존재가 없습니다. 사자나 코끼리처럼 큰 동물도 개미에게는 상대가 안 됩니다. 지구상 가장 광범위하게 퍼져 살고 있고, 가장 번성한 종 중 하나입니다. 개미도 혼자는 별 볼 일 없지만 모이면 강력합니다. 인간과 상당히 유사하지요.

인간이 공동체 전략을 쓰면서 '쫓기는 존재'에서 '쫓는 존재'로의 변화가 일어납니다. 공동의 목표를 세우고, 사람들을 생각과 마음을 하나로 모을 신화를 만들어내고, 종교와 국가를 만듭니다. 초유기체 공동체 전략을 쓰며 더 이상 나약한 존재가 아니라 지존이 되었습니다.

군중심리와 동조효과

인간은 무리 지어 살아야 합니다. 인간은 혼자서는 나약하고 뭉치면 강해집니다. 그래서 인간을 사회적 동물이라고 부르지요. 무리에서 떨어진다는 것은 인간에게 곧 죽음을 의미합니다. 그래서 인간 사회에서 목숨을 빼앗는 사형제도를 제외하고, 가장 큰 형벌은 독방에 가두거나 귀양을 보내는 것이지요. 무리에서 떼어내는 것입니다. 자녀가 잘못했을 때 보이는 부모들의 반응도 같습니다. 동서양 문화 차이가 있어서 그렇지 결과는 같습니다. 서양에서는 방 안에서 못 나오게 하고, 동양에서는 집 밖으로 내쫓지요. 혼자 있도록 조치하는 것입니다.

그러다 보니 모든 인간에게는 뿌리 깊게 박혀 있는 생각이 있습니다. '동떨어진 생각과 행동을 해서는 안 된다'는 것입니다. 인간 DNA에 새겨져 있습니다. 바로 이것이 군중심리를 만들어냅니다.

동조현상이라고도 하는데요, 개인이 자신이 속한 집단 내에서 자신의 의지나 생각과 상관없이 집단 압력에 의해서 규범이나 역할에 맞춰 행동하게 된다는 이론입니다. 여러 심리학 실험을 통해 입증된 이론으로 인간은 한번 집단행동이 나오기 시작하면 집단의 방향과 역행하는 선택을 하기 힘듭니다.

이러한 동조현상을 만들어내는 데 초기 세 사람의 역할이 중요합니다. EBS의 흥미로운 실험 영상이 있습니다. 강남대로 횡단보도에서 한 사람이 가던 길을 멈추고 하늘을 쳐다봅니다. 길 가던 사람 중 눈길을 주는 사람은 없습니다. 잠시 후 또 한 사람이 옆에 멈춰 서며 함께 하늘을 응시합니다. 두 남자가 하늘을 쳐다보지만 이번에도 역시 사람들은 별것 아니라는 반응을 보이며 그냥 지나치지요. 세 사람으로 늘어나자 상황은 급반전됩니다. 길을 건너던 수많은 사람들이 걸음을 멈추고 모두 같은 곳을 바라보기 시작합니다. 횡단보도는 하늘을 쳐다보는 사람들로 가득 찹니다. 이를 일컬어 3의 법칙이라고 하는데요, 두 명까지는 별 효과가 없지만, 세 사람이 되면 역사를 만들 수 있습니다.

대한민국은 반도 국가인 데다 분단되어 있어서 섬과 같지요. 한 민족에 대한 애착이 큰 데다 도시 중심으로 많은 인구가 밀집되어 살다 보니 다른 어떤 나라 사람들보다 집단행동의 경향이 큽니다. 어릴 적부터 부모들에게 튀는 행동을 하지 않도록 세뇌를 당해왔습니다. 왼손잡이를 금기시해온 것만 봐도 그렇지요.

이러한 군중심리와 동조효과는 긍정적으로 작동할 수도 있고, 부정적으로 작동할 수도 있습니다.

부정적인 동조효과 vs 긍정적인 동조효과

2003년 2월 18일 대구 지하철 화재 참사로 192명이 사망하고 148명이 부상을 당했습니다. 50대 남성 지적장애인이 휘발유를 담은 페트병 2개에 불을 붙인 뒤 바닥에 던져 총 12량의 지하철 객차가 불에 타며 인명 피해를 낸 사건이었지요. 사고 조사와 영상을 통해 밝혀진 바에 따르면, 죽거나 부상당한 사람들은 연기를 보고도 탈출 시도를 하지 않았다고 합니다. 부상자들을 중심으로 추적 조사를 한 결과, 다른 사람들이 가만히 있길래 자신도 가만히 있었다는 증언들이 있었습니다.

대구 지하철 참사, 출처 : 프레시안, 위키백과

신당역 기적, 출처 : 머니투데이

같은 지하철 사고지만 반대로 기적을 만들고 생명을 살린 경우도 있었습니다. 2003년 10월 14일 지하철 2호선 신당역에서 철로에 사람이 빠지는 사고가 발생했습니다. 모두가 어리둥절한 상황에서 누군가 지하철을 다 같이 밀어보자는 첫 제안을 했고, 두 명의 사람이 선뜻 동조하자 누가 먼저다 할 것 없이 수백 명의 사람들이 동시에 열차를 밀기 시작했습니다. 결국 300톤이 넘는 열차를 밀고 인명을 구조해냈지요.

이렇듯 동조효과는 때로는 부정적인 결과를 만들어내고, 때로는 긍정적인 결과를 만들어내기도 합니다. 이런 동조효과는 훨씬 더 큰 규모의 사람을 움직이기도 합니다.

2차 세계대전 당시 독일의 나치즘과 유대인 학살도 부정적인 동조효과의 결과입니다. 당시 가담했던 독일 군인들 중에는 선량한 사람도 많았지만 반대하고 나선 사람은 극히 드물었습니다. 한번 집단행동이 시작되면 흐름에 역행하는 것은 쉽지 않은 일입니다.

태안반도 기름 유출 사고 당시와 8년 후. 출처 : 오마이뉴스

자원봉사자 모습 출처 : 서산교차로

국가적으로 온 국민이 함께한 긍정적인 동조효과도 있습니다. 2007년도 태안반도 기름 유출 이후 123만 명의 자원봉사자들이 나서서 기름을 제거했던 것도 동조효과의 결과입니다. 온 국민이 함께하여 몇 년 만에 재해를 극복하고 기적적으로 재건에 성공했습니다.

'깨진 유리창 효과(Broken Window Effect)'란 이론이 있습니다. 1969년 스탠퍼드 대학의 필립 짐 바르도(Philip Zimbardo) 교수가 사회 실험 후 주장한 이론입니다. 그는 번호판도 없이 유리창이 깨진 자동차를 뉴욕 브롱크스 거리에 방치하고 사람들의 행동을 관찰했습니다. 그러자 사람들은 배터리나 타이어 같은 부품을 훔쳐가고 더 이상 훔쳐갈 것이 없자 자동차를 마구 파괴해버렸습니다. 이뿐 아니라 자동차가 있는 지점을 중심으로 점차 범죄가 확산되어 갔습니다.

70년대 뉴욕 지하철 출처 : spray daily

1994년 뉴욕시장으로 선출된 루돌프 줄리아니(Rudolf Giuliani)는 이 깨진 유리창 이론을 반대로 적용하여 범죄 문제를 해결했지요. 좌측 사진은 1970년대 뉴욕 지하철의 모습입니다. 당시 뉴욕의 지하철은 범죄 소굴이었습니다. 처음 작은 낙서를 방치한 것에서 시작되어 나중에는 무임승차와 온갖 범죄로 확대되었지요. 지금은 뉴욕

의 지하철도 안전한 곳이 되었지만, 그때는 경찰이 경찰견을 데리고 지하철에 상주해야 할 정도로 위험한 곳이었습니다. 당시 범죄의 온상이었던 뉴욕 지하철 내에 낙서부터 모두 지우도록 했습니다. 낙서를 지운 지 90일 만에 범죄율이 줄어들기 시작하여 1년 후에는 30~40%가 감소되었고, 2년 후에는 50% 감소되었지요. 3년 후에는 무려 80%가 줄어들었다고 합니다. 최근 만연하고 있는 허위정보도 망가진 채 방치된 차량과 같습니다. 그냥 둔다면 사회 전반에 걸쳐 나쁜 영향을 주고 사이버 폭력이 만연해질 것입니다. 최초에 문제가 발생했을 때 어떻게 대응하느냐가 중요합니다. 괜찮겠지 하고 방치하게 되면 걷잡을 수 없는 문제로 확대되고 맙니다. 그렇지 않도록 하기 위해서는 초기에 문제를 해결해야 합니다.

방관자 효과

부정적인 기운에 동조하며 문제 행동을 보이기도 하지만, 반대로 아무런 반응을 하지 않는 것에도 동조효과는 있습니다. 이러한 것을 방관자 효과라고 하는데요, 자칫 방관하는 행동이 3의 법칙으로 작동하면 모두가 방관자가 되며 직면한 사회문제를 모르는 체 넘길 수도 있습니다.

1964년 3월 13일 새벽 미국 뉴욕 퀸스 지역 주택가에서 키티 제노비스라는 여성이 강도에게 살해되었습니다. 35분 동안 저질러진 살인 현장을 자기 집 창가에서 그냥 지켜보기만 한 사람이 38명이나 되었습니다. 이들 중 어느 누구도 제노비스를 도와주거나 경찰에 신고하지 않았지요.

출처 : Research Digest

여기서 유래된 말이 제노비스 신드롬입니다. 목격자가 많을수록 책임감이 분산돼 개인이 느끼는 책임감이 줄어들어 도와주지 않고 방관하게 되는 심리 현상을 말하지요. 이른바 '방관자 효과' 또는 '구경꾼 효과'로 불리기도 합니다.

'나 하나쯤이야' '누군가 돕겠지' 방관하는 것을 나 한 사람만의 문제라고 생각해서는 안 됩니다. 인간은 모두 연결되어 있고, 서로 영향을 미치기 때문에 다른 사람에게도 하지 말라는 무언의 메시지를 보내고 있는 거나 다름없습니다. 서로에게 무시하고 넘어가자는 무언의 동조를 하고 있는 것이지요.

디지털 미디어로 더 커진 인류 공동체

디지털 미디어의 발달로 인류는 더 큰 공동체를 만들어가고 있습니다. 수억 명 수준이 아니라, 국가와 인종을 넘어 수십억 명이 연결되고 단일화된 생각과 행동을 하도록 만들기도 하지요. 디지털 미디어에 의해 세상은 작아지고 공동체는 커지고 있습니다.

페이스북, 트위터 등 SNS를 통해 거대한 가상의 공동체가 생겨나고 있습니다. 과거에는 국가 간 네트워크와 글로벌 기업의 네트워크가 다였지만, 이제는 SNS를 통해서 개인들 생활, 취미, 지식, 경험들이 연결되고 있습니다. 지구 반대편 사고 소식을 실시간으로 접하고 모르는 사람이지만 유가족들에게 위로의 말을 전합니다. 다른 나라의 인권 문제를 비판하며 응원의 메시지와 함께 기부금을 내기도 하지요. 디지털 미디어에 의해 세계가 하나로 이어지고 있는 것입니다.

국가는 이제 더 이상 경계로 작용하지 않습니다. 디지털 세상에서는 국경이 없으니까요. 그나마 장애물이 되었던 언어의 문제마저 인공지능 번역 기술로 이제는 장벽이 허물어지고 있습니다. SNS 포스팅 페이지에서 자동 번역이 되고 인공지능에 의해 빠르게 성능이 좋아지고 있어 앞으로 몇 년 내에 언어 문제는 완전히 사라질 전망입니다.

디지털 세상에서의 더 큰 공동체는 인류 발전에 기여하기도 하지만, 최초 3의 효과가 안 좋게 만들어질 경우 해괴한 동조효과를 만들어내어 큰 혼란을 야기할 수도 있습니다. 누군가 나쁜 의도로 허위정보를 만들어내고, 이에 동조한 두 사람이 힘을 보태고 유포한다면 거짓이 쉽게 진실로 탈바꿈되는 일이 일어날 수 있습니다. 허위정보뿐 아니라 악성 댓글도 마찬가지입니다. 최초에 부정적인 3의 효과와 동조효과가 발생한다면 죄 없는 사람이 억울한 마녀사냥의 대상이 될 수도 있습니다.

커뮤니케이션의 진화

디지털 시대의 커뮤니케이션

70년대 커뮤니케이션의 주요 채널은 대면 대화, 즉 음성이었습니다. 80~90년대에도 전화와 삐삐라는 미디어를 이용할 뿐 음성이 주를 이루었지요. 2000년대 본격적으로 핸드폰이 보급되면서 점점 문자가 자리를 대체하게 됩니다. 문자가 너무 익숙해지고 편리한 방법이다 보니, 최근에는 대면 대화나 통화를 꺼리고 문자로만 커뮤니케이션하려는 사람들이 늘고 있습니다. 각자 편한 시간에 문자를 주고받으면 되니 상대를 불편하게 하지 않는다는 장점은 있으나, 전화로 통화해야 할 것도 문자로 하게 되면서 소통의 오류와 오해가 발생하기도 합니다.

커뮤니케이션은 언어 영역과 비언어 영역으로 구성되어 있습니다. 언어 영역은 말 또는 문자 텍스트로 이루어지고, 비언어 영역은 목소리, 눈빛, 표정, 몸짓 등 다양한 형태로 이루어져 있지요. 미국의 심리학자 레이 버드휘스텔(Ray Birdwhistell)은 표현 수단으로서 언어 대 비언어의 비율이 35 대 65에 이른다고 주장하고, 사회 심리학자 앨버트 머라비언(Albert Mehrabian)은 비언어가 93%를 차지한다고 말합니다. 실제 말보다도 표정이나 자세 등 비언어 영역이 중요하다는 것을 말해주는 대목입니다.

대면 대화의 경우 언어와 비언어 모두 전달되기 때문에 오류와 오해가 적습니다. 그러나 문자의 경우 언어에만 의존하다 보니 오류와 오해가 많을 수 있습니다. 문자는 표정이 없으니 감정을 전달할 수 없으니까요. 사람들이 문자를 할 때 웃는 눈과 이모티콘을 쓰는 이유가 여기에 있습니다. 커뮤니케이션의 93%를 차지하는 비언어 영역 중 가장 큰 부분이 눈을 통한 커뮤니케이션입니다. 우리가 흔히 눈은 마음의 창이고, 눈빛을 통해 알 수 있다고 하는 것이 바로 그것입니다. 다른 동물의 눈에서는 찾아볼 수 없는 것이 인간 눈의 흰자위입니다. 흰자위가 있기 때문에 눈동자가 두드러져 보일 수 있고, 흰자위 덕에 상대방이 무엇을 보고 있는지를 알 수 있습니다. 상대방이 날 공격하려고 쳐다보고 있는지 아니면 공격할 의사 없이 다른 것을 주시하고 있는지를 알 수 있게 해주는 것입니다. 이렇듯 인간은 눈을 통해 많은 정보를 주고받는데 문자 커뮤니케이션에서는 눈을 볼 수 없으니 온갖 이모티콘을 쓰게 된 것입니다. 이모티콘 중 눈이 없는 이모티콘은 하나도 없습니다.

미디어의 특성에 따라 커뮤니케이션하는 방법이 달라져야 합니다. 이제는 디지털 미디어가 소통의 주요 수단이 되었기 때문에 이러한 디지털 미디어 특성을 제대로 이해하지 못할 경우 문제가 생길 수도 있습니다. 독일 함부르크의 한 10대 소녀는 2011년 6월 자신의 페이스북에 16살 생일 초대장을 띄우면서 실수로 모든 사람이 볼 수 있도록 공개했습니다. 소녀는 애초에 몇몇 친구들만 집으로 초대할 생각이었지만, 실수로 공개되자 그녀를 본 적조차 없는 1만 5천여 명이 파티에 참가 신청을 하고 실제로 1,500여 명이 파티에 참석했습니다. 1,500여 명의 손님이 그녀의 집에 몰려들자 소녀는 놀라 도망쳤지만 파티는 이어졌고 경찰 100여 명이 출동하는 등 한바탕 소동이 벌어졌습니다. 커뮤니케이션하는 채널의 특성을 제대로 이해하지 못하고 한 실수가 이런 웃지 못할 일을 만들기도 합니다.

커뮤니케이션은 나눔

SNS를 통해 멀리 떨어져 있는 지인의 소식을 계속 접할 수 있고, 아날로그 시대보다 더 많은 정보를 얻을 수 있습니다. 이렇게 디지털 미디어의 발달로 커뮤니케이션의 양이 늘어나는 만큼 질은 반대로 떨어질 가능성이 높습니다. 모처럼 가족이 모여 식사하는 자리인데 각자 스마트폰을 보고 있는 풍경을 자주 목격하게 되는데요, SNS를 통해 멀리 있는 사람과 커뮤니케이션하느라 가까운 사람의 소중함을 잊고 바로 옆에 있는 사람과의 관계를 소홀히 하는 일도 생기곤 합니다. 디지털 미디어는 커뮤니케이션에 도움을 주지만 갖고 있는 기능을 원래 목적과 잘 맞춰 사용하지 않는다면 부작용만 더 커질 수 있습니다.

커뮤니케이션의 본질에 대해 생각해볼 필요가 있습니다. 원래 의사소통이란 의미를 가진 Communicate의 어원을 보면 라틴어의 '나누다'(Communicare)에서 왔습니다. 커뮤니케이션은 단지 의사소통을 의미하는 것이 아니라 '나눔'의 행위였습니다. 언어조차 없던 시절, 최초의 커뮤니케이션 행위는 음식을 나누는 것이었습니다. 음식을 나누며 공동체임을 확인하고 결속을 다졌지요. 이후 언어가 생기며 정보와 감정을 나누기 시작하였고, 문자가 생기면서 기록을 남길 수 있게 되자 후세들과도 지식과 경험을 나눌 수 있게 된 것입니다. 그리고 이제는 디지털 미디어가 발달하며 전 세계가 정보, 지식, 경험, 신념, 감정을 나눌 수 있게 되었습니다.

커뮤니케이션의 방법과 이용되는 채널은 바뀌어왔지만 본질은 늘 하나였습니다. 그 본질은 '나눔'입니다. 이러한 나눔의 행위가 인류를 초유기체 공동체로서 묶어주고 이어주었습니다. 커뮤니케이션을 통해 하나가 될 수 있었지요. 이런 관점에서 보면 디지털 미디어는 '나눔'을 실천하기 위한 수단입니다. 우리가 과연 디지털 미디어를 '나눔'을 위해 사용하고 있는지 생각해볼 대목입니다.

공감이 있는 따뜻한 커뮤니케이션

그렇다면 건강한 나눔을 실천하는 커뮤니케이션은 어떻게 해야 할까요? 디지털 미디어는 어떻게 활용해야 할까요? SNS를 예로 생각해보지요. 사람들은 SNS를 다양한 목적으로 사용합니다. 어떤 사람은 자신의 일상을 주변인과 나누는 데 쓰고, 어떤 사람은 자신의 일을 홍보하는 데 사용합니다. 사람들과의 소통하는 장으로 활용하는 사람도 있고, 시사와 정치 문제를 놓고 토론하기를 즐기는 사람도 있습니다.

SNS는 민주적인 공간이고 다양성이 존중되어야 하기 때문에 다양한 목적으로 사용하는 것이 맞습니다. 단, 반드시 꼭 있어야 할 것, 빠지지 말아야 할 것이 있습니다. 바로 '공감'입니다.

SNS는 정보를 주고받는 공간이자, 민주주의를 발전시키는 토론의 장이기도 합니다. 하지만 유익한 정보와 논쟁만 있는 SNS는 어떨까요? 상상만으로도 따분하고 골치 아픕니다. 어쩌면 SNS가 자신의 지식을 자랑하고 우쭐대는 교만한 인간들로 득실거리는 공간이 될지도 모릅니다. 또 서로를 설득하고 논쟁에서 이기려고 하는 쌈닭들이 가득한 세상이 될 수 있습니다. 공동체의 화합은 깨지고 말 것입니다.

인류 공동체의 화합에 기여하려면 SNS가 어떤 공간이 되어야 할까요? 비밀은 '공감'에 있습니다. 인간의 뇌 안에는 '거울뉴런'이라는 신경계가 있어 타인에게 '공감'할 수 있도록 해줍니다. 다른 사람의 행동을 보고 그대로 따라 한다든지, 다른 사람이 처해 있는 상황을 보고 그 사람의 마음을 미루어 짐작할 수 있다든지, 또는 다른 사람의 말을 듣고 그 사람의 생각에 공감한다든지 하는 것이 모두 거울뉴런 신경 덕분입니다.

거울뉴런은 청각적인 정보에도 반응합니다. 직접 보지 않고 이야기로 듣기만 해도 공감을 할 수 있지요. 그래서 우리는 한 번도 직접 만난 적이 없는 사람의 이야기를 듣고 그 사람의 말에 공감하기도 하고 분노할 수도 있습니다. 이러한 현상은 뇌 영상으로도 확인해볼 수 있습니다. 다른 사람이 칼에 손가락을 베어 아파하는 장면을 보면 바라본 사람의 뇌에서도 통증과 연관된 대상회(Cingulate Gyrus) 영역이 활성화되어 아픈 것 같은 느낌을 받습니다.

이런 공감 능력은 신생아에서부터 발견됩니다. 아니 더 정확하게는 DNA 속에 갖고 태어난다고 보는 것이 맞겠습니다. 태어날 때부터 타인과 공감할 준비가 되어 있는 것이지요. 신생아실 아이들은 한 아이가 울면 연달아 웁니다. 간호사들을 애먹이지요. 그런데 자신의 울음소리를 녹음해서 들려주면 울지 않습니다. 이러한 것을 신생아성 반응 울음이라고 하는데요, 신생아들이 다른 아이의 감정에 반응한다는 것입니다. 신생아라 하더라도 자신의 울음소리를 들려주면 그것이 자신의 울음인 줄 알고 울지 않지만, 다른 아이의 울음소리를 들려주면 이내 따라 운다는 것입니다. 그 이유는 태어나면서부터 타인의 고통에 대해 반응하는 '공감' 기능이 선천적으로 내재되어 있기 때문입니다.

'공감'은 인간 사회를 묶어주는 마법과 같은 힘입니다. 모르는 사람의 아픔에 공감하며 같이 울어줄 수 있고, 만난 적도 없는 사람에게 도움의 손길을 나눠주게 하기도 합니다. 때로는 논리적으로 설명이 안 되는 상황에서도 헌신하고 희생하도록 만들어줍니다. 인간을 인간답게 하고, 인간의 사회 공동체를 아름답게 만들어주는 힘을 갖고 있습니다.

디지털 공간은 정보나 토론에 앞서 '공감'이 있는 따뜻한 커뮤니케이션의 장이 되어야 합니다. '공감'이 선행되었을 때 더 유익한 정보를 나누고, 보다 건강한 토론도 가능해집니다. 만약 '공감'이 없다면 삭막한 곳이 되겠지요. 디지털 미디어를 현명하게 잘 사용하는 방법은 '공감'을 내세우고, '공감'이 있는 정보의 공유, '공감'이 있는 토론을 하는 것입니다. 그럴 수 있다면, 사람들 간에 건강한 3의 법칙과 동조효과가 일어나고, 디지털 세상도 훨씬 더 따뜻한 곳이 될 수 있을 것입니다.

깨끗한 디지털 세상을 위한 카드뉴스를 만들어요.

1) 깨끗한 디지털 세상을 위해 우리가 무엇을 노력해야 할까요?

누구에게나 행복한 디지털 세상, 오염되지 않은 깨끗한 디지털 세상을 위해 우리가 노력해야 할 점을 적어주세요.

2) 카드뉴스에 사용될 카피를 정리해주세요.

카피 1

카피 2

카피 3

카피 4

카피 5

카피 6

미리캔버스 miricanvas.com

1. 미리캔버스 메인

2. 미리캔버스 로그인

미리캔버스는 누구나 쉽고 빠르게 디자인을 할 수 있는 이미지 제작 사이트입니다. 다양한 형식의 템플릿과 직관적인 편집 도구를 제공해 주기 때문에 누구나 디자이너처럼 훌륭한 결과물을 만들어 낼 수 있지요. 게다가 워터마크도 없고, 작업물 수량 제한도 없답니다. 더욱 놀라운 사실은 이러한 도구가 무료라는 것이지요. 믿을 수 없다고요?

그럼 일단 이메일 주소로 회원가입을 한 후 직접 확인해보도록 하겠습니다.

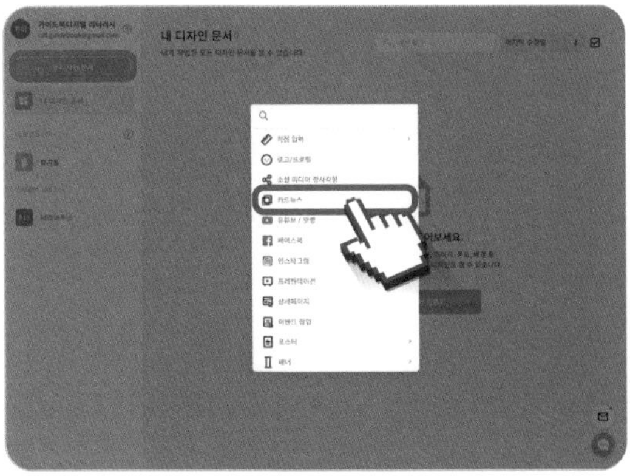

3. 템플릿 선택

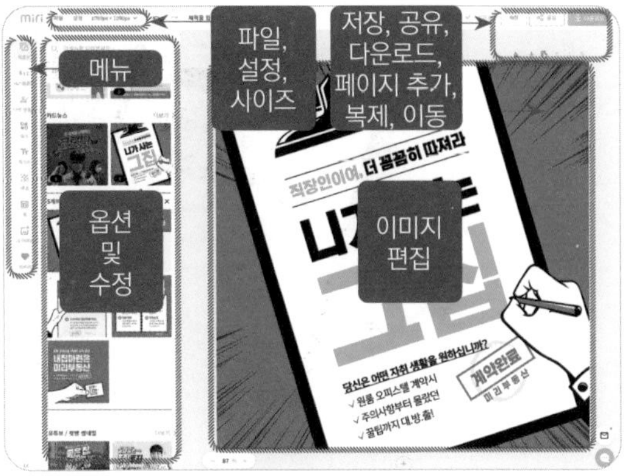

4. 편집 화면

5. 템플릿, 사진·선·도형·일러스트·이미지 프레임, 텍스트 추가 및 수정 영역

새 디자인 문서를 클릭하면 작업 형태를 선택할 수 있습니다. 카드뉴스, 유튜브 썸네일, 프레젠테이션 디자인, 포스터, 배너 등 사이즈를 알지 못해도 원하는 작업을 클릭하면 작업 형태에 따른 템플릿이 나옵니다. 우선 **카드뉴스**를 선택해 보겠습니다.

제일 좌측에 메인 메뉴, 그 옆에 옵션을 선택하거나 오브젝트를 수정할 수 있는 메뉴, 그리고 옆에 편집 화면이 나옵니다.

텍스트를 수정하고 싶을 경우 텍스트 박스를 더블 클릭해서 원하는 텍스트를 입력하면 됩니다. 텍스트 박스를 클릭하면 왼쪽에 텍스트 크기, 색, 그림자 등 옵션을 선택할 수 있어요. 이미지도 마찬가지로 수정할 수 있습니다. 요소 메뉴에서 이미지, 도형, 일러스트 등을 추가하거나 텍스트 메뉴에서 일반적인 텍스트 상자, 라벨, 말풍선, 인포그래픽 텍스트 박스 등을 추가할 수 있습니다.

6. 텍스트 편집

편집화면에서 텍스트를 선택하면 텍스트를 수정할 수 있는 화면이 나옵니다. 여러 개의 텍스트 상자 등 다중 선택을 할 경우 선택한 것들을 정렬 버튼 클릭으로 쉽게 정렬할 수 있습니다. 또한 앞뒤 배치 순서, 폰트 종류 선택, 폰트 크기, 투명도, 글자색, 외곽선, 그림자, 그라데이션, 곡선 형태로 작성할 수 있는 기능이 있습니다. **글자조정 화살표** 버튼을 누르면 자간, 행간, 장평을 조절할 수 있습니다.

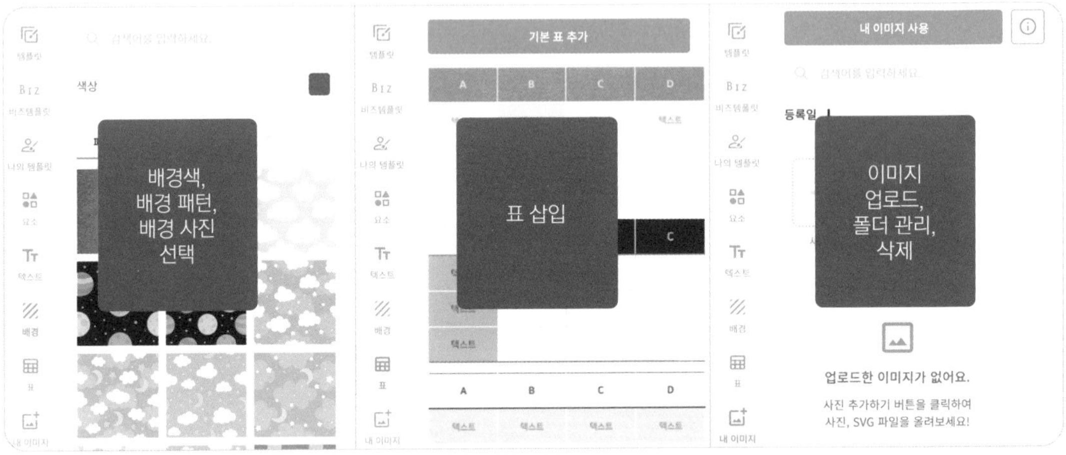

7. 배경 선택, 표 추가, 이미지 업로드 및 관리

8. 구글 무료 사용 이미지 검색

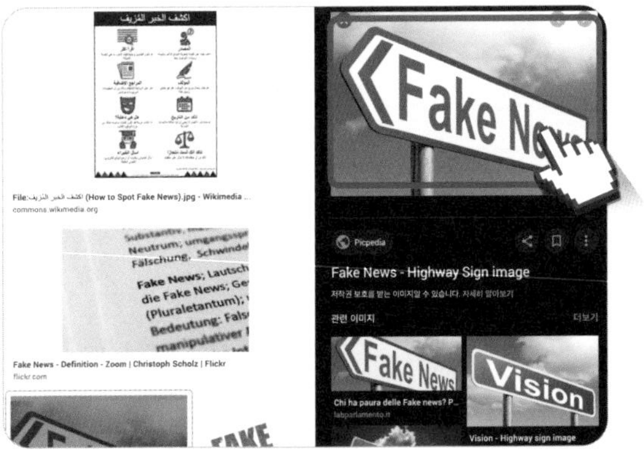

9. 이미지 확인

요소에 있는 이미지 중 마음에 드는 이미지가 없다면 이미지를 직접 업로드 할 수 있습니다.
구글 검색창에서 원하는 이미지를 검색합니다. 이미지 탭을 클릭하면 이미지만 나옵니다. 이때 **도구** 버튼을 클릭하면 이미지 나열 옵션을 선택할 수 있습니다. **사용권** 리스트 메뉴를 클릭하면 라이선스에 따라 필터링 된 이미지만 노출됩니다. **수정 후 재사용 가능**한 이미지만 노출되도록 선택합니다. 원하는 이미지를 클릭하면 보다 큰 이미지와 출처를 확인할 수 있습니다. 해당 이미지를 클릭하면 이미지가 있는 페이지로 이동합니다. 이미지 오른 마우스 클릭하면 이미지를 다른 이름으로 저장할 수 있습니다. 혹시 이렇게 다운로드받은 이미지의 배경을 삭제하고 싶으세요? 그럼 아주 간단하게 배경을 삭제하는 방법을 알려드리겠습니다. Remove.bg 사이트를 오픈합니다. **Upload Image** 버튼을 클릭해서 배경을 삭제할 이미지를 업로드 합니다. 배경이 삭제된 이미지가 마음에 들면 바로 Download 하시고, 수정이 필요하면 **Edit** 버튼을 클릭해 주세요. **BACKGROUND** 탭에서는 삭제된 배경을 다른 이미지로 채울 수 있습니다. **ERASE/RESTORE** 탭을 클릭하면 배경을 복구하거나 추가로 삭제할 수 있습니다

10. 이미지를 다른 이름으로 저장

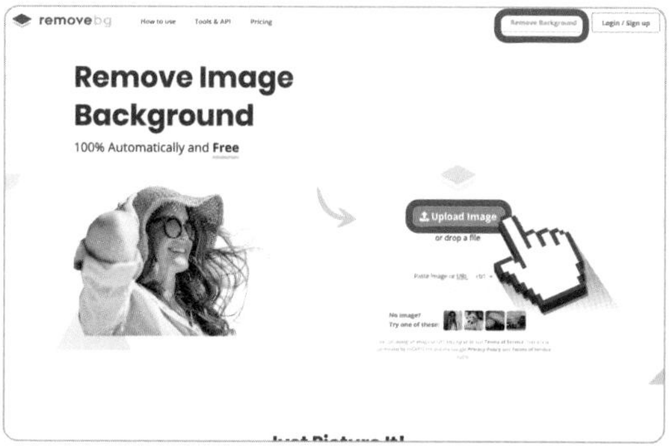

11. www.remove.bg 웹사이트 접속

12. 이미지 업로드

13. 배경 삭제 및 복구

Erase 버튼을 클릭한 상태에서 브러시 사이즈를 조절한 다음 좌측에 있는 이미지에서 추가로 지우고 싶은 부분을 클릭하면 이미지가 투명하게 지워집니다. 반대로 Restore 버튼을 클릭한 상태에서 이미지를 클릭하면 지워진 이미지가 복구됩니다. 상단 –, + 버튼을 클릭해서 이미지 크기를 축소, 확대하거나 **되돌리기** 버튼을 클릭해서 작업 결과를 되돌릴 수도 있습니다. 결과물이 마음에 든다면 Download 버튼을 클릭해서 배경이 삭제된 이미지를 저장해 주세요.

미리캔버스 편집 창에 있는 + 버튼을 클릭해서 페이지를 추가해 주세요. 그리고 템플릿 메뉴에서 원하는 템플릿을 선택하시면 새로 추가한 페이지에 템플릿이 적용됩니다.

이제 배경이 삭제된 내 이미지를 업로드할 차례입니다. **내 이미지** 메뉴를 클릭해주세요. **내 이미지 사용** 버튼을 클릭해서 업로드할 이미지를 선택하시면 하단에 이미지가 등록된 것을 확인하실 수 있습니다. 이미지를 클릭하면 편집 창에 이미지가 노출됩니다. 이미지를 선택하면 크기 조절 및 회전을 할 수 있습니다. 왼쪽 옵션 창에는 다중 선택 시 좌측, 중앙, 우측으로 정렬할 수 있는 **정렬** 버튼과 앞뒤 순서를 정리할 수 있는 **순서** 버튼, 이미지 상화 좌우를 뒤집을 수 있는 **반전** 버튼, 이미지 **자르기** 버튼이 있습니다. 이미지에 **필터 효과**를 적용하여 저녁노을, 빈티지, 흑백 등의 느낌을 연출할 수도 있습니다. **직접 조정** 탭을 클릭하면 밝기, 대비, 채도, 흐리기 등 간단하게 이미지를 수정할 수 있어요.

14. 페이지 추가 및 템플릿 선택

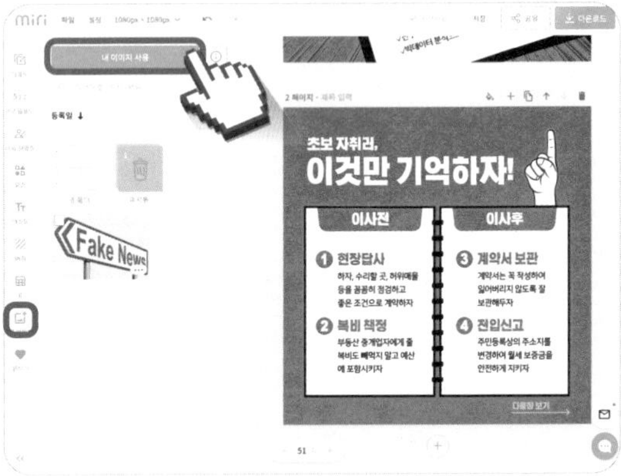

15. 내 이미지 업로드

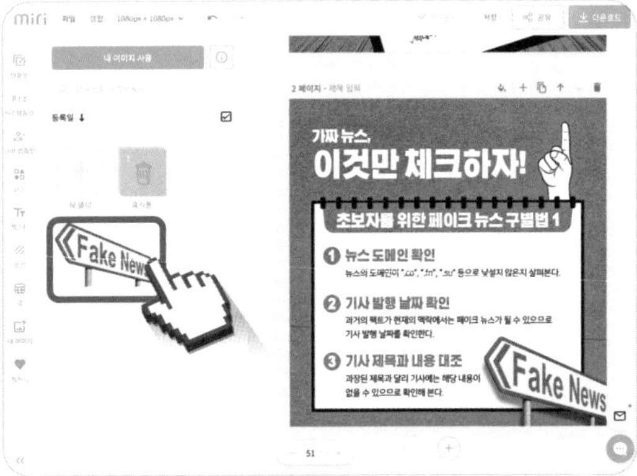

16. 내 이미지 적용 후 편집

17. 이미지 프레임 추가

18. 이미지 삽입

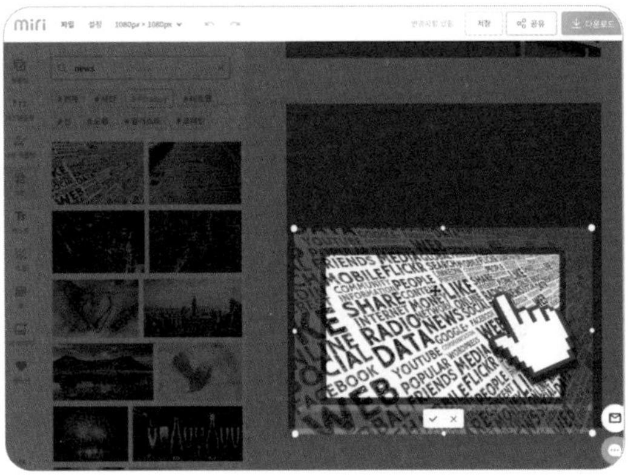

19. 삽입된 이미지 편집

하단에는 그림자를 만들 수 있는 옵션과 그라데이션 마스크를 통해 이미지 노출 범위를 자연스럽게 설정할 수 있답니다.

그럼 이번에는 이미지 프레임 사용하는 방법을 알아볼까요? 이미지 프레임은 다양한 도형 속에 이미지를 삽입하는 것입니다. **요소** 메뉴에서 **프레임** 버튼을 클릭하면 원, 사다리꼴 모양 등 다각형뿐 아니라 노트북, 스마트폰, 붓 터치 등 다양한 모양이 나옵니다. 이 중에서 가장 마음에 드는 프레임을 선택해 주세요. 모든 프레임에는 언덕 위에 나무가 있고, 구름이 있는 하늘 풍경 그림이 삽입되어 있습니다. 이 그림은 실제 그림이 아니라 프레임 속에 적용될 이미지를 예시로 표현한 것이랍니다. 그럼 이미지를 삽입해 볼까요? **요소** 메뉴의 **사진** 또는 무료이미지인 Pixabay 버튼을 클릭해 주세요. 원하는 검색 기능을 이용하면 이미지를 빠르게 찾을 수 있습니다. 미리캔버스에 원하는 이미지가 없다면 앞에서 소개한 대로 구글 이미지에서 이미지를 다운받은 후 미리캔버스 **내 이미지** 메뉴에서 업로드 후 사용할 수 있습니다.

요소 메뉴에 있는 이미지 또는 내가 업로드한 이미지를 클릭하면 편집 창에 이미지가 노출됩니다. 노출된 이미지를 클릭해서 프레임 쪽으로 가지고 가면 이미지가 프레임 안에 저절로 쏙 들어갑니다.

프레임 속 이미지를 더블클릭하면 이미지를 수정할 수 있습니다. 이미지 크기나 위치를 수정한 후 V 버튼을 클릭하면 수정된 이미지로 적용됩니다.

기존의 템플릿을 활용하여 이미지와 텍스트만 수정했는데 멋지게 디자인이 완성되었지요? 이번에는 이렇게 완성된 디자인을 공유해 보도록 할게요. 우측 상단에 있는 **공유** 버튼을 클릭해주세요. 공유한다는 것은 공개한다는 것이지요. **디자인 문서 공개**를 활성화한 후 **URL 복사** 버튼을 클릭하세요. 그리고 새로운 웹 브라우저 주소창에 붙여넣기를 해주세요. 공유된 URL로 디자인 문서를 확인할 수 있을 겁니다. 공유할 때 공유 링크 권한을 설정할 수 있는데요. 보기만 가능하게 할 수도 있고, 복제도 할 수 있게 선택할 수 있어요. 복제 가능할 경우 공유받은 사람이 복제하여 수정하거나 사용할 수 있겠지요.

공유된 디자인 문서 우측 하단에 있는 **+** 버튼을 클릭하면 **미리캔버스 홈**으로 이동할 수 있는 버튼, 복제 가능한 문서일 경우 **편집하기** 버튼, **SNS 공유하기** 버튼, **슬라이드 쇼**로 볼 수 있는 메뉴가 나옵니다. 댓글 버튼을 클릭하면 댓글로 코멘트를 작성할 수도 있답니다.

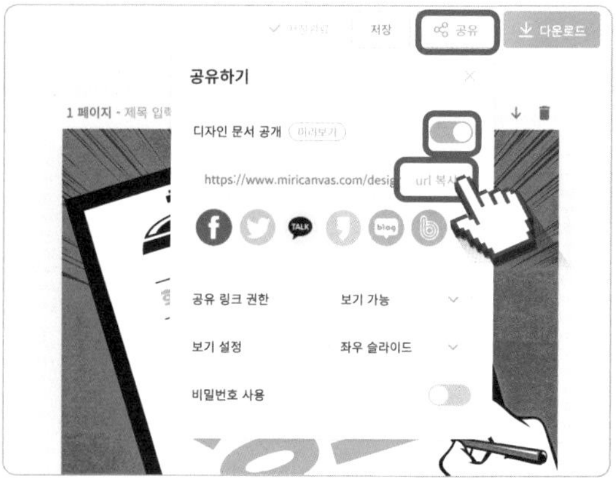

20. 공유

21. 공유 URL 확인

22. 공유화면 보기 옵션

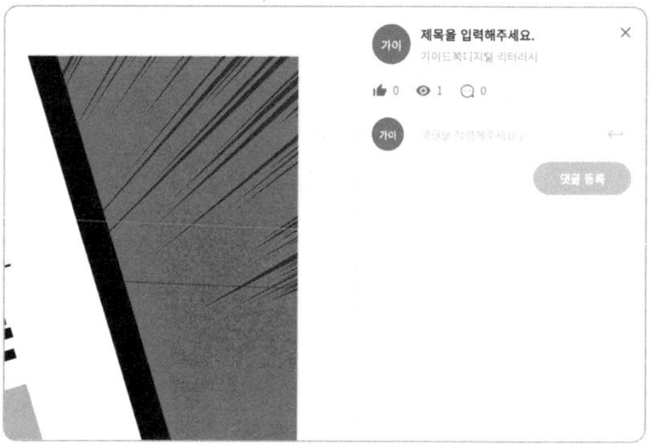

23. 공유화면 댓글 작성

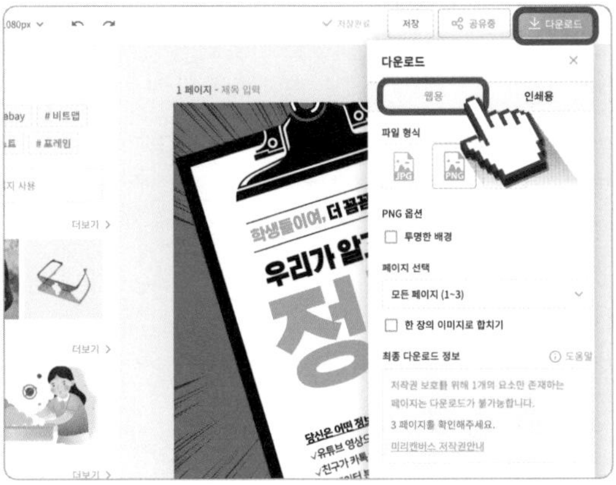

24. 웹용 파일 다운로드

25. 인쇄용 파일 다운로드

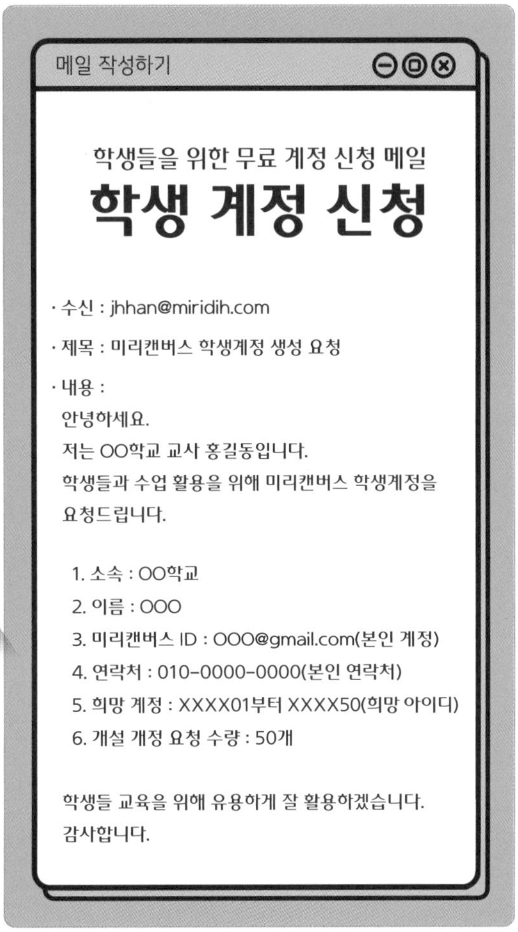

26. 학생 계정 신청 메일 전송

디자인 문서를 무료로 다운로드할 수 있습니다. 인쇄용 파일까지 무료라니 정말 놀랍죠?

우측 상단 다**운로드** 버튼을 클릭해 주세요. 웹용 파일은 RGB 컬러로 다운로드됩니다. 배경을 투명하게 PNG 파일로 다운로드할 수도 있고, 카드뉴스처럼 여러 페이지인 경우 한 장으로 이미지를 합친 상태로 다운로드할 수 있어요. 인쇄용 파일은 PDF로 다운로드받을 수 있습니다.

이러한 미리캔버스를 학생들에게 가입시키기 쉽지 않다고요? 걱정하지 마세요. 미리캔버스에 학생 계정 생성 요청 메일을 보내시면 되거든요. 소속과 이름, 미리캔버스 ID, 연락처, 희망 계정과 수량을 **jhhan@miridih.com**으로 보내주세요. 중복된 계정이 아닐 경우 영업일 기준 3일 이내에 생성해 줄 겁니다. 메일을 보내실 때는 이메일 예절을 잘 지켜주시는 것! 잊지 마시고요.

2. 인포영상 & 디지털 시민의식과 네티켓

퀴즈로 미리 생각해보기

1. 다음 중 디지털 시민답지 않은 사람은?

▲ 타인의 저작권, 초상권을 존중하는 사람

◆ 세계 평화주의자

● 민족 우월주의자

■ 디지털 세상에서 어려운 이웃을 돕는 사람

2. 디지털 세상에서 지켜야 할 도리가 아닌 것은?

▲ 다른 사람의 사생활을 존중한다.

◆ 표현의 자유가 있으니 맘껏 얘기해도 된다.

● 내가 접속한 곳의 문화를 이해하고 행동한다.

■ 콘텐츠를 올리기 전에 신중해야 한다.

3. 모르는 사람이 나에게 악플을 달았을 경우 적절한 대처방법은?

▲ 눈에는 눈, 똑같이 악플을 단다.

◆ 아는 사람을 동원하여 마녀사냥을 한다.

● 다 지나가리라 생각하고 참는다.

■ 악플을 지우도록 부드럽지만 단호하게 요청한다.

사용하는 디지털 도구

- **파우툰** powtoon.com

디지털 도구 사용법 유튜브 영상 채널 **youtube.com/c/DigitalLiteracy**

디지털 시민의 탄생

시민의식

건강한 시민은 어떤 사람일까요? 건강한 시민은 네 가지 소양을 갖추고 있어야 합니다.

첫째, 준법정신입니다. 대한민국은 법치국가지요. 법치국가란 법에 의해 국가를 다스리고 운영한다는 의미입니다. 공무원은 관련 법과 시행령에 근거하여 업무를 합니다. 공무원이 융통성이 없다고 느끼는 이유입니다. 공무원은 법대로 일하고, 국민은 법대로 행동해야 합니다. 국민들이 법을 준수하지 않는다면, 사회는 혼란스러워지고 정의사회로부터 멀어지게 됩니다. 모두가 법을 지키는데 한 사람만 법을 어겼다고 가정해보지요. 그리고 그 사람이 적절한 처벌을 받지 않았다면 어떻게 될까요? 법을 지킨 사람들은 피해나 손해를 보았을 것입니다. 반대로 법을 어긴 사람은 이득을 보았겠지요. 사회 정의가 깨질 뿐 아니라 사회가 혼탁해지게 되어 있습니다. 법은 사회를 지키는 안정장치이기 때문에 법을 준수하는 것은 건강한 시민이 되는 첫 번째 의무입니다.

둘째, 어려운 이웃을 보면 도움을 주어야 합니다. 어려움에 처한 사람을 보고 돕지 않는다면, 그것은 곧 모두의 문제가 됩니다. 부메랑이 되어 결국 우리 자신에게 돌아오게 되지요. 미국과 유럽에서는 한때 방관자 처벌법을 만들어야 한다는 논의가 있었습니다. 논쟁 끝에 만들어지지는 못했지만, 대신 미국에서는 '착한 사마리아인의 법'을 만들었습니다.

착한 사마리아인의 법은 성서에 나오는 착한 사마리아인의 비유에서 유래되었습니다. 한 유대인이 길을 가다 강도를 만나 상처를 입고 길가에 쓰러져 있는데, 이를 보고 지나가던 유대인 제사장과 레위인이 못 본 척 지나가 버렸습니다. 그런데 오히려 유대인에게 멸시받아 오던 사마리아인이 그를 보고 측은한 마음에 구조해주었지요. 이 일화에 나오는 모든 등장인물들에게는 도의적인 책임이 있을 뿐 도와줄 법적인 의무는 없습니다. 그러나 누구는 도왔고, 누구는 그렇지 않았지요.

같은 사회 구성원이라는 이유로 어려움에 처한 다른 사람을 도우라고 법으로 규정하기는 쉽지 않습니다. 그리고 법률에 규정되지 않는 한 사회규범만으로는 강제력이 없지요. 그런 의미에서 '착한 사마리아인의 법'은 도덕적 책임에 법적 책임을 씌워 강제화한 셈입니다.

유럽의 일부 국가에서는 형법에 '착한 사마리아인 조항'을 규정해놓고, 쉽게 조력을 할 수 있음에도 불구하고, 도움을 주지 않은 행위에 대해 법적 제재를 가합니다. 프랑스는 '위험에 처해 있는 사람을 구조해주어도 자기가 위험에 빠지지 않음에도 불구하고, 자의(自意)로 구조해주지 않은 자는 5년 이하의 징역, 혹은 7만 5천 유로 이하의 벌금에 처한다'라고 규정하고 있습니다.

우리 형법에도 도움을 요청하는 사람을 유기할 때에 적용되는 처벌 조항이 있습니다. 하지만 이 처벌 조항은 법적으로 보호의 의무가 있는 자만을 대상으로 하지요. 예를 들어 부모가 자식을 방치했다거나, 교사가 학생에 대한 직무를 유기했다거나 하는 등의 경우에만 해당됩니다. 법적 책임이 있는 자가 아니라면, 우리나라에서는 타인을 도울 의무에 대해 법으로 규정하고 있지 않습니다. 법으로 규정하고 있지는 않지만, 선진 시민이라면 당연히 어려움에 처한 이웃에게 도움을 주어야 합니다.

셋째, 사회 공동체에 기여해야 합니다. 인간은 사회적 동물입니다. 혼자서는 살 수 없지요. 협력이 없었다면 인류는 지금처럼 위대한 문명을 이룰 수 없었습니다. 18세기 산업혁명 이후 도시화가 이루어지고 물질 중심의 문화가 팽배해지면서 공동체 정신은 빠르게 무너져갔습니다. '나만 혼자 잘살면 된다'는 이기적인 마음이 공동체를 병들게 했지요. 이제 인공지능과 로봇이 많은 것을 대체하고 인류의 안녕을 위협할 수 있는 상황에서 공동체 정신은 더욱 중요해졌습니다. 공동체 정신을 복원하지 않는다면 인류는 위험에 처할 수밖에 없습니다. 이러한 이유로 교육자들은 21세기 인재가 갖춰야 할 역량으로 협력(Collaboration)을 강조합니다.

넷째, 투표권 행사를 통한 정치 참여입니다. 앞서 대중과 시민의 차이에 대해 살펴보았지요. 시민(Citizen)이란 말을 처음 사용한 그리스에서는 시민에 노예와 외국인이 포함되지 않았습니다. 그들에게는 시민만큼의 자유와 권리가 주어지지 않았는데 가장 큰 차이는 투표권이었지요. 선거일에 자신의 투표권을 행사하지 않고 여행을 가버리는 사람도 일부 있습니다. 공기처럼 당연한 권리라 생각하여 소중함을 모르지만, 당시의 그리스에서 투표권은 매우 중요한 권리였습니다. 대한민국은 의회 민주주의 국가입니다. 국회의원을 선출하여 의회를 통해 법을 만들고 정부를 감시하는 시스템이지요. 또한 직선 대통령제로 모든 국민이 직접 투표를 통해 국민을 위해 일할 대통령을 선출합니다. 투표권은 민주주의 국가를 운영해가는 데 있어 시민으로서 지켜야 할 가장 중요한 권리이자 의무라 할 수 있습니다.

글로벌 시민의식

지중해 동쪽에 위치한 팔레스타인에서는 수십 년간 전쟁이 계속되고 있습니다. 이스라엘의 유대인과 이슬람교와 그리스도교를 믿는 아랍인 간에 이 지역을 차지하기 위해 싸움을 벌이고 있지요.

원래 팔레스타인 땅에는 에게해 지역에서 온 이주민들이 살고 있었습니다. 그러다 BC 13세기, 이스라엘 민족은 모세와 여호수아(Joshua)의 지도하에 이집트로부터 탈출하여 현 팔레스타인 지역으로 들어가 원주민들을 제압하고 다윗 왕 영도하에 통일 왕국을 이룹니다.

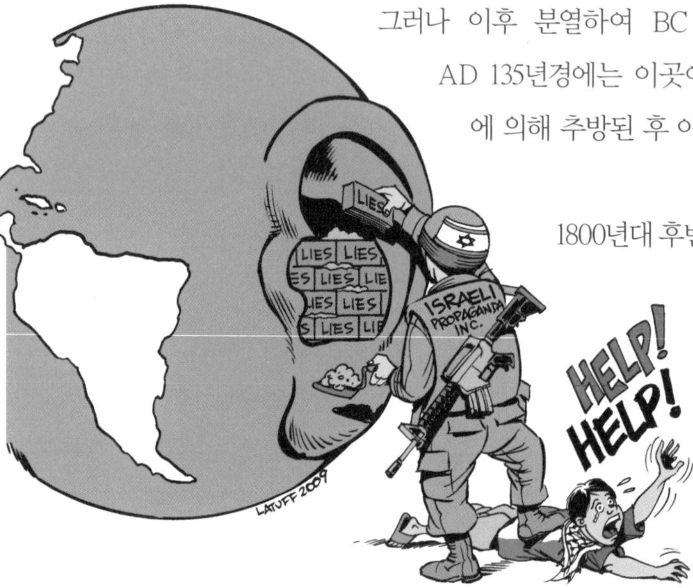

그러나 이후 분열하여 BC 63년경 로마에 의해 점령당하고 AD 135년경에는 이곳에 거주하고 있던 유대인들이 로마에 의해 추방된 후 아랍인들에 의해 통치되어 왔습니다.

1800년대 후반에 들어서면서 세계 곳곳에 흩어져 있던 유대인들 사이에서 팔레스타인 땅을 되찾아야 한다는 주장이 일어나며 다시 문제가 되었습니다. 유대인들은 속속 팔레스타인으로 몰려들었고, 한 땅에 서로 다른 종교를 가진

두 민족이 살게 되면서 갈등이 시작되었습니다. 현재는 이스라엘이 80%에 이르는 땅을 가지고 있고, 팔레스타인 사람들은 가자지구라고 하는 지역에 모여 살고 있습니다. 두 나라는 휴전을 약속했으나 여전히 로켓 공격을 주고받는 등 싸움을 벌이면서 수많은 희생자가 발생하고 있습니다.

이스라엘은 부유한 나라가 아니지만 유대인은 세계적으로 부와 권력을 갖고 큰 영향력을 행사하고 있습니다. 덕분에 이스라엘도 국력에 비해 큰 영향력을 행사할 수 있지요. 이스라엘의 로켓 공격으로 팔레스타인의 아이들이 피살되는 일이 빈번하게 발생되자, 국제사회에서 이스라엘을 바라보는 시선이 곱지 않지만 유대인들의 권력 때문에 강력한 조치가 이루어지지 않고 있습니다.

유대인은 세계 인구의 0.2%밖에 안 되지만 노벨상 수상자의 30%를 배출할 만큼 똑똑합니다. 세계 최고의 투자자 워런 버핏과 조지 소로스, 마이크로소프트 창업자 빌 게이츠, 영화감독 스티븐 스필버그, 상대성이론의 아인슈타인, 입체파 화가 피카소, 사랑과 낭만을 그리는 샤갈, 무성영화를 이끈 찰리 채플린, 페이스북 창업자 마크 저커버그, 구글 회장 래리 페이지, 인텔 창업자 앤디 글로브 등 우리가 알고 있는 유명인들 중 유대인이 참 많습니다.

나탈리 포트만

할리우드에서 가장 지적인 여배우로 통하는 나탈리 포트만은 이스라엘 예루살렘에서 태어났습니다. 세 살 때 미국으로 이주해서 무용 교습을 받고 배우가 되었지요. 1994년 영화 〈레옹〉에서 부모를 잃은 소녀 역할을 맡아 전 세계 영화팬들에게 강렬한 인상을 남겼습니다. 2011년 개봉작 〈블랙 스완〉을 통해 아카데미 여우주연상을 받으며 연기자로서의 명성을 얻었고, 이후 〈스타워즈〉와 〈어벤저스〉에도 출연하며 대중들에게 가까워지기도 했지요.

나탈리 포트만은 '유대인 노벨상'으로 불리는 2018년 제네시스상의 수상자로 선정되었지만 수상을 거부하고 시상식에 참석하지 않았습니다. 제네시스 재단은 수상자의 불

참으로 시상식도 취소했지요. 나탈리 포트만은 자신의 인스타그램에 글을 게시해 제네시스상 수상 거부 이유를 밝혔는데요, 그녀는 글을 통해 이렇게 말합니다.

> "저는 저의 이스라엘 친구와 가족, 그리고
> 이스라엘의 음식, 책, 영화, 미술과 춤을 사랑합니다.
> 이스라엘은 70년 전 나치의 유대인 대학살의 피해자인
> 난민들을 위한 피난처로서 세워졌습니다.
> 오늘날의 잔혹 행위와 고통받는 이들에 대한 학대는
> 저의 유대인 가치와 맞지 않습니다.
> 우리는 폭력과 부패, 불평등, 권력 남용에 대항해야 합니다.
> 저에게서 직접 나오지 않은 말은 믿지 마십시오.
> 저는 이 경험을 통해 이스라엘의 여러 자선단체를 후원하기 시작했습니다.
> 다른 사람들도 그들의 위대한 일을 지원하기를 바랍니다."

나탈리 포트만의 짧은 글에는 많은 의미가 담겨 있습니다. 조국과 민족에 대한 사랑, 역사를 교훈으로 삼는 마음, 그러나 조국과 민족에만 얽매이지 않고 더 큰 의미에서의 인류애와 박애 정신이 중요함을 일깨워주고 있습니다. 그리고 생각에만 머무르는 것이 아니라 불의와 싸우고, 선의를 베풀며 위대한 일에 기여하겠다는 의지를 밝히고 있습니다. 또한 자신에게 직접 나오지 않은 말은 믿지 말라며, 혼탁한 디지털 미디어 세상에서 허위정보에 대한 경고와 진실의 중요성에 대해서도 놓치지 않고 있습니다.

이번에 보여준 나탈리 포트만의 행보는 진정한 글로벌 시민의 모습이었습니다. 글로벌 시민은 조국애와 인류애의 균형 잡힌 시각을 갖춘 사람입니다. 이제 디지털 미디어를 통해 세계는 하나입니다. 디지털 세계에서 국경은 없습니다. 우리는 대한민국 국민인 동시에 전 세계가 하나로 통하는 디지털 세계에 거주하는 글로벌 시민이기도 합니다.

먼 나라 이야기만은 아닙니다. 우리도 일본과 독도를 두고 분쟁을 벌이고 있습니다. 우리 영토를 지키는 것은 중요하고, 또 반드시 지켜야 합니다. 그렇다고 해서 우리 것만 주장해서는 안 됩니다. 일본 사람을 욕하는 것도 적절치 않습니다. 우리 것만 주장하고, 상대를 비난하는 태도는 국제사회에서 설득력만 떨어트릴 뿐입니다.

현재 지도상 바다의 표기를 '동해'냐, '일본해'냐를 두고 논쟁을 벌이고 있는데요, 글로벌 시민의식을 갖고 문제를 풀어가는 방법은 '동해'를 'East Sea (of Korera)'가 아니라, 'East Sea (of Asia)'로 주장하는 것입니다. 이러한 관점과 메시지로 중국과 함께 일본 외 아시아 국가들과 협력한다면 '동해'를 관철시키는 것은 그리 어려운 일이 아닐 것입니다. 'East Sea (of Korea)'라고 주장을 하는 것은 한국 대 일본의 경쟁 구도이고, 다른 나라 사람들은 무관심할 수밖에 없습니다. 그러나 'East Sea (of Asia)'라고 주장하는 순간, 중국을 포함한 아시아의 모든 국가가 우리와 같은 편이 됩니다. '일본해'라고 주장하는 일본은 고립될 수밖에 없고, 일 대 다수의 외로운 싸움을 시작해야 할 테니까요.

우리말로 같은 동해지만, 'East Sea (of Korera)'는 대한민국 시민의 관점이고, 'East Sea (of Asia)'는 글로벌 시민의 관점이지요. 대한민국 시민의식에서 출발하느냐, 글로벌 시민의식에서 출발하느냐에 따라 세상이 다르게 보입니다. 어떠한 관점을 갖느냐에 따라 국제 분쟁도 현명하게 해결할 수 있습니다.

글로벌 시민의식은 '나'만 알고 '나'의 것만 지키고자 하는 것이 아닙니다. '나'를 알고 '나'를 지키는 것에서 시작하지만, '나'와 '우리'에 대해 균형 잡힌 생각을 하는 것으로 완성됩니다. 더 큰 생각이지요. 이제 디지털 미디어 세상에서 우리는 모두 디지털 글로벌 시민이 되어야 합니다.

글로벌 시민이 되기 위해서는 우선 자기 정체성(Personal Identity)을 확립하는 것이 필요합니다. 내가 누군지, 나는 어디에서 왔고, 나에게 소중한 것이 무엇인지를 명확히 아는 것이 중요하지요. 그리고 건강한 가치(Values)를 추구하면서 균형(Balance) 잡힌 자세를 갖춰야 합니다. 또한 국제사회 속에서 다양성(Diversity)을 존중(Respect)하고, 자신의 권리와 책임(Rights and Responsibility)을 다하는 사람이 되어야 합니다. 이것이 바로 글로벌 시민이 갖춰야 할 소양입니다.

디지털 시민의식

디지털 시민의식이라는 용어가 다소 생소할 수 있습니다. 디지털 시민의식의 내용은 아날로그 시민의식과 같습니다. 우리가 굳이 아날로그 시민의식이라고 표현하지 않지요. 마찬가지로 디지털 시민의식이라고 표현하는 것이 이상할 수도 있습니다. 굳이 이렇게까지 표현하는 것은 디지털 세상에서는 마치 아무렇게나 행동해도 되고, 그곳에서는 면책이 되는 것처럼 착각하기 때문입니다. 예절이나 에티켓을 지키지 않아도 용서되는 것처럼 생각하는 사람들이 있는 것 같습니다.

디지털 세상도 아날로그 세상과 똑같습니다. 미디어가 바뀌고 공간이 바뀌었을 뿐 사람들 간에 지켜야 할 도리와 매너는 똑같지요. 디지털 세상은 눈에 보이지 않기 때문에 마치 존재하지 않는 것처럼 생각하게 되고, 아날로그 세상으로부터의 도피처로 생각하는 경향이 있어서 시민의식에 대한 기대가 낮아지는 듯합니다. 아날로그 세상에 비해 디지털 세상에서 모든 기준을 낮추는 경향이 있습니다. 도덕심이나 준법정신도 조금씩 느슨해지지요.

과거에는 아날로그 세상에서 70%의 시간을 보내고 디지털 세상에서 30%의 시간을 보냈다면, 앞으로는 반대가 될 것입니다. 디지털 세상은 더 이상 예외 지역이 아니라 오히려 삶의 주요 공간이 되겠지요. 그렇게 보면 디지털 세상에서의 시민의식이 더 중요해질 수밖에 없습니다.

아날로그 세상에서의 시민의식을 그대로 옮겨다 디지털 세상에 적용해도 무방합니다. 다만 디지털 세상이 갖고 있는 속성에 맞춰 변화는 필요하겠지요. 오히려 디지털 세상의 기준은 더 높아야 합니다. 익명성이 보장되는 경우가 많으니 더 깐깐한 도덕심이 요구됩니다. 복제가 쉬운 데다 무한 복제가 가능하니 저작권, 초상권에 대한 책임도 더 중요해지지요. 디지털 세상에서는 속도가 빠르고 정보의 양도 훨씬 커졌기 때문에 생각의 속도와 생각의 깊이도 더 요구됩니다.

프라이버시 시민의식

페이스북의 창업자이자 최고경영자인 마크 저커버그(Mark Zuckerberg)는 자신이 만든 페이스북에서 신상이 공개된 적이 있습니다. 구글의 에릭 슈미트(Eric Schmidt) 회장도 개인 정보 노출로 곤욕을 치렀지요. 그럼에도 불구하고 저커버그는 언론 인터뷰 등을 통해 "프라이버시는 더 이상 사회적 규범이 아니다" "프라이버시의 시대는 끝났다(The Age of Privacy is Over)"라고 공언하며 온라인에서 프라이버시 붕괴의 전도사 역할을 해왔습니다. 에릭 슈미트 회장도 인터넷 세상에서는 일단 기록되면 구글에 의해 결국 검색될 수밖에 없다고 말합니다.

애플의 창업자인 스티브 잡스는 디지털 산업의 혁신 아이콘이지만 프라이버시에 대해서는 실리콘밸리의 다른 기업가들과는 확연히 다른 관점을 갖고 있었습니다. 2010년 6월 월스트리트 저널 인터뷰에서 디지털 시대의 프라이버시에 대해 "애플은 프라이버시에 대해 실리콘밸리의 다른 기업들과는 전혀 다른 관점을 지니고 있으며, 프라이버시를 극도로 신중하게 다룬다. 그 면에서 실리콘밸리 기업들은 애플을 구식이라고 생각한다"라고 밝혔습니다. 애플이 모든 나라에서 아이폰의 '통화 중 녹음' 기능을 지원하지 않는 배경에는 프라이버시 관점에서 바라보는 잡스의 영향이 배어 있지요. 어떤 입장에 동의하시나요? 디지털 세계에서 프라이버시는 포기해야 할까요? 아니면 보장되어야 할까요?

앞으로도 계속될 논쟁거리입니다. 논쟁의 결론을 내리는 데는 시간이 필요하지만, 지금 시점에서 확실히 말할 수 있는 것 한 가지는 앞으로 디지털 세상에서의 프라이버시는 점점 더 사라질 것이라는 것이지요. 이러한 사실을 받아들여야 합니다. 인터넷은 광장입니다. 공개 장소지요. 공개

장소에서 프라이버시를 요구하는 것은 부적절한 요구입니다. 디지털 세상에서도 프라이버시를 지키고자 한다면 똑똑해져야 합니다. 어떤 곳이 프라이버시가 보장되고, 어떤 곳이 아닌지를 명확히 알아야 합니다.

예를 들어 페이스북의 나의 타임라인은 개인적인 공간일까요? 나의 계정이기 때문에 자칫 프라이버시가 존중되어야 하는 공간이라고 착각할 수 있습니다. 사실은 아니지요. 페이스북의 모든 정보는 클라우드 공간에 저장됩니다. 그 자체가 광장입니다. 그리고 모든 사용자는 계정을 만들 때 무료로 플랫폼을 이용하는 대신 나의 개인정보를 제한된 조건하에서는 사용해도 된다는 데 동의했습니다. 단순하게 말하자면, 페이스북 서비스와 나의 정보를 바꾼 셈입니다. 나의 타임라인은 이미 시작부터 프라이버시가 있는 나만의 공간이 아닌 것이지요. 어떤 정보를 공유하고, 공유하지 말아야 할지를 이러한 기준하에 판단해야 합니다.

또 하나의 마음가짐이 필요합니다. 설사 프라이버시가 보장되는 공간이 아니지만, 그렇다고 해서 타인의 프라이버시를 존중하지 않아도 된다는 것은 아닙니다. 디지털 시민이라면 누구나 타인의 프라이버시를 존중하는 마음이 있어야겠지요. 어쩌면 이렇게 생각하는 것이 마음도 편하고 나의 정보도 보호하는 길일 수 있습니다. '나의 프라이버시는 기대할 수 없지만, 그래도 타인의 프라이버시는 존중해야겠다'라고요. 미디어 환경이 바뀌고, 세상이 뒤집어져도 개인의 행복은 존엄하고, 개인의 프라이버시는 존중되어야 한다는 마음을 갖는 것이 필요합니다.

잊혀질 권리

최근 활발하게 논의되는 것이 '잊혀질 권리'입니다. 디지털 세상에 한 번 업로드한 정보는 좀처럼 사라지지 않기 때문입니다. 한 번의 실수가 영원한 낙인이 될 수 있지요. 그래서 영구적인 저장소로부터 특정한 기록을 삭제할 수 있도록 해달라든가, 또는 자신의 정보가 더 이상 적법한 목적을 위해 필요치 않을 때, 그것을 지우고 더 이상 처리되지 않도록 해달라는 요구가 늘어나고 있습니다. 소위 자신의 흑역사에 대해 잊혀질 수 있는 권리를 주자는 것입니다.

디지털 콘텐츠는 생산은 쉽지만 일단 생성된 정보는 삭제가 어렵습니다. 그래서 개인의 사진이나 거래 정보 또는 개인의 성향과 관련된 정보에 대해 소유권을 강화하고 이에 대해 유통기한을 정하거나 이를 삭제, 수정, 영구적인 파기를 요청할 수 있도록 하자는 것입니다. 디지털 기업들이 이런 시스템을 도입하도록 하기 위해서는 잊혀질 권리를 법적으로 도입해야 한다는 주장이 일고 있지만 표현의 자유, 알 권리와 충돌할 가능성이 높아 수많은 논쟁거리가 존재합니다. 반대로 '잊혀질 권리'가 법제화되었을 때 범죄에 사용된다거나 악용될 수 있는 소지도 있어 논쟁이 쉽게 결론나지 않을 것으로 보입니다.

최근 몇 년 동안 우리나라에서도 개인정보보호법이 제정·발효되고 '잊혀질 권리'에 대한 관심이 커지면서 공청회나 세미나 등 다양한 형태의 논의와 연구들이 진행되고 있습니다. 그러나 아직까지 입법화를 위한 구체적인 노력으로 이어지고 있지는 않습니다. 전 세계적으로 '잊혀질 권리'와 관련된 연구가 진행되고 있는데요, 우선 미국의 입장은 상당히 유보적입니다. 미국 정부가 '잊혀질 권리'를 적극적으로 지지하면 위키피디아, 페이스북, 유튜브, 트위터, 링크드인 등 미국에 본사를 두고 있는 첨단 기업들은 국내외에서 대규모 소송에 휘말릴 가능성이 커지기 때문입니다.

앞으로 이 문제에 대한 논의가 어떻게 발전하고 어떠한 방향으로 흘러갈지는 아무도 모릅니다. 그렇기 때문에 현재 상황에서 우리 모두가 더 관심을 두어야 할 것은 '신중해질 책임'입니다. 왜냐하면 '잊혀지지 않을 현실' 때문입니다. 인터넷이라는 공간에서 공유하는 콘텐츠들에 대해 개인들이 좀 더 신중해질 필요가 있습니다. 앞으로 유망한 직업 중 하나로 디지털 장례사가 거론됩니다. 디지털 세상에서 부주의하게 살아온 사람들을 위해 청소를 해주거나, 아름답게 기록되기를 바라는 사람들을 위해서 정리 정돈을 해주는 일인 것이지요.

위에서 프라이버시에 대한 기대를 버리되, 타인의 프라이버시는 존중해주자는 제안을 했습니다. '잊혀질 권리'도 역시나 같은 관점에서 바라볼 필요가 있습니다. '잊혀질 권리'에 대한 기대는 버리되, 타인의 안 좋은 과거에 대해서 때로는 '잊어줄 의무'를 발휘한다면 디지털 세상이 좀 더 포용적이고 아름다운 공간이 될 수 있을 것 같습니다.

디지털 시민의 커뮤니케이션

네티켓

네티켓이란 네트워크 에티켓, 즉 가상 공간에서의 에티켓이라는 뜻으로 인터넷, 채팅, 기사 댓글 등 인터넷상에서 지켜야 할 예절을 말합니다. 우리는 아날로그 세상에서 예절을 중시하고 예절 교육을 받아왔습니다. 예를 들어 동네 어른을 만나면 인사하고, 공공장소에서 문을 열고 닫을 때 뒤에 오는 사람이 있나 확인하고 혹 있다면 문을 잡아주는 예의를 베풀지요. 가정에서나 학교에서 이런 예의범절을 배워왔습니다. 아날로그 세상에서 예절 교육에 공을 들이는 만큼 디지털 세상에서는 신경 쓰지 않는 것 같습니다. 디지털 예절을 얼마나 잘 지키는가보다 디지털 비방과 폭력이 얼마나 심각한가, 어떻게 줄일 수 있는가를 고민해야 하는 상황이지요.

인터넷이라는 가상 공간에서 익명으로 뒤에 숨어 댓글과 게시글로 다른 사람의 명예를 훼손하거나 모욕하는 경우가 많습니다. 이러한 행위는 분명 범죄입니다. 욕설이나 근거 없는 루머는 '명예훼손'이나 '모욕죄'에 해당될 수 있습니다. '내가 올린 것인지 아무도 모를 거야' '얼굴도 모르는 사람을 처벌할 수 있겠어?' '남들도 다 하는데 뭐' 이런 생각은 금물입니다.

이종환 삼영화학 명예회장은 1조 원대 재단을 설립하고, 도서관 건립 비용으로 서울대에 600억 원을 기부하는 등 세상에 좋은 일을 많이 한 분입니다. 56살 이 모 씨는 이 분에 대한 악성 루머를 퍼뜨려 고소를 당했습니다. 이 모 씨는 "가짜 기부 천사인 이 회장이 아침저녁으로 일본 군가 10여 곡을 부른다"라거나 "일생을 공금횡령으로 살았다"라는 인신공격성 글을 블로그에 올렸고 '명예훼손'으로 고소를 당했습니다. 재판에 넘겨진 이 씨는 국민 참여 재판을 신청했고 "허위사실이 아니다"라고 주장했지만, 법원의 판단은 달랐습니다. 배심원 7명 중 5명은 검찰이 구형한 징역 3년보다 더 많은 징역 5~7년이 타당하다는 의견을 냈고, 법원은 이를 받아들여 징역 5년을 선고했지요. 명예훼손 혐의에 대해 보기 드물게 중형을 선고한 사례입니다.

방송인 이휘재 씨도 아버지를 비방한 네티즌을 고소한 일이 있습니다. 배우 박신혜 씨도 악플러에 법적 대응을 한 일이 있었고요. 연예인뿐 아니라 일반인들도 '명예훼손' '모욕죄' 등으로 악플러를 고소하는 일이 늘어나고 있습니다. 물론 비방했다고 해서 무조건 범죄가 성립되는 것은 아닙니다.

사이버 명예훼손이 성립되려면 이러한 요건이 있어야 합니다.

첫째, 상대방을 비방할 목적이 있어야 합니다.
둘째, 불특정 다수의 사람에게 노출된 것이어야 합니다. (사이트에 게시 내용이나 단톡방 댓글은 해당하지만, 일대일 쪽지나 채팅은 해당하지 않아요!)
셋째, 구체적인 사실이나, 허위사실을 적시해야 합니다.

명예훼손죄는 위 세 가지 조건이 모두 충족되어야만 성립됩니다.

사이버 모욕죄라는 것이 별도로 있는데요, 이 역시 불특정 다수에게 노출된 것이어야 합니다. 그러나 사이버 모욕죄의 경우 명예훼손과 다르게 사실이나 허위의 내용을 적시하지 않더라도 경멸의 의사 표시나 욕설만 있어도 성립이 됩니다. 그러니 사이버 명예훼손의 성립 요건 중에서 세 번째가 없더라도 첫째, 둘째 요건만 있는 경우에도 사이버 모욕죄에 해당할 수 있습니다.

얼굴이 보이지 않는다고, 나의 신분이 밝혀지지 않는다고 해서 나의 행위가 숨겨지는 것은 아닙니다. 디지털 세상에서의 '나'도 분명 '나'니까요. 미국 플로리다대학교의 셰어 교수가 제시한 '네티켓의 핵심 원칙'을 살펴보지요.

네티켓의 핵심 원칙

① 인간임을 기억하라.
② 실제 생활에서 적용된 것처럼 똑같은 기준과 행동을 고수하라.
③ 현재 자신이 어떤 곳에 접속해 있는지 알고,
그곳 문화에 어울리게 행동하라.
④ 다른 사람의 시간을 존중하라.
⑤ 온라인상의 당신 자신을 근사하게 만들어라.
⑥ 전문적인 지식을 공유하라.
⑦ 논쟁은 절제된 감정 아래 행하라.
⑧ 다른 사람의 사생활을 존중하라.
⑨ 당신의 권력을 남용하지 마라.
⑩ 다른 사람의 실수를 용서하라.

인터넷에 글을 올리기 전 네 가지 행동 단계입니다.

1. 멈추기 ▶ 2. 생각하기 ▶ 3. 다시 읽기 ▶ 4. 고치기

네티켓을 위한 우리의 행동 단계! 절대 잊지 마세요!

댓글문화

인터넷 이용자들이 인터넷상의 원문에 대해 주고받는 글쓰기 문화를 통틀어 일컫는 말입니다. 인터넷의 익명성을 악용하여 상습적으로 남을 헐뜯거나 허위 사실을 퍼뜨리는 댓글 문화를 가리켜 일명 '악플 문화'로 부르지요. 때때로 사람을 살리기도 하고, 사람을 죽이기도 합니다.

디지털 공간에 커뮤니티가 확산되고 회원들 간 정보를 주고받는 인터넷 게시판이 활성화되면서 나타난 말입니다. 인터넷 게시판의 등장은 사회 현실에 대해 비판할 공간이 없던 많은 사람들에게 자신의 의견이나 주장을 마음껏 펼 수 있는 공간을 제공해주었다는 점에서 긍정적인 측면이 있습니다. 그러나 게시판 이용자들이 늘어나면서 게시판을 마치 자신의 불만을 토로하거나 악의적으로 남을 공격하는 공간으로 여기는 사람들이 늘어나기 시작했지요. 순기능에서 출발했지만, 관리의 문제로 역기능으로 발전한 경우입니다.

따라서 댓글 문화에는 긍정적인 측면과 부정적인 측면이 모두 존재합니다. 자유로운 토론의 장이 될 수 있는가 하면, 비판을 위한 비판이 아니라 비난을 위한 비판의 장이 될 수 있는 것이 댓글 문화가 가지고 있는 특성입니다. 잘못된 댓글 문화를 올바른 방향으로 유도하려는 노력들이 계속되고는 있지만, 아직까지는 두 가지 요소가 공존하고 있습니다.

아이유 악플 사건을 예로 들어보겠습니다. BJ A 씨는 자신의 개인 방송에서 아이유에 대한 성희롱 발언을 하며, "그녀가 나를 고소하면 영광이다. 그녀와 법정에서 한 번 만나고 싶다"라고 언급했습니다. 하지만 아이유 씨 측이 막상 고소를 하자, "그녀가 너무 좋아서 그랬다. 6년째 그녀가 나의 배

경화면이다. 너무 좋아서 그런 건데 어떻게 하냐. 그녀를 비하하거나 성적으로 비난하고 싶은 것은 아니었다"라고 해명해 논란을 가중시켰습니다. 아이유 씨의 유명세를 이용하여 인지도의 편승효과를 보고자 한 알량한 상술이었다고 보이는데요, 이러한 사례는 너무나도 많아 셀 수가 없을 정도입니다.

악성 댓글의 원인은 크게 두 가지가 있습니다. 첫 번째는 개인 차원의 문제인데요, 논리적 비판이 아니라 익명성을 악용한 감정적 언어폭력의 문제입니다. 비판과 비난의 차이는 감정이 개입되는지에 달려 있습니다. 감정이 개입되지 않는다면 비판이지만, 감정이 개입된다면 비난이 됩니다. 댓글을 다는 사람이 감정을 담아 글을 썼다면 비난이 되는 것이지요. 말하는 사람이 감정을 실지 않았다 하더라도, 듣는 사람이 감정적으로 상처를 받았다면 그건 비난으로 간주될 수 있습니다. 사람들은 비판 때문에 상처를 받지는 않습니다. 물론 비판이 듣기 좋은 사람은 없겠지만, 그렇다고 상처를 주지는 않지요. 우리에게 상처를 남기는 것은 비난입니다. 감정 섞인 이야기지요.

두 번째는 사회 차원의 문제입니다. 앞서 여러 차례 언급한 '3의 법칙'인데요, '3의 법칙'이란 세 사람이 움직이게 되면, 온 세상이 움직이게 된다는 이론입니다. 이 법칙은 인간 사회뿐 아니라 온 우주에 걸쳐 작동하는 법칙이기도 하지요. '3의 법칙'은 긍정적인 영향도 줄 수 있지만, 반대로 부정적인 영향도 줄 수 있습니다. 집단적으로 침묵하게도 하고, 집단적으로 나쁜 행동을 하게 할 수도 있지요. 처음 세 사람이 어떤 댓글을 다느냐가 중요합니다. 처음 3개의 댓글이 부정적으로 시작되면 부정의 도미노가 시작됩니다. 부정적인 흐름을 한번 타기 시작하면, 아무리 소신이 있는 사람이라 하더라도 역행하는 이야기를 꺼내기가 쉽지 않습니다.

내가 만약 누군가에 대해 판단하는 글을 쓰고자 한다면 공유하기 전에 한 번 더 생각해볼 필요가 있습니다. 내가 주장하고자 하는 내용이 과연 사실인지, 객관적으로 입증되는 것인지, 혹시 사실처럼 말하지만 주장은 아닌지, 설사 사실을 이야기하고 있다 하더라도 감정을 섞지는 않았는지를 살펴보아야 합니다. 이렇게 먼저 나의 비판이 타당한지를 생각해보아야 합니다.

그러고 나서 입장 바꿔 생각해보아야 합니다. 내가 만약 글의 당사자라면 어떠할지 입장 바꿔 생각해보는 것이지요. 당사자 입장이 되어 공감하면서 글을 다시 한 번 읽어본다면 과오나 실수를 줄일 수 있습니다. 그러한 글을 써도 되는지, 쓴다면 어떻게 쓰는 것이 더 현명한 길일지 한 번 더 생각해보면서 글을 수정한다면 자신의 입장도 충분히 밝히면서, 상대를 비난하는 것이 아니라 오히려 상대에게 도움을 주는 조언을 할 수도 있을 것입니다. 우리 모두가 디지털 미디어를 사용할 때 이런 노력을 조금씩만 기울인다면 디지털 세상은 지금보다 더 아름다운 곳이 될 수 있습니다.

다음은 악플러에 대응하는 5가지 방법입니다.

3. 대화하기

악플러에 대해 화가 나고 밉지만
일단은 인간적으로 존재에 대해 인정한다.
그리고 악플의 '의도'가 무엇인지를 알아내고,
'의도'가 좋지 않을 경우에는 1, 2, 4의 방법을 쓰고
'의도'가 좋은 것도 있을 경우에는 5의 방법도 쓴다.

2. 감정 다스리기

악플러가 악플을 다는 이유는
실질적인 이익을 위해서가 아니라
정서적으로 우월함을 느끼기 위해서다.
내가 힘든 것도 화나고 마음이 아파서이다.
이성적인 문제가 아니라 감정의 문제라는 것을
이해하고 받아들이는 것에서 시작된다.

4. 3의 법칙으로 퇴치하기

내가 믿을 수 있고 나를 지지해줄 수
있는 친구를 1명씩 만든다.
3명을 구한 다음 동시에
악플러를 제압한다.

1. 통제하기

악플러가 하는 행동의
법적, 사회적 문제점 지적
이후 할 조치들을 알려줌.
필요한 경우 차단, 삭제,
보이지 않도록 조치.

5. 포용하고 나를 높이기

악플러의 심리를 이해하고,
악플러를 불쌍히 여기며,
나는 악플러보다 더 큰 사람이고
훌륭한 사람이니 악플러의 말 중
나에게 도움 되는 말만 생각하며
나의 발전에 도움 되도록 한다.
그리고 그런 생각과 감정에 대해
악플러에게 말한다.

깨끗한 디지털 세상을 위한 인포영상을 만들어요.

1) 깨끗한 디지털 세상을 한 인포영상 시나리오를 작성해주세요.

카드뉴스로 제작했던 내용을 토대로 인포영상 시나리오를 작성해주세요.

2) 인포영상 스토리보드를 작성해주세요.

장면 1

장면 2

장면 3

장면 4

장면 5

장면 6

파우툰 powtoon.com

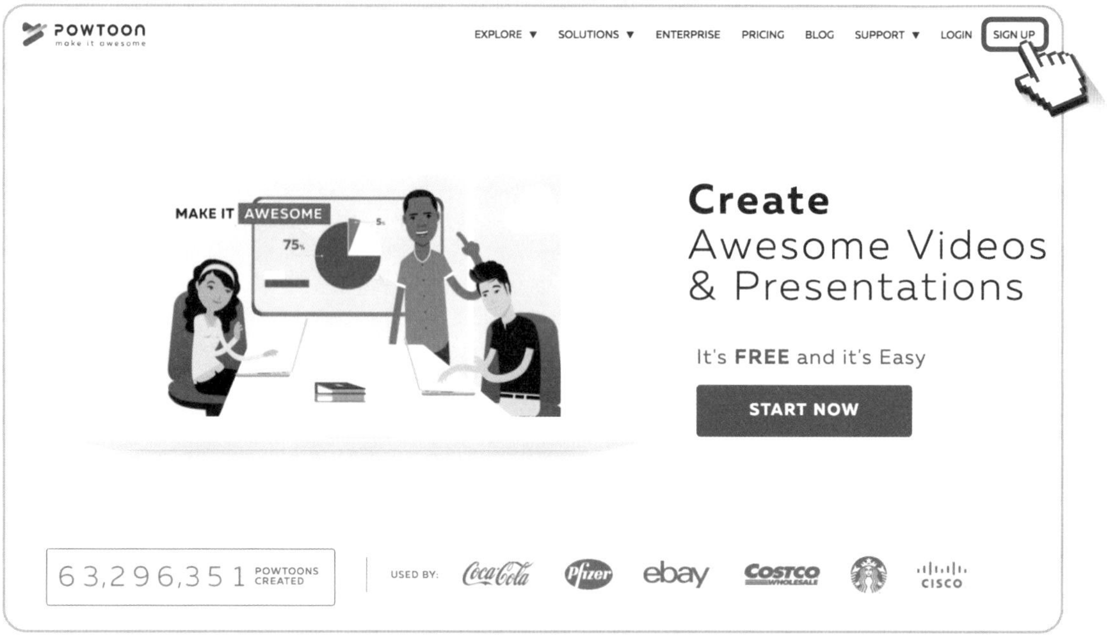

1. 파우툰 메인

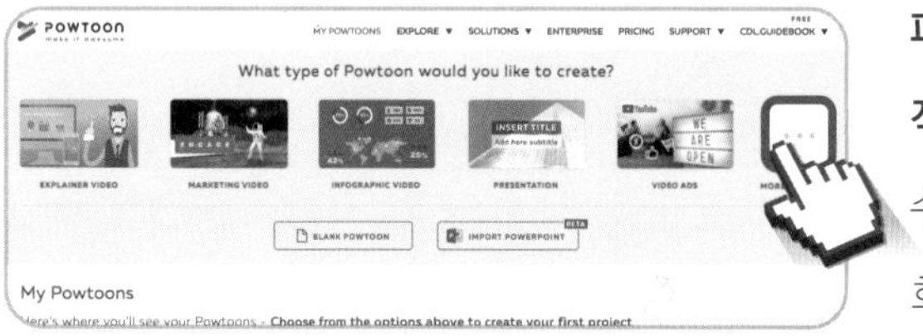

2. 파우툰 템플릿 선택

3. 템플릿 카테고리

파우툰은 동영상 및 애니메이션을 쉽고 빠르게 제작할 수 있는 사이트입니다. 누구나 무료로 가입할 수 있으며 제작한 영상 URL을 공유할 수 있습니다. 회원가입 후 로그인하면 다양한 템플릿 카테고리가 나옵니다. **MORE TEMPLATES**를 클릭해서 원하는 템플릿을 선택해주세요. 템플릿 중 PRO 또는 PRO+는 유료 사용자를 위한 것이니 아무것도 없는 템플릿을 선택한 후 **Use** 버튼을 클릭해주세요. UI 모드는 **FULL STUDIO**로 선택해주시고요.

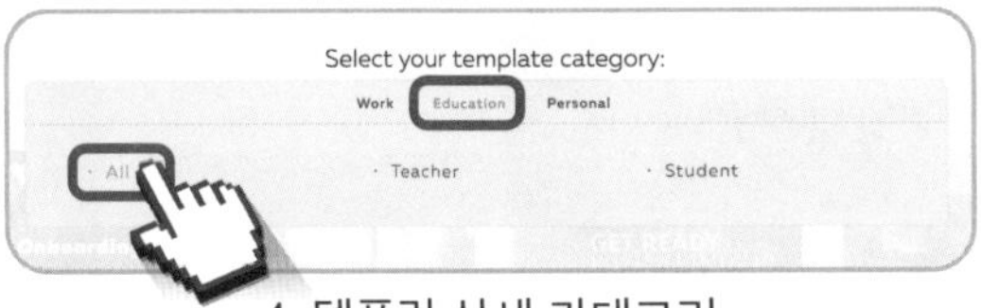

4. 템플릿 상세 카테고리

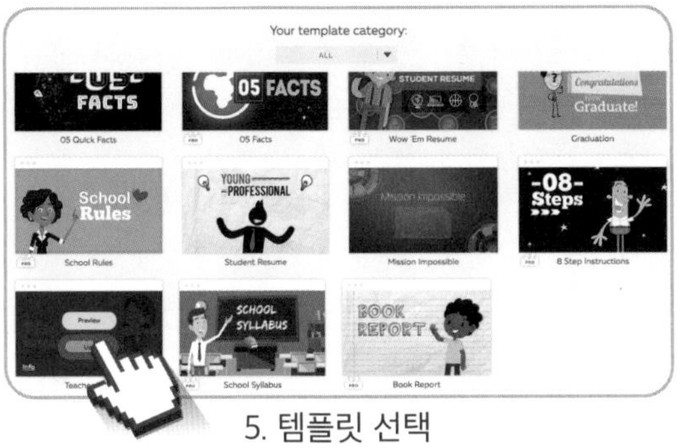

5. 템플릿 선택

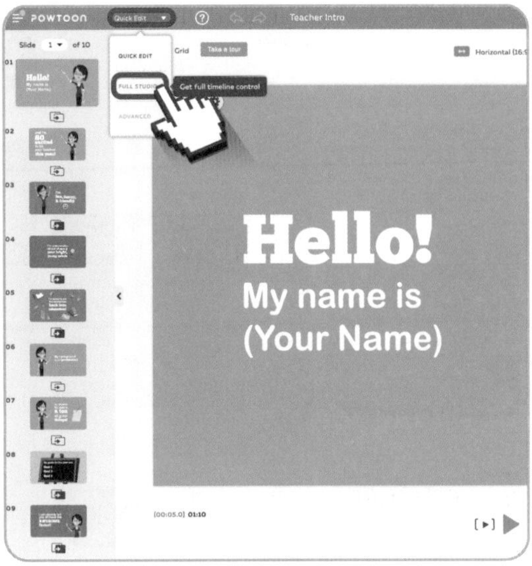

6. UI 모드 선택

7. 파우툰 영역 설명

8. 배경 변경·텍스트·캐릭터·소품 추가

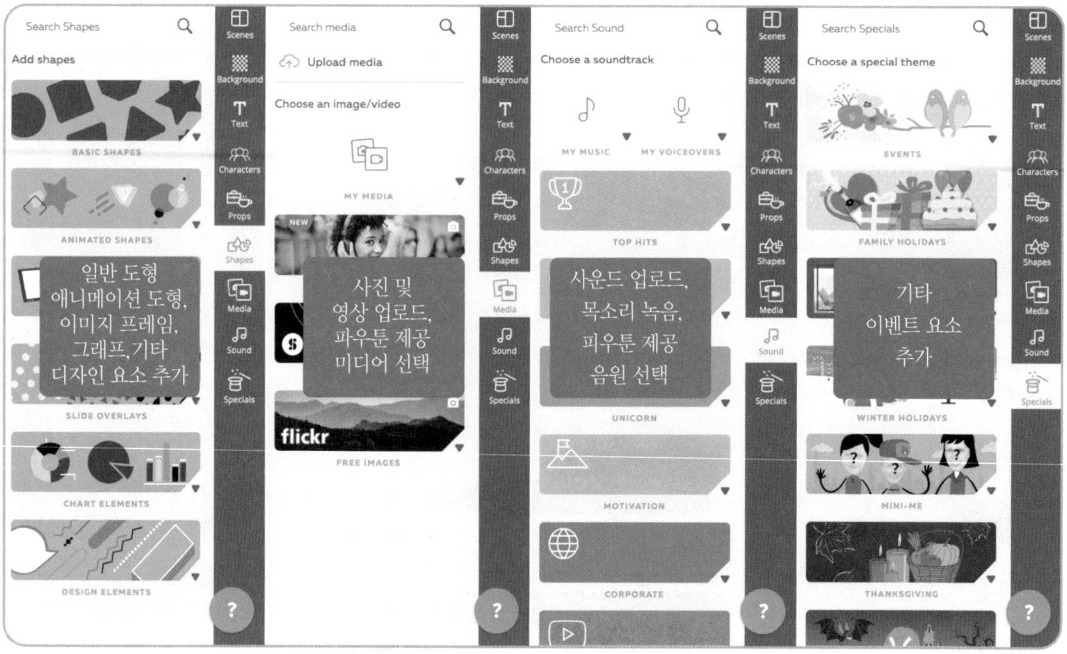

9. 도형·미디어 ·사운드 ·기타 이벤트 요소 추가

10. 캐릭터 설정

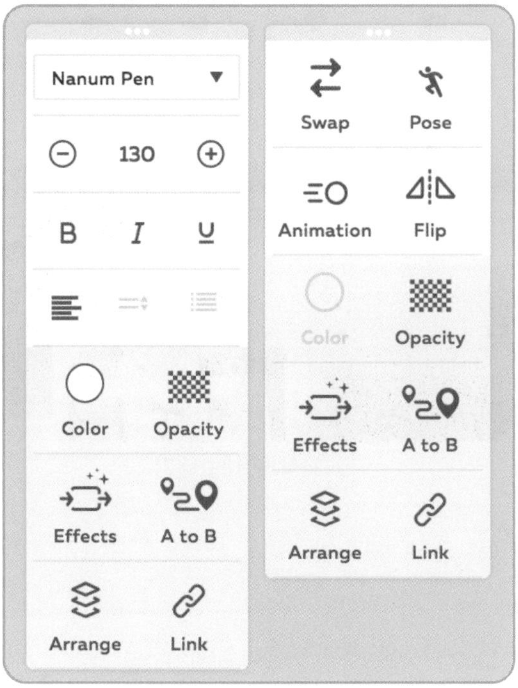

11. 텍스트 & 캐릭터 설정

캐릭터, 텍스트, 소품 등 파우툰 요소를 선택하면 가장 많이 사용되는 옵션 설정 버튼과 함께 톱니바퀴 모양의 모든 옵션 설정 버튼이 보입니다.

텍스트의 경우 폰트, 크기, 컬러, 투명도, 등장 및 퇴장 효과, 이동, 앞뒤 이동, 링크 삽입 기능이 있어요.

손글씨 효과는 Effects에서 선택해줄 수 있어요.

캐릭터의 경우 다른 캐릭터와 변경하는 Swap, 다른 포즈로 변경하는 Pose, 동작 반복을 몇 회 할 것인지 설정하는 Animation, 좌우 뒤집기 Flip, 투명도 조절하는 Opacity, 등장과 퇴장 효과를 줄 수 있는 Effects, 등장 시점부터 퇴장 시점까지 이동 동선을 만들어주는 A to B, 앞으로 나오게 하거나 뒤로 보내는 Arrange, 링크 삽입할 수 있는 Link 기능을 설정할 수 있습니다.

12. 타임라인 조절

13. 슬라이드 메뉴

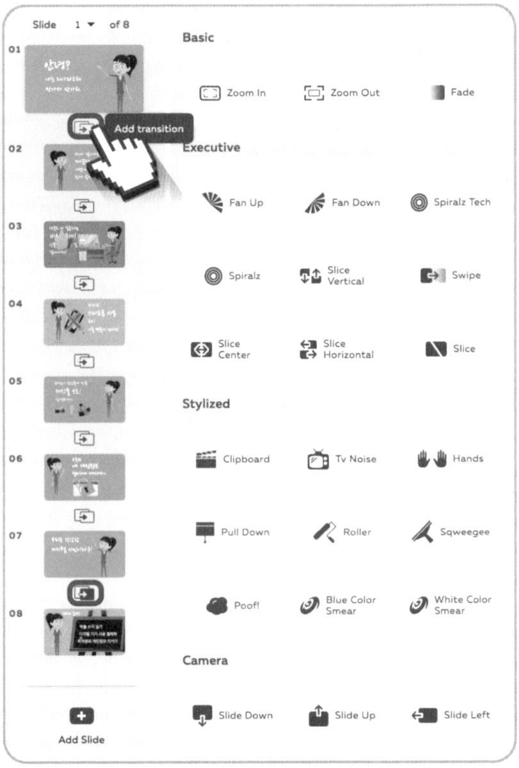

14. 슬라이드 전환 효과

오브젝트를 선택하면 타임라인에 등장하는 타이밍과 등장 효과, 퇴장하는 타이밍과 퇴장 효과를 확인할 수 있어요. 타이밍은 마우스 클릭 & 드래그하면 수정할 수 있고요. 타임라인에 표시된 효과도 클릭하면 수정할 수 있답니다. 오브젝트가 아니라 숫자가 보일 경우 마우스 오버하면 해당 타임에 겹치는 오브젝트들을 볼 수 있어요. 그중에서 원하는 오브젝트를 선택할 수 있습니다.

슬라이드 목록에 있는 슬라이드에 마우스 오버하면 우측 하단에 점 세 개 버튼이 나옵니다. 점 세 개 버튼에 마우스 오버하면 슬라이드 관련 메뉴가 나오

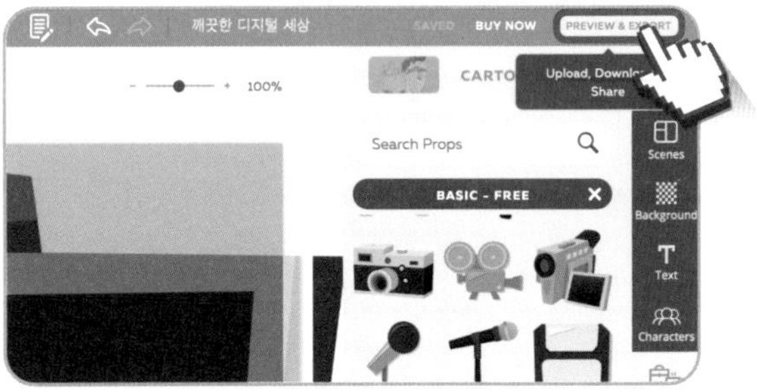

15. 저장 및 내보내기

고요. 슬라이드와 슬라이드 사이에 전환 효과 버튼을 클릭하면 다양한 슬라이드 전환 효과가 나와요. 적용하면 전환 효과 버튼이 진회색으로 칠해집니다. 전환 효과까지 적용하여 애니메이션 제작을 완료했

16. 미리보기 및 내보내기

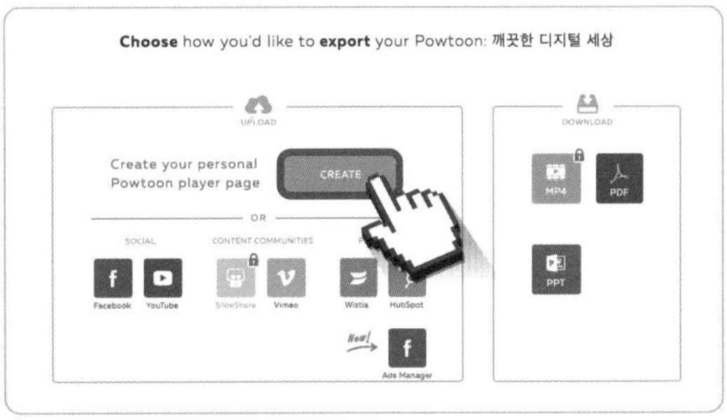

17. SNS 공유 및 파우툰 플레이어 페이지 생성

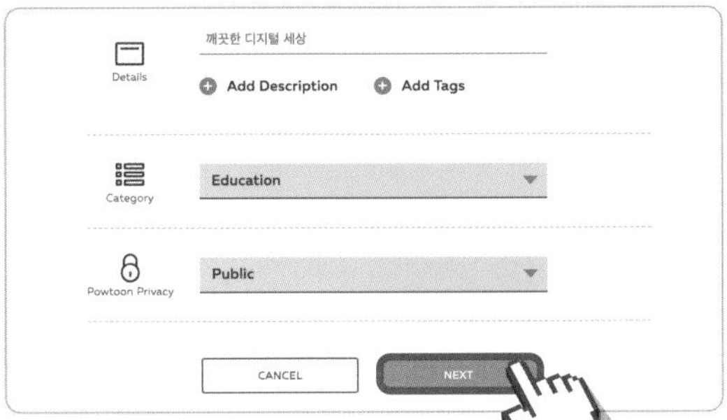

18. 카테고리 선택

19. 해상도 선택

20. 파우툰 플레이어 페이지

21. 전체화면으로 플레이

다면 저장하고 내보내기 해주세요. 무료 사용자는 SNS 공유 및 링크 추출만 가능해요. 링크를 추출하려면 파우툰 플레이어 페이지를 생성해야 한답니다. 카테고리와 해상도를 선택하면 링크 추출 페이지가 나와요. 링크 아이콘 버튼을 클릭하면 링크가 복사됩니다. 웹브라우저 주소창에 powtoon.com/c/cJP-BqFQoykB/1/m 형태의 URL을 입력하면 플레이어 페이지가 나오지요. 파우툰 플레이어 페이지는 모바일에서도 확인할 수 있어요. PC에서는 전체 화면으로 플레이하며 친구들의 작품을 감상할 수 있지요.

3. 디지털 작곡 &

아름다운 디지털 세상을 만드는 소리

퀴즈로 미리 생각해보기

1. 소리에 대한 설명으로 틀린 것은?

▲ 태아가 세상과 소통하는 첫 번째 방법이다.

◆ 소리 덕분에 좋아하는 음악을 들을 수 있다.

● 인간이 소통하는 데 가장 많이 의존하는 것이다.

■ 미디어가 없으면 소리를 들을 수 없다.

2. 다른 저작자의 음악을 사용할 때 저작권이 완전히 나에게 있는 것은?

▲ 패러디

◆ 리메이크

● 샘플링

■ 리바이벌

3. 음악을 들으면 기분이 좋아지는 이유가 아닌 것은?

▲ 엔돌핀이 나와서

◆ 비타민이 나와서

● 세로토닌이 나와서

■ 도파민이 나와서

사용하는 디지털 도구

- **크롬 뮤직랩** musiclab.chromeexperiments.com
- **후크티오리** hooktheory.com
- **곰녹음기** gom2.gomtv.com/release/down.html

디지털 도구 사용법 유튜브 영상 채널 **youtube.com/c/DigitalLiteracy**

소리가 만드는 세상

듣고 싶은 소리

감정을 표현하는 단어가 영어는 2,000여 개, 우리말은 2,600여 개의 단어가 있다고 합니다. 언어는 그 나라 사람들의 생각과 정서 발달과 매우 밀접한 관계가 있으니 한국 사람들이 영어권 사람들에 비해 좀 더 정서가 발달되었다고 해석할 수도 있겠습니다. 정서에는 감정도 포함되어 있고, 감정은 양날의 칼처럼 긍정적인 감정과 부정적인 감정도 있으니 나쁘게 표현하자면 한국 사람들이 더 감정적이라고 해석할 수도 있겠습니다.

연세대 언어정보개발연구원은 2011년에 지난 10년간 신문, 잡지, 문학작품, 교과서 등에서 일정 빈도 이상 사용된 단어만 모아서 자료집을 만들었습니다. 『현대 한국어의 어휘 빈도』라는 책인데요, 이 책에는 6만 5,000개의 단어가 정리되었습니다. 이 중 순전히 감정 상태를 표현하는 단어만 뽑아봤더니 434개였습니다.

그리고 감정과 관련된 434개의 단어를 다시 인간의 가장 기본적인 감정 단위인 쾌(快)와 불쾌(不快)로 나누어봤더니, 쾌를 표현하는 단어가 28%, 불쾌를 표현하는 단어가 72%였다고 하네요. 해석하자면 당시 지난 10년간 한국인들이 28%의 비율로 유쾌한 글을 써냈지만, 72%의 비율은 불쾌함을 글로 표현했다는 얘기입니다. 다른 나라 사람들의 수치도 궁금합니다. 어쨌든 이렇게 보면 평상시 한국 사람들이 느끼는 쾌와 불쾌의 비율이 3 대 7 정도라고 볼 수 있겠네요.

아름다운 소리를 좇는 사람들

불쾌한 말을 즐기는 사람은 없습니다. 누구나 유쾌한 말을 듣고 싶지요. 하루 중 매일매일 7의 시간 동안 또는 7의 비율로 불쾌한 말을 듣게 된다면 아름다운 소리가 참 그리울 것입니다. 그래서 사람들은 아름다운 소리를 좇나 봅니다. 세상에는 아름다운 소리가 많지요. 아침 새소리, 산의 개울물 소리, 아기 웃음소리, 어머니의 밥 짓는 소리 등등 우리를 행복하게 하는 소리들이 있습니다. 우리 삶의 7의 비율을 차지하는 불쾌한 소리 때문에 사람들은 의식적, 무의식적으로 건강한 소리, 아름다운 소리를 그리워하고 찾게 되는 것 같습니다.

막 태어난 신생아는 정서가 제대로 발달되지 않은 상태로 단순한 흥분 상태만 존재합니다. 생후 2~3개월이 되면 흥분이 쾌와 불쾌 두 가지로 분화되지요. 6개월경 쾌는 다시 기쁨, 애정, 자신감으로 분화되고, 불쾌는 분노, 혐오, 공포로 분화됩니다. 이렇게 나이가 들어가고 경험을 늘려가면서 다양한 정서로 발전합니다. 쾌와 불쾌는 인간에게 있어서 매우 원초적인 감정입니다. 인간 행동에 있어 중요한 영향을 미치지요.

'쾌'한 정서는 인간에게 행복감을 주지만, 인간의 생존에 더 도움이 되는 정서는 '불쾌'입니다. 신은 인간에게 왜 '불쾌'한 감정을 만들어주었을까요? 인간은 왜 출생 때부터 이런 감정을 갖도록 진화했을까요?

'불쾌'한 감정이 없었다면 인류는 생존하지 못했을 것입니다. 인간은 일반적으로 곤충과 뱀을 싫어합니다. 다른 생물종에 비해 유독 독이 많기 때문입니다. 역사적으로 독충과 독뱀에 많이 물려 죽었기 때문에 본능적으로 싫어하게 된 것입니다. 그래서 처음 본 곤충이라 하더라도 곤충을 보면 몸서리치고 불쾌감을 느끼게 됩니다. 이런 불쾌감이 인간에게 안전을 가져다주었지요. 이런 불쾌감이 없었다면 인류는 조심하지 않아 멸종했을 것입니다. 불쾌감은 불확실한 세계로부터 자신을 보호하는 방어기제입니다. 맛으로 감지하지 못할 정도로 살짝 상한 음식에 불쾌감을 느끼는 것, 이민족의 출현에 대해 불안해하는 것 등 모두 인간 스스로 자신을 보호하는 기제에서 발달된 정서입니다.

경험해보지 못한 새로운 것에 호기심을 갖는 것은 도전해보고 싶은 마음을 끌어냅니다. 이 덕분에 인류가 끊임없는 도전을 할 수 있었지요. 그러나 역작용도 있습니다. 위험에 둔감해져 죽음을 초래하게 되지요. 호기심은 무모함을 부르고 위험이 가득한 세상에서는 죽음을 부릅니다. 그런 면에서 '쾌'는 철딱서니 없는 행동으로 이어질 가능성이 높습니다.

어느 사회나 인간이 '쾌'보다 '불쾌'와 관련된 단어를 더 많이 사용한다는 것은 어찌 보면 당연한 이치입니다. '쾌'를 더 많이 사용하는 민족이 있었다면 멸종했을 것입니다. '불쾌'의 정서는 인간 무의식의 생존전략입니다. 한국인에게는 특히 이런 '불쾌'의 정서가 더 발달했을 수 있습니다. 일부 역사학자들의 주장처럼 한국이 5천 년 역사에서 작고 큰 침략을 모두 포함해서 5천 번의 침략을 받았다고 한다면 방어기제가 발달할 수밖에 없었을 테고 이 과정에서 '불쾌'의 정서를 극도로 발달시켰을 수 있습니다.

서울대 한병철 교수는 2012년 『피로사회』라는 책을 출간했습니다. 저자는 이 책에서 여러 각도로 한국인의 피로감을 조명했는데요, 한국인이 유독 '불쾌'의 정서를 많이 쓰고 방어기제를 많이 갖게 된 것과 같은 맥락의 이야기입니다. 대한민국이 2003년 이래로 OECD 34개 회원국 가운데 자살로 인한 사망률 1~2위를 고수하고 있다는 점도 무관하지 않습니다.

한국 사람은 방어기제를 갖고 '불쾌'한 감정을 느끼며 인생 중 70%의 시간을 보낸다고 해도 과언이 아닙니다. 이렇게 보면 한국 사람들 참 불쌍합니다. 그리고 즐거움을 좇는 게 너무나 당연해 보입니다. 70%의 시간을 '불쾌'하게 보내니 30%밖에 안 되는 '쾌'의 시간을 갈구할 수밖에 없겠지요.

정서를 만들어주는 소리

동물마다 발달한 감각기관이 다릅니다. 진화 과정에서 각기 다른 감각을 발전시켰지요. 개는 후각, 고양이는 청각이 발달했습니다. 인간은 오감이 고르게 많이 발달한 편이나 다른 동물에 비해 특출난 것은 없습니다. 후각은 개만 못하고, 청각은 고양이만 못하니까요. 대신 언어 감각기관을 발달시키면서 오감을 고르게 발달시켰습니다.

가장 기억이 오래 지속되는 것은 후각입니다. '아, 30년 전에 어머니가 끓여주시던 된장찌개 냄새와 똑같아' 이런 이야기를 들어보았을 것입니다. 다른 오감의 기억은 그렇게 오래가지 못합니다. 후각이 오래가지요. 그러나 후각은 독립적이지 않고 다른 감각기관을 보조하며 사용되는 경우가 많습니다. 촉각과 미각은 좀 더 사용빈도가 적고, 역시나 다른 감각과 연결되어 있지요. 예를 들어 눈을 가리고 시음을 하면 콜라와 사이다의 맛 구분을 잘 하지 못합니다. 소위 블라인드 테스트라고 해서 눈을 가리고 맥주나 와인 시음을 하면 엉뚱한 결과가 나오곤 합니다.

가장 의존도가 높은 것이 시각과 청각입니다. 인간은 시각에 대한 의존도가 가장 큽니다. 다른 동물에 비해 더 발달한 면도 있지요. 인간만이 다양한 색을 인식할 수 있습니다. 자연에서 보면 독이 있는 것들은 대체로 화려합니다. 자연에서 독이 있는 음식을 구분해내기 위해 진화한 결과라 할 수 있지요. 인간에게 시각 다음으로 중요한 기관이 청각입니다. 의존도는 시각이 높지만, 정서적인 면에서 보면 청각이 훨씬 더 중요합니다.

엄마 배 속에 있는 태아 시기에는 엄마에게 100% 의존하는 상황이지요. 독립적인 생명체로서 존재할 수 없습니다. 이러한 태아 시기와 신생아 시기에는 시각보다 청각에 대한 의존도가 높습니다. 정서적인 안정이 중요하기 때문이지요. 엄마 배 속에서는 철저히 청각에 의존하고, 신생아 시기에도 시력이 많이 발달되어 있지 않은 상태로 청각에 많은 것을 의존합니다.

청각은 태아가 외부의 정보를 받아들이는 첫 감각기관이자 가장 중요한 부분입니다. 청각을 통해 소통의 첫 경험을 하게 됩니다. 소리는 공기라는 미디어를 통해 전달되지만, 엄마 배 속에 있을 때는 자궁 속 양수가 미디어가 되어 이를 통해 소리를 듣지요. 이렇게 듣는 소리는 태아의 뇌 발달에 큰 영향을 줍니다. 임신 6개월 이후부터는 태아의 뇌세포가 매일 5,000만 개 이상 만들어지는데, 청각을 통해 세상과 소통하며 80퍼센트 이상의 뇌가 발달됩니다.

태아는 자궁에서 엄마의 심장 소리, 소화계 소리, 목소리를 듣고 반응하고 기억합니다. 엄마의 심장 박동이 규칙적이고 안정적이면 태아도 편안한 표정을 짓고 행복해합니다. 태어난 후에도 울고 있는 신생아에게 엄마의 심장 박동 소리를 들려주면 울음을 그치는 이유가 여기에 있습니다.

설사 엄마 배 속이라도 엄마가 태아의 반응을 무시하고 일방적으로 커뮤니케이션하면 태아도 소통의 두려움을 느낀다고 합니다. 반대로 감미로운 음악을 들으며 다정한 목소리로 태아와 커뮤니케이션을 나누면 태아는 배 속에서부터 엄마와 교감하게 되어 소통에 대한 긍정적인 경험을 하게 되지요. 이를 통해서 커뮤니케이션에서 가장 기본이 되는 적극적 경청 능력을 배 속에서부터 자연스럽게 습득할 수 있게 된다고 합니다.

태아에게 비발디나 모차르트와 같이 가볍고 밝은 느낌의 음악을 들려주면 심장 박동이 안정되는 한편, 베토벤의 웅장한 음악이나 록 음악을 들려주면 태아의 움직임(胎動)이 활발해집니다. 리듬에 대한 학습 과정이 엄마의 자궁에서 시작되는 것이지요. 청력학자인 미셸 클레멘츠 박사(Dr. Michele Clements)는 태아들도 음악에 대한 선호도가 뚜렷하다고 하니 태아가 듣는 소리의 중요성을 간과해서는 안 되겠지요.

정서는 시각, 후각 등 다른 감각기관보다 청각기관과 가장 연관성이 높습니다. 공포영화는 시각적으로도 무서움을 전달하지만 오디오의 비중이 더 큽니다. 무서운 공포영화도 소리를 끄고 나면 무서움이 확 반감되는 이유가 여기에 있습니다. 만약 새마을운동 노래라도 튼다면 아무리 강력한 공포영화도 코믹물로 바뀌어버립니다. 그만큼 소리가 정서에 미치는 영향이 제일 큰 것입니다.

여자들은 남자를 고를 때 목소리를 중요하게 생각합니다. 심리학자 앨버트 머라비언은 커뮤니케이션에서 비언어 영역이 93%를 차지하고, 그중 목소리 비중이 38%라고 설명합니다. 즉 커뮤니케이션에서 목소리가 차지하는 비중이 가장 큰 것이지요. 상대방에게 얼마나 신뢰를 줄 수 있는지, 같이 있는 상대에게 얼마나 정서적 안정감을 줄 수 있는지는 말의 내용이나 표정 태도보다도 목소리 자체가 주는 정서적 느낌이 가장 중요하다는 것이지요. 우리가 어머니의 목소리와 자장가를 듣고 푸근함과 세상에서 가장 편안함을 느끼는 이유가 여기에 있습니다. '고향의 소리'라고는 해도 '고향의 향기'라고는 하지 않는 것처럼 말이지요.

음악이 만드는 세상

음악 장르마다의 정서

여러분은 어떤 장르의 음악을 좋아하나요? 클래식, 재즈, 록, 힙합, 팝, 샹송, 칸초네, 살사, 보사노바 등 음악에는 다양한 장르가 있습니다. 이러한 장르들은 시대, 지역, 문화를 배경으로 탄생하고 발달해왔지요. 덕분에 특정 음악을 들으면 다른 나라에 온 듯한 이국적인 정서를 느끼게 됩니다. 해외여행을 갈 때 그 나라 음식을 맛보고 문화를 배워보는 것처럼 그 지역의 음악에도 흠뻑 빠져보세요. 여행 기간 동안에 그 지역 음악에 심취해보면 여행의 풍미가 더욱 살아날 것입니다.

먼저 클래식(Classic)은 '고전'이라는 뜻이지요. 옛날에 만들어진 것으로 오랜 시대를 거쳐 현재까지도 높은 평가를 받고 있는 예술작품을 의미합니다. 단순히 음악만을 말하는 것은 아니라 스포츠 등 여러 분야에서도 사용되지요. 클래식에서 클래스(Class)는 비행기 좌석의 등급이나 사회적 계급을 따질 때도 쓰입니다. 고대 로마시대 '클라시스(Classis)'에서 유래한 것으로 당시에는 상류사회 부유 계급을 지칭하는 용어이기도 했지요. 이렇게 보면 클래식 음악은 어렵고 따분한 장르의 음악이 아니라, 나의 수준을 올려주고 마음의 품격을 높여주는 것이라 생각할 수 있겠습니다. 우리도 멋진 클래식 음악을 들으며 로마시대 귀족이 된 듯 고상하게 감상을 해보는 건 어떨까요? 당시 사람들의 정서를 느껴보면 우리의 정서도 풍부해지지 않을까요?

클래식과는 정반대로 매우 서민적인 음악이 있습니다. 19세기 말 미국 흑인 노예들에 의해 탄생한 음악, 블루스입니다. 블루스(Blues)는 영어 단어 블루(Blue)에서 온 용어인데요, 블루는 '파란색'의 의미도 있지만 '우울한' '슬픈'의 뜻도 있습니다. 17세기부터 미국으로 끌려와 남부 지방, 특히 미시시피 델타의 목화밭에서 노동을 착취당하던 아프리카 흑인 노예들은 억압과 노역을 견디면서 음악을 자신들의 안식처로 삼았습니다. 고달픈 삶을 노동가(Work Song)로 달랬고, 백인의 종교인 기독교로 개종하면서 교회 음악에 자신들의 운율을 섞어 흑인 영가(Gospel song)로 발전시켰지요. 처음에는 목화밭에서 일하며 소리를 질러대는 것에서 시작되었으나, 점차 노예들 간에 주거니 받거니 하면서 부르는 형태로 발전했습니다. 19세기 말이 되면서 혼자서 기타나 하모니카를 연주하며 노래하는 방식으로 틀을 갖추게 되었습니다. 블루스는 흑인들의 애환이 담겨 있는 노래입니다. 영혼의 울림이 느껴지지요. 블루스 음악으로 나의 영혼을 깨워보고, 인생의 깊은 맛을 느껴보는 건 어떨까요?

블루스의 영향을 받았고, 상당히 닮았지만 완전히 다른 감성을 주는 음악이 있습니다. 바로 재즈인데요, 재즈는 20세기 초 뉴올리언스에서 태어났습니다. 흑인영가에 트럼펫, 색소폰 등 금관악기가 어우러지면서 새로운 장르가 태어났지요. 재즈의 독특한 특징은 유연성입니다. 재즈 음악인들은 라이브 공연에서 같은 곡을 두 번 똑같이 연주하는 법이 없다고 합니다. 악보와 가사를 바꾸어 즉석에서 변주곡을 만들어 연주합니다. 아예 악보가 없이 무대에서 즉흥적으로 곡을 만들면서 함께 연주를 하기도 합니다. 목화밭에서 주거니 받거니 했던 블루스의 전통이 재즈에서 다시 구현된 것이지요. 블루스가 영혼을 달래는 음악이라면, 재즈는 사랑을 부르는 음악입니다. 블루스의 영향을 받았지만, 슬픈 블루스와는 달리 재즈는 밝고 유쾌하지요, 로맨스 영화의 OST들, 그리고 크리스마스 시즌만 되면 주변에 흘러나오며 우리 마음을 훈훈하게 해주는 음악이 바로 재즈입니다.

재즈는 연주 방식 면에서 클래식과 견주어 정반대 개념으로 설명되곤 합니다. 클래식의 오케스트라가 지휘자의 방식대로 음악을 해석하여 그의 통제하에 단원들이 조직적으로 움직이며 함께 연주해내는 방식이라면, 재즈는 지휘자 없이 번갈아가며 리드를 하기도 하고 주어진 악보 없이 현장에서 유연하고 자유롭게 연주를 이어가는 방식이기 때문입니다. 재즈 음악을 들을 때는 눈을 살짝 감고 연주자들 옆에 서서 함께 연주하는 상상을 해보세요. 재즈의 자유로움과 유머를 느낄 수 있을 것입니다.

재즈의 영향을 받았지만, 또 완전히 다른 장르의 음악이 있습니다. 살사(Salsa)인데요, 살사는 1950년대 미국 뉴욕으로 이주한 쿠바인과 푸에르토리코인들이 발전시킨 댄스음악입니다. 블루스와 재즈의 영향을 받았지만, 끈적끈적한 블루스나 사랑스러운 재즈와는 달리 열정적이면서도 건전하고 율동감이 넘치는 음악입니다. 살사라는 용어는 스페인어로 소금을 뜻하는 'Sal'과 소스라는 뜻의 'Salsa'에서 유래된 말입니다. 양념소스라는 이미지처럼 격렬하고 화끈하지요. 마을축제나 파티에서 남녀노소 상관없이 가족들이 모두 어우러져 춤추며 즐기는 음악입니다. 살사 음악을 들으며 몸을 움직여보고 쿠바 사람들의 열정을 느껴보는 것도 좋겠습니다.

각 장르마다 어떤 배경과 의미가 있는지 알고 듣는다면, 그리고 저마다의 문화와 정서를 이해한다면 음악을 훨씬 더 풍부하게 즐길 수 있습니다.

이 외에도 수많은 장르의 음악들이 있습니다. 7음계로 표현하는 것치고는 참 다양하지요. 음악은 이렇게 시대, 문화와 함께 발전해왔습니다. 음악도 넓은 의미에서 보면 미디어입니다. 음악이란 매개체를 통해 감정을 공유하지요. 우리는 18세기 목화밭에서 노예 생활을 해보지 않았지만 흑인 영가를 통해 당시 그들의 감정을 느낄 수 있습니다. 프랑스에 가본 적이 없어도 샹송을 들으며 파리의 퐁네프 다리를 걷는 것 같은 감상에 젖기도 합니다. 음악이란 미디어가 우리를 18세기로 시간 여행을 하게 해주고 퐁네프 다리로 데려가 주기도 합니다.

다양한 음악을 즐기지 못하고 자신에게 익숙한 음악만 듣는 것은 음식을 편식하는 것과 같습니다. 영양분을 고르게 섭취해야 몸이 건강해지는 것처럼 다양한 음악을 즐기면 마음이 건강해지고 정서가 풍부해질 수 있습니다.

음악이 만들어주는 세상

인류가 개발한 수많은 놀이 중 가장 건전한 것이 문화 예술과 스포츠입니다. 스포츠는 과도한 경쟁으로 종종 문제가 되기도 하지만, 문화 예술은 그렇지 않지요. 문화 예술은 저마다 가치를 갖고 있어서 경쟁이 무의미하기 때문입니다. 문화 예술 분야 중에서 가장 대중화되고 모든 연령, 모든 문화에서 사랑받는 것이 음악입니다. 음악은 적은 비용으로도 누구나 즐길 수 있지요. 전 세계 어느 나라를 가든 음악 프로그램이 있습니다.

좋은 노랫말 쓰기

세상에는 좋은 노래들이 많습니다. 곡이 좋은 노래도 있고, 가사가 좋은 노래도 있지요. 노래를 만들 때 가사를 먼저 쓰고 곡을 쓰는 것이 일반적이지만 반대로 하는 사람들도 있습니다. 작곡을 먼저 하고 곡에 맞춰 가사를 쓰는 것이지요. 작사와 작곡을 하면서 노래도 부르는 음악가를 싱어송라이터(Singer-songwriter)라고 하는데요, 곡과 가사를 적절히 조절할 수 있는 장점이 있습니다.

좋은 가사의 노래는 사람들에게 더 큰 감동을 주곤 합니다. 좋은 노래 가사는 어떻게 써야 할까요? 노래 가사를 쓸 때는 자신의 경험을 바탕으로 쓰는 것이 좋습니다. 그래야 가사에 힘이 실리고 생동감과 깊이가 있습니다. 자신만의 경험이지만, 모두가 공감할 수 있는 내용이 좋겠지요. 예를 들어 '우리 어머님은 언제나 나를 위해 희생만 하신다. 그래서 어머니를 생각하면 죄송하고 마음이 아프다'는 감정은 누구나 느낄 수 있는 보편적인 것입니다. 나의 경험이지만, 누구나 공감할 수 있는 내용이지요. 좋은 가사는 이렇게 누구나 공감할 수 있는 정서에 대해 쓰지만, 실제 써 내려갈 때는 나만의 경험을 담아서 구체적으로 쓰는 것이 좋습니다. 그럼 아래 가이드에 따라 좋은 노래 가사를 만들어보세요.

작사 가이드

하나. 주제를 정한다. (꿈, 가족, 우정, 친구, 희망, 통일, 사랑, 이별 등)
둘. (선명하고 구체적인 가사를 위해) 사연, 등장인물, 배경 등 모든 이야기와 느낌을 적어본다.
셋. 성격, 외모, 성별, 나이 등 주인공에 대해 자세하게 설정한다.
넷. (학교, 집, 공원, 상상 속 장소 등) 중심이 되는 공간적 배경을 정한다.
다섯. 전체 이야기와 느낌에 잘 어울리면서 연상되는 단어들을 떠올리며 적어본다.
여섯. 솔직하고 생생하게 쓰되, 흔한 얘기가 되지 않도록 나만의 새로운 경험을 포함한다.
일곱. 멜로디와 잘 어울리는 가사를 쓴다. (노래는 웅장한데 가사는 귀엽게 X)
여덟. 발음이 편하면서 내용이 귀에 쏙쏙 들어오는 쉬운 단어와 문장으로 쓴다.
아홉. (멋있게 쓰려는 욕심을 버리고) 마음속 생각과 감정을 끌어내어 담는다.
열. 시의 운율처럼, 랩 가사처럼 라임을 살려서 만든다.

표현기법

- 도치법 : 앞뒤를 바꿔서 강조. ex) 사랑해, 너를.
- 비유법 : 표현하려는 것을 비슷한 다른 대상에 빗대어 표현.
  ex) 총 맞은 것처럼, 나비처럼 훨훨 날아서.
- 은유법 : 표현하는 대상을 다른 대상에 비유. ex) 하얀 눈처럼 희고도 깨끗한 솜사탕.
- 의인법 : 사물을 사람처럼, 감정이 있는 것으로 표현.
  ex) 바람이 머물다간 들판에, 색동옷 갈아입은 가을 언덕.
- 반어법 : 나타내고자 하는 뜻과 반대로 표현.
  ex) 나 보기가 역겨워 가실 때에는 죽어도 아니 눈물 흘리오리다.
- 과장법 : 실제보다 훨씬 더하게 또는 훨씬 덜하게 나타내는 수사법. ex) 천년이 가도.
- 영탄법 : 감탄사를 넣어 감정을 강화해서 표현. ex) 어머나 어머나 이러지 마세요.
- 반복법 : 강조하고 싶은 내용, 중요한 부분을 반복.
  ex) Sorry Sorry Sorry Sorry 내가 내가 내가 먼저.
- 열거법 : 여러 가지를 나열하는 방식.
  ex) 청바지가 잘 어울리는 여자 밥을 많이 먹어도 배 안 나오는 여자.

인공지능과 음악

돈 한 푼 들이지 않고도 누구나 음악을 즐길 수 있습니다. 누구나 음악의 소비자가 될 수는 있지만 생산자가 되기는 어렵지요. 화성을 배워야 하고 악보도 볼 줄 알아야 합니다. 전문가로부터 배우지 않으면 어려운 일입니다. 인터넷에서 무료 정보를 찾아 배울 수도 있겠지만 시간과 노력을 들여야 합니다. 설사 이렇게 공을 들여 음악적 지식을 갖췄다 하더라도 정작 다룰 수 있는 악기가 없다면 직접 음악을 만드는 것은 불가능하지요.

그러나 세상이 바뀌었습니다. 이제 작곡을 하는 디지털 미디어 플랫폼을 이용하면 누구나 음악을 만들 수 있습니다. 화성이나 박자, 멜로디를 몰라도 작곡을 할 수 있지요. 이제는 수동적으로 음악을 소비하기만 하는 사람에서 적극적으로 음악을 생산하는 사람이 되어보세요. 인공지능 작곡 플랫폼을 이용하면, 음악적 지식이 없고 다룰 줄 아는 악기가 없어도 쉽고 재미있게 음악을 만들 수 있습니다.

인공지능과 디지털 미디어 시대가 되면서 문화 예술은 더욱 발전할 수 있습니다. 과거에는 지식과 재능 없이는 불가능했던 것이 이제는 디지털 미디어를 이용하여 누구나 가능하게 됩니다. 앞으로 음악적 지식과 기술은 그다지 중요하지 않습니다. 디지털 미디어가 나에게 없는 지식을 메꿔주고, 내가 할 수 없는 연주도 대신해줄 테니까요. 그저 음악을 향한 열정과 창작을 위한 감성만 있다면 누구든 음악가가 될 수 있고, 작곡자도 될 수 있습니다.

인공지능과 로봇에 의해 인류의 생산성이 늘어나고, 노동 개념이 재해석되면 인류는 무엇을 하게 될까요? 정부가 로봇을 자체 생산하여 공공 로봇이 모든 노동을 대체하게 된다면, 그래서 인간이 더 이상 일을 할 필요가 없어지고 정부로부터 기초 생활비를 받으면서 충분히 살아갈 수 있는 세상이 온다면 어떻게 될까요? 물론 가정입니다. 그러나 확실한 것은 인공지능과 로봇의 도움을 받아 인류의 노동 생산성이 엄청나게 향상될 것이고, 그에 따라 여가 시간은 늘어날 것입니다. 그럼 남는 시간 동안 인류는 무엇을 하며 시간을 보내게 될까요? 분명 문화 예술에 남는 시간을 쓸 것입니다. 돈도 쓰겠지요. 그런 날이 오면 문화 예술은 더 이상 돈 많은 사람들만 향유할 수 있는 사치품이 아닐 것입니다.

지금까지 문화 예술가는 배고픈 직업으로 분류되었지만, 4차 산업혁명시대에는 가장 촉망받는 직업이 될 수도 있습니다.

아름다운 음악을 더 아름답게

표절은 지적재산권의 침해로 원저작자의 경제적 이득을 해치는 것이므로 법으로 다스려야 할 절도죄입니다. 청중은 친숙한 것을 좋아하기 때문에 창작자들은 좀 더 친숙한 멜로디를 찾다 보니 표절이 많이 일어나지요. 대표적인 예로 가수 이효리의 〈하우 디드 위 겟(How Did We Get)〉 〈

브링 잇 백(Bring It Back)〉 등을 들 수 있습니다. 6곡 모두 번안곡 수준의 표절로 판정 나면서 작곡가는 구속되었지요.

번안곡이란 원곡의 가사와 멜로디를 그대로 두고 가사만 우리말로 번역한 것입니다. 물론 원작자에게 저작권료를 지불해야 하지요. 통기타 음악이 인기를 끌었던 1970년대에 서양 팝 음악의 번안곡이 상당히 많았습니다.

리메이크는 예전 곡을 새로운 방식으로 편곡해 발표하는 것입니다. 표절과 리메이크의 차이는 표절이 기존 곡을 그대로 차용하는 데 비해 리메이크는 원곡을 자신만의 새로운 방식으로 편곡한다는 데 있습니다. 서태지 데뷔 25주년을 기념하여 방탄소년단이 〈컴백홈〉을 리메이크한 것이 좋은 예입니다. RM과 제이홉이 랩 메이킹에 직접 참여해 방탄소년단의 색을 입힌 리메이크 버전은 원곡자인 서태지에게도 극찬을 받았었다고 합니다.

리메이크와 혼동해서 쓰는 개념이 리바이벌인데요, 리메이크와 리바이벌은 '다시 부른다'는 공통점을 가지고 있으나 리메이크는 원곡 자체를 변형하고 자신만의 색깔로 바꾸는 데 비해 리바이벌은 원곡에 얼마나 충실하냐가 관건이 됩니다. 리메이크는 악기, 연주 패턴, 비트, 속도 등에 다양한 변화를 주려고 하는 반면, 리바이벌은 원곡이 그대로 사용됩니다.

리메이크와 혼동될 수 있는 또 한 가지가 패러디입니다. 리메이크는 부분적인 수정을 가하지만 대체로 원작의 의도를 충실히 따르는 반면 패러디는 원작의 이름은 빌리지만 사회 풍자를 담아 새로운 장르의 작품을 창조해낸다는 점에서 다릅니다. 패러디란 '차이를 가진 반복'이란 뜻이므로 넓은 의미에서는 리메이크도 패러디의 확장된 개념으로 해석될 수 있습니다.

최근 음악계에는 샘플링이 점점 늘어나고 있습니다. 이미 존재하는 녹음 결과물을 새로운 음악 작업에 사용하는 건데요, 원저작자와 계약을 통해 차용하는 샘플링과 샘플링 CD나 샘플링 소스의 비용을 지불하고 구입해 사용하는 두 가지 경우가 있습니다. 대표적인 예로 비발디의 〈사계(四季)〉의 멜로디를 사용한 이현우의 〈헤어진 다음 날〉을 들 수 있습니다.

디지털 음원을 만들어보아요.

1) 음악으로 전달하고 싶은 메시지를 정리해주세요.

어떠한 메시지를 전달하고 싶은가요?
음악 컨셉, 가사를 적어주세요.

2) 친구들이 작곡한 음악을 평가해주세요.

친구들이 만든 음악을 듣고, 어떤 감정이 드는지 적어주세요.
친구가 전하고 싶은 메시지를 음원으로 잘 표현했는지 확인하고 점수를 매겨주세요.

크롬뮤직랩 musiclab.chromeexperiments.com

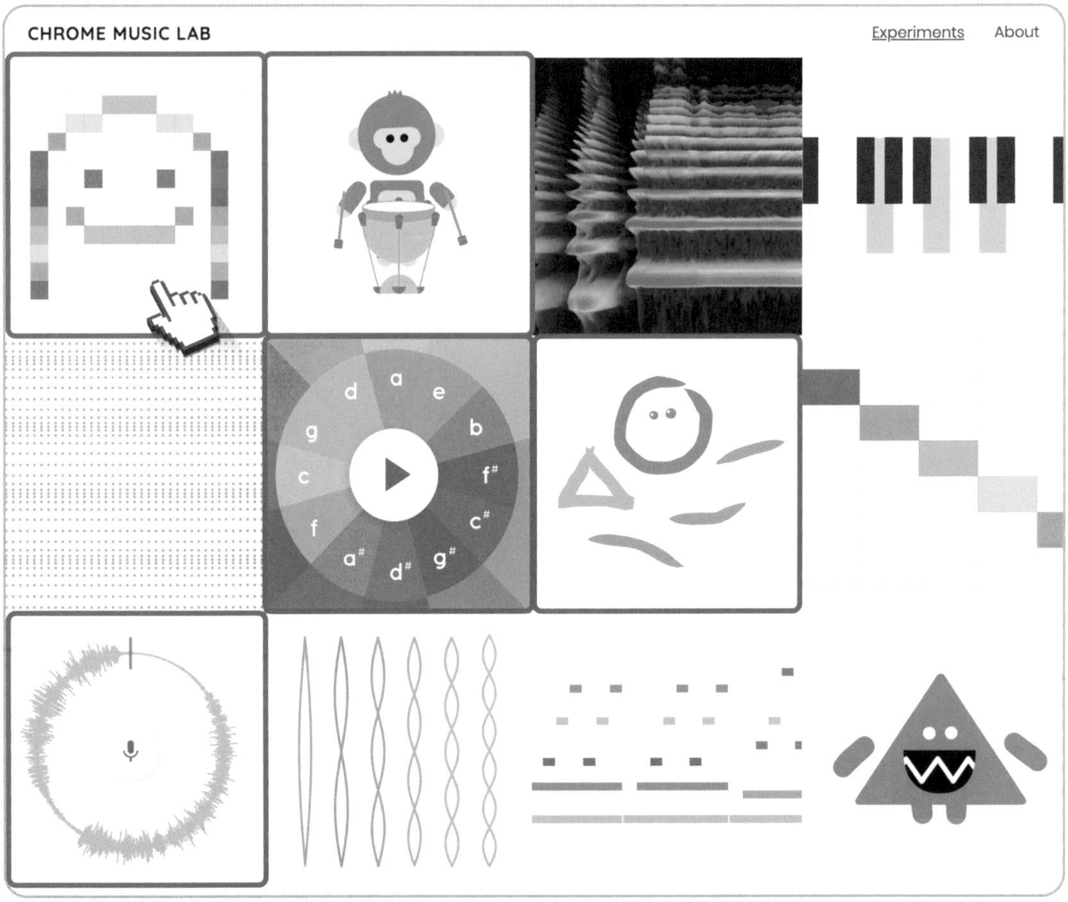

1. 크롬뮤직랩 메인

크롬뮤직랩은 크롬이 제공하는 음악 실험 사이트입니다. 이곳에서 놀다 보면 어느새 음악의 어려운 개념을 쉽게 익힐 수 있지요. 사용법도 매우 간단해서 따로 배울 필요가 없어요. 그럼 음악을 만들어 공유가 가능한 송메이커와 리듬, 아르페지오, 칸딘스키, 보이스 스피너를 차례대로 소개해드릴게요. 우선 송메이커부터 들어가 볼까요?

송메이커는 멜로디와 리듬을 합쳐 하나의 음악을

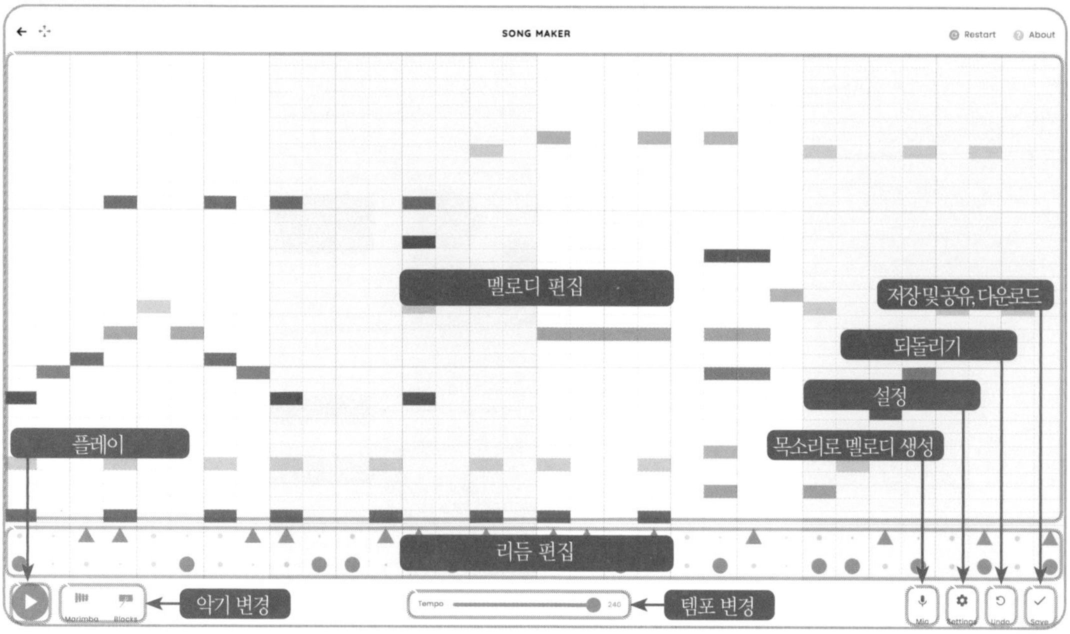

2. 송메이커

만들 수 있는 초간단 작곡 도구입니다. 멜로디 영역에서 멜로디를 만들고, 하단은 리듬을 만들 수 있어요. 멜로디 악기와 리듬 악기를 변경할 수도 있고, 템포를 변경할 수도 있지요. **Mic** 버튼을 클릭하면 내 목소리로 멜로디를 만들 수 있어요. **Settings** 메뉴에서 전체 마디 숫자인 **Length**, 한 마디에 포함된 바의 개수인 **Beats per bar**, 한 박자 내 분할 비트 숫자인 **Split beats into**를 가감할 수 있지요. **Scale**에서는 피아노 하얀 건반인 7음계 **Major**, 피아노 검은 건반인 5음계 **Pentatonic**, 반음계 피아노 모든 건반인 반음계 **Chromatic** 중 하나를 선택할 수 있어요. **Save** 버튼을 클릭하면 만든 음악 링크를 복사해서 공유할 수 있습니다. MIDI나 WAV 파일로 다운로드할 수 있어요.

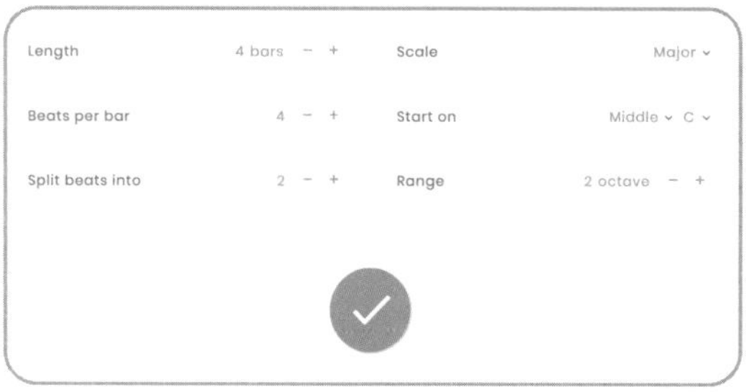

3. 설정 화면

4. 저장 화면

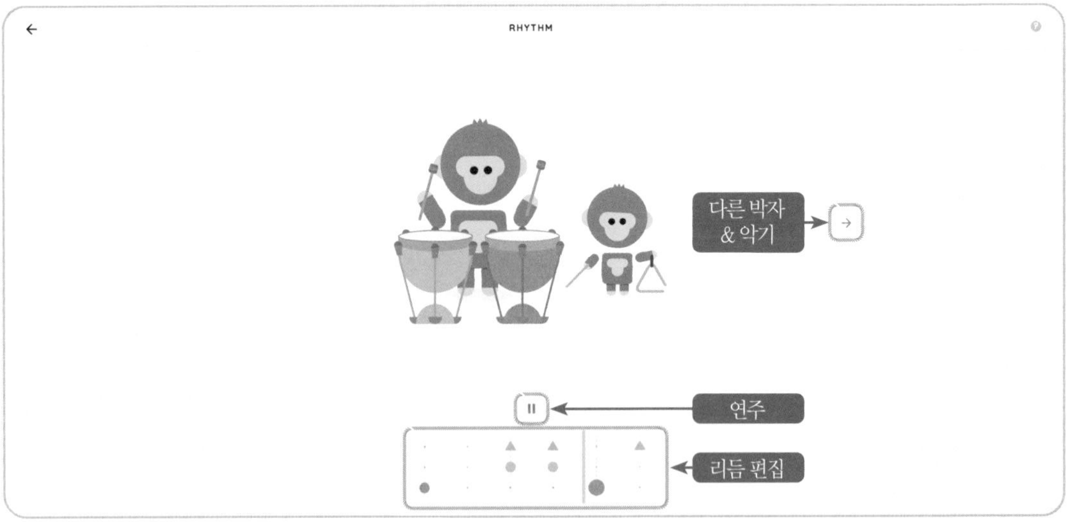

5. 리듬

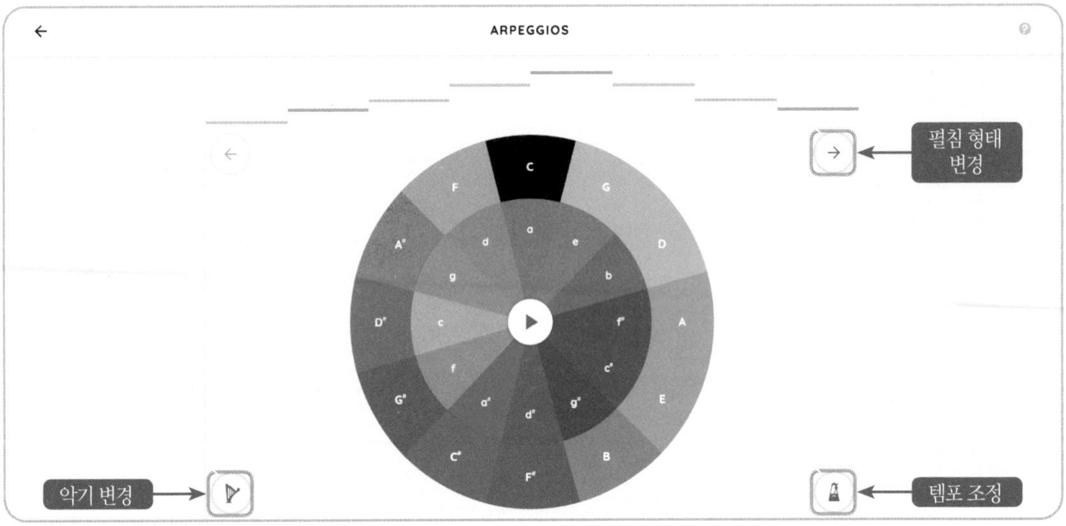

6. 아르페지오

RHYTHM은 복잡한 구성 없이 리듬에서 가장 기본이 되는 킥, 스네어, 하이 햇 이렇게 세 가지로 구성되어 있어서 리듬에 관한 기초 정보를 쌓는 데 도움이 됩니다. 리듬에 맞춰 암기해야 할 내용을 랩으로 공부하면 훨씬 재밌겠지요?

ARPEGGIOS는 펼친 화음이라고 이야기할 수 있어요. 대문자로 나와 있는 것은 메이저인 장조 코드이고요. 소문자로 나와 있는 코드는 마이너인 단조 코드

7. 칸딘스키

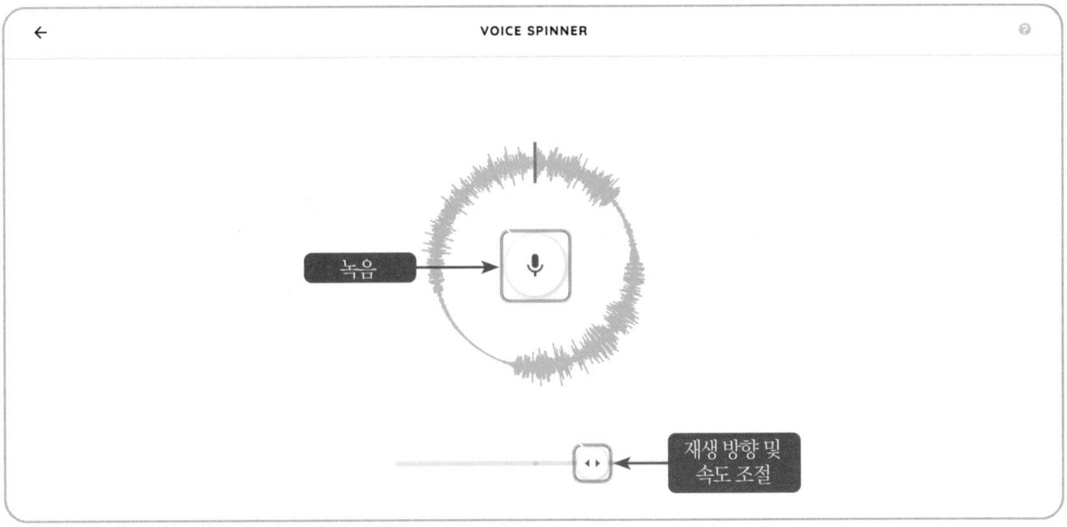

8. 보이스 스피너

입니다. 화음 구성을 이해하는 데 도움이 되겠지요? KANDINSKY는 그림을 음악으로 표현해줍니다. 캔버스에 그림을 그리고 Play 버튼을 클릭하면 그림이 음악이 되지요. Play 버튼 좌측 버튼을 클릭하면 악기를 변경해서 연주해볼 수 있어요.

VOICE SPINNER는 목소리 녹음 후 스피너를 조절하여 느리게 또는 빠르게, 앞으로 또는 뒤로 이동하여 사운드에 어떤 영향을 주는지 들어볼 수 있어요.

후크티오리 hooktheory.com

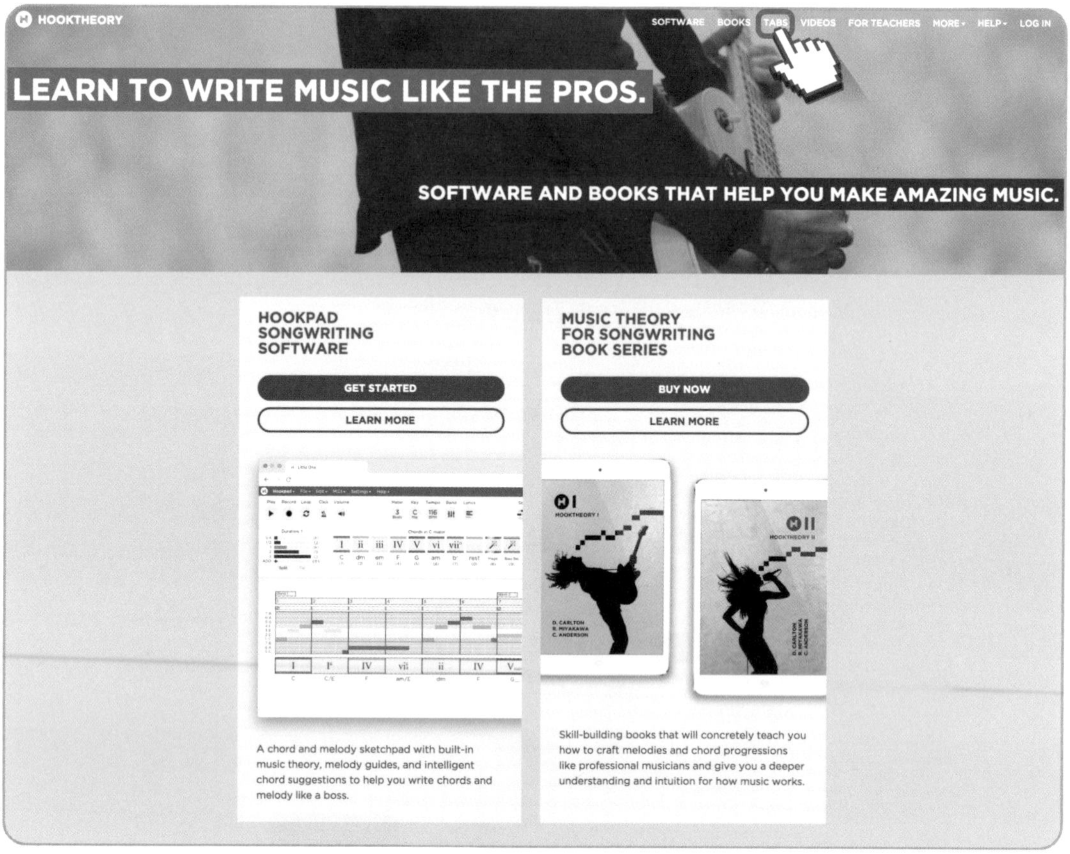

1. 후크티오리 메인

후크티오리는 코드 기반 작곡 도구입니다. 코드 진행 방법을 빅데이터 기반으로 안내해주고, 전문가 수준의 작곡이 가능하도록 가이드해주지요. 이용법 또한 쉽게 배울 수 있어 초등학생도 활용할 수 있답니다. 음악 기초를 몰라도 후크티오리의 후크패드를 통해 작곡을 하다 보면 자연스럽게 음악 기초를 알게 되지요. 그럼 지금부터 후크티오리를 살펴보도록 하겠습니다.

TABS 메뉴를 클릭하면 인기곡들의 코드 구성을 배울 수 있어요. 멜로디의 길이, 박자 등을 확인할

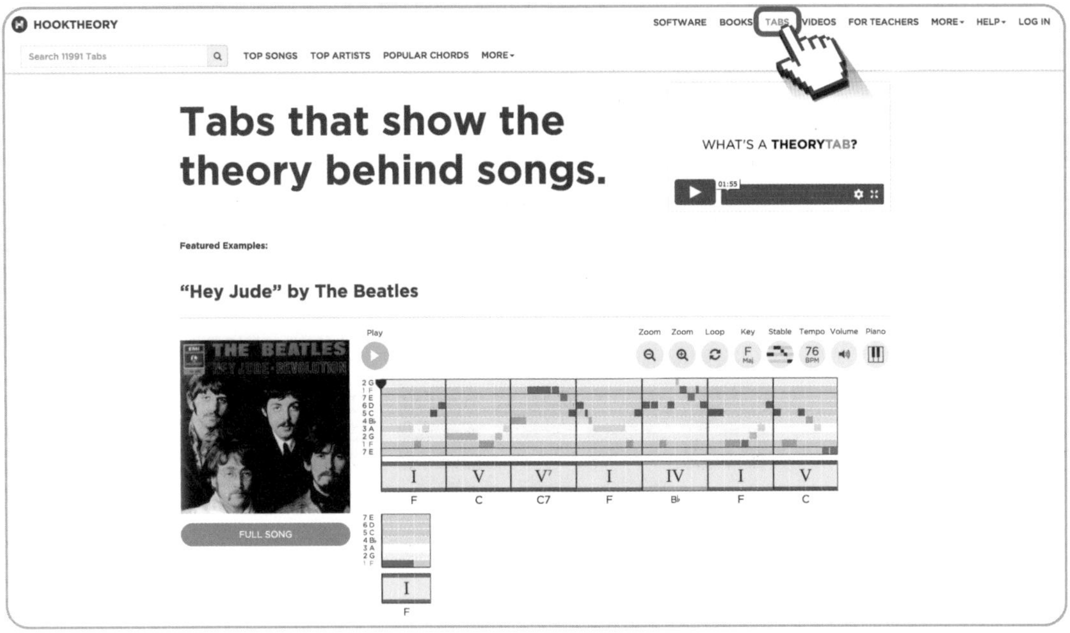

2. 후크패드로 표현한 곡

수 있지요. TOP SONGS를 클릭하시면 인기곡 리스트를 보여줍니다. 해당 곡을 클릭하면 전주, 멜로디, 간주, 코러스 등 영역별로 어떻게 구성되어 있는지 볼 수 있어요. POPULAR CHORDS를 클릭하면 인기곡에서 많이 사용된 코드를 확인할 수 있습니다. 해당 코드를 이용한 곡들을 들으면서 확인할 수 있는데요, 이렇게 들어본 음악 스타일이 마음에 들면 코드 자체에는 저작권이 없기 때문에 해당 코드

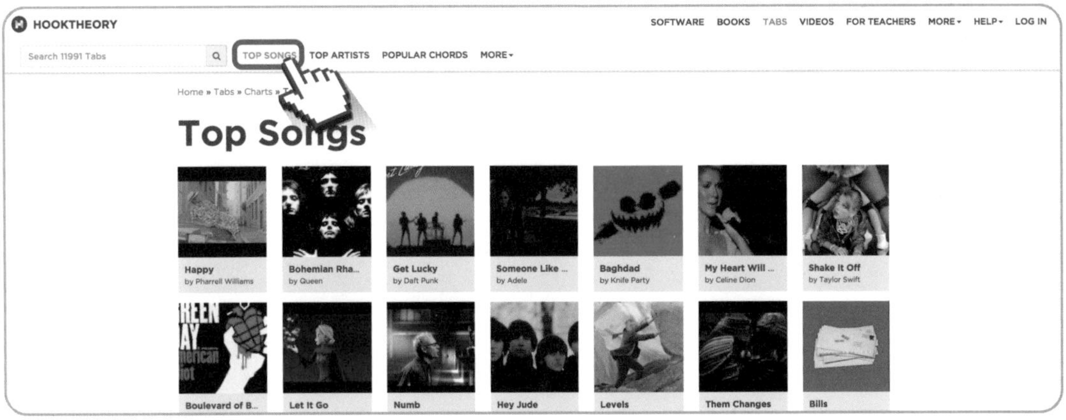

3. 인기곡 리스트

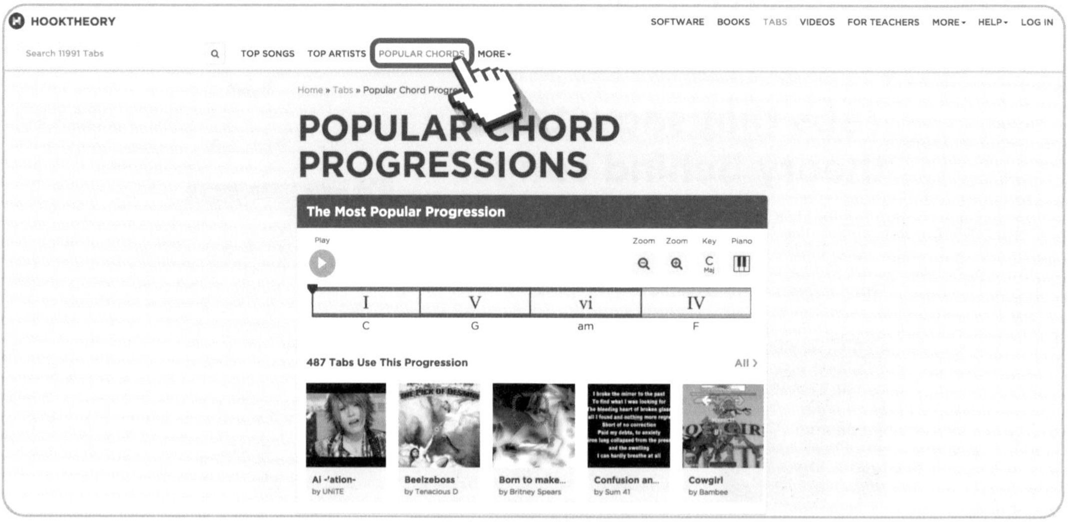

4. 인기 코드

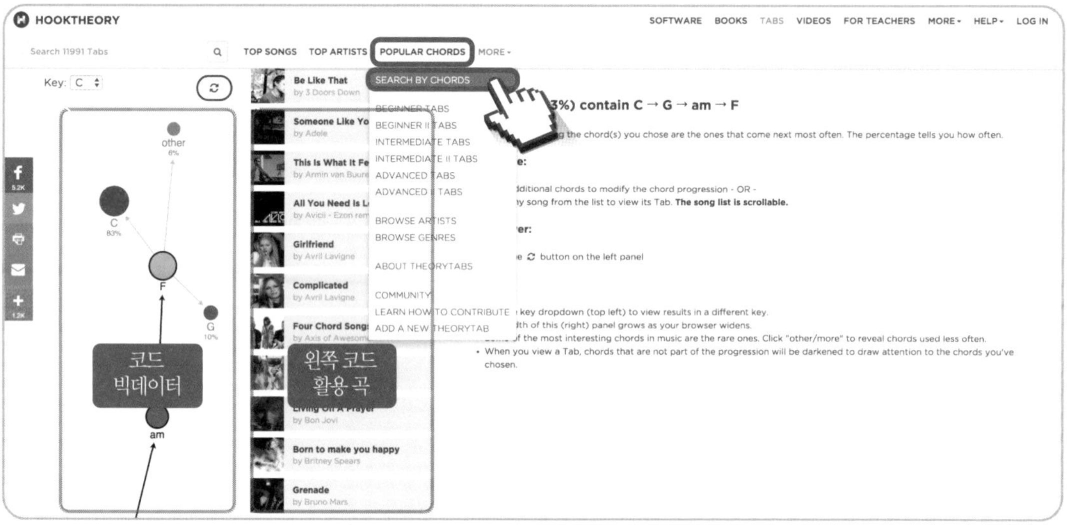

5. 코드 빅데이터

진행 순서를 적용해서 작곡할 수 있지요. MORE 버튼을 클릭하면 다양한 리스트 메뉴가 나옵니다. 그 중 SEARCH BY CHORDS를 클릭하면 코드를 직접 나열해볼 수 있어요. 다양한 색으로 표현된 동그란 코드 중 원하는 코드를 선택해주세요. 선택한 코드 다음에 이어질 코드를 계속 선택하면 되는데요, 이때 빅데이터로 분석된 코드 진행 통계와 동일한 코드 진행 음악 리스트가 나오니 참고하면 됩니다.

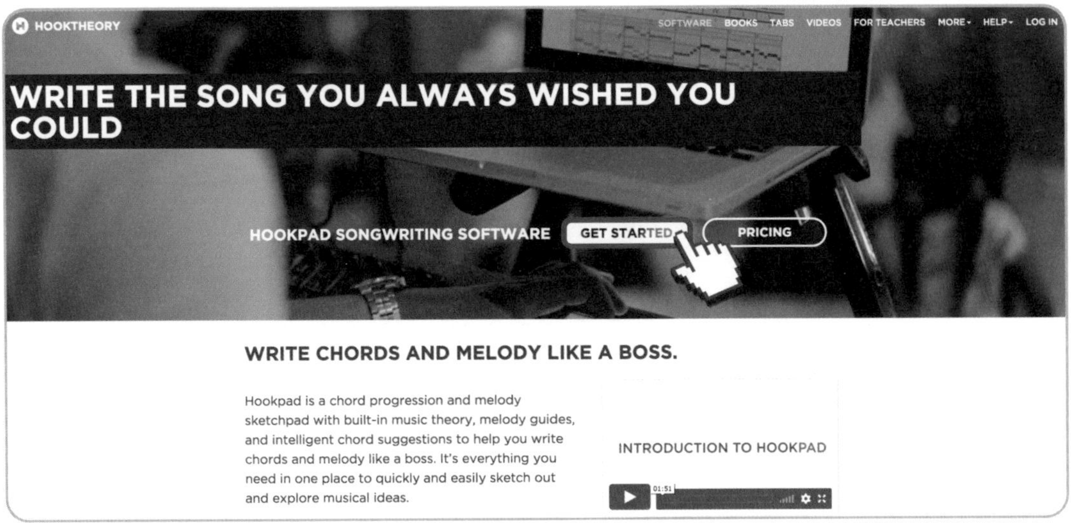

6. 후크패드 시작

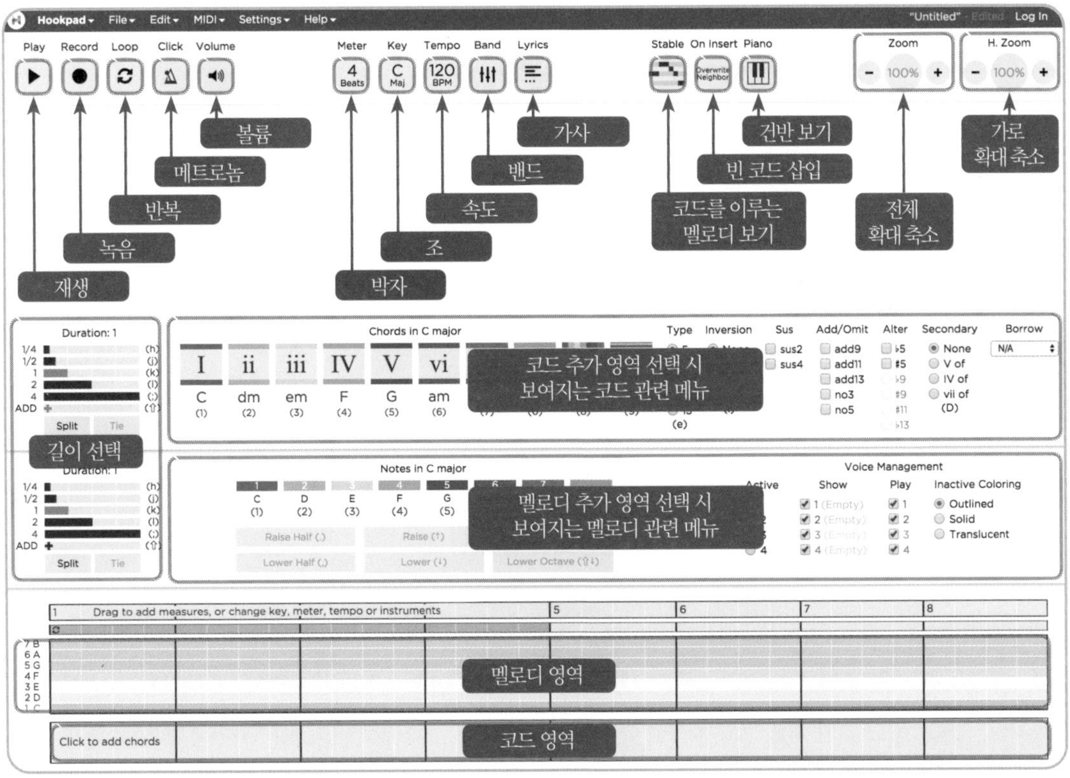

7. 후크패드 메뉴 설명

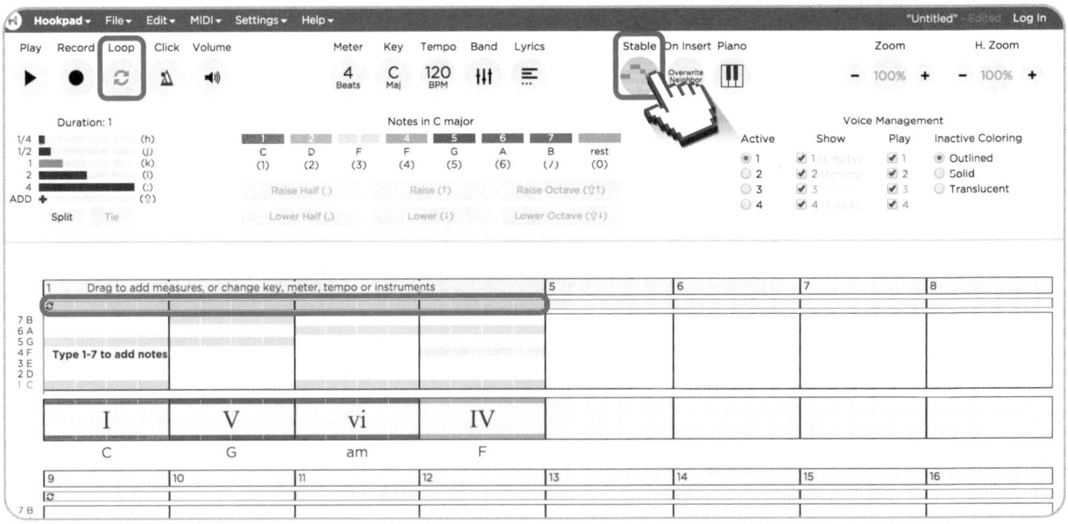

8. 반복 재생 설정 및 코드 화음 보기

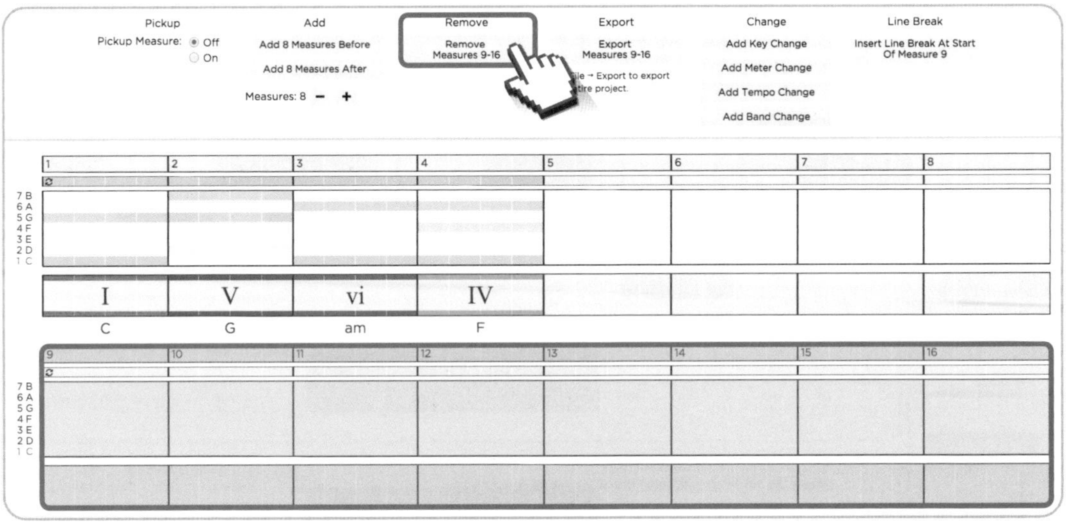

9. 불필요한 영역 삭제

SOFTWARE 메뉴를 클릭하고 GET STARTED 버튼을 클릭하면 HOOKPAD 화면이 나옵니다. 메뉴 기능은 7. 메뉴 설명 이미지를 참고해주세요. 그럼 직접 작곡해봐요. 우선 4마디만 코드를 만들어요. 상단 **LOOP**를 활성화시킨 후 멜로디 영역을 클릭하고 Stable 버튼을 누르면 코드에 사용된 멜로디가 컬러로 표시될 것입니다. 이것을 참고해서 멜로디를 만들어주세요. LOOP 상태이기 때문에 반복해서

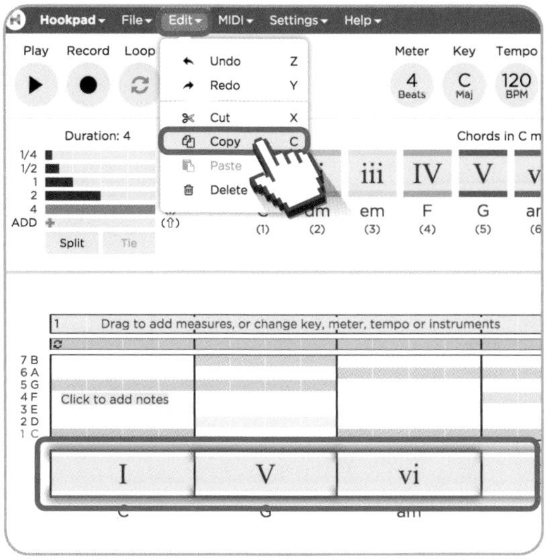

10. 영역 선택 및 복사

들으며 멜로디를 수정할 수 있지요. 불필요한 영역은 선택해서 Remove 버튼을 클릭하면 삭제됩니다. 처음부터 끝까지 코드가 모두 다르거나 멜로디가 모두 다르면 음악을 들어도 딱히 기억나지 않을 확률이 높지요. 반복과 변화가 있어야 나도 모르게 흥얼거리게 되니까요.

반복해야 하는 영역은 Copy하고 Paste하여 복제할 수 있습니다. 이때 영역을 선택하려면 클릭이 아니라 해당 영역을 드래그해야 합니다. 선택된 영역은 안쪽은 하얀색, 바깥쪽은 해당 코드 색의 네온 효과가 적용됩니다. 멜로디 역시 선택하면 네온

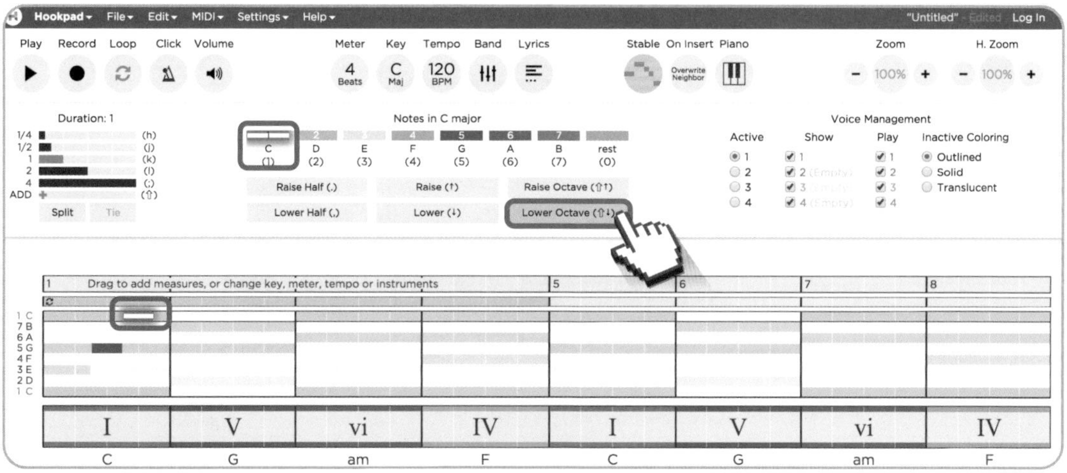

11. 멜로디 추가 및 옥타브 내리기

효과가 적용되는데요. 이렇게 선택된 멜로디를 잡고 상하로 이동하면 음을 바꿀 수도 있어요. 좌측 Duration에서 원하는 길이를 선택하여 클릭해도 길이를 설정할 수 있지만 멜로디나 코드의 좌우 끝을 잡고 드래그하여 조절할 수도 있답니다.

선택한 멜로디를 반음 올리거나 내릴 때는 Raise Half, Lower Half 버튼을 누르면 됩니다. 한 음과 한 옥타브도 마찬가지로 멜로디를 선택한 후 Raise 또는 Raise Octave 버튼을 누르면 되지요.

중간에 코드나 멜로디가 필요 없을 경우에는 rest로

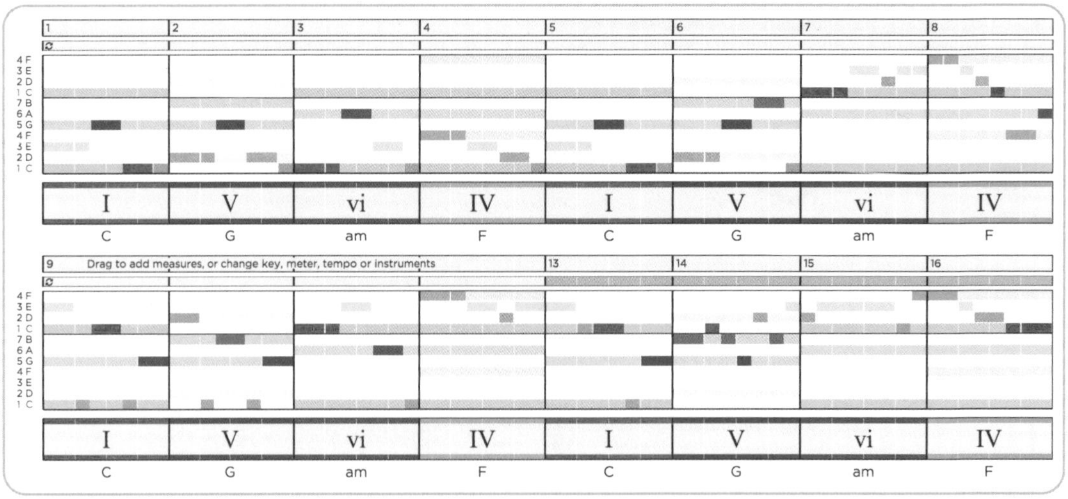

12. 코드 및 멜로디 완성

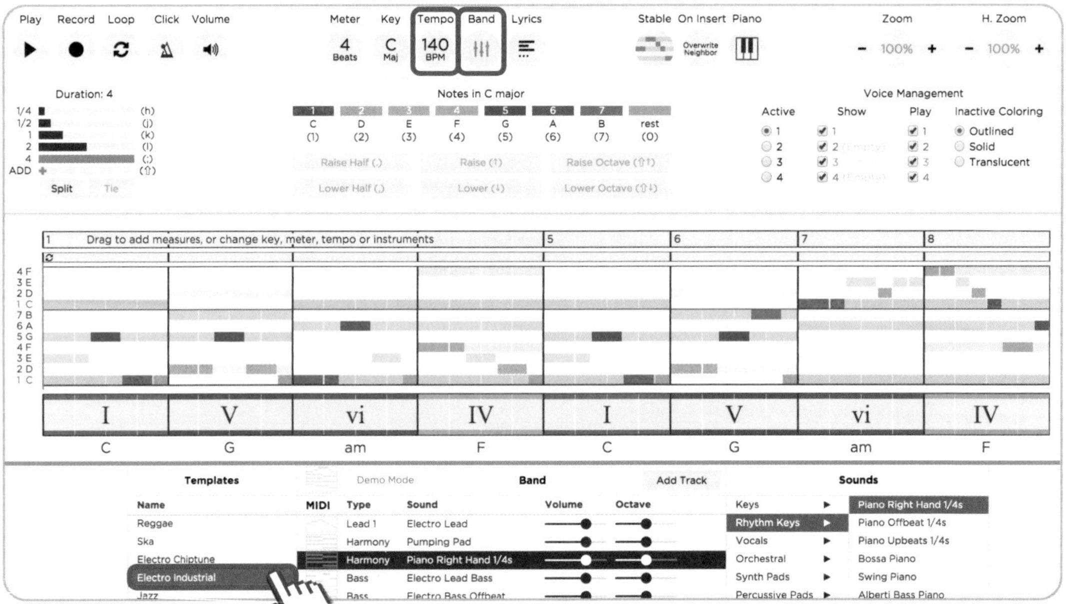

13. 밴드 적용

채워주면 됩니다. **Tempo** 버튼을 클릭하여 원하는 속도의 음악이 완성되었다면 다양한 악기를 적용해볼 수 있습니다. **Band** 버튼을 클릭하면 하단에 **Templates**가 나옵니다. Templates를 클릭해서 적용해도 되고, Templates 옆에 리스트에서 직접 악기를 선택해서 적용해도 됩니다.

곰녹음기 http://gom2.gomtv.com/release/down.html

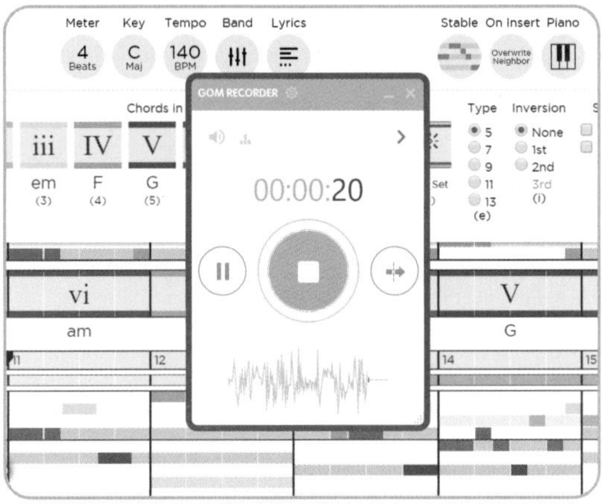

1. 곰녹음기 녹음 버튼 클릭 후 후크패드 플레이

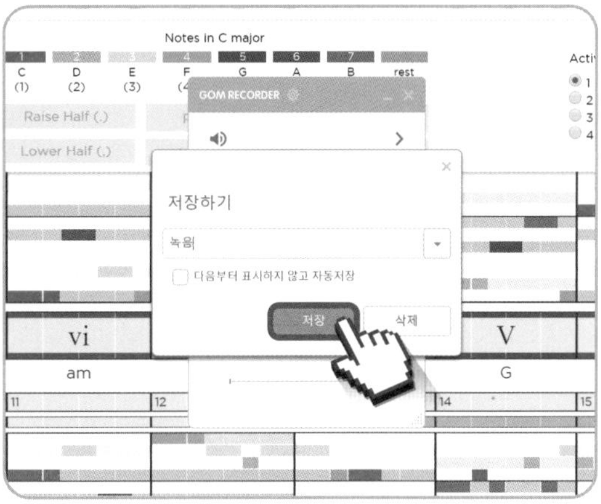

2. 후크패드 플레이 종료 후 녹음 종료 및 저장

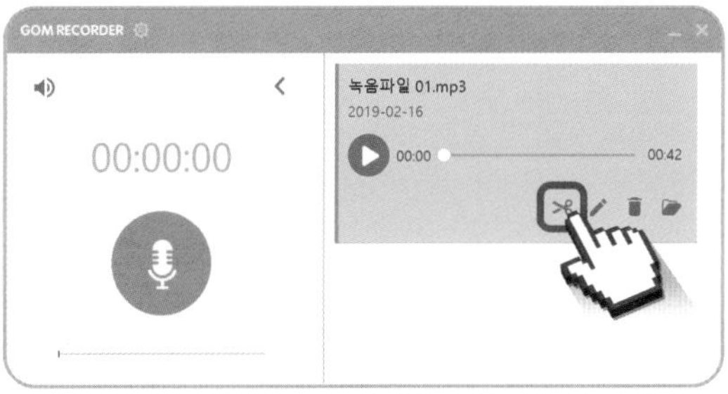

3. 녹음파일 편집

4. 원하는 영역만 드래그 후 남기고 자르기 클릭

후크패드로 작곡한 음원을 MP3 파일로 저장하고 싶다고요? **곰녹음기는 시스템 음원 또는 외부 음원을 녹음하여 MP3로 저장해주는 프로그램입니다.** 곰 녹음기에서 **녹음** 버튼을 누른 후 후크패드 Play 버튼을 누릅니다. 연주가 끝나면 Stop하고 영역 선택 후 **남기고 자르기** 클릭 및 **저장**하면 됩니다.

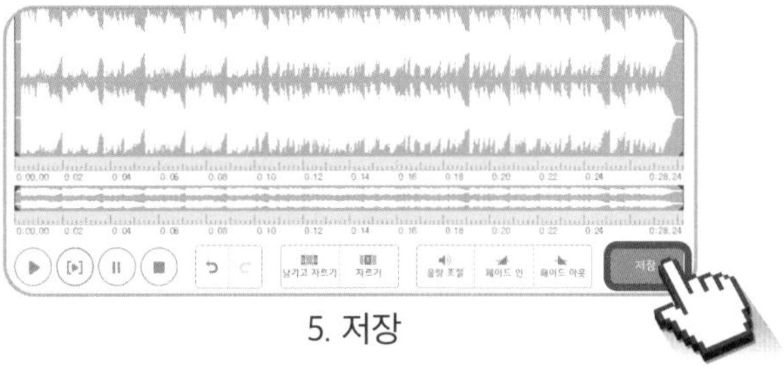

5. 저장

4. 디지털 영상편집 & 공유가치와 오픈라이센스

퀴즈로 미리 생각해보기

1. 가치를 공유하는 것과 상관없는 것은?

▲ 카쉐어링

◆ 에어비앤비

● 더치페이

■ 좋은 일 하면서 돈도 버는 활동

2. 저작권에 대해 바른 설명이 아닌 것은?

▲ 보호되어야 한다.

◆ 공공의 이익을 위해 공유되어야 한다.

● 나누면 커진다.

■ 저작자 사망 후 50년까지만 보호된다.

3. 크리에이티브 커먼즈 운동에 없는 유형은?

▲ 저작자 표기 후 영리목적 사용 가능

◆ 사용자를 저작자로 표기 가능

● 저작자 표기 후 변경 가능

■ 저작자 표기 후 비영리목적으로만 사용 가능

사용하는 디지털 도구

- **유튜브** youtube.com
- **뱁믹스** vapshion.com/vapshion/php/downloadpage.php

디지털 도구 사용법 유튜브 영상 채널 **youtube.com/c/DigitalLiteracy**

미디어가 만드는 공유 세상

보호 vs 공유

디지털 미디어가 우리에게 가져다주는 최고의 혜택은 '공유'입니다. 페이스북의 초기 모델은 하버드대 학생들끼리만 연락처를 공유하는 인맥관리 사이트였습니다. 현재는 2018년 12월 기준으로 23억 명의 가입자가 그동안 350억 개의 사진을 공유하고, 분당 4백만 개의 좋아요를 누르고 있습니다. 유튜브도 매일같이 전 세계인이 5억 개의 영상을 보고 5천만 개의 영상을 공유하지요. 전 세계의 지식과 정보를 실시간으로 얻을 수 있기 때문에 이제는 지식을 책이 아니라 디지털 미디어에서 배우는 세상이 되었습니다.

디지털 미디어의 핵심은 '공유'입니다. 이 기능이 저하된다면 디지털 미디어로서의 가치가 떨어지고, 인터넷의 의미도 퇴색될 것입니다. 한데 디지털 세상에서는 불법 복제와 표절이 쉽기 때문에 저작권 침해 위험성이 크다는 문제가 있지요. 이러한 두 가지 가치는 상호 보완적이기도 하지만 충돌하기도 합니다.

저작권자의 권리를 보호하면, 단기적으로는 창작자들이 더 많은 창작활동을 하며 지식과 정보 생산이 활발해질 것입니다. 그러나 상대적으로 공유가 저조하게 되어 장기적으로 창작활동의 성장이 주춤해지겠지요. 그러다 지나친 보호 조치라도 이루어진다면 원활한 저작물의 이용이 이루어지지 않아 결과적으로 지식과 정보 확산이 위축될 수밖에 없습니다.

반대로 공유 활성화에만 열을 올리고 저작권자의 권리를 보호하는 노력을 게을리한다면 창작자들의 창작욕구가 꺾여 장기적으로 창작활동의 발전이 더디게 되겠지요. 창과 방패처럼 모순되는 상황입니다. 이것을 챙기자니 저것이 걱정되고, 저것을 챙기자니 이것이 걱정됩니다.

두 마리 토끼를 잡을 방법이 없을까요? 저작권자의 권리를 '보호'하면서, 디지털 미디어를 통한 '공유'도 활발하게 되어 궁극적으로 인류의 지식이 늘어날 수 있는 방법 말입니다. 저작권을 보호하는 노력이 중요한 만큼 지식과 정보가 확산되도록 하는 노력도 중요하니까요.

저작권에 대한 건강한 이해

저작권은 보호되어야 합니다. 그러나 저작권에 대해 다른 관점에서 생각해볼 필요가 있습니다.

이 지구상에 100% 순수 창작물이란 건 없습니다. 사실 저작물이란 선인들이 이룩해놓은 토대 위에 창작된 것이지요. 우주에서 날아온 존재가 아니고서는 과거 지식의 유산 없이 혼자서 만들어낸 창작물이란 건 있을 수 없습니다. 그런 의미에서 창작물은 창작자의 소유이기는 하지만 사회 공동의 자산인 면도 있는 것이지요. 따라서 모든 창작물은 저작권자의 권리를 침해하지 않는 선에서 적절히 공유되는 것 또한 중요합니다.

사회의 공동 유산으로서 저작물의 지식을 어떻게 다른 사회 구성원들과 공평하게 재분배하느냐가 중요 과제입니다. 그래서 누구나 자유롭게 사용할 수 있는 '공유 저작물(Public Domain)'이라는 개념이 새로 생겼는데요, 저작자가 저작권을 기증한 기증 저작물, 저작자 사망 후 70년이 지나 저작권이 만료된 저작물, 일부 조건하에서 일반 사용자에게 저작물 사용을 허용한 저작물, 국가나 공공기관이 업무상 취득하여 관리하는 공공 저작물들을 통틀어 '공유 저작물'이라고 합니다.

또한 특정 영역에 있어서 표현의 자유와 공익적인 목적에 사용할 때는 저작권자가 권리를 행사할 수 없도록 하는 제도도 있습니다. 저작권자의 허락을 받지 않고 콘텐츠를 이용할 수 있다는 뜻으로 '자유 이용(Free Use)'이라고 부르기도 하고, 영국과 미국에서는 '공정 이용(Fair Use)'이라는 개념으로 불러왔습니다. 예를 들어 학교는 미래 세대에게 지식을 전하는 곳입니다. 인류의 미래가 달려 있는 곳이고 공익적인 공간이지요. 따라서 학교에서는 인터넷에 공표된 디지털 콘텐츠들을 정당한 범위 안에서 공정한 관행에 합치되는 선에서 보도, 비평, 교육, 연구 등을 위해 인용할 수 있습니다. 온라인을 이용해 수업을 할 때는 디지털 콘텐츠의 일부분을 자유롭게 이용할 수도 있고요. 그러나 온라인 동영상 강의를 하면서 허락 없이 타인이 저술한 교재를 그대로 낭독하거나 판서할 때에는 미리 저작권자의 허락을 얻어야 합니다. 그렇지 않으면 저작권 침해가 됩니다.

이러한 취지로 카피라이트(Copyright)의 반대되는 개념으로 카피레프트(Copyleft)라는 용어가 생겨났습니다. 카피레프트는 저작권에 기반을 두고 사용을 제한하는 것이 아니라, 저작권을 기반으로 한 정보의 공유를 강조합니다. 카피레프트는 저작물을 한 개인이나 기업의 소유물이 아니라 사회 구성원 공동의 자산으로 봅니다. 지식과 정보가 기존에 이미 형성된 지식에 기반하여 발생하고 발전하는 것이므로, 누구나 지식에 자유롭게 접근하고 사용할 수 있도록 해야 새로운 지식의 생성이 더욱 활성화될 수 있다는 신념에서 오는 개념입니다.

카피레프트의 대표적인 사례가 리눅스(Linux)라는 컴퓨터 운영체제입니다. 리눅스 운영체제의 소스는 공개되어 있어서, 전 세계 개발자들이 이를 기반으로 다양한 프로그램을 개발할 수 있고, 무료로 안정적인 시스템을 구축할 수 있습니다. 스마트폰에 사용되는 안드로이드 운영체제도 리눅스 기반의 오픈 소스 운영체제지요. 리눅스가 없었다면, 리눅스의 카피레프트 정신이 없었다면, 안드로이드는 세상의 빛을 보지 못했을지도 모릅니다.

공유경제

최근 '공유경제'라는 개념이 새롭게 떠오르고 있습니다. '공유경제'의 개념은 저작권 보호와는 대치되는 이야기입니다. 2008년 미국 하버드 법대 로렌스 레식 교수에 의해 처음 사용된 말로, 한 번 생산된 제품을 여럿이 공유해 쓰는 경제 방식을 말합니다. 쉽게 말해 "나눠 쓰기"란 뜻으로 자동차, 빈방, 책 등 활용도가 떨어지는 물건이나 부동산을 다른 사람들과 함께 공유함으로써 자원 활용을 극대화하는 경제활동입니다. 소유자 입장에서는 효율을 높이고, 구매자는 싼값에 이용할 수 있게 하는 소비 형태인 셈입니다. 협동조합처럼 여러 개인이나 기업이 모여서 '협동생산'하는 형태는 과거에도 있어 왔으나, '협동소비'를 하는 것은 처음 나온 개념입니다.

집에 있는 물건 중 최소 일주일에 한 번 이상 사용하는 것이 얼마나 있나요? 옷장에 있는 옷 중 일년 내내 입지 않고 걸어두기만 하는 옷이 몇 퍼센트나 되나요? 서울 도심에는 대중교통으로 출근하기 때문에 일 년 내내 구동하는 시간보다 집 앞 주차장에 세워져 있는 시간이 훨씬 더 긴 자동차가 대부분입니다. 거품 성장을 하던 시대에는 안 써도 사는 물건이 많았지만, 이제 거품이 빠진 시대에는 이런 불필요한 소비를 줄여나가게 될 것입니다.

1997년 IMF로 국가 부도 상황을 맞으며 '아나바다 운동'이 잠시 있었습니다. 아나바다란 '아껴 쓰고, 나눠 쓰고, 바꿔 쓰고, 다시 쓰자'의 앞 글자만 따서 줄여 부르는 말로 경제가 궁핍해지자 재활용하자는 운동이었습니다. 아나바다 운동은 낡은 물건을 돌려쓰면서 활용도를 높이자는 것이었습니다.

'공유경제'는 완전히 다른 개념입니다. 필요성이 떨어지는 물건을 아예 처음부터 공동의 소유로 구매를 하거나, 공중 화장실이나 서울시 자전거처럼 아예 공공재로 만들어서 공유하거나, 카쉐어링처럼 민간에서 기업이 공유 서비스를 제공하는 형태들입니다. 방식이 다양하고, 다양한 모델들이 어우러져 생태계를 이루고 있고, 또 이루어야 의미가 커지기 때문에 '공유경제'라고 부릅니다.

에어비앤비라는 회사는 집을 공유하는 서비스를 제공합니다. 자신이 출장 등으로 집을 비우는 기간에 다른 사람들이 호텔을 쓰듯이 사용합니다. '집을 공유하다니!' 예전에는 생각도 못할 일들입니다. 이젠 별의별 것을 다 공유합니다. 자동차, 자전거, 주차장, 심지어 강아지까지 공유합니다. 이러한 변화는 비즈니스 세계에도 일어나고 있습니다. 외식업체들은 주방을 공유하고, 기업들은 사무실을 공유합니다. 미국 시사 주간지 타임이 '세상을 바꿀 수 있는 열 가지 아이디어' 중 하나로 '공유경제'를 꼽을 만큼 사회 전반에 걸쳐 변화를 만들고 있습니다.

공유가치 창출

2011년 하버드대 마이클 포터 교수가 처음 제시한 용어로 공유가치 창출이 있습니다. '공유'라고 하는 본질적인 추구 가치는 같지만 공유경제와는 다른 개념입니다. '공유가치 창출'은 영어로 'Creating Shared Value'라고 하여 '공유되는 가치의 창조'라는 의미인데 이렇게 풀어도 역시나 이해하기 어렵습니다. 쉽게 설명해서 '돈도 벌면서, 사회적으로 좋은 일도 한다'는 뜻입니다. 한마디로 '두 마리 토끼 잡기'지요. 그동안에 기업은 영리만 추구해왔습니다. 돈만 벌면 되었지요. 그러나 포터 교수는 이제는 기업이 돈만 추구하다간 큰코다친다고 말합니다.

과거에는 기업들이 돈을 열심히 번 후 좋은 일도 해야겠다 싶으면 불우이웃을 돕는 등 사회 공헌 활동을 했습니다. 先 수익, 後 나눔인 것이지요. 이제는 두 가지를 동시에 해야 하는 시대라고 포터 교수는 말합니다. 드문 일이긴 했지만 미국에서는 일찌감치 이런 시도가 있었습니다. 1914년 아메리칸익스프레스(American Express) 카드는 자신들의 카드를 사용할 때마다 1센트를, 신규 가입할 때마다 1달러를 적립하여 미국의 자존심인 자유의 여신상을 복원하는 프로젝트를 진행했습니다. 당시 자유의 여신상이 낡고 망가져 보수가 필요했으나, 정부가 예산이 없어 못하던 것을 미국 국민의 염원을 담아 기업이 해결하는 공익 캠페인을 한 것입니다. 그 결과 카드 사용액이 27%가 늘고, 170만 달러의 성금이 모였습니다. 지금으로 환산하면 정말 엄청난 돈입니다.

'공유경제'와 '공유가치 창출' 모두 시사하는 바가 큽니다. 산업혁명 이후 전 세계가 계속해서 성장해왔고, 성장이 주춤해지자 거품경제를 만들어 또 성장을 유지해왔습니다. 그러나 이제는 그 어떤 노력으로도 성장을 유지하기가 힘들어졌습니다. 이제 '더 벌고 더 쓰는' 것이 어렵게 되자, '덜 벌어도, 덜 쓰는' 방법을 통해 행복을 추구하는 방향으로 세상이 바뀌어가고 있는 것입니다.

CCL

저작권에 대한 인식뿐 아니라, 활용에 있어서도 변화가 일어나고 있습니다. 카피레프트는 무조건 정보를 공유하자거나 저작권자의 권한을 인정하지 말자는 것이 아닙니다. 일정한 기준을 갖고 공유되도록 하여 저작권자도 보호하고 지식과 정보도 공유되도록 하자는 것입니다.

그러한 차원에서 진행되고 있는 멋진 운동이 있습니다. CCL(Creative Common License)인데요, CCL은 저작권자가 저작물 사용 조건을 미리 제시해 사용자가 저작권자에게 따로 허락을 구하지 않고도 창작물을 사용할 수 있게 한 일종의 오픈 라이센스 제도입니다. 미국 마운틴뷰에 있는 크리에이티브 커먼즈란 비영리기구가 배포하는 저작물 사전 이용 허락 표시인데요, 창작자가 자기의 창작물에 대해 일정한 조건을 지키면 얼마든지 이용해도 좋다는 내용을 표시할 수 있도록 만든 일종의 약속 기호입니다. 이 기호의 표기를 보고 누가 어떻게 사용해도 되는지 알 수 있게 하여 저작권자는 적절한 수준에서 보호받을 수 있도록 하고, 사용자는 저작권자에게 일일이 확인하지 않고서도 사용할 수 있도록 한 것이지요. 이 운동의 모델 역시 '공유'의 컨셉을 갖고 있는 멋진 운동입니다.

CCL 개념은 20여 년 전 리처드 스톨먼(Richard Stallman, 1953~)이 제기한 '자유 소프트웨어 운동(Free Software Movement)'에서 비롯되었습니다. 로렌스 레식(Lawrence Lessig) 미국 하버드 대학교 교수와 할 어벨슨(Hal Abelson) 미국 메사추세츠 공과대학 교수, 프로그래머 출신 저술가인 에릭 엘드레드(Eric Eldred) 등이 주축이 돼 2001년 크리에이티브 커먼즈 재단을 설립했습니다. '크리에이티브 커먼즈'란 이름은 이 재단의 이름이자, 이 재단이 펼치는 운동의 이름이기도 합니다. 재단은 창작자마다 원하는 이용 조건과 표현 방식을 통일해 2002년 12월 16일 CCL을 배포했습니다. '블로그 제목과 블로그 주소를 밝히면 자유롭게 써도 된다'란 긴 글 대신 'CC-BY' 또는 작은 이미지 하나만으로도 어떻게 해야 할지를 알 수 있도록 표기합니다.

크리에이티브 커먼즈 운동은 에릭 엘드레드가 휘말린 한 소송에서 시작되었습니다. 에릭 엘드레드는 저작권이 만료된 문학 작품을 공개하는 프로젝트를 진행하고 있었습니다. 그런데 1998년 저작권 보호기간을 창작자 사망 후 50년에서 70년으로 늘리는 연장법안이 통과되자, 엘드리치 출판사는 졸지에 저작권법과 전자절도금지법을 위반한 셈이 되어 고발될 위기에 처했습니다. 전자절도금지법은 1997년 미국 의회에서 통과된 법으로 '미키마우스 보호법'으로 불리기도 하는데요, 2004년에 미키마우스 저작권 보호기간이 만료될 상황에 처하자, 디즈니사가 정부에 로비를 하여 만들어진 법이라는 이야기가 돌면서 그러한 별명을 얻게 되었습니다.

저작권법이 개정되는 과정에서 에릭 엘드레드는 한 가지 의문을 품었습니다. 저작권을 과도하게 보호하고, 보호 기간을 필요 이상으로 늘리는 게 과연 바람직한지에 대한 의문이었지요. 창작자가 죽어도 유지되는 저작권 보호 기간은 누구를 위해 마련된 것인지 의문을 품을 수밖에 없었습니다. 결핍을 인지하고 해결하려고 노력하면 위대한 발견이 되지요. 에릭 엘드레드와 당시 소송 대리인이었던 로렌스 레식 교수는 이 일을 계기로 크리에이티브 커먼즈를 결성하기에 이르렀습니다.

사용자들의 편의를 위해 저작물의 이용방법과 조건을 규격화해서 표준 라이선스를 정했습니다. 저작자가 이 중에서 자신이 원하는 라이센스 유형을 선택해 저작물에 표시하면 사용자들이 이 표시를 보고 적합하게 활용할 수 있도록 했습니다. 라이센스 유형은 크게 네 가지가 있습니다. 저작자 표시(Attribution), 비영리(Noncommercial), 변경 금지(No Derivative), 동일 조건 변경 허락(Share Alike) 네 가지입니다.

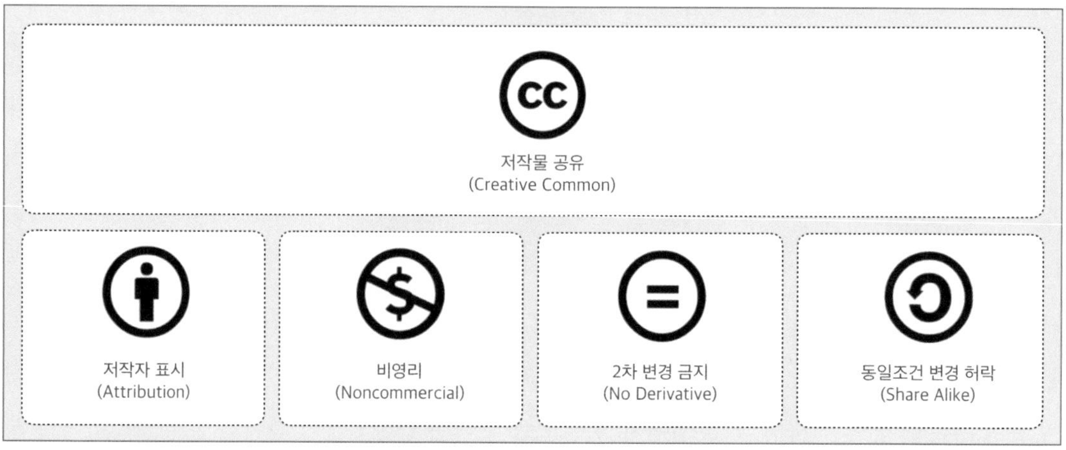

저작권자 부착기호	문자 표기법	이용 조건
	CC BY	저작자와 출처 등을 표시하면 영리 목적의 이용이나 변경 및 2차적 저작물의 작성을 포함한 자유 이용을 허락합니다.
	CC BY-ND	저작자와 출처 등을 표시하면 영리 목적 이용은 가능하나, 변경 및 2차 저작물의 작성은 허용되지 않습니다.
	CC BY-SA	저작자와 출처 등을 표시하면 영리 목적의 이용이나 2차적 저작물의 작성을 포함한 자유 이용을 허락합니다. 단 2차적 저작물에는 원저작물에 적용된 라이센스와 동일한 라이센스를 적용해야 합니다.
	CC BY-NC	저작자와 출처 등을 표시하면 저작물의 변경, 2차적 저작물의 작성을 포함한 자유 이용을 허락합니다. 단, 영리적 이용은 허락되지 않습니다.
	CC BY-NC-ND	저작자와 출처 등을 표시하면 자유 이용을 허락합니다. 단, 영리적 이용과 2차적 저작물의 작성은 허용되지 않습니다.
	CC BY-NC-SA	저작자와 출처 등을 표시하면 저작물의 변경, 2차적 저작물의 작성을 포함한 자유 이용을 허락합니다. 단, 영리적 이용은 허용되지 않고 2차적 저작물에는 원저작물에 적용된 라이센스와 동일한 라이센스를 적용해야 합니다.

오늘날 크리에이티브 커먼즈 운동은 70여 개 국가에 퍼져 있습니다. 우리나라와 미국, 캐나다, 일본, 페루, 루마니아, 스위스, 영국, 태국 등 각 나라의 크리에이티브 커먼즈 재단과 법인들은 자국 언어로 CCL과 CCL 규약을 번역, 배포하고, CCL 규약은 그 나라 저작권법에 맞게 조금씩 수정하기도 합니다.

나누면 커지는 세상

'나누면 커진다'라는 말을 어떻게 생각하나요? 멋진 말인 건 분명한데 믿음을 갖는 건 또 다른 문제 같습니다. 아름다운 말이지만, 대한민국처럼 경쟁 사회에서는 공허한 말처럼 들리기도 하니까요.

'나누면 커진다'는 생각을 실천하여 소위 대박이 난 사례를 소개하겠습니다. 바로 가수 싸이의 〈강남스타일〉입니다. 〈강남스타일〉의 유튜브 동영상의 조회 수는 2019년 2월 기준으로 32억 건이 넘었습니다. 광고 수익만으로도 엄청난 돈을 벌었고, 광고 수익은 일부일 뿐 해외 공연과 음악 판권료까지 치면 그야말로 엄청난 성공을 거두었습니다. 전 세계 사람들이 가수 싸이의 말 춤을 따라 하며 노래 부르는 영상을 유튜브에 올리는 등 엄청난 인기를 끌었습니다.

이렇게 성공할 수 있었던 비결이 바로 카피레프트입니다. 〈강남스타일〉은 음원의 저작권 행사를 포기하고 음원을 이용해 패러디 영상을 만드는 것을 허용했거든요. 누구라도 음원을 이용해 댄스, 패러디 동영상을 만들 수 있도록 했고 실제로 〈강남스타일〉 음원을 활용해 많은 동영상들이 제작, 유통되면서 이런 영상들이 〈강남스타일〉을 세계적으로 확산시키는 데 중요한 역할을 했다고 평가되고 있습니다. 아이러니하지요. 저작권 보호는 재산 피해를 막기 위함인데, 아이러니하게도 보호받기를 포기하고 공유의 길을 선택했더니 더 큰 성공을 거둔 것입니다. 나누면 더 커집니다!

크리에이티브 커먼즈 운동과 같은 변화는 영리를 추구하는 기업 세계에서도 일어나고 있습니다. 과거 비즈니스 세계에서는 '보호'하는 것이 중요했습니다. 예를 들어 소프트웨어 기업은 지금까지도 불법 복제와의 전쟁을 벌이고 있지요. 어떤 기업의 경우 정품 판매 매출보다 불법 복제를 적발하여 벌과금으로 거두어들인 수익이 더 큰 곳도 있다고 합니다. 그러나 이러한 일화들은 소프트웨어를 CD로 판매하거나 다운로드하던 과거 시절의 이야기입니다. 클라우드 컴퓨팅 시대로 빠르게 전환되면서 이제 대부분의 소프트웨어 기업들이 소프트웨어를 PC에 설치하지 않고 클라우드에 접속하여 웹브라우저상에서 이용하는 형태로 바뀌고 있습니다. 불법 복제가 불가능해진 것입니다.

그리고 누구나 자신이 필요한 것을 검색하여 웹에 바로 접속해서 사용하면 되기 때문에 중간 유통단계가 모두 사라졌지요. 소프트웨어 기업과 소비자가 중간 단계 없이 바로 만나게 된 것입니다. 그러자 소프트웨어 회사들은 너 나 할 것 없이 인터넷상에 무료 소프트웨어를 올리고 누구나 체험할 수 있도록 해줍니다. 기본 기능은 무료로 쓰고, 추가 기능을 더 이용하고 싶은 경우에는 유료 버전을 사용하도록 합니다. 이렇게 비즈니스 모델을 바꾼 것이 기업에도 훨씬 이득이고, 소비자도 좋으니 누이 좋고 매부 좋고가 된 것입니다.

이제 소프트웨어 회사들의 판매 방식이 바뀌고 있습니다. 과거에는 CD에 꽁꽁 싸서 시리얼키를 주고 다른 사람들은 못 쓰도록, 또 복제하지 못하도록 '보호'하는 패러다임이었다면, 이제는 인터넷을 통해 더 많은 사람들이 사용해볼 수 있도록 무료로 '공유'하고, '공유'를 통해 더 큰 매출을 올리는 쪽으로 진화하고 있습니다.

이러한 변화는 미디어의 변화 때문입니다. 퍼스널 컴퓨터에서 클라우드 컴퓨터로 저장의 미디어가 바뀌었기 때문에 가능한 변화입니다. 지식과 정보를 혼자만의 공간에 저장하고 '보호'하는 것은 구시대적 발상입니다. 이제는 모두가 함께하는 '공유'의 공간에 저장하고, '공유' 플랫폼을 이용하여 만든 창작물을 또다시 '공유'할 때 나와 세상의 가치가 올라가는 시대입니다.

깨끗한 디지털 세상을 위한 뮤직비디오를 만들어요.

1) 깨끗한 디지털 세상을 한 뮤직비디오 시나리오를 작성해주세요.

내가 만든 음악에 시각을 불어넣어 줄 뮤직비디오 시나리오를 작성해주세요.

2) 뮤직비디오 스토리보드를 작성해주세요.

장면 1

장면 2

장면 3

장면 4

장면 5

장면 6

유튜브 youtube.com

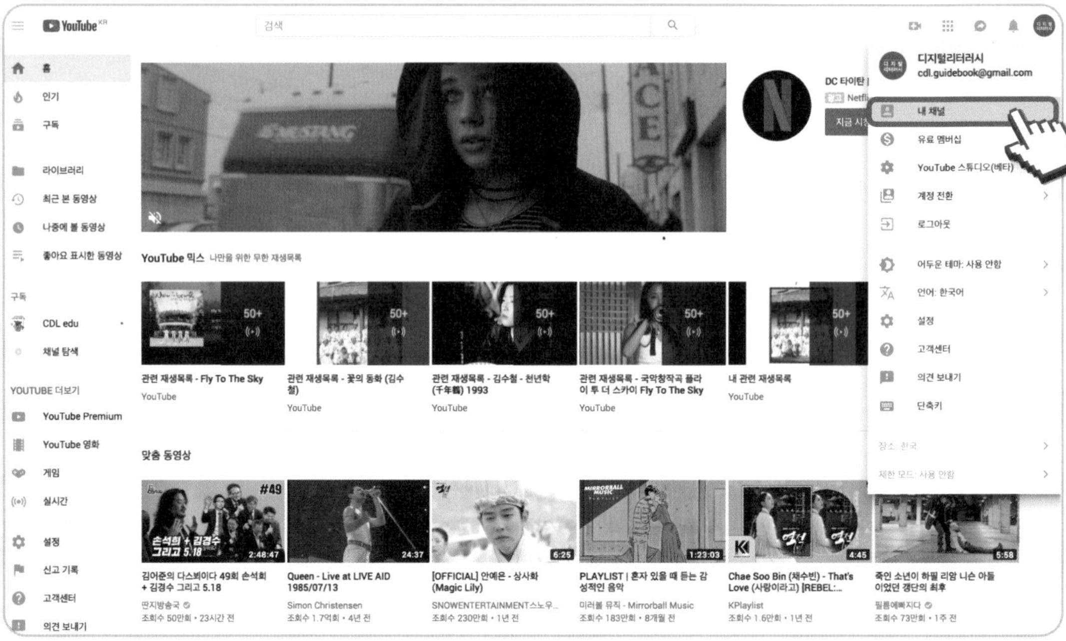

1. 유튜브 메인

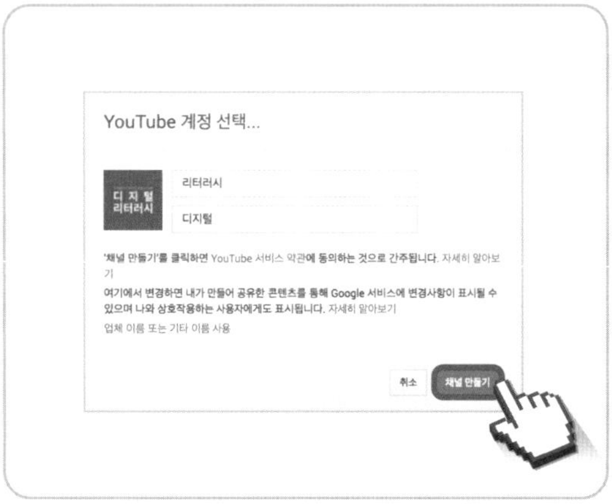

2. 유튜브 채널 만들기

유튜브는 세계 최대 무료 동영상 공유 사이트입니다. 그뿐만 아니라 **무료 음원을 다운받을 수 있는 채널**이기도 합니다. 영상 제작에 필요한 음원을 찾느라 헤맬 필요가 없습니다. 유튜브에서 해결할 수 있으니까요. 그럼 유튜브에서 무료 음원 다운로드하는 방법을 안내해드리겠습니다.

우선 로그인을 합니다. 구글, 지메일, 유튜브 모두 구글에서 제공하는 사이트이기 때문에 하나의 계정만 있으면 별도 가입할 필요가 없습니다. 하지만 무료 음원을 다운로드하거나 유튜브 채널을 운영하기 위해서는 별도의 채널을 만들어야 합니다. 로그인 후 **내 채널**을 클릭하면 채널을 만들 수 있어요. 채널 이름을 입력하여 채널을 만든 후 **YOUTUBE 스튜디오(베타)** 버튼을 클릭해주세요. 유튜브 채널을 관리할 수 있는 스튜디오 화면으로 이동합니다. **기타 기능** 메뉴에 마우스 오버해서 **오디오 라이브러리** 메뉴를 클릭해주세요. 멜로디가 있는 **무료 음악** 탭과 다양한 효과음이 있는 **음향 효과** 탭으로 구분되어 있습니다. 무료 음악은 장르, 기분, 악기, 시간대로 선택할 수 있어요. 저작자 표시가 필요한 음악의 경우에는 영상 내에 해당 저작자를 명시해야 합니다. 마음에 드는 음원은 **다운로드** 버튼을 클릭하여 MP3 파일로 저장할 수 있습니다.

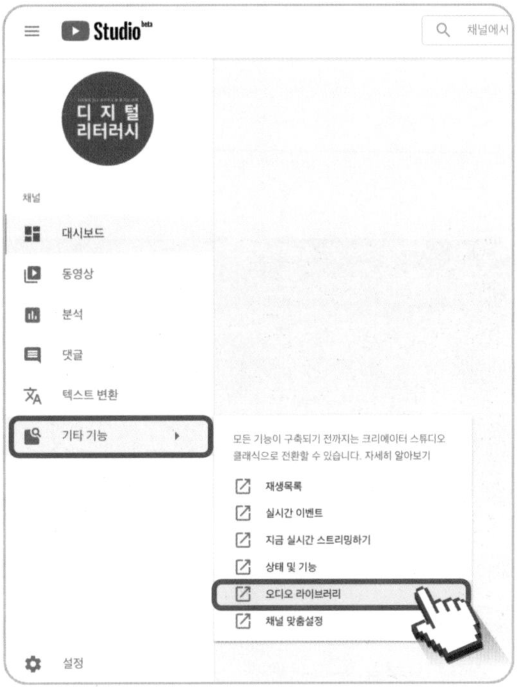

3. 유튜브 스튜디오 메뉴

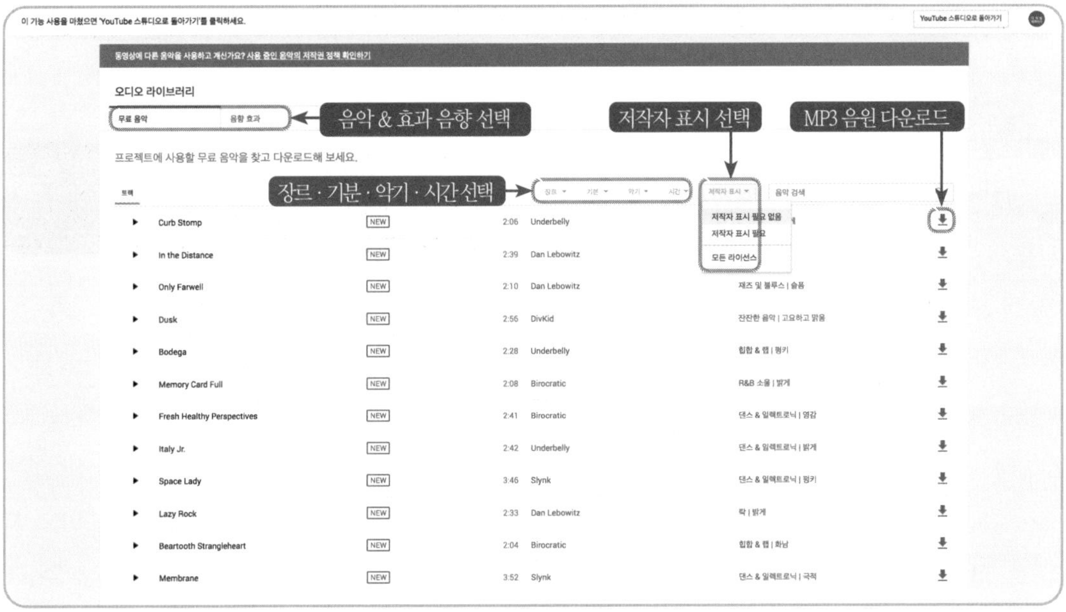

4. 오디오 라이브러리

밴믹스 vapshion.com/vapshion/php/downloadpage.php

1. 밥믹스 초기 화면

밥믹스는 동영상 편집과 자막을 한 번에 할 수 있는 설치형 동영상 편집 프로그램입니다. 전문가가 사용하는 고급 영상 편집 프로그램이 아니기 때문에 기능이 많지 않지만 초보자도 쉽게 영상 편집을 할 수 있도록 만들어진 쉬운 프로그램이지요. 특히 다양한 자막을 제공하기 때문에 자막에 특화된 프로그램이라고 생각하시면 됩니다.

밥션 홈페이지에서 밥믹스를 다운로드하고 회원가입 후 로그인하면 사진과 영상을 불러올 수 있는 초기 화면이 나옵니다. **사진 · 영상 열기** 버튼을 클릭하고,

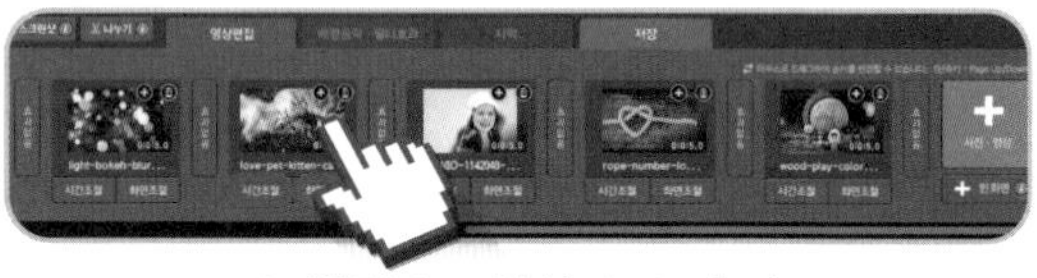

2. 밥믹스 · 영상 소스 추가

소스로 사용될 사진과 영상을 선택하면 편집창에 자동으로 추가됩니다. 사진이나 영상은 선택 드래그하여 순서를 변경할 수 있습니다. 동영상 소스에는 자르기와 화면조절 버튼, 사운드 버튼이 있어요. **자르기** 버튼을 클릭하면 삼각 슬라이드 바를 조절해서 필요한 영역만 선택하여 남기고 나머지 영역을 자를

3. 사진 재생시간 조절

4. 사진 움직임 설정

수 있어요. 가위 모양 바를 움직여서 영상을 나눌 수도 있고요. 영상 소스 상단에 **달리는 모양의 아이콘**을 클릭하면 영상 재생 속도를 조절할 수 있고, **플러스 아이콘**을 클릭하면 복제할 수 있습니다.

사진에만 있는 **시간조절** 메뉴에서는 재생시간을 조절할 수 있어요. 모든 사진에 적용을 선택하면 본 편집화면에 있는 모든 사진에 적용됩니다. **화면조절** 메뉴는 동영상과 동일한데요, 시작 화면과 끝 화면 크기 및 위치를 선택해서 이동과 확대 축소 효과를 줄 수 있어요. **배경음악 · 필터효과** 메뉴를 클릭하

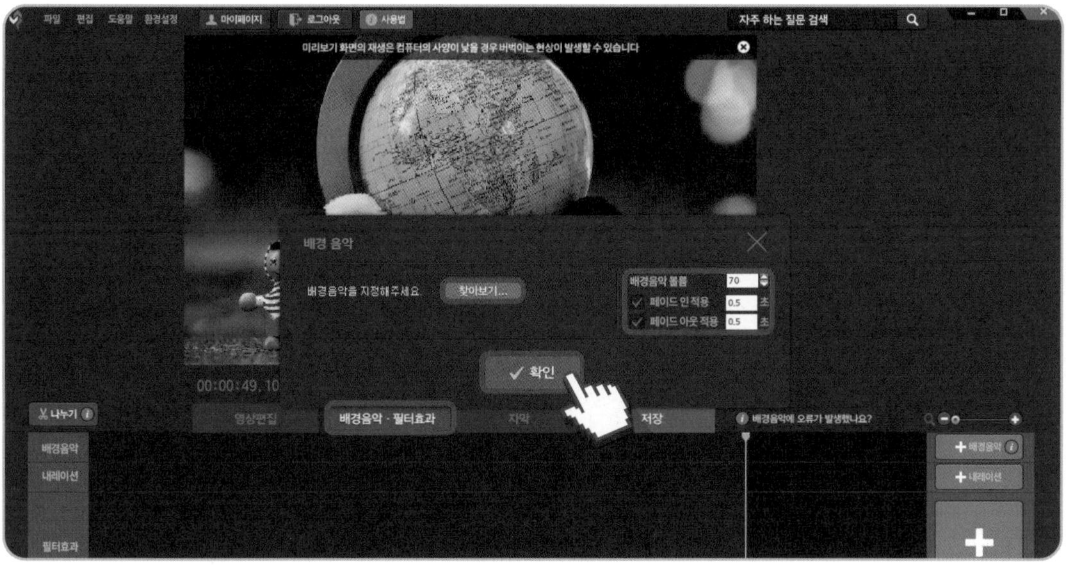

5. 배경음악 지정

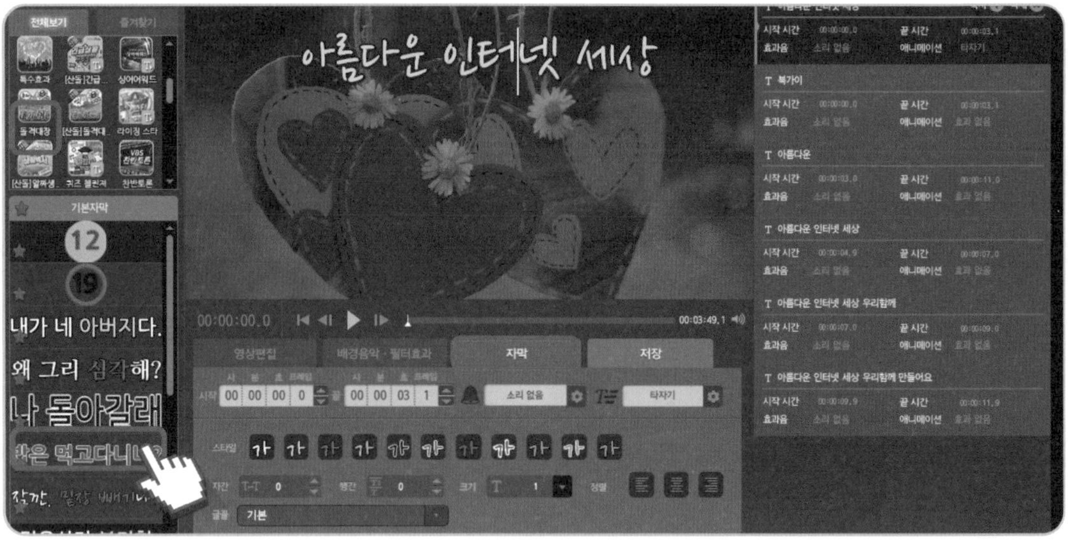

6. 자막 추가

면 배경음악을 불러오거나 영상에 효과를 줄 수 있습니다. 배경음악 볼륨, 음악이 서서히 커지는 페이드인, 음악이 서서히 줄어드는 페이드아웃도 설정할 수 있고요.

뱁믹스의 핵심인 **자막** 메뉴를 클릭하면 왼쪽에 자막 리스트가 나옵니다. **무료 자막**을 선택하고 하단에서

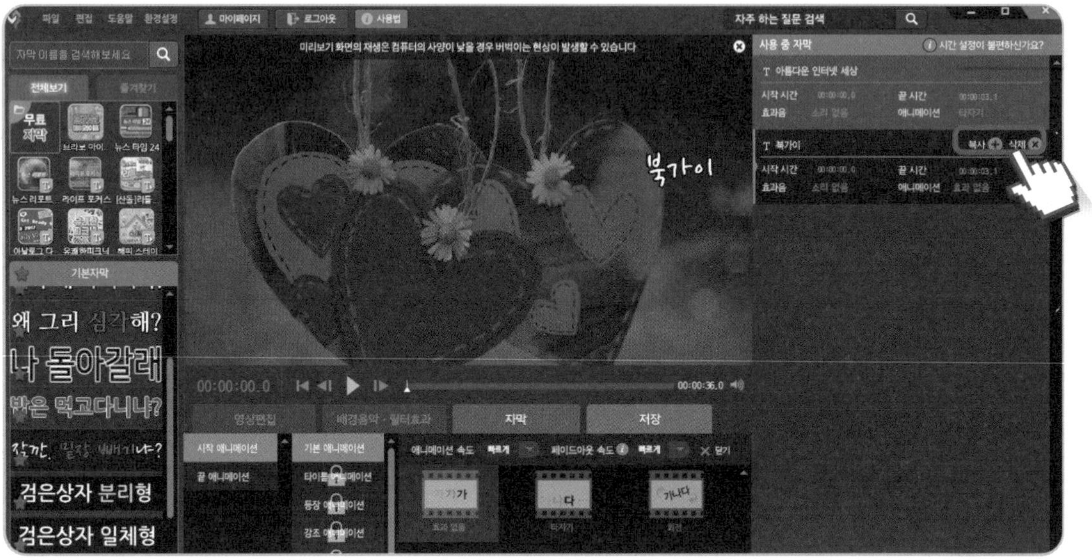

7. 자막 효과 적용

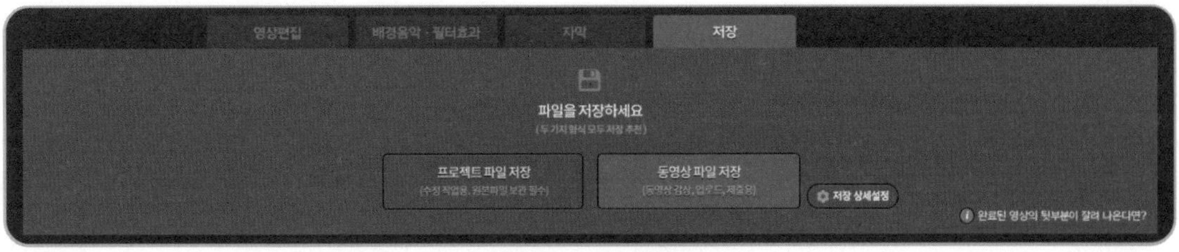

8. 파일 저장 메뉴

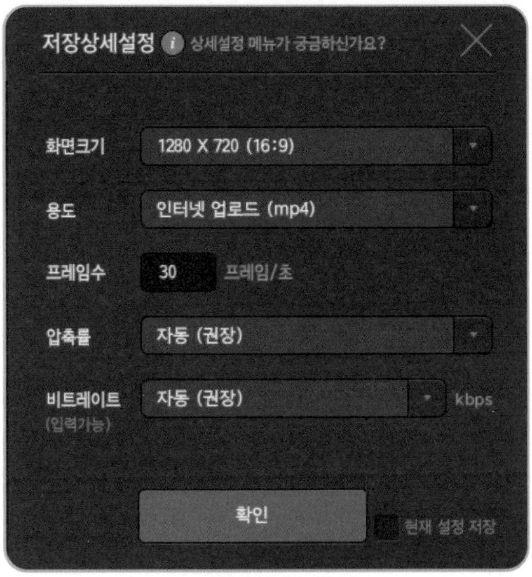

9. 저장 파일 설정

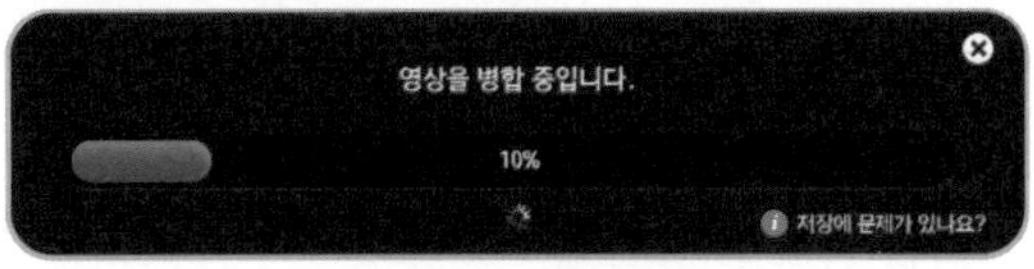

10. 영상 병합 중

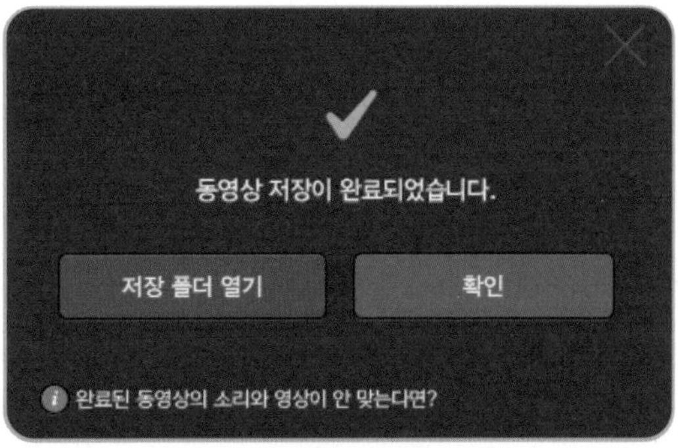

11. 동영상 저장 완료

마음에 드는 자막을 선택해주세요. 텍스트를 더블클릭하면 자막 내용을 수정할 수 있습니다. 스타일과 자간, 행간, 크기도 조절할 수 있어요. 이때 자막 선택 후 사방 모서리를 드래그해서 원하는 크기를 직접 만들어줘도 됩니다. 자막 시작 시간과 끝 시간을 입력하면 해당 시간에 선택한 자막이 나타납니다. 자막이 노출될 때 나오는 사운드 효과음도 선택할 수 있고, 자막 효과도 설정할 수 있어요. 우측에 있는 자막 리스트에서 복사와 삭제도 가능하고요.

이렇게 작업한 영상은 소스를 수정할 수 있는 프로젝트 파일과 병합된 동영상 파일로 저장할 수 있어요. 이후에 다시 수정할 수도 있으니 프로젝트 파일을 우선 저장해주시고요. **동영상 파일 저장** 버튼을 클릭해서 동영상 상세 설정을 해주세요. 화면 크기와 파일 포맷, 프레임 수와 압축률, 초당 비트 수를 선택하고 **확인** 버튼을 눌러주세요. 영상을 병합하고 있다는 메시지가 뜹니다. 영상 병합이 완료되면 저장된 영상을 확인할 수 있습니다.

IV. 디지털, 나눔의 가치

1. 디지털 갤러리 & 예술작품의 사회가치

퀴즈로 미리 생각해보기

1. 각 예술작품들에 대한 설명으로 맞지 않는 것은?

▲ 구석기시대 동굴 벽화 = 주술적
◆ 르네상스 예술 = 비교적
● 중세시대 예술 = 종교적
■ 그리스 예술 = 신화적

2. 예술작품의 디지털 아카이빙 장점이 아닌 것은?

▲ 예술작품의 사유화
◆ 인류 문화 유산 기록의 안전한 보전
● 거리 제약 없이 예술작품의 편리한 이용
■ 학문적 이용

3. 예술작품의 올바른 감상법이 아닌 것은?

▲ 순수하게 느껴본다.
◆ 주물러본다.
● 작가의 의도를 분석해본다.
■ 시대 사조의 흐름으로 분석한다.

사용하는 디지털 도구

- **구글 아트 앤 컬쳐** artsandculture.google.com
- **마인드멉** mindmup.com

디지털 도구 사용법 유튜브 영상 채널 youtube.com/c/DigitalLiteracy

예술의 발전 역사

예술의 기원

요즘은 인터넷을 통해 누구나 저렴하고 쉽게 정보를 얻을 수 있지만, 구석기시대에는 정보가 아주 귀했습니다. 문자와 종이가 없던 시절에는 기록이 쉽지 않아서 좋은 정보가 있어도 사람들끼리 공유하고 전달할 방법이 없었지요. 어쩔 수 없이 직접 만나서 말로 전하는 수밖에 없었습니다. 원시인들은 경험을 통해 어디에 사냥거리가 많은지를 알고 있었지만 후세들에게 전하는 유일한 방법은 구전이었습니다. 사람마다 기억이 정확하지 않으니 정확한 위치를 남기기 위해서는 방법이 필요했습니다. 구석기시대 사람들은 동굴에 살았습니다. 바로 그곳에 기록을 남기려 했지요. 눈과 비에도 지워지지 않을 터라 동굴이 가장 믿을 만한 미디어였습니다.

동굴벽화는 기원전 45,000~43,000년경 등장한 인류 최초의 기록입니다. 정보를 담았을 뿐 아니라 나중에는 예술적 표현도 가미되었습니다. 수많은 암벽화 중 가장 뛰어난 것은 스페인에 위치한 알타미라 동굴벽화입니다. 구석기시대 후기 마들렌기(약 1만~2만 년 이전)의 것으로 추정하고 있지요. 알타미라 동굴을 '구석기시대의 박물관'이라고 부를 정도로 작품성이 뛰어납니다. 그중에서도 최고의 작품은 학자들이 '상처 입은 들소'라는 이름을 붙여준 벽화입니다.

알타미라 출처 : Wikimedia Commons

상처 입은 들소는 약간 볼록한 바위 위에 선을 긋고 그 위에 색을 칠해 죽기 직전의 들소를 묘사해놓은 것입니다. 아무리 살펴보아도 구석기시대 사람들이 그린 그림이라고는 믿기 어려울 정도로 작품성이 뛰어나지요. 소의 모습을 예리하게 관찰하고 그렸다는 것을 알 수 있습니다. 소의 형태와 윤곽이 분명할 뿐만 아니라 어둡고 밝음의 대비, 자연스러운 원근감, 작은 털까지 사실적으로 표현한 기법 등이 정말 놀랍습니다.

어떻게 해서 이런 작품을 그리게 되었을까요? 구석기시대 예술작품에는 주술적인 의미가 들어 있습니다. 채집 생활로 식량을 구하던 시대였기 때문에 동물을 사냥해서 먹을 수 있다는 것은 엄청난 풍요였습니다. 알타미라의 동굴벽화에는 그런 꿈이 담겨 있습니다.

빌렌도르프의 비너스
출처 : ©Jorge Royan
www.royan.com.ar

지금까지 발견된 것 중 인류 최초의 예술작품으로 꼽히는 것은 기원전 22,000년에서 24,000년경에 만들어진 빌렌도르프의 비너스입니다. 11.1cm 키의 여자 조각상으로 배가 불룩 나온 데다 커다란 유방을 늘어뜨리고 엉덩이도 매우 발달되어 있습니다. 이런 표현으로 볼 때 다산의 상징으로 주술적 숭배의 대상이었던 것으로 판단됩니다. 석상은 스스로 설 수 없게 만들어졌기 때문에 세워놓기보다는 행운의 부적처럼 지니고 다니는 용도였을 거라 추측하고 있습니다. 임신을 바라는 여인이 임신을 기원하며 몸에 지니고 다니던 부적인 것이지요. 빌렌도르프의 비너스는 당시 출산의 염원을 담은 미디어였습니다.

시대별 예술의 사회적 역할

그리스 하면 무엇이 떠오르나요? 그리스는 신화의 나라입니다. 하늘의 신, 바다의 신, 죽음의 신, 번영의 신 등 다양한 신이 있었습니다. 그리스의 예술은 이러한 신화의 영향을 받았고, 동시에 눈으로 볼 수 없는 신의 존재를 보고 느낄 수 있도록 해주는 매개체였습니다. 그리스 사람들은 다양한 신을 섬겼지만 인간의 이성을 중시했고, 인간 중심의 인본주의 사상이 강했습니다.

예술은 신과 인간을 연결해주는 매개체였습니다. 구석기시대 예술이 주술적이었다면, 그리스시대 예술은 신화적이면서 인간적이었습니다. 그리스는 예술을 발달시킨 최초의 고대 문명국가였어요. 이후 마케도니아의 알렉산드로스 대왕이 대제국을 건설한 이후 발전한 헬레니즘 문화가 그리스 예술을 전승 받으면서 그리스 예술은 유럽 문화의 근간이 되었습니다.

5세기부터 중세가 시작됩니다. 중세에는 기독교적인 전통과 권위가 사회의 중심에 위치하게 되지요. 인간의 이성이나 감정은 기독교 교리에 의해 통제되어야 했습니다. 금욕적인 생활을 해야 했고, 인간의 감정을 표현하기보다는 성서 속 이야기를 그리는 것이 예술의 주축을 이루었습니다. 한마디로 중세 예술은 종교예술이었습니다. 종교예술의 관점에서 보면 전성기라고 할 수 있지만, 과거 그리스와 로마로 이어져온 예술의 관점에서 본다면 암흑기였다고 할 수도 있겠습니다.

14~16세기 교황 중심의 질서와 봉건 제도가 무너지면서 고대 그리스·로마시대의 인본주의를 되살리려는 움직임이 일어납니다. 예술의 부흥기인 르네상스시대가 시작되지요. 르네상스는 학문 또는 예술의 재생·부활이라는 의미를 가지고 있는데, 프랑스어의 Renaissance, 이탈리아어의 Rinascenza, Rinascimento에서 어원을 찾을 수 있습니다. 고대 그리스·로마 문화를 이상으로 삼아 부흥시킴으로써 새 문화를 창출해내려는 운동이 일어납니다.

17세기 말부터 절대왕권 즉 왕의 힘이 약해지면서 시민들의 목소리가 커졌습니다. 프랑스 시민혁명이 일어나는 시기이기도 하지요. 대학이 학문의 요람지로 자리 잡기 시작하면서 지식이 믿음보다 힘을 갖기 시작합니다. 인간의 이성적 힘과 인류의 무한한 발전 가능성을 믿으며, 과거의 오래된 관습을 타파하고 사회를 개혁하려는 데 주 목적을 두기 시작합니다.

이후 18세기 산업혁명이 일어나면서 예술은 좀 더 다른 역할을 하게 됩니다. 공장에서 기계가 대량으로 만들어낸 제품들이 조악한 모양새로 쏟아지자, 상품의 미적인 수준을 높이려는 요구가 늘어나게 되었고, 예술 안에서 디자인이 발달되기 시작합니다. 긍정적으로 보면 예술이 발전할 수 있는 새로운 영역이 열린 것이지만, 부정적으로 보면 예술이 산업의 도구가 되고 순수예술로서의 권위가 떨어졌다고 볼 수도 있습니다.

그림으로, 조각상으로, 건축물로 다양한 형태를 통해 예술은 그 시대가 필요로 하는 역할을 해왔습니다. 그중에서도 중요한 역할은 문화를 만드는 것이었지요. 예술은 그 시대의 이야기, 사상과 이념이 문화로 전이되도록 하는 매개체였습니다. 만약 예술이 없었다면, 예술로 우리가 보고 느낄 수 있도록 해주지 않았다면 시대의 사상과 이념은 공허한 것으로 남았을 것입니다. 사람들의 생활 속으로 스며들고 사람들에게 체화되도록 하는 데에 예술이 중요한 역할을 했습니다.

예술은 때로 민족의 역사를 담는 기록 매체가 되기도 합니다. 특히 문자가 없는 사회일수록 역사로서의 예술의 중요성이 부각되지요. 호주 원주민들이 커다란 바위나 땅 위에 그려놓은 형이상학적인 무늬는 단순한 창조물이 아니라 역사를 담은 대서사시입니다. 조상 대대로부터 광활한 대륙의 어디에서 출발하여, 어떠한 파란만장한 경험을 하며, 현재의 지역까지 이동해오게 되었는지 경로와 이야기를 표현한 역사 기록입니다. 이렇게 예술은 시대와 장소에 따라 중요한 미디어로서의 역할을 해왔습니다.

예술의 대중화

19세기 말부터 유럽의 귀족이나 부호는 자신의 집에 초상화 대신 사진을 걸어놓기 시작했습니다. 예술의 대중화가 시작된 것이지요. 예술은 과거부터 문화에 많은 영향을 주어왔지만, 가진 자들만의 전유물이었습니다. 그래서 프랑스는 1980년대 문화 예술과 대중 간의 친밀한 관계 맺음을 위해 '문화 매개(mediation culturelle)' 개념을 정책에 도입합니다. 오랫동안 일부 특정 계층의 전유물이었던 것을 현대사회에 와서야 정부가 직접 나서서 모든 사람들이 평등하게 문화 예술을 즐길 수 있도록 힘쓴 것입니다. 현대에 와서는 많은 나라들이 예술과 대중의 거리를 좁히기 위한 노력과 정책을 펼치고 있지만 여전히 한계가 있습니다.

가난은 나라님도 구제 못한다고 시간과 돈이 없으니 모든 대중들이 예술을 즐기는 데는 제한될 수밖에 없었습니다. 생활고에 시달리고 삶의 여유가 없는데 예술을 즐기는 것은 불가능하겠지요. 큰맘 먹고 주말에 근처에서 열리는 전시회는 갈 수 있어도, 프랑스 루브르 박물관에 가서 레오나르도 다빈치의 〈모나리자〉 그림을 감상하거나, 뉴욕 모마 미술관에 가서 고흐의 〈별이 빛나는 밤〉을 감상하기는 힘들겠지요. 그러니 가난한 대중은 이집트 피라미드의 신비를 알 리 없고, 르네상스 문화 예술의 부흥은 책에서 글로만 배운 지식일 뿐 머나먼 얘기에 지나지 않았습니다.

대중화는커녕 보관에 문제가 생겨 유실되는 경우도 있지요. 인류의 중요 문화유산이 전쟁으로 파괴된다거나, 자연재해나 도굴범에 의해 훼손되는 경우도 발생하곤 합니다. 세대를 거쳐 보전되어야 할 인류의 자산이 사라지는 슬픈 일을 막아야 할 필요성이 대두되었습니다.

이러한 이유들로 최근에는 인류의 문화 예술 유산들을 디지털 기술과 미디어를 이용하여 아카이빙하는 움직임이 일어나고 있습니다. 클라우드 컴퓨팅, 빅데이터, 인공지능 기술을 이용하여 보다 안전하게 보관하면서 모든 사람들이 쉽게 접근하고 감상할 수 있는 환경을 만들 수 있게 된 것입니다. 시간이 없어도, 거리상으로 멀리 떨어져 있어도 누구나 쉽게 예술작품들을 접할 수 있는 기회가 생겼습니다. 이제 인류가 멸망해도 문화 예술의 기록은 영원할 것입니다.

나를 위한 예술

모두를 위한 예술

구글 아트 프로젝트(Google Art Project)는 구글이 전 세계 미술관, 박물관과 협력관계를 맺고, 소유 작품을 고해상도 카메라로 촬영하여 온라인상으로 감상할 수 있도록 만든 문화 예술 프로젝트입니다. 250개 이상의 기관과 협력하여 6,000명이 넘는 예술가의 작품 수만 점을 온라인으로 감상할 수 있도록 제공합니다.

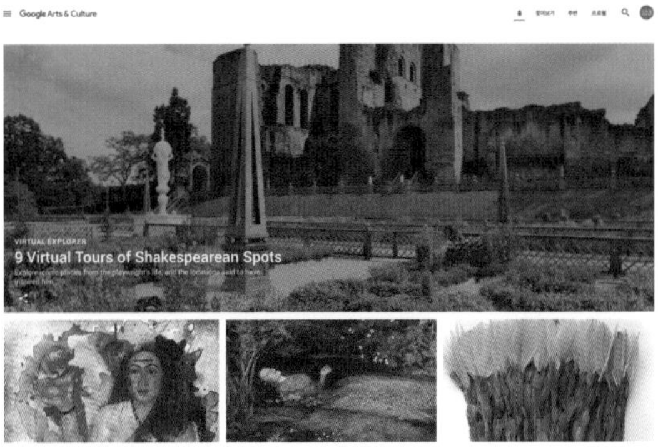

유명 작품을 한곳에서 초고해상도 이미지로 볼 수 있도록 했고, 스트리트 뷰의 '실내 지도' 기술을 사용하여 60개가 넘는 박물관을 360도로 둘러볼 수 있도록 만들었습니다. 초기 출범 이후 지금까지 디지털 아카이빙하는 작품 수가 계속 늘어나고 있어 프로젝트의 규모도 계속해서 증가하고 있는데요, 현재는 45,000점 이상의 작품이 고해상도로 제공되고 있습니다. 특히 일부 작품은 초고해상도 또는 '기가픽셀' 사진 캡처 기술을 이용하여 매우 세밀하게 촬영되었기 때문에 맨눈으로는 볼 수 없는 붓 터치와 세월의 흔적까지도 자세하게 확인할 수 있습니다.

2018년 6월에는 한국의 왕실 문화재와 무형 유산을 감상할 수 있는 서비스 '코리안 헤리티지'를 오픈했습니다. 경기도 박물관, 국립경주박물관, 국립고궁박물관, 국립국악원, 국립무형유산원, 국립민속박물관, 국립중앙도서관, 수원시립 아이파크미술관, 숙명여자대학교 박물관 등 9개 기관과 협업하여 문화재와 작품들을 디지털 아카이빙으로 보관하고 아트 앤 컬쳐에 담았습니다. 누구나 아트 앤 컬쳐의 코리안 헤리티지를 방문하면 작품들을 디지털 파일과 VR을 통해 감상할 수 있습니다.

예술작품의 감상법

작가는 미술 작품을 통해 자신의 경험, 생각, 감정을 표현합니다. 다시 말해서 우리가 어떤 작가의 작품을 감상한다고 하면, 그 작가가 작품을 통해 전달하고자 하는 이야기와 감정을 함께 느껴보고 간접적으로나마 경험해보는 것입니다. 이 과정에서 우리의 정서를 자극하고, 영감을 얻기도 합니다.

우리나라를 대표하는 화가 박수근 선생님은 어린 시절 밀레의 작품 〈만종〉을 보고 감동하여 화가의 길을 걷게 되었다고 합니다. 만약 박수근 선생님이 그런 경험의 기회를 갖지 못했다면, 대한민국 국민들이 사랑하고 자랑스러워하는 박수근 작가는 과연 존재할 수 있었을까요?

예술작품을 제대로 감상하려면 이렇게 따라 해보세요. 좀 더 깊이 있는 작품 감상을 할 수 있습니다.

먼저 색채, 형태, 재료, 제작 방법 등 작품이 어떻게 표현되었는지 감각적인 형식을 관찰하고 느껴봅니다. 그다음 단계는 작품의 주제를 보고, 작가의 의도를 상상해보는 것입니다. 마지막으로 시대별, 양식별 미술의 흐름상 어떤 쪽에 속하는 작품인지, 그리고 역사적으로 어떠한 시대적 문제를 다루고 있는지를 통합하여 연관 지어 생각해보면 사회, 정치, 경제 등의 관련성이 보일 것입니다. 이 정도만 파악해도 작품에 대해 더 깊이 있는 감상이 가능해집니다.

작품 감상에 있어서 꼭 알아야 할 중요한 것이 있습니다. '감상'과 '비평'은 다르다는 것입니다. 둘을 완전히 분리하는 것은 어렵지만, 그래도 나누어 생각할 필요가 있습니다. 전문가가 아니라면, 잠시 비평은 접어두고 순수하게 '감상'에 집중하는 것이 좋습니다. 전시회장을 돌다 보면 이런 관객을 흔히 볼 수 있습니다. "이런 게 작품이면 나도 작가 하겠네!"라고요. 이런 비판적 자세를 갖고 있다면 전시회장에 오는 것은 시간 낭비입니다. 그 시간을 절약하고 다른 것에 관심을 갖는 것이 좋겠지요.
우선은 모든 마음을 비우고 보이는 대로, 또 오감을 이용해서 작품을 느껴보는 것입니다. 보고 떠오르는 생각, 연상되는 이미지, 정서들에 충분히 젖어보는 것입니다. 그다음, 작가에 대해 존중하는 마음을 갖고, 작가가 어떻게, 왜 이런 작품을 만들었는지를 알아보고, 살펴보면서 작가의 입장이 되어 그 작품 속으로 다시 한 번 들어가 보는 것이지요.

이렇게 충분히 감상을 하고 나서, 작품의 소재와 내용, 형식, 표현 방법, 예술적 가치 등을 객관적으로 판단하고 더 나아가 작가의 인생관과 세계관까지도 종합하여 나름의 평을 해보는 게 좋습니다.

작품의 유형마다 감상법도 다릅니다. 회화라면 작가가 표현하고자 하는 주제, 채색 재료, 표현 기법, 색, 질감 등의 조형 요소를 감상하면 좋습니다. 조소는 작가의 표현 의도, 재료, 재질, 공간 등을 염두에 둬서 감상하면 좋고, 디자인은 사용하는 기능에 따라 실용성, 경제성, 편리성을 살펴보면서 아름다움도 비교해서 보면 됩니다. 공예는 아름다움과 기능성의 조화가 중요하고, 서예는 전체의 구성과 글의 짜임, 붓과 먹의 사용 방법, 글씨의 의미를 새겨보는 것이 좋습니다. 건축의 경우는 공간의 기능성과 자연환경과의 조화, 내부와 외부의 디자인적 요소를 알아보는 게 필요하겠고요.

파리 오페라하우스 천장화 감상

그럼 샤갈의 작품을 같이 한번 감상해보도록 할 텐데요, 그 전에 우선 파리 오페라하우스에 대해 알아보겠습니다.

1858년 나폴레옹 3세는 파리 한복판에 '세계 최대 규모의 오페라 극장'을 새로 짓기로 합니다. 극장은 건축가 샤를 가르니에(Charles Garnier)가 17·18세기 이탈리아·프랑스의 별장 저택 양식에서 영감을 받아 설계를 했는데 건축비만 3,300만 프랑으로 나폴레옹 3세 시대에 지어진 건물 중 가장 많은 건축비가 들었습니다. 건물과 로비·계단을 장식하기 위해 화가 13명, 조각가 89명이 동원되었고 객석 천장에 매달린 대형 크리스탈 샹들리에의 무게만도 8t이었습니다. 제작비는 금화 3만 프랑. 요즘 시세로 5억 원쯤 됩니다. 샤를 가르니에는 샹들리에 디자인에 많은 신경을 썼습니다. 영롱한 불빛을 내며 극장 안을 환하게 밝혀주는 샹들리에 없이는 극장이 완성될 수 없다고 믿었지요. 시인 보들레르는 극장에서 가장 아름다운 볼거리로 샹들리에를 꼽았지만, 막상 샹들리에 때문에 4층 발코니에서는 무대가 잘 보이지 않았고 천장 벽화도 일부 가려졌다고 합니다. 그리고 무대와 객석이 건물 전체의 5분의 1에 불과하여 공연을 위한 공연장이라기보다는 보여주기 위한 곳에 더 가깝다는 평도 있습니다.

공사 진행은 그리 순조롭지 않았습니다. 1896년 샹들리에를 올리다가 평형추 하나가 떨어져 인부 1명이 사망했습니다. 콘크리트 기초 공사 도중 지하수가 터져 호수를 방불케 했습니다. 펌프로 지하수를 빼내는 데만 8개월이 걸렸습니다. 같은 해 개장 후 공연 중에 샹들리에가 떨어져 여성 관객 1명이 사망하는 사고가 발생했습니다. 가끔씩 발생하는 추락 사고 때문에 1층 중앙에 앉은 관객들은 공연 내내 불안에 떨기도 했습니다. 샹들리에를 철거하고 천장 조명으로 대체하자는 의견도 있었으나 결국 무산되었지요. 오페라 극장은 자신의 모습을 남에게 보여주기 위한 곳이기도 했기 때문입니다.

가스통 르루는 이 일화에 힌트를 얻어 추리 소설 『오페라의 유령』을 썼다고 하네요. 그의 소설에도 지하 호수가 등장하는데, 재미있는 것은 건물 아래에 실제로 호수가 있다는 사실입니다. 이 호수는 뮤지컬 〈오페라의 유령〉에도 등장합니다.

히틀러는 파리 오페라하우스를 "세계에서 가장 아름다운 건물"로 극찬했지만, 베르디는 "대형 백화점"이라고 비꼬았습니다. 드뷔시는 "외부는 기차역처럼 보이고, 내부는 터키탕의 중앙 로비처럼 보인다"라고 말했지요. 오페라하우스는 정쟁과 파벌의 온상이었습니다.

천장 벽화는 1960년 당시 문화부 장관 앙드레 말로의 부탁을 받아 마르크 샤갈이 1964년에 새로 그린 것입니다. 14명의 작곡가와 이들이 작곡한 발레, 오페라를 그려 넣었지요. 메인 패널에는 차이콥스키의 〈백조의 호수〉, 베를리오즈의 〈로미오와 줄리엣〉, 모차르트의 〈마술피리〉, 스트라빈스키의 〈불새〉, 아당의 〈지젤〉 등을 그렸고, 중앙 패널에는 비제의 〈카르멘〉, 베르디의 〈라 트라비아타〉 등을 묘사했습니다.

샤갈의 천장 벽화 안에는 개관 당시 그려져 있던 200㎡ 크기의 천장 벽화가 숨어 있다고 합니다.

그럼 파리 오페라하우스의 천장화를 감상해볼까요?

파리 오페라하우스 감상 예시

구분	감상 방법	감상 & 비평
순수 감상평	모든 비평적 생각을 잠시 접어두고, 순수하게 자신의 오감을 이용하여 작품을 느껴봅니다.	오페라하우스의 화려한 금 장식 인테리어에 전혀 주눅 들지 않고, 오히려 금의 화려함을 무색하게 한다. 오페라 노랫소리를 들으며 이 그림을 보고 있으면, 꿈꾸는 듯 저 천장을 통해 하늘로 날아갈 듯하다. 아, 천장에 한 송이 꽃이 피었구나!
작품의 표현	색채, 형태, 재료, 제작 방법 등 작품이 어떻게 표현되었는지 감각적인 형식을 관찰하고 느껴봅니다.	자연과 꽃의 색채를 띠고 있어 천장에 핀 꽃을 연상케 한다. 동그란 천장의 형태가 꽃을 더욱 형상화해주고, 가운데 달려 있는 샹들리에는 마치 꽃술과 같다. 사전에 조명의 빛을 치밀하게 계산하여 색을 정했을 거라 판단된다. 중세시대 그려진 교회 천장화 중에서 실제 천장에 매달려 그림을 그린 것들도 있으나, 이 작품은 평지에서 그리고 천장에 설치한 것으로 알려져 있다.
작품의 주제	작가가 어떠한 주제를 다루고 있는지 조사해 보고, 생각해봅니다.	구글 아트 앤 컬처에서 작품을 확대해서 자세히 보면, 백조의 호수, 호두까기 인형, 피리 부는 소년 등과 같은 작품을 연상시키는 장면들이 연출되어 있다. 작가는 오페라하우스에서 공연되는 작품들을 그려 넣은 것이다. 오페라하우스의 작품들을 천장화에 한 송이 꽃처럼 그려 담은 것이다. 보통 꽃은 땅에서 해를 바라보고 피지만, 이 꽃은 하늘에서 땅에 있는 관객을 보고 피었으니 천장이 땅이요 관객이 빛이 되는 셈이다.
작가의 의도	작가가 이 작품을 통해 위와 같은 주제를 표현하고 전달하고자 한 이유를 생각해봅니다.	마르크 샤갈은 러시아에서 프랑스로 귀화한 작가로 색채의 마술사로 불린다. 그는 주로 인간의 원초적 향수와 동경, 꿈과 그리움, 사랑과 낭만, 환희와 슬픔 등을 눈부신 색채로 펼쳐보이는 것으로 유명하다. 샤갈은 "내 예술은 파리가 필요하다"라고 할 정도로 파리를 사랑했다. 샤갈은 프랑스를 향한 사랑과 감사의 마음을 담아 일명 '꿈의 꽃다발'이라고 불리는 이 작품을 무료로 헌사했다.
사조와 양식	어느 시대 작품이고 당시 예술 사조와 양식은 무엇이었는지, 또한 다른 작가와의 관계도 알아봅니다.	샤갈은 야수주의, 입체주의, 오르피즘 등 새로운 작업방식에 영향을 받았다. 20세기 유럽화단의 가장 진보적인 흐름을 누비며 독창성과 일관성을 유지하는 가운데 자신만의 미술 세계를 발전시켰다. 러시아의 성화와 민속예술의 영향을 뚜렷이 받았으며, 사진 수정작업 조수로 일하면서 간판 그리는 일을 했는데 이러한 일은 훗날 그의 작업에 많은 영향을 주었다.
시대적, 역사적 배경	당시의 사회, 정치, 경제, 문화적 문제와 작품과의 연관성을 파악해봅니다.	샤갈은 유대인으로 벨라루스에서 1887년 태어나서 1985년에 사망했다. 그가 서른 살이 되던 1917년 러시아혁명이 일어나고, 비테프스크에 새로 설립한 미술학교의 교장을 맡았지만 자신의 일에 실망한 샤갈은 1920년 모스크바로 떠났다. 1939년 제2차 세계대전이 발발하자 유대인인 샤갈 가족은 미국으로 도피했다. 이 작품은 세계 3대 오페라하우스 중 하나에 걸린 파리 오페라하우스에 있는 것으로 당시 문화부 장관이었던 앙드레 말로의 부탁으로 진행하게 되었다.

디지털 갤러리에서 작품을 감상하고,
과거 시대의 특징을 예측해보아요.

1) 구글 아트 앤 컬쳐에서 작품을 감상하고 마인드맵으로 정리해주세요.

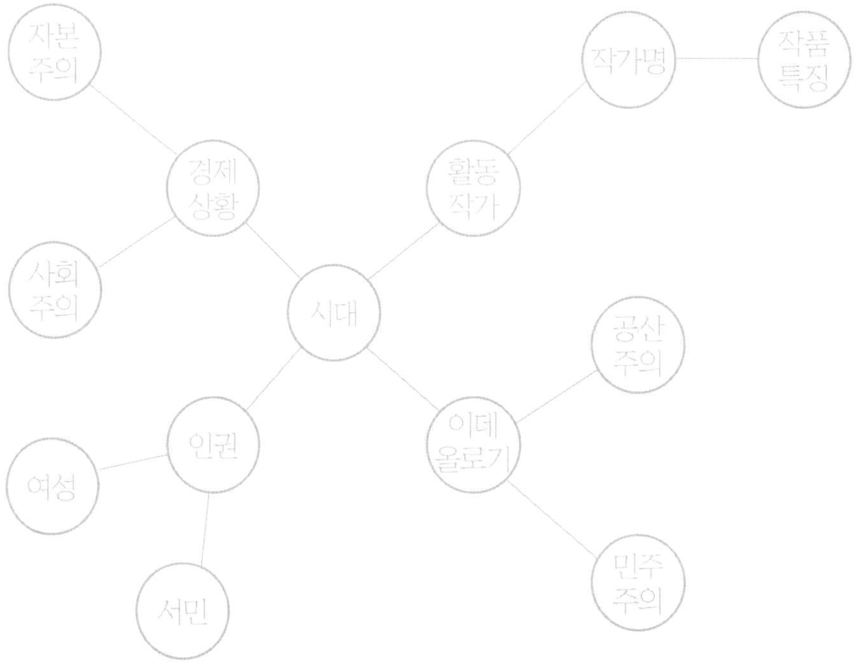

2) 감상한 작품들이 나왔던 시대적 특징을 작성해주세요.

감상한 작품들이 나왔던 그 시대는 어떠한 시대였는지 특징을 적어주세요.

구글 아트 앤 컬쳐 artsandculture.google.com

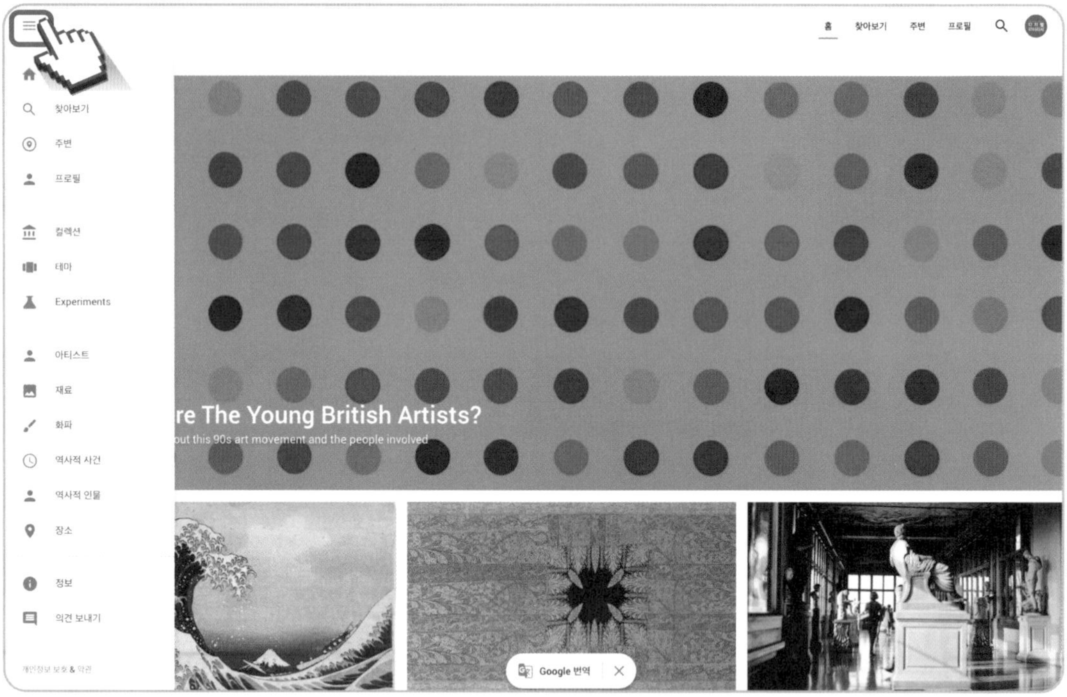

1. 구글 아트 앤 컬쳐 메인

2. 파리 오페라하우스 검색

구글 아트 앤 컬쳐는 구글과 파트너 관계인 미술관과 박물관 소유 작품을 고해상도로 감상할 수 있는 사이트입니다. 유명 작가의 작품을 인기순, 시간순, 색감별로 정렬하여 한눈에 볼 수 있고, 재료별, 화파별, 미술관 및 박물관별로 구분하여 확인할 수도 있어요. 무엇보다도 아트카메라로 촬영한 작품을 기가픽셀로 감상할 수 있다는 것이 매우 매력적이지요. 그럼 샤갈 작품인 파리 오페라하우스의 천장화를

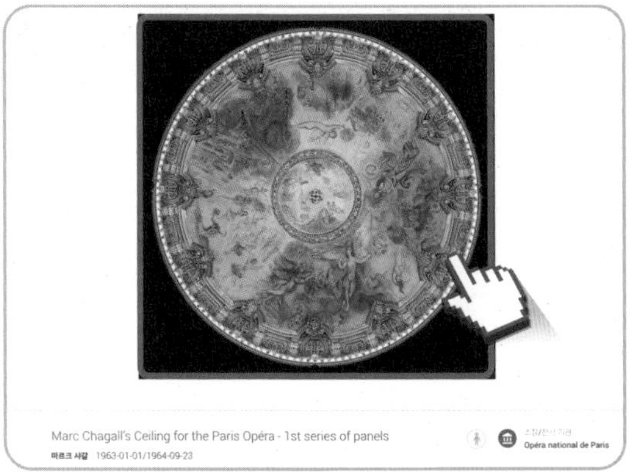

3. 샤갈의 천장화

4. 샤갈의 천장화 상세보기

5. 샤갈 가족

6. 창문 속 앙드레 말로

감상해볼게요. 검색창에서 파리 오페라하우스를 입력합니다. 스토리 영역 아래에 있는 항목 중 천장화를 클릭해주세요. 천장화 설명 페이지가 나옵니다. 이미지를 클릭하면 확대해서 감상할 수 있어요. 확대 슬라이드를 이용해도 되고, 마우스 휠을 이용해도 됩니다.

이렇게 큰 그림을 샤갈 혼자서 그리긴 힘들겠지요? 샤갈도 제자들과 함께 작품을 완성했는데요, 샤갈은 본인이 직접 그린 그림에 노란 점을 찍었다고 합니다. 구글 아트 앤 컬쳐로 확대해서 보기 전에는 찾아보기 힘들지요. 샤갈의 아들 데이비드 맥닐이 구글 아트 앤 컬쳐에서 샤갈이 그린 가족을 보고 눈물을 흘렸다는 이야기가 있어요.

샤갈이 파리 오페라하우스 천장화를 그릴 수 있도록 도와준 프랑스 문화부장관 앙드레 말로도 작품 속에 등장합니다. 작품을 확대해서 이러한 요소를 찾아보

7. 작품 전시장 입장

8. 360도 이미지로 전시장 둘러보기

9. 코리안 헤리티지 검색 결과

10. 코리안 헤리티지 테마 메인 페이지

는 것도 구글 아트 앤 컬쳐이기에 가능한 것이지요. 작품 설명 페이지에서 사람 모양 아이콘을 클릭하면 해당 작품이 전시된 공간으로 들어갈 수 있습니다. 360도 이미지로 만들어져서 실제 전시 공간의 전체 분위기를 느낄 수 있어요.

2018년 가을에 오픈한 코리안 헤리티지에는 한국 박물관 9개가 들어와 있답니다. 박물관에서는 가까이 다가가도 자세히 볼 수 없는 작품들도 구글 아트 앤 컬쳐에서 기가픽셀로 감상할 수 있어요. 이

11. 조씨 삼형제 초상 작품 설명 페이지

중 조씨 삼형제 초상화를 한번 감상해보도록 할게요. 대부분의 초상화는 한 명의 인물 그림만 있는데, 조씨 삼형제 초상화는 조계, 조두, 조강 삼형제를 하나의 화폭에 그린 보물 1478호입니다. 맏형 조계는 삼도통제사를 역임했고, 둘째 조두와 막내 조강은 병조판서까지 되었다고 합니다. 작품 속 누가 맏형 조계일지는 명백한 것 같습니다. 얼굴 주름으로 판단하여 둘째 조두라고 추정되는 사람의 왼쪽 눈을 크게 확대해보겠습니다. 빨갛게 충혈된 것을 확인할 수 있는데요, 조두는 왜 눈이 빨갛게 충혈되었을까요? 조두는 주변의 모함으로 스트레스를 많이 받아 병에 걸려 세상을 떠났다는 이야기가 있어요. 조두의 눈이 왜 빨갛게 충혈되었는지 정확한 사실을 알 수는 없지만 역사를 논리적으로 해석해보며 추측하는 것도 재미있는 활동이지요. 이렇게 그림으로 상황을 예측해보면서 말이지요. 구글 아트 앤 컬쳐가 있기에 가능한 것이겠지요?

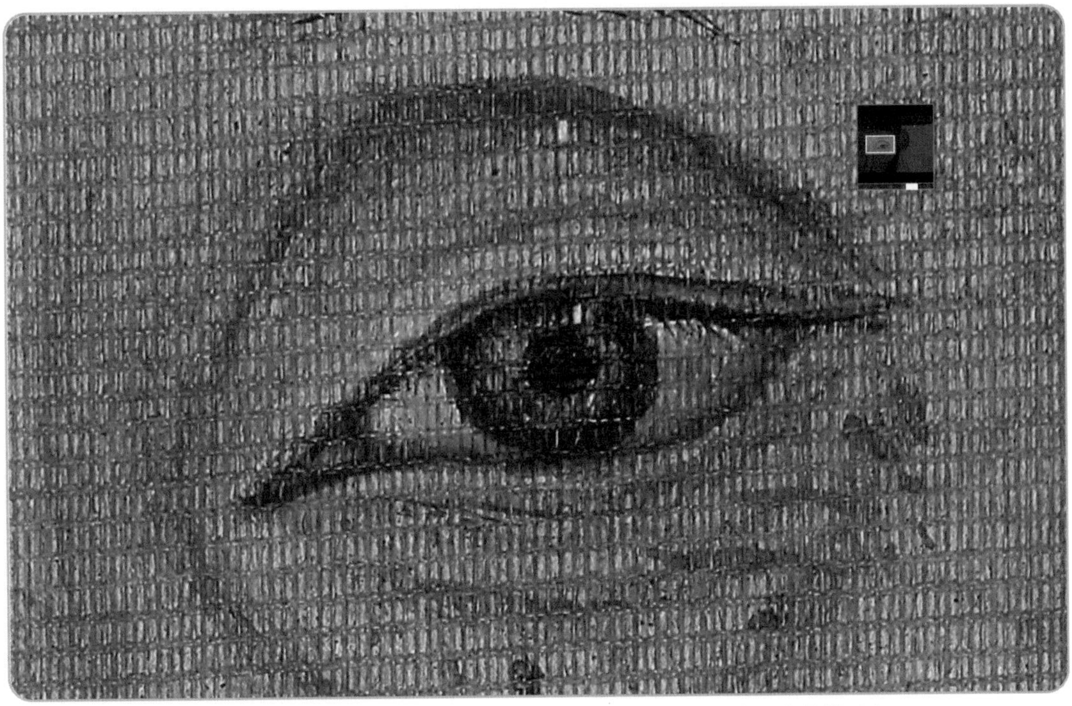

12. 조씨 삼형제 초상화 확대 후 둘째 조두로 추정되는 인물의 충혈된 눈

마인드멉 mindmup.com

1. 마인드멉 메인

2. 마인드맵 제작

마인드멉은 마인드맵을 쉽게 제작할 수 있는 사이트입니다. 비회원일 경우 저장을 하거나 이미지 노드가 있는 마인드맵을 다운로드할 수 없는 등 제약이 있긴 하지만 무료로 이용할 수 있는 마인드맵 제작 도구 중 가장 추천할 만합니다.

GET STARTED 버튼을 클릭해주세요. CREATE A NEW MAP 버튼을 클릭하면 마인드맵 제작 화면이 나옵니다.

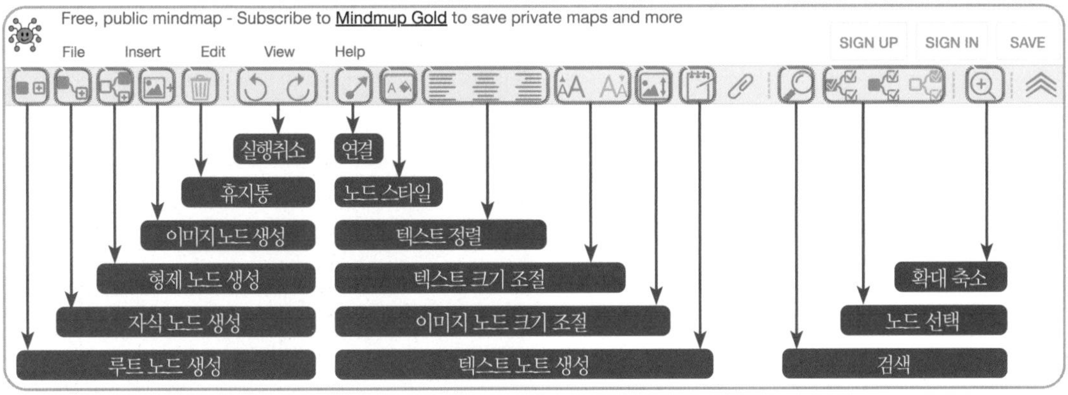

3. 마인드맵 제작 화면 구성

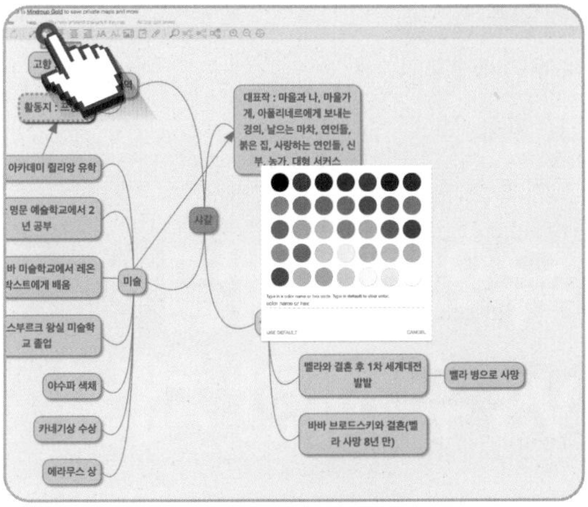

4. 노드 컬러 선택

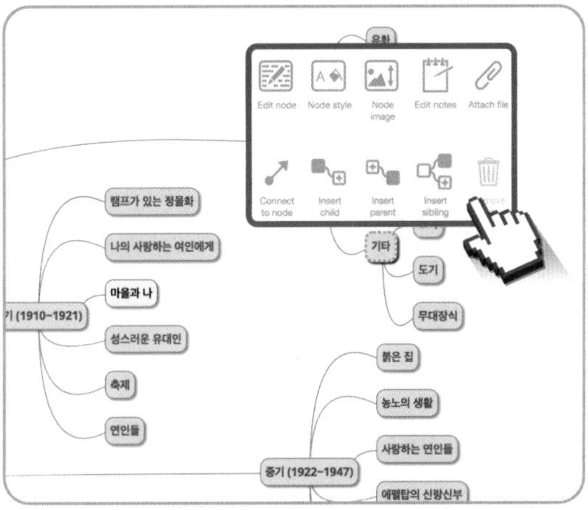

5. 노드 오른 마우스 클릭 메뉴

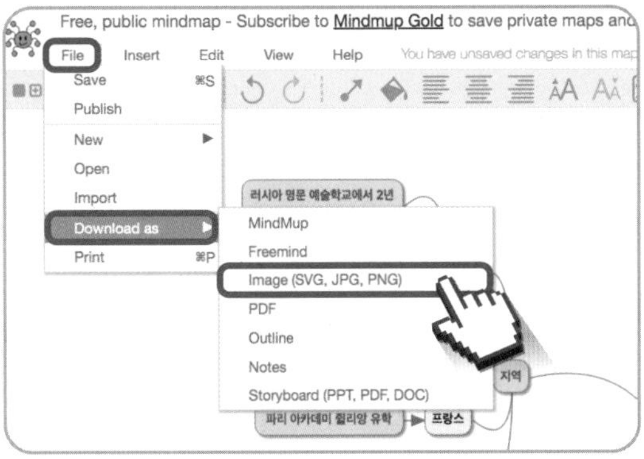

6. 마인드맵 이미지로 저장

중심이 되는 노드를 여러 개 생성할 수도 있고요. 노드를 선택한 후 자식 노드 생성 아이콘을 클릭하면 자식 노드가 만들어집니다. 노드 컬러나 폰트 크기도 변경할 수 있어요. 노드 선택 후 오른쪽 마우스를 클릭하면 상단 메뉴까지 이동하지 않아도 됩니다. 텍스트 노드만으로 형성된 마인드맵을 완성했다면 File에서 Download as 메뉴를 통해, 이미지 또는 PDF 등으로 다운로드할 수 있습니다.

2. 유튜브 채널 & 유익한 채널 vs 유해한 채널

퀴즈로 미리 생각해보기

1. 유튜브의 순기능에 해당되지 않는 것은?

▲ 영상을 통한 지식 공유

◆ 자기표현에 따른 민주주의 사회 발전에 기여

● 영상 제작능력 수준 및 보는 안목 향상

■ 개인의 데이터 사용량 증가

2. 유튜브의 역기능에 해당되지 않는 것은?

▲ 검증 시스템 부재

◆ 허위정보의 무분별한 생산 가능성

● 유튜브 신인류의 탄생

■ 광고수익을 노리는 자극적 콘텐츠

3. 유익한 유튜브 채널의 조건이 아닌 것은?

▲ 공중도덕과 사회윤리를 지키는 채널

◆ 자극적이고 웃기는 채널

● 건강한 언어를 쓰기 위해 노력하는 채널

■ 소외계층의 권익증진에 기여하는 채널

사용하는 디지털 도구

- **유튜브 채널 분석 결과 입력** gg.gg/youtube2019

디지털 도구 사용법 유튜브 영상 채널 **youtube.com/c/DigitalLiteracy**

유튜브 세상

유튜브 발전과정

이제 유튜브를 모르는 사람은 거의 없습니다. 유튜브는 구글이 운영하는 동영상 공유 서비스로, 사용자가 동영상을 업로드하고 시청하며 공유할 수 있도록 하는 플랫폼이지요. 당신(You)과 브라운관(Tube, 텔레비전)이라는 단어의 합성어로 만들어진 이름입니다.

2005년 2월 페이팔(PayPal)의 직원이었던 채드 헐리(Chad Hurley), 스티브 첸(Steve Chen), 조드 카림(Jawed Karim) 세 사람이 함께 설립하였습니다. 친구들에게 파티 비디오를 배포하기 위해 '모두가 쉽게 비디오 영상을 공유할 수 있는 기술'을 생각해냈고, 이것이 유튜브의 시초가 되었습니다.

2006년 10월에 구글이 유튜브 사를 인수한 후 2007년부터 국가별 현지화 서비스를 시작해 한국어 서비스도 2008년 1월 시작되었습니다. 2015년에는 54개 언어를 지원하게 되었고, 일부 서비스를 제외하고는 기본적으로 무료로 이용할 수 있습니다. 동영상을 시청하고 사용자 간 댓글을 달아 소통할 수 있기 때문에 소셜 미디어 서비스의 일종으로도 분류됩니다. 유튜브에 업로드하는 사용자의 대부분은 개인이지만, 방송국이나 비디오 호스팅 서비스들도 유튜브와 제휴하여 동영상을 업로드하고 있습니다.

구글은 2015년 10월 유튜브 레드(Red) 서비스를 발표하였습니다. 월 9.99달러를 내면 광고가 사라지고 모바일 환경에서 백그라운드 재생과 오프라인 재생이 가능하도록 지원하는 서비스로 최근에는 유튜브 프리미엄으로 이름을 바꾸었지요. 이 서비스는 구글 뮤직 서비스를 기본으로 포함하고 있습니다. 음악 스트리밍 서비스로 확대해나가는 것이지요. 재생목록을 작성하여 음악 재생 리스트와 같이 편집하고 자동으로 리스트를 작성할 수 있도록 해줍니다. 마치 음악 앱과 같이 유튜브에 있는 모든 동영상 콘텐츠를 재생하고 관리할 수 있도록 해주니 앞으로 전 세계 음악 스트리밍 서비스들은 긴장할 수밖에 없는 상황입니다.

2018년 12월 기준으로 유튜브의 순수 로그인 가입자만 18억 명입니다. 로그인하지 않고 접속해서 영상만 보는 사람은 제외한 숫자지요. 구글 서비스 중 가장 히트를 기록한 지메일의 사용자 수를 뛰어넘었습니다. 같은 시기 기준 전 세계 스마트폰 사용자 수가 36억 명이니 스마트폰 사용자의 절반가량이 유튜브를 사용하는 셈입니다. 이제는 유튜브를 제외하고는 미디어를 말할 수 없습니다.

각 나라마다 여러 개의 방송국이 있습니다. 방송사는 아무리 경쟁력이 있다 하더라도 다른 나라 시장에 진출하는 것은 불가능합니다. 각 나라 정부가 보호해주는 경우도 있고, 언어, 문화 등 장벽으로 인해 진입이 어렵지요. BBC, CNN, HBO 등 콘텐츠를 수출하기는 해도 방송사 자체가 진출해서 성공한 예가 없습니다. 그러나 유튜브는 인터넷망을 이용하여 국경이 없습니다. 이런 추세로 간다면 전 세계 방송국의 영향력을 모두 합친 것보다 더 강력한 힘을 갖게 될 것입니다.

유튜브의 순기능

세상의 모든 정보를 영상으로 볼 수 있다는 것은 엄청난 장점입니다. 기존 방송국의 프로그램을 다시 보기 할 수도 있고, 시간이 없어서 보지 못했던 유명 저서를 5분으로 요약해놓은 영상을 보며 지식을 얻을 수도 있습니다. 유튜브 영상 자료를 활용하여 강의나 프레젠테이션을 할 수도 있고, 자신의 지식을 영상으로 만들어 공유할 수도 있습니다. 유튜브로 인해 유튜브 크리에이터라는 새로운 직업이 생기고, 새로운 경제 생태계가 생겼으니 이 또한 순기능이라 할 수 있습니다.

자신의 생각을 다른 사람과 나눈다는 것은 민주 사회에서 매우 중요한 일입니다. 기존 언론사들이 뉴스를 생산하면 1인 미디어의 유튜브 크리에이터들이 그 뉴스를 해석하며 또 다른 뉴스를 만들기도 하지요. 과거에는 전통 언론이 뉴스를 생산하고 인터넷 미디어가 확산시키는 역할을 했습니다. 그러나 최근에는 1인 미디어가 먼저 뉴스를 생산하고 전통 언론이 확산시키는 역할을 하기도 합니다. 기존 언론이 다루지 못하는 부분까지 포함할 수 있어서 언론이 미처 하지 못한 정부 감시 및 사회 정화의 기능을 할 수 있습니다.

유튜브의 역기능

그러나 유튜브 방송의 심의 규정이 없고, 사후 검증 시스템도 없어 허위정보가 무분별하게 생산될 수 있습니다. 누구나 콘텐츠를 만들 수 있는 유튜브는 생산자와 수요자 사이에 아무런 여과 장치 없이 바로 전달되는 구조이다 보니 정보의 신뢰성이 떨어질 수밖에 없습니다. 특히 광고 수익 때문에 더 많은 사람이 클릭하게 하기 위해 자극적인 제목, 과격한 언어, 거짓 정보를 만들어낼 수 있어 위험은 더 클 수밖에 없습니다. 문제의 심각성은 실질적인 정보의 신뢰성은 떨어지지만, 정보를 소비하는 사람들은 그러한 문제의식을 갖고 있지 못한다는 데 있습니다. TV에 익숙하고, 영상은 전문가들만이 만들 수 있다는 선입견을 갖고 있다 보니 영상 콘텐츠에 대한 기본적인 신뢰가 있어 허위정보를 걸러내지 못하는 상황입니다.

청소년들의 유튜브 사용시간이 늘어나자 학부모들의 우려가 커졌습니다. 2017년 3월 닐슨코리아의 조사에 의하면, Z세대(13~24세)의 유튜브 이용자는 86%였습니다. Y세대(25~39세) 76%, X세대(40~59세) 66%, 시니어 세대 57%보다 10~30% 가까이 높은 수치를 보였습니다. 연령이 낮아질수록 유튜브 시청 비율이 높아집니다. 그뿐만 아니라 유튜브 시청 시간도 더 많은데요, Y세대와 X세대의 일평균 유튜브 시청 시간이 각각 14.3분과 15.1분인 것에 비해 Z세대는 56.9분으로 약 4배 정도 높습니다. 일평균 유튜브 앱 실행 횟수도 4.4회로 다른 세대들에 비해 압도적으로 높습니다. 이러한 추세는 더욱 커져 청소년들의 유튜브 접속 및 체류시간은 점점 늘어나고 있습니다.

우리가 만들어가는 유튜브 세상

규제, 통제, 절제

유튜브는 순기능도 있고 역기능도 있습니다. 유튜브가 세상에 선보인 지 이제 12~13년밖에 되지 않았으니 사람들과 각국 정부는 아무런 대비가 되어 있지 않습니다. 세상에 없던 것이 새로 나왔으니 적응 기간과 대응을 준비하는 시간이 필요합니다. 순기능은 더 늘려나가고, 역기능은 줄여나갈 수 있는 해법이 필요합니다.

정부는 적절한 규제를 만들어야 합니다. 단, 인터넷 정신에 위배되서는 안 됩니다. '공유'의 철학에 어긋나서도 안 되고, 표현의 자유를 억누르는 것이어서도 안 됩니다. 인터넷의 특성을 고려할 때 정부의 규제는 최소화하는 것이 바람직하다고 볼 수 있습니다.

유튜브가 거대 공룡이 되어가고 있으니, 통제의 기능은 반드시 필요합니다. 비영리기관이나 시민사회단체, 또는 다른 제3의 미디어에 의해서 견제되고 직간접적으로 통제될 수 있는 길이 모색되어야 할 것입니다. 역시나 인터넷 정신, '공유'의 철학, 표현의 자유에 위배되어서는 안 되고, 민간의 통제이니 자율적인 성격이어야 할 것입니다.

가장 바람직한 방향은 개인의 절제입니다. 개인 스스로 적절하고 건강하게 사용하는 것이지요. 앞서 디지털을 칼에 비유하여 설명했습니다. 잘 쓰면 요리 도구가 되고, 잘못 쓰면 무기가 된다고 말이지요. 세상 모든 것은 양날의 검입니다. 미디어는 더욱 그렇지요. 유튜브도 잘 쓰면 득이 되고, 잘못 쓰면 독이 될 수 있습니다. 개인 스스로가 현명하게 사용하는 절제를 키워야겠습니다.

유튜브로 인해 겪는 문제는 방송이 처음 시작되던 70~80년대에도 존재했었습니다. 그래서 방송 심의규정이란 것을 만들었지요. 방송 심의규정이란 방송법에 따라 방송의 공정성 및 공공성을 심의하기 위해 방송위원회가 제정·공표하는 방송 심의에 관한 규정입니다. 아동과 청소년을 보호하기 위하여 방송 프로그램의 폭력성 및 음란성 등의 유해 정도와 시청자의 연령 등을 감안하여 방송 프로그램의 등급을 분류하고 이를 방송 중에 표시하여야 합니다. 또한 이러한 방송 프로그램 등급 분류와 관련하여 분류 기준 등 필요한 사항을 방송위원회 규칙으로 정하여 공표하도록 되어 있습니다. 심의 규정에서 제시하는 12가지는 다음과 같습니다.

① 헌법의 **민주적 기본질서** 유지와 **인권존중**에 관한 사항
② **건전한 가정생활 보호**에 관한 사항
③ **아동 및 청소년의 보호와 건전한 인격 형성**에 관한 사항
④ **공중도덕과 사회윤리**에 관한 사항
⑤ **양성(兩性) 평등**에 관한 사항
⑥ **국제적 우의 증진**에 관한 사항
⑦ 장애인 등 방송 **소외계층의 권익 증진**에 관한 사항
⑧ **민족문화의 창달**과 민족의 **주체성 함양**에 관한 사항
⑨ 보도·논평의 **공정성·공공성**에 관한 사항
⑩ **언어순화**에 관한 사항
⑪ **시정 및 제재조치**에 관한 사항
⑫ 기타 방송법 규정에 의한 방송위원회의 심의업무에 관한 사항

방송 프로그램의 경우 위의 규정을 준수해야 하지만, 방송 광고는 해당되지 않습니다. 방송 광고의 경우 자율 심의도 있는데요, 유튜브 심의규정을 만드는 것은 인터넷 정신에 위배되고 표현의 자유를 억제할 수 있다는 비판 때문에 쉽지 않습니다. 따라서 유튜브 심의 규정은 정부가 운영하는 것이 아니라, 민간에서 자율적으로 권장사항의 형태로 운영되는 것이 더 바람직할 수 있습니다.

유튜브 가상 심의기준에 따른 최고 & 최악의 유튜브 채널 조건

지상파 방송 프로그램은 준수해야 하는 방송 심의규정이 있습니다. 이러한 방송 심의규정을 그대로 유튜브에 적용하는 것은 무리가 있습니다. 지상파는 일방향으로 TV 전파를 공중에 쏘는 방식이고 인터넷은 네트워크 망을 이용하여 양방향으로 소통하는 방식이기 때문입니다. 그러나 방송 심의규정에 담겨 있는 공익성 추구의 가치를 배우는 것은 의미가 있지요. 만약 최고의 유튜브와 최악의 유튜브를 선정한다면 어떠한 조건을 기준으로 해야 할까요?

다음은 디지털리터러시교육협회에서 제안하는 최고의 & 최악의 유튜브 선정 조건입니다.

최고의 유튜브 채널 조건	최악의 유튜브 채널 조건
① 민주적 기본질서에 기여하고, 인권을 존중하는 채널	① 민주적 기본질서를 해치고, 인권을 무시하는 채널
② 건전한 가정생활 보호에 기여하는 채널	② 불건전한 가정생활을 조장하는 채널
③ 아동 및 청소년을 보호하고, 건전한 인격 형성에 도움이 되는 채널	③ 아동 및 청소년을 무시하고, 건전한 인격 형성에 해가 되는 채널
④ 공중도덕을 지키고, 사회윤리를 지키는 채널	④ 공중도덕을 저해하고, 사회윤리에 위배되는 채널
⑤ 양성(兩性)이 평등한 사회에 기여하는 채널	⑤ 양성(兩性) 불평등과 여성혐오를 조장하는 채널
⑥ 국제적 우의 증진에 기여하는 채널	⑥ 국제적 갈등을 조장하는 채널
⑦ 장애인 등 소외계층의 권익 증진에 기여하는 채널	⑦ 장애인 등 소외계층의 권익증진에 위배되는 채널
⑧ 민족문화의 창달과 민족의 주체성 함양에 기여하는 채널	⑧ 민족문화의 창달과 민족의 주체성 함양에 저해가 되는 채널
⑨ 정보의 정확성을 위해 노력하고, 건강하게 비판하는 채널	⑨ 허위정보를 양산하고, 근거 없는 비판과 비난을 일삼는 채널
⑩ 건강한 언어를 쓰기 위해 노력하는 채널	⑩ 저속한 언어를 쓰고, 좋아요와 구독수에만 급급한 채널
⑪ 위 조건을 위해 자정 노력을 하고, 문제 시 자발적으로 시정하는 채널	⑪ 공익에 위배되도 광고 수익을 위해 자극적인 콘텐츠를 만들어내는 채널
⑫ 기타 사회규범을 지키기 위해 노력하는 채널	⑫ 기타 사회규범을 무시하는 채널

최고의 유튜브 채널 **추가** 조건	최악의 유튜브 채널 **추가** 조건
정보의 유익성 이해하기 쉬운 전달 재미 등	정보의 유해성 난해한 설명 지루함 등

우리가 만든 심의기준대로 유튜브 채널을 심사해요.

1) 최고의 유튜브 채널 심사표를 작성해주세요.

최고의 유튜브 채널	선정 기준			총점
채널 1	점수	점수	점수	점수 합계
채널 2	점수	점수	점수	점수 합계
채널 3	점수	점수	점수	점수 합계

2) 최악의 유튜브 채널 심사표를 작성해주세요.

최악의 유튜브 채널	선정 기준			총점
채널 1	점수	점수	점수	점수 합계
채널 2	점수	점수	점수	점수 합계
채널 3	점수	점수	점수	점수 합계

유튜브 채널 분석 결과 입력 gg.gg/youtube2019

1. 유튜브 채널 검색 및 분석

2. gg.gg/youtube2019 사이트 접속

최근 지식 전달을 위한 유용한 채널로 유튜브가 가장 먼저 꼽히고 있습니다. 그만큼 유튜브에는 다양한 지식을 얻을 수 있는 정보가 있지요. 하지만 모두 다 유용한 것은 아닙니다. 유해한 것도 있지요. 수업시간에 배운 채널 분석 방법을 통해 우리가 직접 유용한 채널과 유해한 채널을 선별해보기로 해요. **유튜브 채널 분석 결과 입력 페이지는 청소년들이 자주 보는 유튜브 채널을 분석하여 유익한 채널과 유해한 채널을 알아볼 수 있도록 하기 위한 설문 플랫폼입**

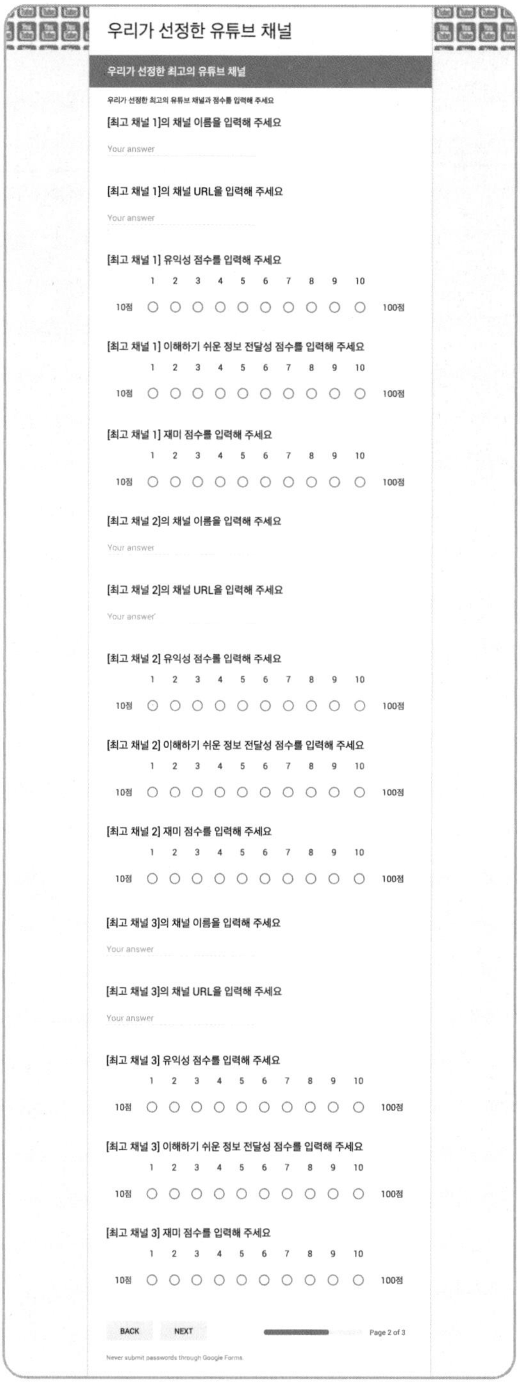

3. 최고 채널 3개 정보 및 분석 점수 입력

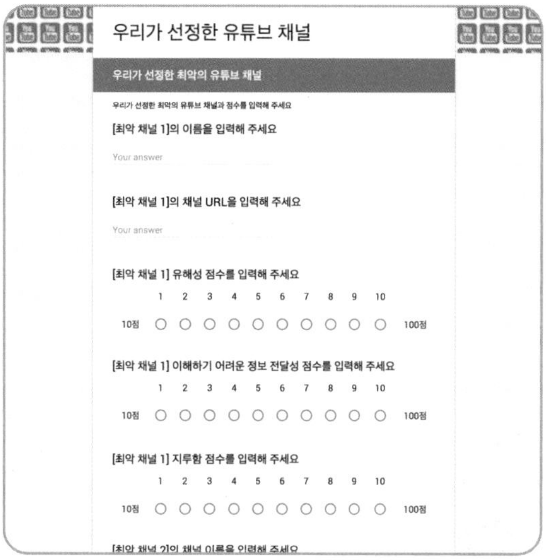

4. 최악 채널 3개 정보 및 분석 점수 입력

5. 유튜브 채널 선정 참여 완료

니다. 거주 지역과 학교 이름을 입력한 후 NEXT 버튼을 클릭하면 최고 채널 3개에 관한 이름, URL, 분석 점수를 입력할 수 있는 페이지가 나옵니다. NEXT 버튼을 클릭하면 최악 채널 3개에 관한 이름, URL, 분석 점수를 입력할 수 있는 페이지가 나오고요. 이렇게 모두 입력하면 유튜브 채널 선정 참여가 완료되었다는 메시지가 나옵니다. 유익한 채널은 널리 알리고, 유해한 채널은 멀리할 수 있도록 신중하게 평가해주세요.

3. 유튜브 플레이 리스트 & 유용한 콘텐츠 검색과 아카이빙

퀴즈로 미리 생각해보기

1. 콘텐츠 큐레이션에 대한 설명이 아닌 것은?

▲ 이용자들의 정보 검색 취향 분석

◆ 맞춤형으로 콘텐츠 제공 서비스

● 정보 편식의 위험

■ 콘텐츠를 이해하기 쉽게 설명해준다.

2. 유튜브 검색 방법이 아닌 것은?

▲ 입력한 순서대로 검색해야 할 경우 큰 따옴표 이용

◆ 특정 단어 제외해야 할 경우 빼기 부호 이용

● 특정 부분 기억나지 않을 때 물음표 부호 이용

■ 특정 단어를 무조건 포함하고 싶을 때 더하기 부호 이용

3. 유튜브 재생목록 관리의 장점이 아닌 것은?

▲ 자동 업데이트

◆ 유익한 동영상 공유

● 자신의 정보검색 취향 정리

■ 유익한 동영상 보관

사용하는 디지털 도구

- **유튜브** youtube.com

디지털 도구 사용법 유튜브 영상 채널 **youtube.com/c/DigitalLiteracy**

건강한 디지털 콘텐츠의 소비

검색의 역사

인터넷 검색 엔진이라는 것이 등장하기 전, 컴퓨터의 네트워크는 파일을 주고받을 수 있도록 단순히 연결되어 있는 수준에 불과했습니다. 서버에 공유 파일을 업로드하는 사람과 서버에서 파일을 다운로드하는 사람 두 부류밖에 없었지요. 그러다 1990년 최초의 검색 엔진이 탄생합니다. 최초의 검색 엔진은 요즘의 검색 엔진과는 많이 달랐지만 원하는 파일의 이름을 알고 있는 경우 파일을 찾는 데 도움이 되었습니다. 그 후 검색 엔진은 사용자가 검색을 용이하게 할 수 있도록 검색 통계 결과를 사용하기 시작합니다.

현재의 모습과 유사한 형태의 검색 엔진은 1995년 4월 런칭한 야후가 최초입니다. 야후는 페이지에 대한 설명 부분을 검색에 추가하였고, 라이코스는 단어의 유사성을 분석하여 관련 사이트를 검색해주었지요. 1995년 12월에는 사진, 음원, 비디오까지 검색이 가능한 알타비스타가 등장하였습니다.

국내 기업으로는 네이버가 최초로 검색 서비스를 시작합니다. 이후 '지식iN' 서비스를 통한 지식 검색 기능으로 대한민국 최고의 인터넷 기업이 될 수 있었지요. 여기에 '블로그' '카페' 등 이용자들이 자발적으로 콘텐츠를 생산하고 공유할 수 있는 플랫폼을 구축하면서 명실상부한 포털 1위의 자리를 굳히게 됩니다.

세계 1위 검색 포털인 구글은 1998년 설립되어 세계 최대 포털이 되기까지 채 10년이 걸리지 않았습니다. 비결은 검색 능력이었지요. 구글은 '키워드' 검색에서 시작해 '자연어' 검색을 거쳐 '대화형' 검색으로 알고리즘을 발전시켜왔습니다.

인터넷 트렌드 사이트에 공개된 자료에 따르면, 2018년 7월 25일부터 약 한 달간 검색 점유율이 네이버 63%, 구글 27% 수준인 것으로 나타났습니다. 그러나 네이버 지식인의 수준이 점점 떨어져 형편없는 지식이 늘고 있는 데 반해 구글은 학술 검색을 위한 스콜라 등 수준 높은 정보를 제공하고 있어 검색 만족도의 차이가 있습니다. 사용자들의 검색 만족도가 네이버에 비해 구글이 압도적으로 높기 때문에 시간이 갈수록 국내 포털의 지형도도 바뀔 것으로 보입니다. 검색 서비스 지형도에 가장 큰 변화를 가져오고 있는 것은 유튜브입니다.

검색으로 배우는 세대

영상이 갖고 있는 매력이 사람들을 유튜브로 끌어들이고 있습니다. TV는 채널과 시간이 제한적이지만 유튜브에는 무한한 콘텐츠들이 있습니다. 학교 공부에 도움이 되는 콘텐츠에서부터 지적 호기심을 채워줄 수 있는 내용까지 모두 있습니다. 그 결과 기존 포털에서는 찾아볼 수 없었던 현상이 만들어지고 있지요. 10대들이 유튜브를 통해 새로운 것을 배운다는 것입니다. 그래서 유튜브를 유선생이라고 부르기도 하지요. 좋은 책 영상, 게임 잘하는 법, 라면 맛있게 끓이는 법 등 'How to'에 해당되는 내용을 영상으로 친절하게 설명해주고, 잘 모를 때는 돌려보거나 댓글을 확인해보고, 또 댓글로 물어볼 수도 있으니 참 편리한 방법입니다.

이제 10대들은 세상의 기술, 새로운 것을 유튜브를 통해 배웁니다. 그러다 보니 10대들의 배움의 문화도 바뀌고 있습니다. 과거 가르치는 식의 교육은 더 거부하게 되고, 자신이 검색한 후 자신이 선호하는 방식으로 설명해주는 유선생을 골라 스스로 배우는 방식을 선호하고 있습니다.

콘텐츠 큐레이션

이렇게 지식을 구하는 방식이 공급자 중심에서 소비자 중심으로 바뀌다 보니 콘텐츠 큐레이션(Content Curation)이라고 하는 서비스가 보편화되고 있습니다. 콘텐츠 큐레이션은 넘치는 정보들 중 사용자가 좋아하는 콘텐츠를 골라 맞춤형으로 제공하는 것을 말합니다. 본래 큐레이터(Curator)는 미술관이나 박물관의 전시 책임자를 의미합니다. 전시물에 대한 수집, 저장, 보관, 조사 등 전시물 관리에 대한 전반적 책임을 질 뿐만 아니라, 전시물이 관객들에게 효과적으로 전달될 수 있도록 전시회를 기획하는 일을 합니다.

유튜브도 콘텐츠 큐레이션 기능이 있습니다. 이용자가 검색하고 즐겨 보는 콘텐츠를 분석, 이용자 취향을 유추하여 이용자가 좋아할 만한 내용 위주로 보여줍니다. 이용자 편의를 제공하는 서비스이지만, 이용자들의 정보 편식을 부추기는 역할을 할 수도 있습니다.

최근 특정 분야의 콘텐츠를 많이 보았다면 유튜브가 유사한 콘텐츠들을 알아서 큐레이션해줍니다. 그러다 보니 자칫 편식의 늪에 빠지기 쉽습니다. 잘 이용하면 편리한 서비스이지만, 잘못 이용하면 오히려 독이 되는 거죠. 이러한 콘텐츠 큐레이션 서비스를 역으로 잘 이용하면 다양하고도, 깊게 콘텐츠를 소비할 수 있습니다. 예를 들어 하나의 유튜브 계정에 두 개의 채널을 만듭니다. 하나의 채널은 사회, 과학, 문화, 예술 등 다양한 분야의 주제를 검색하며 콘텐츠를 소비합니다. 유튜브 인공지능이 다양한 콘텐츠를 추천해주겠죠. 또 하나의 채널은 자신이 관심을 두고 있는 특정 주제를 볼 때만 사용합니다. 그럼 유튜브의 인공지능이 연관된 내용을 계속해서 추천해주겠죠. 이렇게 나눠서 사용하면 컨텐츠를 다양하고도, 깊게 소비할 수 있습니다. 디지털 기술의 역기능을 잘 이해하고 이를 해결하는 지혜만 있다면 문제가 되지 않습니다.

유튜브 검색 방법

유튜브 검색창에 검색어를 입력하면, 엄청난 양의 동영상 리스트가 나옵니다. 영화 〈킹스맨〉을 검색해보면 무려 47,000개의 검색 결과가 뜨는데요, 과연 이 중에서 정말 필요하거나 마음에 드는 검색 결과는 몇 개나 될까요? 수많은 콘텐츠들 중에서 내가 원하는 것을 빠르고 효율적으로 찾기 위해서는 요령이 필요합니다. 검색의 정확도를 높이기 위한 검색 방법 몇 가지 팁을 알려드리겠습니다. 이 팁은 구글 검색 팁과 동일합니다.

우선 검색창에서 찾는 검색어 중 정확히 들어가야 할 단어를 정한 후 해당 단어를 큰따옴표 안에 넣습니다. 큰따옴표 안에 있는 키워드가 반드시 포함된 검색 결과만 볼 수 있습니다. 그리고 옆에 계속해서 단어를 추가할 수도 있으니 다른 단어를 추가로 입력하며 검색의 범위를 좁혀나가면 좀 더 정확한 검색 결과를 얻을 수 있겠지요.

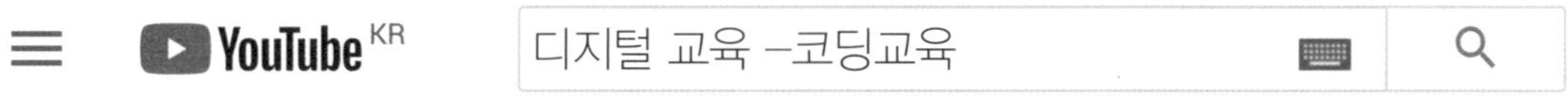

특정 내용을 걸러내는 방법도 있습니다. 우선 검색하고자 하는 큰 범위의 단어를 입력한 후 이어서 빼기 부호를 넣습니다. 그리고 제외하고자 하는 검색 결과의 단어를 입력합니다. 이때 중요한 것이 있습니다. 첫 번째 큰 범위의 단어 후에 반드시 스페이스를 두어야 하고, 빼기 부호와 두 번째 단어 사이에는 스페이스를 두지 않아야 합니다.

만약 특정 부분이 기억나지 않는다면 기억나지 않는 단어 부분에 별 표시를 입력하면 됩니다.

제목에 정확한 단어가 들어간 경우만 검색하고자 한다면, 검색어 앞에 'allintitle'을 붙입니다. 해당 검색어가 제목에 들어간 동영상만 검색 결과로 보여줍니다. 화면 상단에 있는 필터 기능과 함께 사용하면 더욱 정확한 검색 결과를 얻을 수 있습니다.

디지털 아카이빙

디지털 저장과 보관

디지털 세계에는 정보가 넘치기 때문에 필요한 정보만 쏙쏙 찾는 검색능력이 필요합니다. 검색한 결과 중 틀린 정보를 걸러내는 능력도 필요하지요. 여기에 한 가지가 더 필요합니다. 나만의 정보 도서관을 만드는 일입니다. 나중에 다시 보고 싶고, 이용하게 될 정보들은 보관하는 나만의 방법이 있어야 합니다. '예전에 좋은 자료를 봤는데…… 그게 뭐더라…… 어디에 저장해두었더라……' 하면서 답답함을 겪지 않으려면 말이지요.

디지털 아카이빙이란 개념이 있습니다. 아날로그 콘텐츠를 디지털로 변환해 압축 저장하거나 기존 디지털 콘텐츠를 체계적으로 분류하고 DB화하는 작업을 말합니다. 보관할 디지털 콘텐츠는 텍스트 문서, 사진 및 그래픽, 동영상 등이 있습니다. 자료량이 적을 때는 문제가 안 되지만 많아질 경우 포털 사이트에서 검색하듯 내 컴퓨터를 검색해야겠지요.

파일을 저장, 보관하는 첫 번째 방법은 폴더 관리입니다. 폴더명을 체계적으로 관리하는 것인데요, 우선 폴더를 목적에 따라 구분할지, 유형별로 구분할지 결정해야 합니다. 학교 과제별로 폴더를 만들지, 또는 문서, 사진, 영상 등 유형별로 구분할지를 정하는 것이지요. 어떤 방법이건 한 번 정하면 일관되게 해야 합니다. 기준이 바뀌면 뒤죽박죽될 테니까요.

두 번째 방법은 파일명 체계를 관리하는 것입니다. 자신만의 규칙을 만들면 됩니다. 자료 설명_출처_과제명 또는 사용처_저장일과 같이 자신만의 규칙을 만들어 저장하는 것입니다. 역시나 한 번 규칙을 정하면 바꿔서는 안 되지요. 폴더명과 파일명을 체계적으로 관리만 해도 정보 관리가 쉬워집니다.

저장하는 공간도 중요하지요. 컴퓨터 고장으로 파일을 날리는 경우가 종종 발생하는데, 몇 년에 한 번이라도 그 결과는 돌이킬 수 없으니 예방을 습관화해야 합니다. 1차 보관 장소를 자신의 컴퓨터로 하고 백업은 외장 하드나 클라우드 서비스를 이용하는 방법이 있습니다. 두 가지 방법을 병행하는 것도 좋습니다. 외장 하드는 실시간 자동 백업 기능을 이용하고, 클라우드 서비스로 실시간 동기화한다면 데이터 전체를 잃는 일은 발생하지 않습니다.

클라우드 서비스 회사는 춘추전국시대를 거쳐 이제 정리가 되어갑니다. 구글 드라이브, 네이버 클라우드, LG U+Box, 마이크로소프트의 OneDrive, 그리고 클라우드 전문 서비스 회사인 드롭박스(Drop box)가 대표적인데요, 서비스 선택기준은 안정성, 용량, 기능입니다. 앞서 언급한 회사들은 신뢰도 면에서는 유사하고, 무료 제공하는 데이터 용량의 차이만 있습니다. 네이버가 30GB로 가장 큰 용량을 제공하고 구글이 15GB를 제공하지만, 구글의 경우 가장 큰 용량을 차지하는 사진을 구글 포토라는 별도 플랫폼에 저장할 수 있습니다. 원본 크기로 저장할 경우 클라우드 용량을 차지하지만 고화질로 저장할 경우 무제한 용량을 제공하니 오히려 네이버보다 이득입니다. 또한 구글 클라우드는 공유와 협업 기능이 발달하여 장점이 많습니다.

유튜브 재생목록

SNS 플랫폼마다 정보를 아카이빙하는 기능을 제공하고 있습니다. 페이스북은 동영상 저장 기능을 제공하고, 유튜브는 재생목록 기능을 통해 자신의 채널 내에 다시 볼 동영상을 저장할 수 있도록 해줍니다. 자신의 재생목록을 다른 사람과 공유할 수도 있지요. 재생목록을 분류하다 보면 자신의 정보 취향도 알 수 있고, 편향성도 확인할 수 있습니다. 재생목록 관리로 자신이 관심이 있는 영상 정보를 아카이빙하고, 학교 교과별로도 도움 되는 콘텐츠를 정리해보세요.

유익한 유튜브 재생목록을 만들어요.

1) 유익한 유튜브 영상을 모아 놓을 재생목록을 작성해주세요.

주제	설명	영상 제목
주제 1	주제 1에 관한 설명	주제 1에 포함될 영상들의 제목
주제 2	주제 2에 관한 설명	주제 2에 포함될 영상들의 제목
주제 3	주제 3에 관한 설명	주제 3에 포함될 영상들의 제목

2) 친구들과 공유하고 싶은 재생목록을 자랑해주세요.

마음을 편하게 해주는 음악 모음, 수학 원리를 알려주는 영상 모음 등 친구들과 공유하고 싶은 재생목록을 자랑해주세요.

유튜브 재생목록 youtube.com

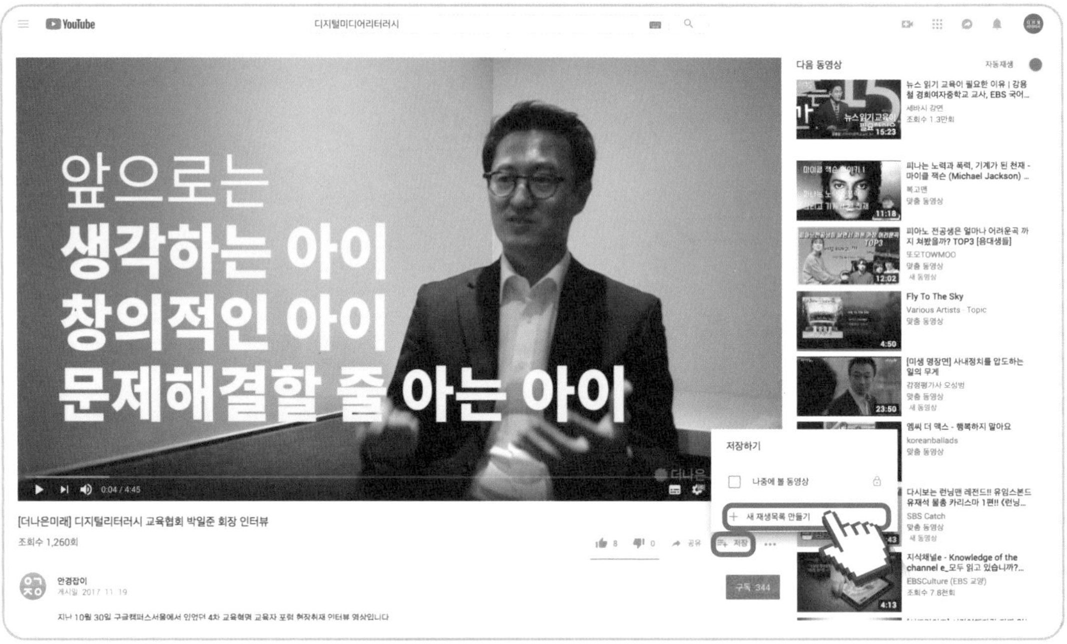

1. 재생목록에 추가하고 싶은 영상 저장

2. 재생목록 생성

유튜브 재생목록은 자주 보는 영상이나 필요한 영상을 카테고리로 묶어서 관리할 수 있는 유튜브 기능입니다. 분야별로 카테고리를 구분하면 영상을 찾기 쉽겠지요. 이러한 재생목록은 나뿐 아니라 다른 사람과도 나눌 수 있답니다.

재생목록으로 정리하여 저장하고 싶은 영상의 **저장** 버튼을 클릭해주세요. 기존에 만들어놓은 재생목록이 없다면 **+ 새 재생목록 만들기**를 클릭해주세요. 재생목록 이름과 공개 여부를 선택하고 **만들기** 버

3. 재생목록에 추가

4. 검색 결과 리스트에서 재생목록에 추가

5. 재생목록 관리

튼을 클릭해주세요. 이렇게 재생목록을 만들어놓으면 영상 저장 시 원하는 재생목록 체크박스 체크로 재생목록에 영상을 추가할 수 있습니다. 재생목록에서 제외하려면 체크박스를 해제하면 되고요.

영상 검색 결과 리스트 페이지에서도 영상을 바로 재생목록에 추가할 수 있어요. 리스트 항목에 마우스를 가져다 대면 우측에 점 세 개 메뉴가 보입니다. 그 메뉴를 클릭하면 재생목록에 추가할 수 있어요. 재생목록 편집은 내 채널 페이지에서 할 수 있습니다. 좌측 메뉴에서 편집을 희망하는 재생목록을 선택하고 영상 리스트 점 세 개 버튼을 클릭하면 재생목록에서 삭제하는 등 재생목록을 설정할 수 있어요.

4. 가상현실 · 증강현실 &

행복한 디지털 세상

퀴즈로 미리 생각해보기

1. 증강현실이 사용될 수 없는 분야가 아닌 것은?

▲ 교육
◆ 쇼핑
● 외과 수술 트레이닝
■ 자동차 네비게이션

2. 가상현실이 사용될 수 있는 바람직한 분야가 아닌 것은?

▲ 가족모임
◆ 비행기 조종 시뮬레이션
● 안전 교육
■ 외과 수술 트레이닝

3. 가상현실이 가져올 미래가 아닌 것은?

▲ 게임산업 발전
◆ 의료 분야 발전
● 가상현실 중독
■ 아날로그 중심 세상으로 회귀

사용하는 디지털 도구

- **코스페이시스** cospaces.io/edu

디지털 도구 사용법 유튜브 영상 채널 **youtube.com/c/DigitalLiteracy**

비현실이 현실이 되는 미래

증강현실

증강현실(AR)은 현실 이미지와 가상 이미지를 겹쳐서 하나의 영상으로 보여주는 기술입니다. 아날로그 세상과 디지털 세상을 하나로 합쳐주는 매력적인 기술이지요. 포켓몬고 많이 들어보셨지요? 포켓몬고가 바로 위치 기반 증강현실을 활용한 모바일 게임입니다. 모바일 증강현실 시장의 40%는 포켓몬고처럼 증강현실 기반의 게임이 차지하고 있습니다. 그러나 최근 증강현실은 게임 분야뿐 아니라 다른 분야에서도 많이 사용되고 있습니다.

출처 : Google expeditions

증강현실 기술의 활용

세계적인 증강현실 회사인 '토털 이머전(Total Immersion)이 개발한 트라이라이브(TryLive)라는 앱은 가상 쇼룸을 통해 고객들이 가상으로 옷을 입어볼 수 있고, 안경, 모자 등의 상품도 구입 전에 가상으로 착용해볼 수 있도록 서비스를 제공하고 있습니다. 가구와 같은 제품도 미리 주택 내에 설치하여 인테리어 효과를 실시간으로 확인해볼 수도 있지요. 오프라인 상점을 직접 방문하지 않아도 원하는 느낌의 물건을 쉽게 고를 수 있는 장점이 있습니다.

우리나라 컴퓨터그래픽 SW 기업 에프엑스기어도 증강현실을 기반으로 한 디지털 3D 가상 피팅 솔루션 브랜드 '에프엑스미러(FXMirror)'를 출시했습니다. 에프엑스미러는 3D 가상 피팅 시스템으로 사용자의 신체 사이즈를 측정해 실시간으로 의상 피팅을 보여주는 솔루션입니다. 옷을 사기 전 일일이 옷을 입어보는 수고와 시간을 덜어줄 수 있겠지요.

출처 : FXMirror

분당서울대병원과 대구경북과학기술원 공동연구팀은 AR 기술을 활용하여 정강이뼈 골종양이 있는 50대 여성 환자의 수술에 성공했습니다. 뼈에 생긴 암은 맨눈으로 잘 보이지 않는다고 합니다. 지금까지는 컴퓨터 단층촬영이나 방사선 사진을 보고 종양의 크기와 위치를 짐작해서 수술할 수밖에 없었는데요, 기존의 이러한 방식으로는 암 부위의 경계를 정확히 알기 어렵다고 합니다. 증강현실 기술이 이제는 이런 문제를 극복하는 데도 사용될 수 있습니다.

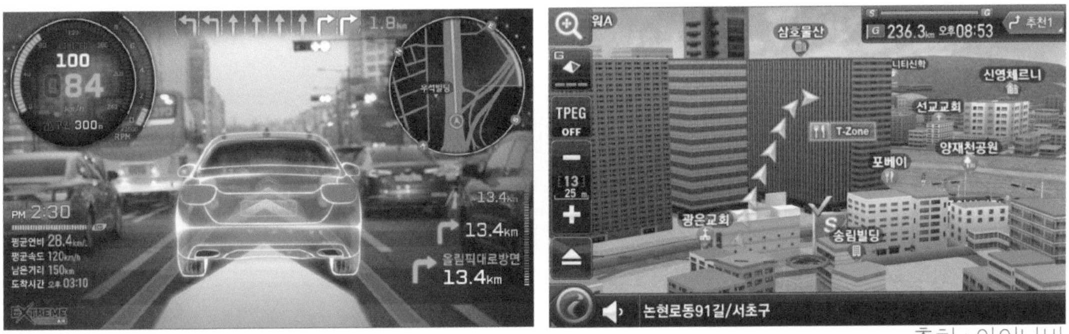

출처 : 아이나비

기존의 기술을 대체하며 혁신을 이룬 사례도 있습니다. 내비게이션인데요, 국내 1위의 내비게이션 회사인 아이나비는 증강현실 기술을 이용한 내비게이션을 만들었습니다. 과거의 내비게이션은 가상현실(VR) 방식이었습니다. 가상의 지도(Virtual)를 만들어서 주행 정보를 보여주었지요. 대한민국의 도로를 가상의 그래픽으로 만들고 전환하려니 시간과 비용이 많이 들 수밖에 없었습니다. 아이나비사는 새롭게 증강현실(AR)을 이용한 내비게이션을 만들어 출시했습니다. 실제 도로 풍경(Reality)에 가상의 그래픽으로 만든 주행 정보를 추가하여 보여주는 방식이지요. 실제 도로 화면으로 보여주니 정확도가 높아 운전자 입장에서 증강현실 방식이 훨씬 더 좋습니다. 생산자 입장에서도 도로를 그래픽으로 제작할 필요가 없어서 그래픽으로 제작할 부분이 줄어드니 비용이 적게 들어가지요. 소비자와 기업 모두 이득입니다.

증강현실(AR)과 가상현실(VR)은 실상과 허상의 조합이냐, 허상만으로 사용하느냐에 따라 명확히 구분됩니다. 비슷한 듯하지만 정반대의 기술이지요. 컴퓨터 게임으로 예를 들면, 증강현실을 이용한 격투 게임은 현실의 내가 현실의 공간에서 가상의 적과 대결을 벌이는 형태가 됩니다. 가상현실을 이용한 격투 게임은 나를 대신하는 캐릭터가 가상의 공간에서 가상의 적과 대결합니다. 그렇기 때문에 증강현실이 가상현실에 비해 현실감이 뛰어나겠지요. 스마트폰 덕에 증강현실은 현재 일반인들에게도 널리 활용될 만큼 대중화되었지만, 가상현실은 장비가 고가인 데다 제작의 난이도가 있기 때문에 영화와 같은 영상 분야 등 특수 환경에서만 사용되고 있습니다.

가상현실

가상현실(Virtual Reality)은 상상의 환경을 가상의 공간으로 만들어 실제와 유사한 체험을 할 수 있도록 해주는 디지털 기술입니다. 현실과 상상의 경계를 넘나들 수 있어서 입체 공간을 체험하고 시뮬레이션하는 데 매우 유용한 기술이지요. 증강현실(AR)이 현실 이미지와 가상 이미지를 겹쳐서 하나의 영상으로 보여주는 기술이라면, 가상현실(VR)은 배경, 자신 모두 가상의 이미지를 사용하는 기술입니다.

3D 안경을 통해 영상을 입체적으로 관람할 수 있는 3D 입체영상 기술은 이제 식상해질 정도로 너무 흔해졌지요. 3D 입체영상은 사람의 두 눈의 간격으로 인한 '광각'을 이용한 영상입니다. 실상에서 느끼는 광각의 차이를 인위적으로 구성하여 입체감을 느끼게 한 것이지요.

가상현실은 1938년 등장해 1950년대부터 연구가 시작됐고 1960년대 한차례 바람을 일으켰습니다. 1990년대와 2000년대 초반 실패와 성공을 반복하는 부침을 겪었습니다. 그 역사만 100년에 가깝습니다. 2000년대 초 가상현실은 다시 한 번 대중화를 꾀합니다. 재런 래니어가 고문으로 있는 린든랩이 2003년 '세컨드라이프'를 세상에 내놓으면서 새로운 전기를 마련합니다. 세컨드라이프는 한때 월 90만 명이 드나드는 서비스로 성장하기도 했습니다. 당시 이 공간에서 무려 5억 달러의 실제 현금이 거래되기도 했지요. 2007년 세컨드라이프의 국내 서비스가 시작됐지만 2년여 정도를 버티고 폐쇄되었습니다.

가상현실 기술의 활용

현재 가상현실이 가장 많이 활용되는 분야는 게임입니다. 그다음으로 활용되는 분야가 교육입니다. 비행기 조종 시뮬레이션, 군사 훈련 시뮬레이션, 의료 수술 트레이닝, 산업현장의 안전체험 교육, 타인 체험을 통한 공감 교육 등 다양하게 활용되고 있습니다.

예술 분야에서도 활용되는데요, 구글이 만든 틸트 브러쉬(Tilt Brush) 프로그램을 이용하면 VR 아트를 할 수 있습니다. 3D 가상 공간에서 다양한 붓을 이용하고, 색을 조정하며 입체 그림을 그릴 수 있습니다. 현재 우리나라에는 3명의 VR 아티스트가 있고, 앞으로 촉망받는 직업 중 하나입니다.

가상현실이 활용되는 분야 중 앞으로 가장 성장 가능성이 높은 영역은 영화입니다. 아직은 VR 영화로 시범적인 작품들만 만들어지지만 앞으로는 모든 영상 콘텐츠를 가상현실 속에서 입체적으로 보게 될 것입니다.

현실 vs 가상현실

2009년 개봉한 〈써로게이트〉는 사람들이 대리 로봇 즉 써로게이트를 통해 100% 안전한 삶을 영위하는 세상을 그린 영화입니다. 영화 〈아바타〉에서처럼 주인공은 기계 안에 들어가서 자신의 아바타 로봇에 접속합니다. 그리고 자신은 기계 안에 누운 채로 아바타를 통해서 세상을 만나고, 세상 속으로 들어가는 것이지요.

처음 써로게이트는 일상생활에 어려움을 겪는 장애인들을 위한 것이었습니다. 하지만 점차 사람들은 써로게이트가 주는 안락함에 도취되기 시작하지요. 자신의 진짜 모습보다 자신이 원하는 모습을 써로게이트를 통해 실현합니다. 기계 속 자신은 늙고 병들고 씻지도 않는 추한 모습이지만, 써로게이트는 늘 젊고 생동감이 넘치니까요. 사람들은 써로게이트를 통한 새로운 삶의 방식에 빠져들며 집 밖으로 나올 생각을 하지 않습니다. 아예 방 밖으로 나오지 않지요. 심지어 가족들끼리도 집에 있으면서 써로게이트를 통해 만나고 대화를 나눕니다.

2018년 개봉한 영화 〈레디 플레이어 원〉에서도 비참한 현실의 도피처로 거대한 가상현실을 선택해 살아가는 젊은이들의 모습이 나옵니다. 이렇게 영화에서 그려지는 모습은 그리 멀지 않은 미래입니다. 가상현실을 통해 이미 우리에게 가까이 와 있습니다. 가족들끼리 오랜만에 모여 외식을 하는 자리에서 각자 스마트폰을 보고 있는 모습을 보면, 이미 사람들의 생활 습관은 써로게이트가 만드는 세상에 가까이 가 있는 것 같습니다.

역사학자이자 미래학자인 유발 하라리는 인간에게 가상현실이 최근만의 일이 아니라고 말합니다. 인간은 아주 오래전부터 가상현실에 익숙해왔다고 설명하지요. 신화를 만들어내고 집단적으로 믿는 것, 눈에 보이지 않는 신을 경배하고 종교에 몰입하는 것이 일종의 가상현실이라는 것입니다. 디지털 기술을 사용한 것은 아니지만, 상상 속 가상현실을 만들어내고 이용한 것입니다. 화폐도 실질 가치가 없는 종잇조각에 불과하지만, 가상의 가치를 담아 그것의 노예가 되고 마니까요. 호모 사피엔스는 오래전부터 가상현실을 이용하며 인류의 발전을 이루어왔습니다.

이렇게 가상현실을 좋아하고 잘 이용한 덕에 호모 사피엔스는 7만 년 전 갑작스러운 등장에도 불구하고 네안데르탈인을 몰아내며 지구의 주인이 될 수 있었습니다. 인류는 가상현실에 이미 익숙하기 때문에 디지털 가상현실에도 깊이 빠져들 가능성이 높습니다. 영화 〈써로게이트〉에서 보여진 것처럼 가상현실 속에 매몰되고 노예가 될 수도 있어요. 가상현실에 사용되는 기술을 어떻게 활용할지에 따라 인류의 미래가 달려 있습니다. 현실과 가상현실을 현명하게 이용하는 길을 찾아야 할 때입니다.

우리가 살고 싶은 가상현실을 만들어보아요.

1) 내가 살고 싶은 가상현실은 어떠한 모습일까요.

내가 살고 싶은 가상현실은 어떤 모습일까요?
내가 살고 싶은 가상현실을 상상해서 글로 표현해보세요.

2) 친구들이 만든 가상현실을 평가해주세요.

친구들이 만든 가상현실은 어떠한 모습인가요?
친구가 만든 가상현실을 감상하고 점수를 매겨주세요.

코스페이시스 cospaces.io/edu

1. 코스페이시스 메인

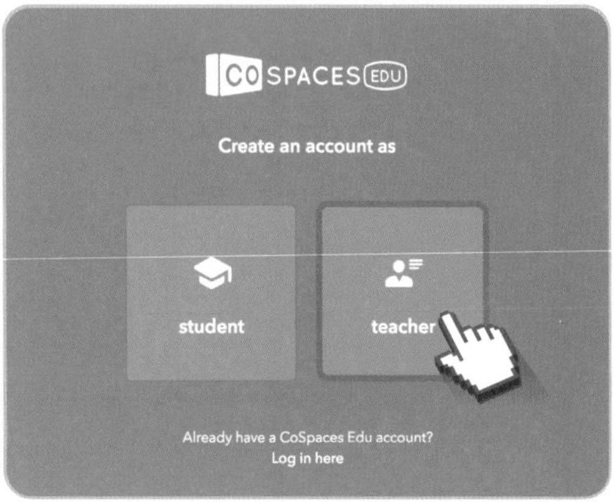

2. 코스페이시스 가입

코스페이시스는 3D 오브젝트로 다양한 3D 환경을 만들고, 코딩을 통해 애니메이션을 제어하며 가상현실과 증강현실로 추출할 수 있는 3D 가상현실 & 증강현실 콘텐츠 제작 사이트입니다. 선생님으로 가입하면 클래스를 만들 수 있고, 클래스 코드로 학생들에게 과제를 주거나 결과물을 확인할 수 있어요.

우선 우측 상단 **Sign up** 버튼을 클릭하여 teacher로 가입해주세요. **I'm 16 or older** 버튼을 클릭한 후

3. 클래스 생성

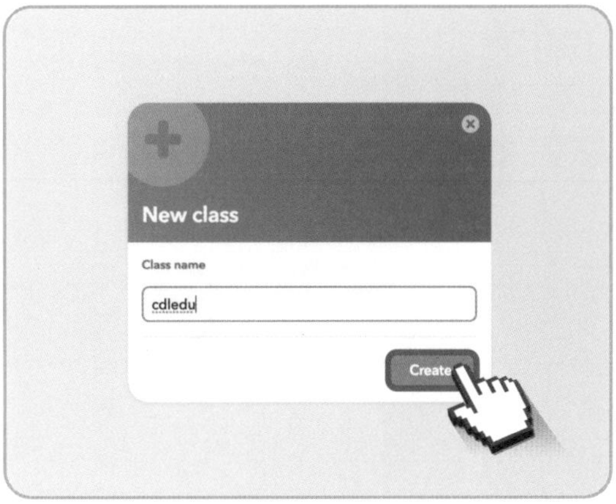

4. 클래스 이름 입력

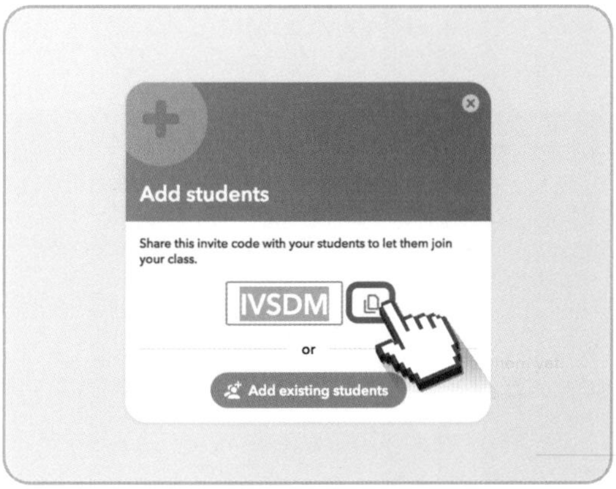

5. 클래스 코드 생성

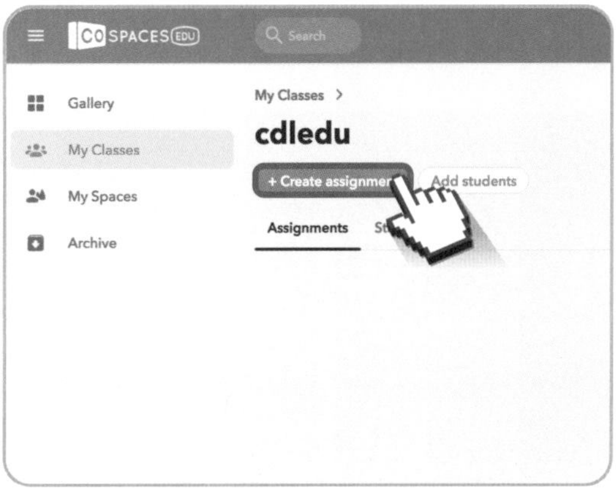

6. 클래스 생성 완료 및 과제 생성

약관을 읽고 I agree를 클릭해주세요. 구글 계정 또는 기타 이메일 계정으로 가입하고 해당 이메일에서 Confirm email을 클릭하면 가입이 완료됩니다. Log in 후 Create class 버튼을 클릭하면 클래스 이름 입력창이 나옵니다. 원하는 이름을 입력한 후 Create 버튼을 클릭하면 클래스 코드가 생성되지요. 이렇게 만들어진 클래스 코드를 복사해서 학생들에게 공유해주세요.

Add existing students 버튼을 눌러 이미 가입한 학생들을 클래스에 추가할 수 있어요. 이미 가입한 학생이 없다면 X 버튼을 눌러주세요.

이제 Create assignment 버튼을 눌러 과제를 만들 수 있습니다. 3D 환경으로 제작하도록 설정할 것인지 360도 이미지 환경으로 제작하도록 설정할 것인지, 혹은 학생이 자유롭게 선택하게 설정할 것인지 Type of scene에서 선택해줍니다.

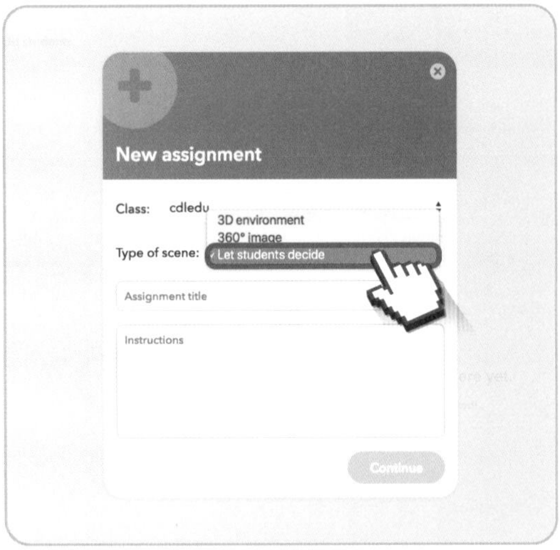

7. 과제 유형 선택

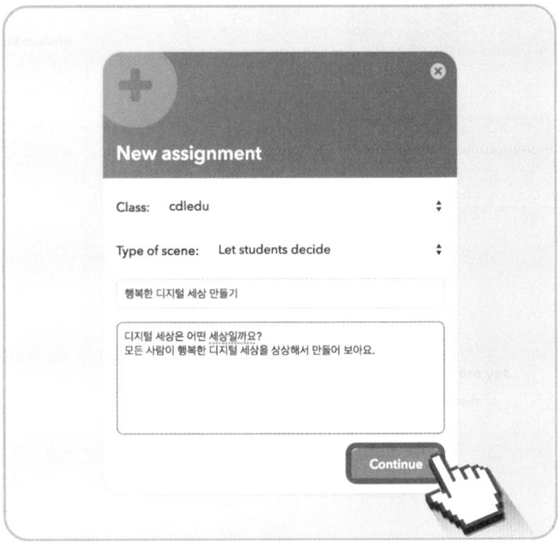

8. 과제 제목 및 내용 입력

9. 학생 가입화면 클래스 코드 입력

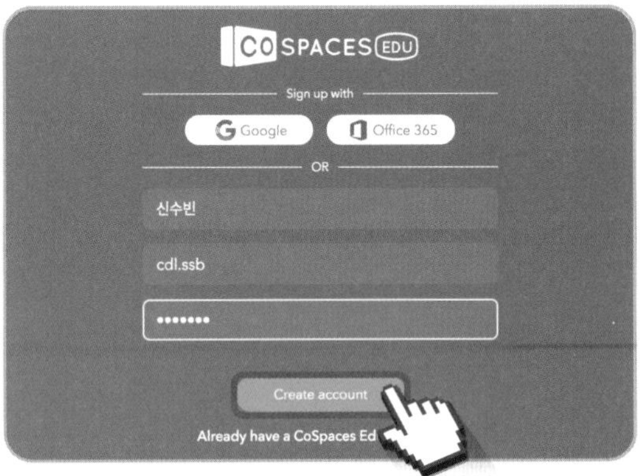

10. 학생 가입화면 계정 생성

Student를 눌러 학생 가입을 진행해보겠습니다. 선생님이 공유해주신 학생 코드를 입력하고 Contiue 버튼을 클릭합니다. 이름, 사용 아이디, 패스워드를 입력 후 Create account 버튼을 클릭하면 가입이 완료됩니다.

My Classes 메뉴에 나의 클래스 목록이 나옵니다. 원하는 클래스를 선택하면 과제가 보이지요. 과제

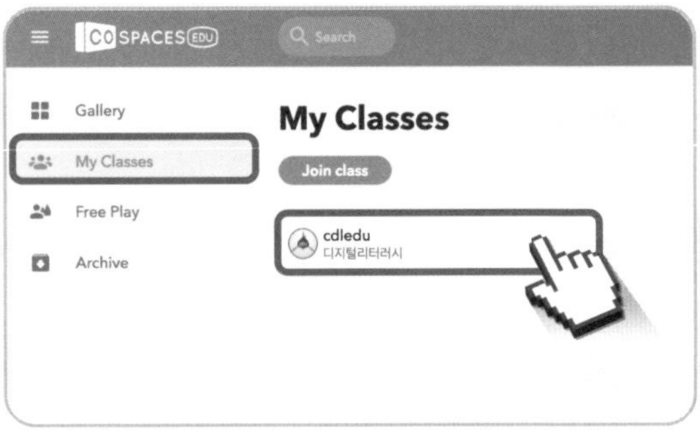

11. 학생 화면 마이 클래스

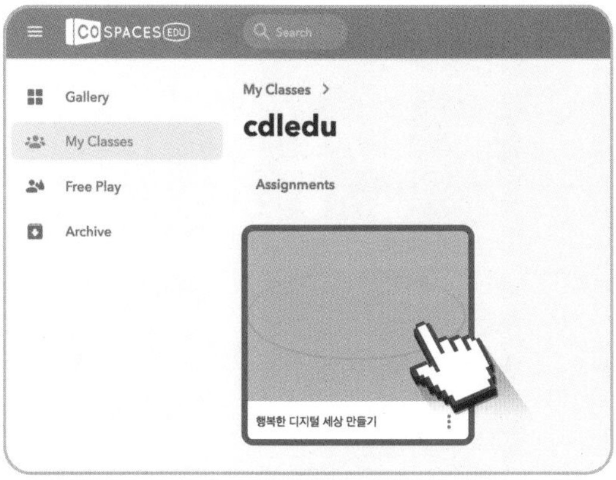

12. 과제 선택

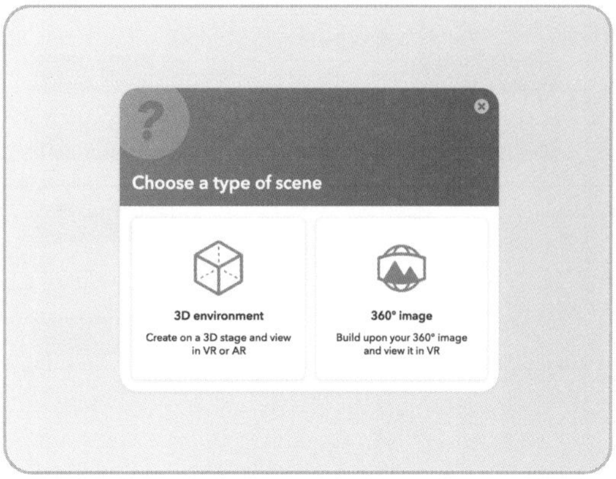

13. 과제 유형 선택

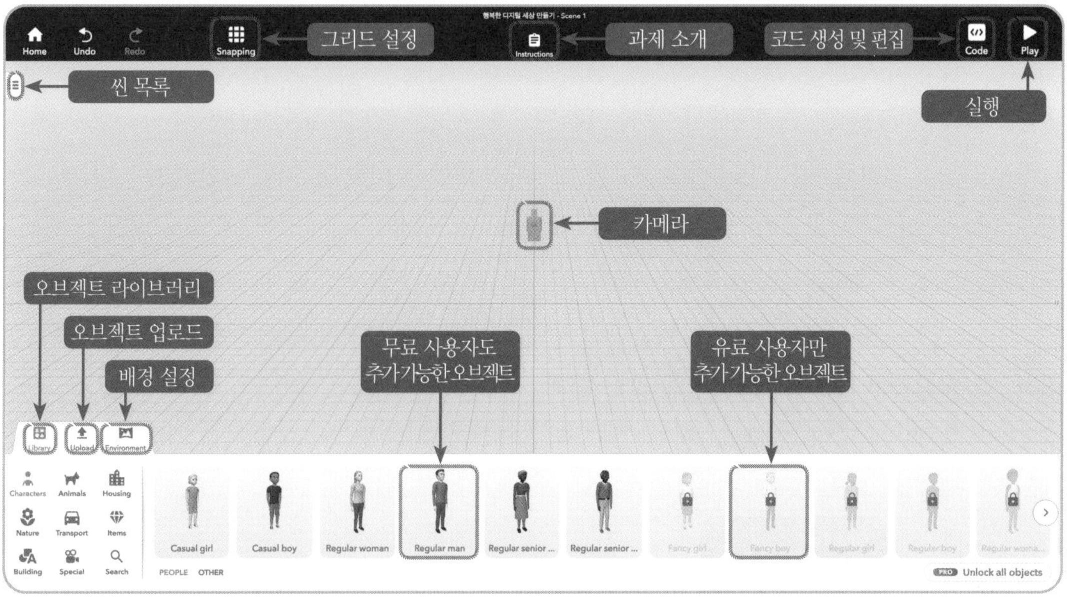

14. 제작 화면

를 선택하면 과제 유형 선택 화면이 나와요. 선생님이 자유롭게 선택하도록 지정했기 때문에 학생이 선택할 수 있는 화면이 나오는 것입니다. 만약 선생님이 자유롭게 선택하도록 지정하지 않고 3D 환경이나 360도 이미지 둘 중 하나를 지정했다면 이 화면은 생략됩니다. 원하는 유형을 선택하면 제작 화면이 나옵니다.

배경 선택 및 오브젝트를 추가하는 메뉴는 좌측 하단에 있어요. 카메라 장면을 실행시키는 Play 메뉴는 우측 상단에 있고요.

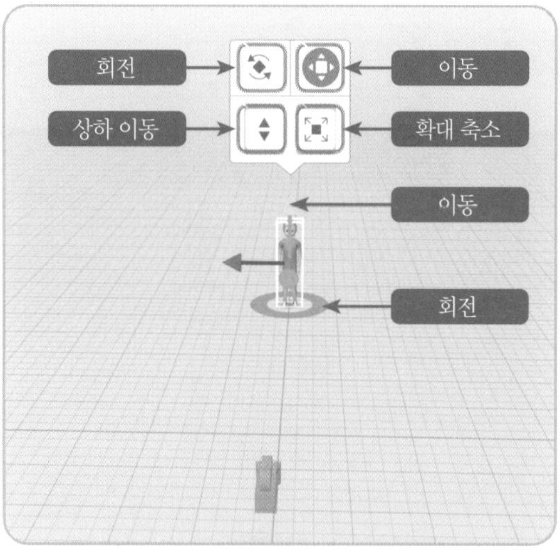

15. 오브젝트 이동 및 회전 메뉴

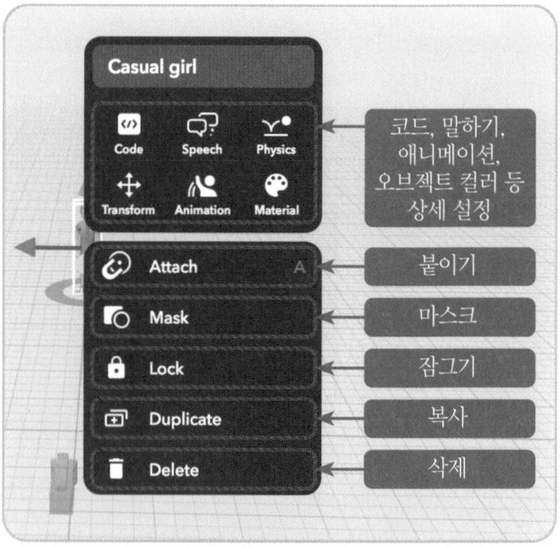

16. 오브젝트 설정 메뉴

라이브러리에서 오브젝트를 클릭해서 원하는 위치로 드래그하면 오브젝트를 이동하거나 회전할 수 있는 메뉴가 나옵니다. 오브젝트 위치를 이동하려면 이동 버튼을 클릭하고 원하는 축으로 드래그하면 됩니다. 상하 이동버튼은 상하로 움직일 때만 사용하는데 클릭과 동시에 드래그하면 됩니다. 확대 축소 버튼도 클릭과 동시에 드래그하면서 오브젝트의 크기를 조절할 수 있습니다.

오브젝트를 더블클릭하면 설정 메뉴가 나옵니다. Speech 버튼을 클릭하면 생각하는 말풍선이나 말하는 말풍선을 생성할 수 있습니다. 텍스트를 입력한 후 X 버튼을 클릭하면 오브젝트 옆으로 말풍선이 생기지요.

이러한 오브젝트가 움직이도록 하는 애니메이션도

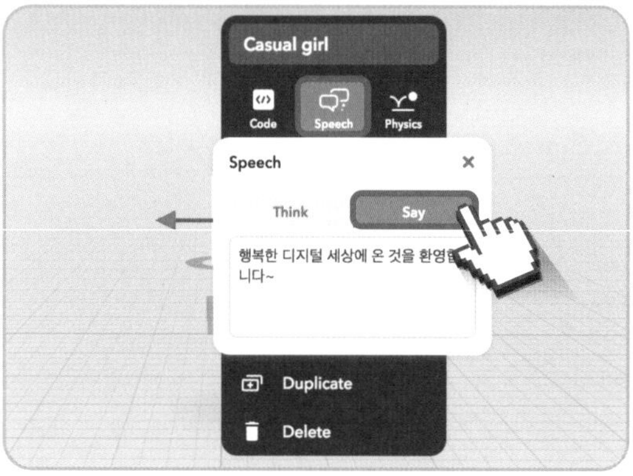

17. 오브젝트 Speech 설정

18. 오브젝트 Speech 실행

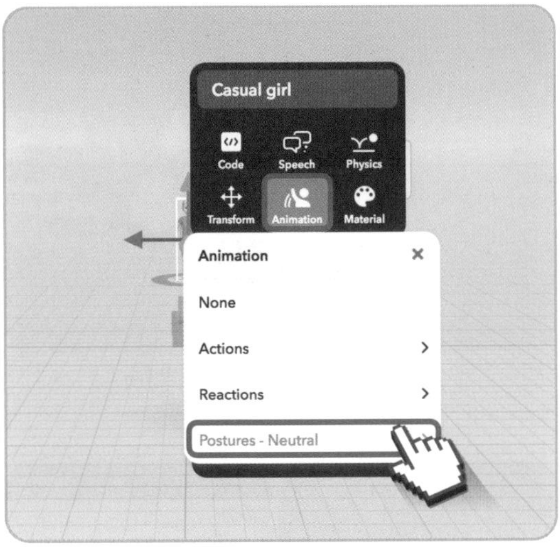

19. 오브젝트 Animation 설정

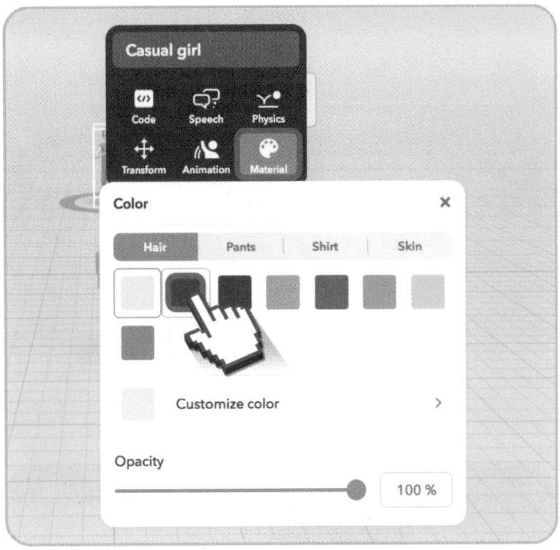

20. 오브젝트 컬러 설정

설정할 수 있어요. 다양한 움직임 중 원하는 움직임을 선택하면 오브젝트가 움직이는 것을 확인할 수 있어요. 애니메이션은 오브젝트에 따라 내용이 달라집니다. 가령 사람에겐 없지만 새에게는 Flying이라는 애니메이션이 있지요.

오브젝트 컬러도 선택할 수 있어요. 이 역시 오브젝트에 따라 컬러를 선택할 수 있는 영역이 다르답니다.

이렇게 오브젝트 위치, 크기, 컬러, 애니메이션 등 세팅이 완성되었다면 배경 설정하는 방법을 알려드릴게요. 하단 Environment 버튼을 클릭한 후 좌측 배경 이미지를 클릭해주세요. 다양한 환경이 나오지요? 이 중에 마음에 드는 환경을 클릭하시면 배경 세팅이 완료됩니다.

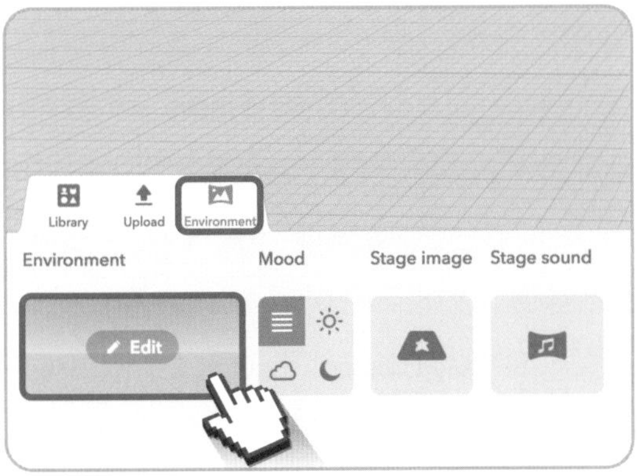

21. 배경 설정

22. 배경 선택

23. Play 실행

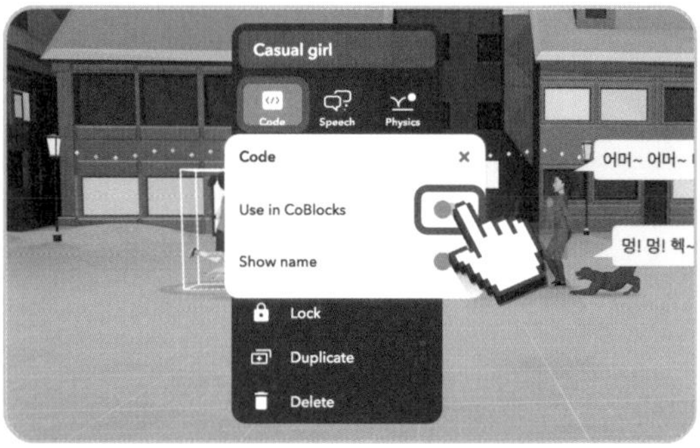

24. CoBlocks 코드 사용 활성

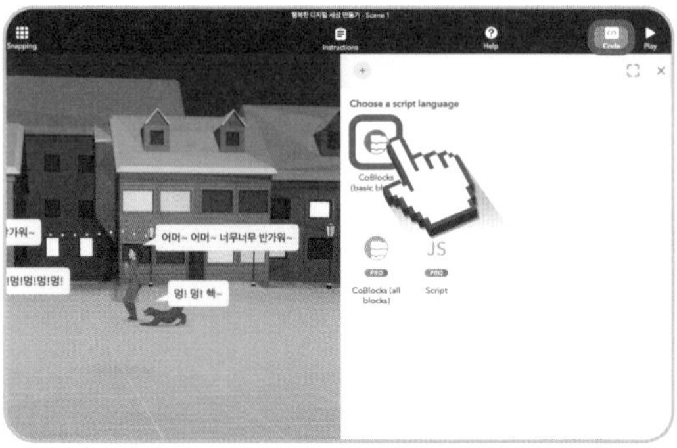

25. CoBlocks 코드 생성

26. CoBlocks 코드 편집

Play 버튼을 클릭하면 카메라 뷰에서 실행된 화면을 볼 수 있어요. 마우스 또는 키보드 방향 키를 클릭해서 카메라 위치를 이동시킬 수 있고요.

오브젝트가 제자리에서 움직이지 않고 이동하며 움직이게 하려면 코딩을 해야 합니다. 오브젝트 설정 메뉴에서 **Code** 버튼을 클릭하면 **Use in CoBlocks**를 활성화시킬 수 있어요. 이렇게 활성화되어야만 상단 우측 Code 화면에 코드 블록을 쌓을 수 있습니다. **Transform**에서 **move** 블록을 이용해서 Play 버튼을 클릭하면 3초 동안 앞으로 4.5미터 이동하게 만들어봤습니다. 이렇게 코딩까지 마무리해서 과제를 마무리했어요.

선생님 화면 **My Classes** 메뉴에서 학생들 과제 현황을 확인할 수 있답니다. 클릭하면 학생 과제를 실행시켜볼 수 있어요.

27. 선생님 화면 과제 제출 현황

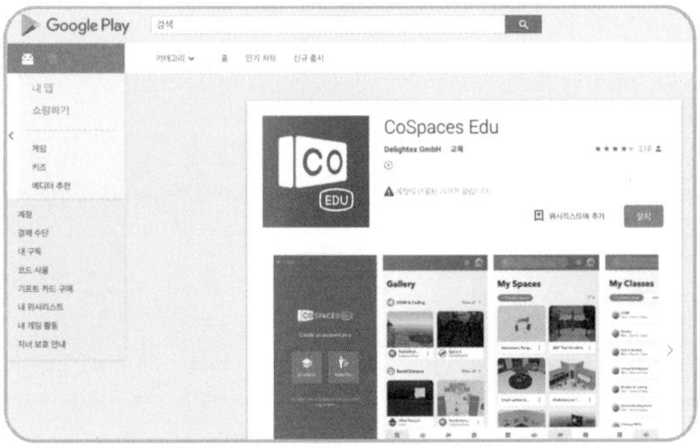

28. 코스페이시스 스마트폰 앱 다운로드

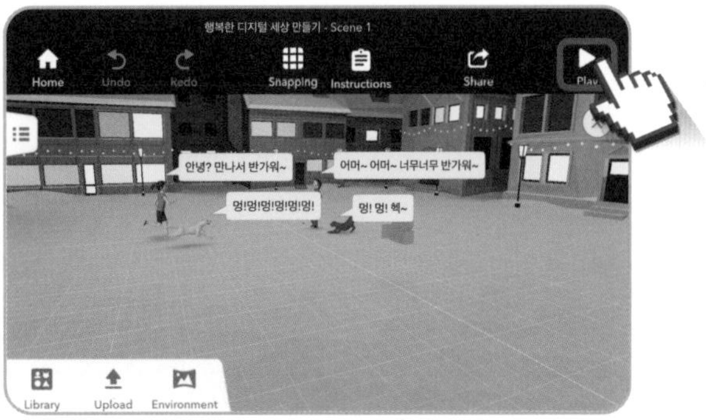

29. 스마트폰 앱 로그인 후 과제 확인

30. 과제 Play 실행

31. 자이로센서 모드

32. AR 모드

33. VR 모드

코스페이시스 스마트폰 앱을 설치하면 스마트폰에서 확인할 수도 있습니다. 구글 플레이 스토어나 애플 앱스토어에서 코스페이시스 앱을 다운로드한 후 로그인해주세요. 과제를 Play하면 카메라 위치 및 각도를 인식하는 자이로센서 모드와 증강현실로 결과물 오브젝트를 불러오는 증강현실 모드, 카드보드로 가상현실 속에서 감상할 수 있는 VR 모드 이렇게 다양한 형태로 확인할 수 있답니다.

마무리하면서

학교는 원래 고대 그리스, 로마시대부터 관계를 배우는 곳이었습니다. 인간은 사회를 떠나 혼자서는 살 수 없기 때문에 공동체의 결속을 강화하고 발전시키는 법을 가르쳤습니다. 과학, 수학, 문학, 예술 등 모든 배움은 공동체를 유지, 발전시키기 위한 것이었습니다.

산업혁명 이후 모든 것이 변해버렸습니다. 자본과 산업이 우주의 중심이 되고, 물질이 생명을 짓누르는 세상이 되었습니다. 인간의 가치는 호모 파베르(Homo Faber), 즉 '일하는 인간'으로서만 가치를 인정받게 되었습니다.

학교의 미션은 단기간 내에 양질의 인력을 양성하여 기업과 시장에 공급하는 것이었습니다. 교육의 효율성이 중요했고, 기업이 보다 우수한 인재를 원했기 때문에 학생의 우열을 가려야 했습니다. 이렇게 지금의 학교 시스템이 만들어졌습니다.

이제 4차 산업혁명시대가 되었습니다. 인류는 겪어보지 못한 변화에 직면해 있습니다. 인공지능이 인간의 일자리를 대체할지, 아니면 인공지능이 인류의 파멸을 가져다줄지 아무도 모릅니다. 확실한 한 가지는 불확실한 미래를 준비해야 하고, 그 중책은 교육에 있다는 것입니다.

'정답 쓰는 아이'를 키워내는 교육은 이제 멈춰야 합니다. '해답 찾는 아이'를 위한 교육을 시작해야 합니다. 어디서부터 시작해야 할까요? 저희는 '교육의 도구'를 바꾸는 것에서 혁신의 기회를 발견했습니다.

이 책은 현장에서 의롭게 애쓰는 선생님들에게 힘을 보태기 위해 만들어졌습니다. 선생님들의 신나는 교육혁신과 꿈을 응원합니다.

마지막으로 도종환 시인의 〈어릴 때 내 꿈은〉이란 시를 나누고자 합니다.

어릴 때 내 꿈은

도종환

어릴 때 내 꿈은 선생님이 되는 거였어요.
나뭇잎 냄새 나는 계집애들과
먹머루빛 눈 가진 초롱초롱한 사내 녀석들에게
시도 가르치고 살아가는 이야기도 들려주며
창 밖의 햇살이 언제나 교실 안에도 가득한
그런 학교의 선생님이 되는 거였어요.
플라타너스 아래 앉아 시들지 않는 아이들의 얘기도 들으며
하모니카 소리에 봉숭아꽃 한 잎씩 열리는
그런 시골학교 선생님이 되는 거였어요.

나는 자라서 내 꿈대로 선생이 되었어요.
그러나 하루 종일 아이들에게 침묵과 순종을 강요하는
그런 선생이 되고 싶지는 않았어요.
밤늦게까지 아이들을 묶어놓고 험한 얼굴로 소리치며
재미없는 시험문제만 풀어주는
선생이 되려던 것은 아니었어요.
옳지 않은 줄 알면서도 그럴 듯하게 아이들을 속여넘기는
그런 선생이 되고자 했던 것은 정말 아니었어요.
아이들이 저렇게 목숨을 끊으며 거부하는데
때묻지 않은 아이들의 편이 되지 못하고
억압하고 짓누르는 자의 편에 선 선생이 되리라곤 생각지 못했어요.

아직도 내 꿈은 아이들의 좋은 선생님이 되는 거예요.
물을 건너지 못하는 아이들 징검다리 되고 싶어요.
길을 묻는 아이들 지팡이 되고 싶어요.
헐벗은 아이들 언 살을 싸안는 옷 한 자락 되고 싶어요.
푸른 보리처럼 아이들이 쑥쑥 자라는 동안
가슴에 거름을 얹고 따뜻하게 썩어가는 봄 흙이 되고 싶어요.

BONUS 스토리보드댓 storyboardthat.com

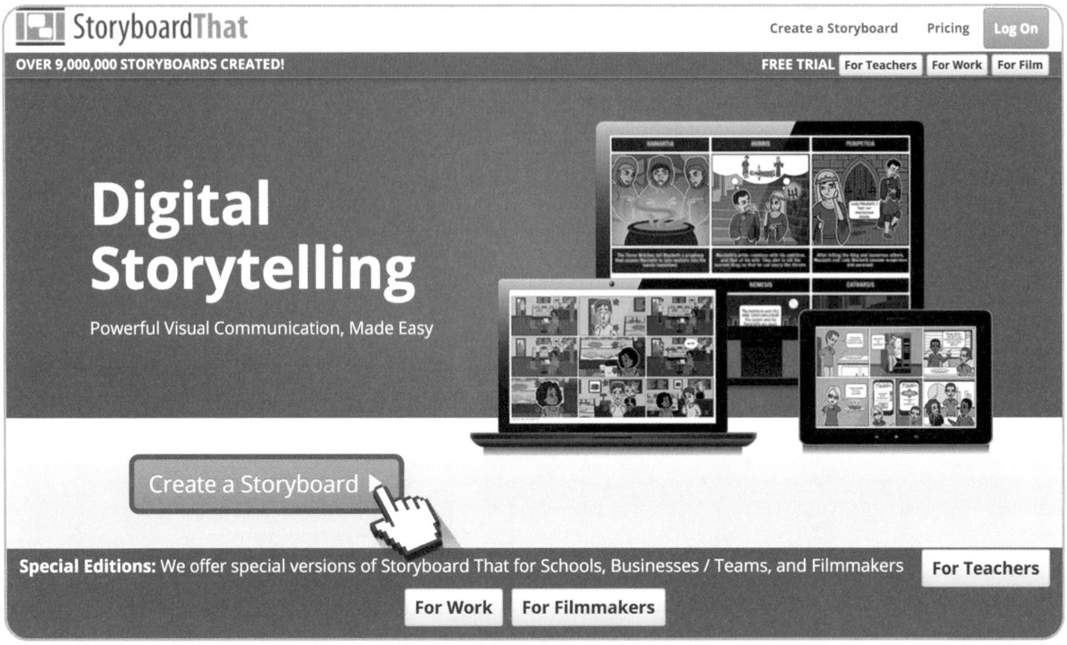

1. 스토리보드댓 메인

스토리보드댓은 만화를 쉽게 제작할 수 있는 도구입니다. 무료 가입자는 최대 6개의 셀로 구성된 스토리보드를 주당 2개 제작할 수 있습니다. 다양한 배경, 캐릭터, 텍스트 박스, 소품 등이 있고 제작 방법이 쉬워 초등학교 저학년도 쉽게 배울 수 있습니다.

이러한 스토리보드댓으로 그동안 함께했던 디지털 & 미디어 리터러시 교육 후기를 만들어봐요.

가장 기억나는 순간을 표현해도 좋고, 선생님께 하고 싶은 이야기나 친구들에게 하고 싶은 이야기를 표현해도 좋아요. 디지털 & 미디어 리터러시 교육이 미래의 나에게 어떠한 영향을 주었는지 알 수 있는 미래 모습도 좋겠지요.

어떠한 이야기를 표현할지 정리되었나요? 그럼 시작해볼까요?

로그인을 해야만 저장 및 수정을 할 수 있답니다. 하지만 로그인을 하지 않아도 제작은 할 수 있답니다. Create a Storyboard 버튼을 클릭해주세요. 스토리보드 편집 화면이 나올 것입니다. 하단 Storyboard

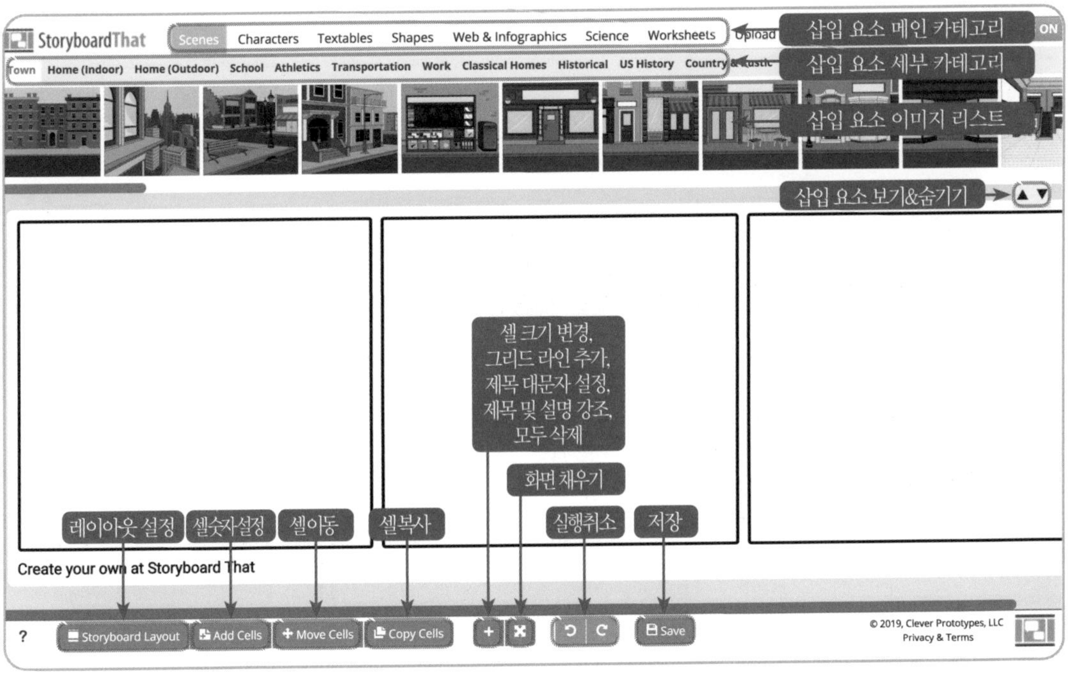

2. 스토리보드댓 화면 구성

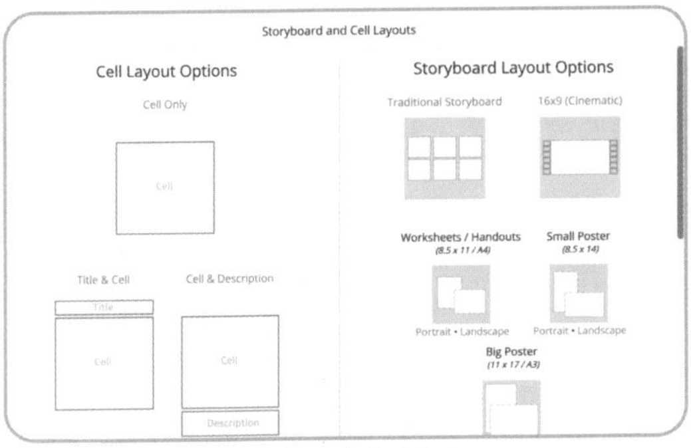

3. 레이아웃 설정

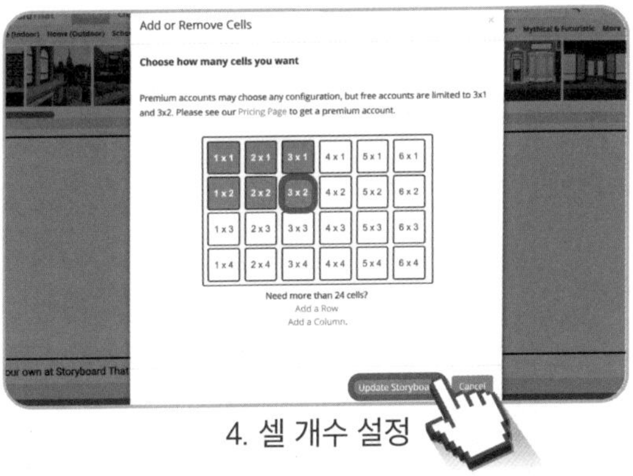

4. 셀 개수 설정

Layout 버튼을 클릭하여 원하는 레이아웃으로 설정하고, **Add Cells** 버튼을 클릭해서 셀 개수를 설정해주세요.

메인 카테고리에서 Scenes를 클릭하면 세부 카테고리가 나옵니다. 세부 카테고리를 클릭하면 해당되는 이미지들이 보여요. 클릭해서 드래그하여 원하는 셀 안으로 끌어오세요. 배경부터 끌어오고, 캐릭터와 말풍선을 끌어와야겠지요?

씬에 삽입된 각 요소를 클릭하면 뒤집기, 회전, 컬러 설정, 포즈 설정 등 상세하게 설정할 수 있어요.

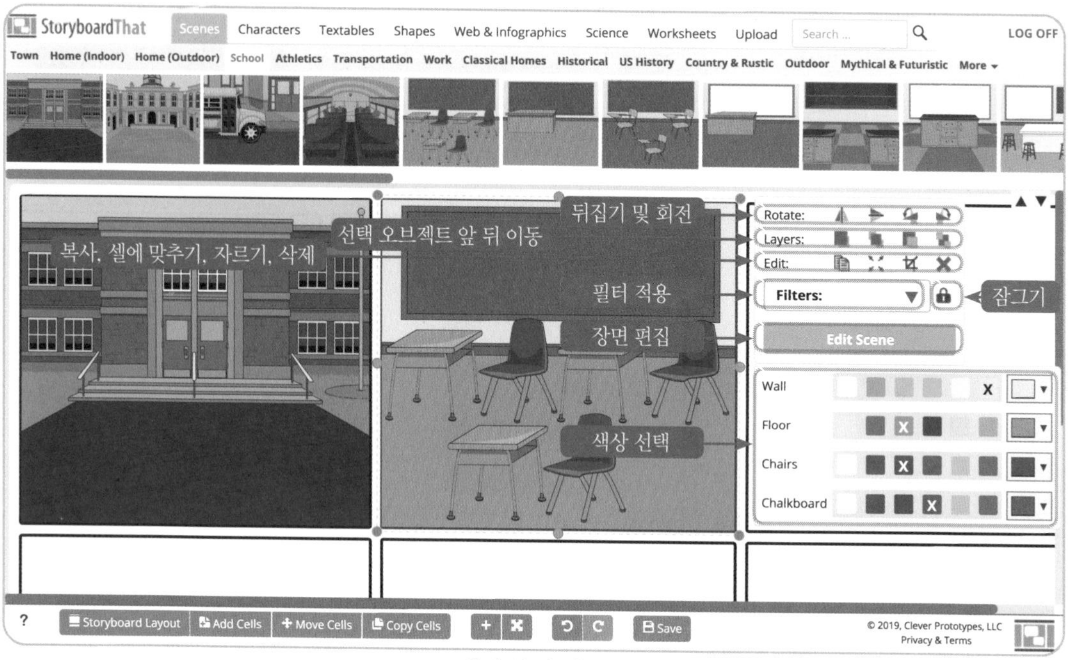

5. 배경 삽입 및 설정

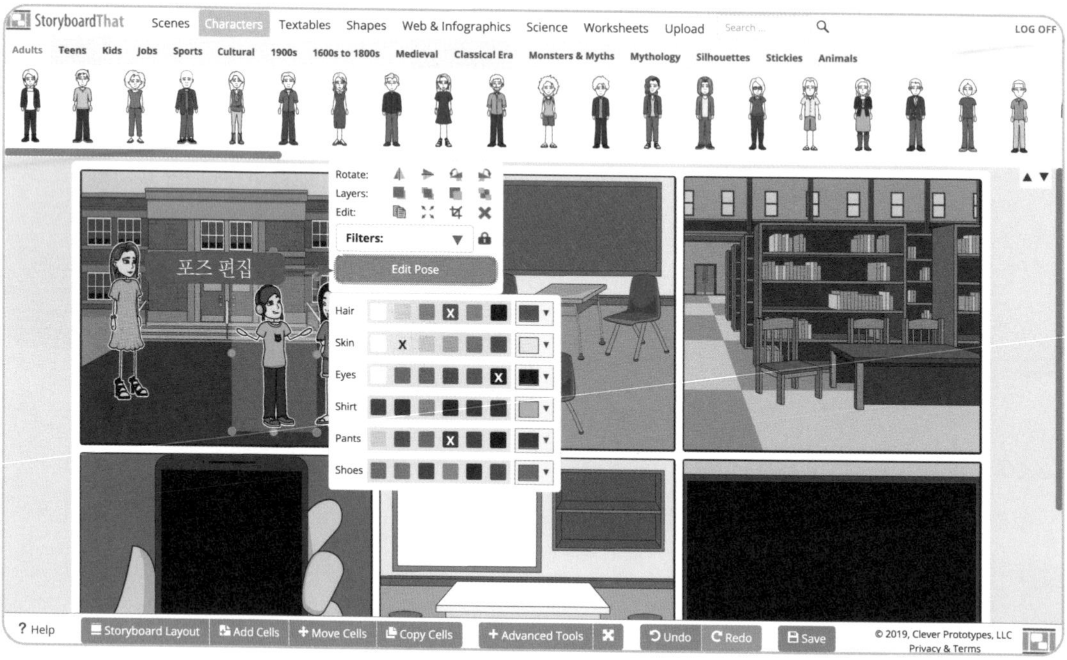

6. 캐릭터 삽입 및 설정

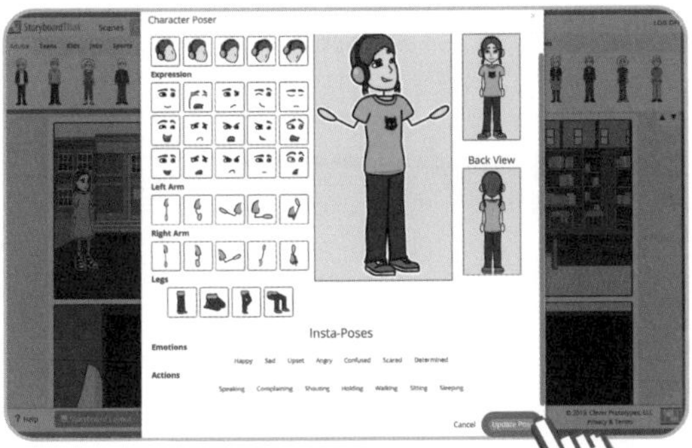

7. 캐릭터 포즈 설정

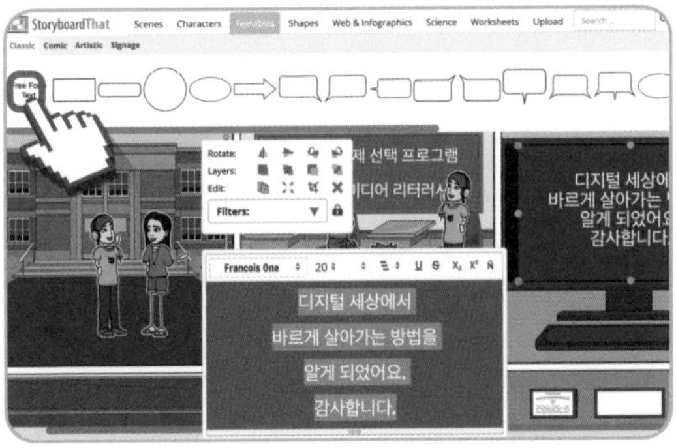

8. 텍스트 삽입

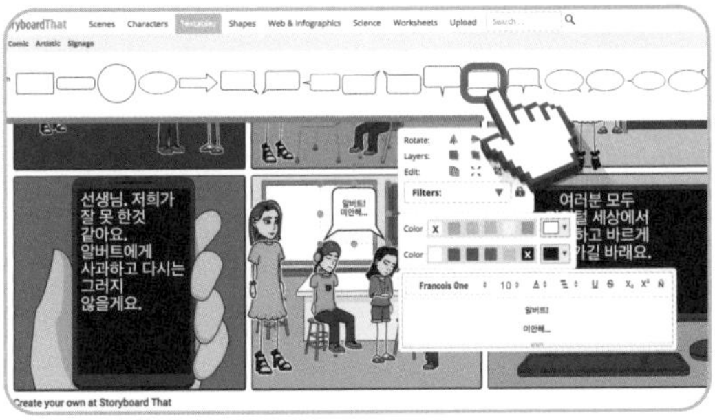

9. 말풍선 삽입

10. 완성 화면

11. 메인 화면에서 마이 어카운트 선택

12. 이미지 다운로드

말풍선 삽입까지 모두 완성되었다면 좌측 상단 **StoryboardThat 로고**를 클릭해서 메인 화면으로 이동합니다. **My Account** 버튼을 클릭하면 내가 작업한 결과물이 나옵니다. **Download Images** 버튼을 클릭해서 결과물 이미지를 다운로드하세요. 로그인을 하지 않았다면 화면을 캡처하시면 됩니다.

| 저자 |

박일준

現 (사)디지털리터러시교육협회 공동대표 / KCMG 한국갈등관리본부 대표 / 펍23 공익마케팅협동조합 이사장
인컴브로더 글로벌 PR컨설팅 회사 대표 / 금강기획 광고 AE / LIFE 자살예방 비영리단체 공동대표 / EBS 사회공헌 전문위원

김묘은

現 (사)디지털리터러시교육협회 공동대표 / 現 (주)마르커뮤니케이션즈 대표 / 現 (사)한국과학문화교육단체연합 부회장
現 (사)국제아동청소년연극협회 이사 / (재)행복한웹앤미디어 상임이사 / 웹어워드코리아 심사위원

아이들의 미래를 바꾸는 교육의 시작
디지털 리터러시 교실

개정판 1쇄 2020년 4월 20일
2쇄 2021년 3월 20일

지 은 이 박일준, 김묘은

발 행 인 주정관
발 행 처 북스토리㈜
주 소 서울특별시 마포구 양화로 7길 6-16 서교제일빌딩 201호
대표전화 02-332-5281
팩시밀리 02-332-5283
출판등록 1999년 8월 18일 (제22-1610호)
홈페이지 www.ebookstory.co.kr
이 메 일 bookstory@naver.com

ISBN 979-11-5564-202-3 03370

※잘못된 책은 바꾸어드립니다.

이 도서의 국립중앙도서관 출판시도서목록(CIP)은
서지정보유통지원시스템 홈페이지(http://www.seoji.nl.go.kr)와
국가자료공동목록시스템(http://www.nl.go.kr/kolisnet)에서 이용하실 수 있습니다.
(CIP제어번호 : CIP2020012497)